# 文化合肥

WenHua HeFei

何峰／主编

时代出版传媒股份有限公司
安 徽 教 育 出 版 社

# 《文化合肥》编委会

**图书在版编目（CIP）数据**

文化合肥／何峰主编．—合肥：安徽教育出版社，2011.9

ISBN 978-7-5336-6291-2

Ⅰ．①文…　Ⅱ．①何…　Ⅲ．①文化史—合肥市　Ⅳ．①K295.41

中国版本图书馆 CIP 数据核字（2011）第 191421 号

---

书名：**文化合肥**　　主编：何　峰

---

出 版 人：朱智润　　封面题字：林存安　　选题策划：胡一苇
责任编辑：姜　好　丁昌龙　金　荃　　责任印制：王　琳　　装帧设计：许海波

---

出版发行：时代出版传媒股份有限公司　http://www.press-mart.com
安徽教育出版社　http://www.ahep.com.cn
（合肥市繁华大道西路 398 号，邮编：230601）
营销部电话：(0551)3683010，3683011，3683015
排　　版：安徽创艺彩色制版有限责任公司
印　　刷：安徽新华印刷股份有限公司　电话：(0551)5859480
（如发现印装质量问题，影响阅读，请与印刷厂商联系调换）

---

开本：710×1010　1/16　　印张：26.75　　字数：400 千字
版次：2011 年 10 月第 1 版　2011 年 10 月第 1 次印刷

---

ISBN 978-7-5336-6291-2　　定价：58.00 元

# 序　　言

## 让文化光芒照亮美好未来

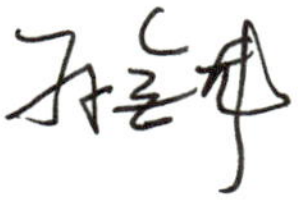

五千多年前，自世界上第一批城市在美索不达米亚平原诞生，它便承载着一代又一代人的希冀、抱负与追求。两千多年前，古希腊哲学家亚里士多德如是说：“人们为了生活来到城市，为了生活得更好留在城市。”古今中外，凡名城大邑，皆以其深厚的文化底蕴、鲜明的文化特色、强大的文化实力，在历史的长河中闪耀着永恒光辉，成为人类温暖而诗意的栖居地，成为人类文明的闪亮结晶。

文化是一个民族的灵魂和血脉，也是一座城市的气质、品格和永续发展的不竭动力。千百年来，位于江淮之间、巢湖之滨的合肥，在历史的流变中，融皖韵徽风于一城，孕育出“受南北潮，皮革、鲍、木输会”的商贸文化、金戈铁马的三国文化、清正廉明的包公文化、名震天下的淮军文化、革命岁月的红色文化、敢为人先的改革文化，等等。这些无不在中华文明的历史演进中留下深深的烙印。斗转星移，世事沧桑，在五彩斑斓的历史记忆中，人杰地灵的合肥，诞生了诸多名扬海内外，甚至影响中国历史走向的重要人物。合肥，也因而成为演绎中华文明的重要舞台之一。

文化是城市的灵魂，没有文化的城市是没有发展底气和后劲的，也不可能成为一个有品位、有内涵的文明城市。文化，既是人类智慧和劳动的结晶，也是历史和文明的符号，城市的经济发展、社会进步、形象建树等都不可或缺地需要文化之力的推动。历史上，由于战乱频仍，致使合肥饱受磨难，但也正因此等诸多因素，导致合肥地区人口频繁迁徙流动。外地移民文化与合肥本土文化碰撞融合，孕育出合肥人兼具北方质朴豪放和南方优雅婉约的文化品格，历练了合肥人海纳百川、开放包容的博大胸怀，铸就了合肥人敢为天下先、勇于求变创新的精神特质，使合肥这方人文沃土散发着文化的芬芳。

文化需要传承，更需要创新。1949年合肥解放，使这座古城获得了新生；1952年成为安徽省省会，由此翻开了建设与发展的新篇章。改革开放以来，合肥以一个又一个"中国第一"的创新创造，让世界的目光一次又一次聚焦于此。进入新世纪新阶段，在国家促进中部崛起战略的引领下，合肥肩负着科学发展、加速崛起的历史使命，以"大发展、大建设、大环境"的磅礴之势，以世人瞩目的"合肥速度"创造着跨越赶超的奇迹，催生了这座城市前所未有的巨变和腾飞。在推进合肥建设与发展的实践中，我们依托历史、尊重过去，立足现实、面向未来，以礼敬自豪的态度保留住城市的记忆，以推陈出新的精神推动文化创新和发展。特别是，党的十七大以来，我们致力于推动文化大发展大繁荣，在庐州大地唱响社会主义主旋律，在发掘弘扬传统文化、激发全社会文化创造活力、保障人民群众基本文化权益等方面迈出了新的步伐，使社会文化生活更加丰富多彩，使人民群众精神面貌更加奋发向上，使城市文化软实力得到显著提升。由此，一个认同度、归属感、包容性与日俱增的"文化合肥"形象，在人们的心目中更加鲜明地树立。

面向未来，城市的发展与竞争，已经进入到一个以文明比高低、以文化论输赢的阶段。拥有2 200多年历史的古城合肥，在传承历史文明的同时，正致力于建设"文化强市"，大力弘扬现代文明，全社会追崇文明的新风尚日益浓厚。美国城市学家雅各布斯曾经说过，"一个城市，它承载了所有创造者与见证者的梦想、渴望和骄傲。"作为近年来合肥建设与发展进程的亲历者，合肥学院的一批文化学者在做好本职工作的同时，以服务地方经济社会发展和城市建设为己任，致力于对合肥历史文化进行发掘、整理和探究，试图从中总结出合肥文化精神之内涵，这很有意义。作为每一个开明开放、求是创新的合肥人，都应当不断增强家园意识，铭刻合肥的历史记忆，用心感悟这座城市的文化积淀，从合肥数千年的文明中汲取智慧的养分，在时代的浪潮中，不断创造新的记忆、熔铸新的文化、迈向新的辉煌。

让文化光芒照亮美好未来！

2011年8月18日

（作序者系中共中央候补委员、安徽省委副书记、合肥市委书记）

# 目录

# 引　言



合肥是座历史悠久、人杰地灵、风云跌宕、文化厚重的千年古城，它地处华东之腹，雄踞八皖之中，“东连吴越，西控汝光，南通楚豫，北接开归”[1]，因此素有“江淮首郡，吴楚要冲”之称。上古时期，合肥为淮夷之地。夏商之际，合肥地属“巢国”，自周朝兴起征服巢国，周武王平定天下，合肥即从巢国分离，称“庐子国”。春秋时期，“庐子国”为楚属之地。公元前241年，楚国迁都寿春(今安徽寿县)，合肥乃处楚国中心区域，它依巢湖下通居巢，赖淝水上连寿春成为物流大埠、商贸中心，名闻天下。司马迁在《史记》中记载：“郢之后徙寿春，亦一都会也。而合肥受南北潮，皮革、鲍、木输会也。”[2]

由于地理区位特殊，长期以来，合肥既是兵家争夺要地，又是商贾云集、舟车汇聚之处，且因处于南北东西文化交汇之域，故其文化积淀厚重，文化元素多样，文化结构呈开放之态势。在文化渊源与文化传承方面，它北承中原和淮夷文化，南接楚越和皖江文化，中汇合、六、巢本土文化，文脉悠远，百川合流。在文化环境和文化生态方面，它具有吸纳、汇聚和兼容外来文化的移民文化环境和基因杂交、多元并存、优势互补的文化生态系统。合肥独特的文化环境和文化生态，孕育了合肥人兼有北方质朴豪放和南方精细婉约的文化人格，历练

〔1〕(清)黄云总编修：《续修庐州府志》。
〔2〕司马迁：《史记·货殖列传》。

了合肥人不拘陈规、勇于超越创新和“敢为天下先”的精神气质，铸就了合肥人海纳百川、开放包容的胸襟和气度。

合肥的史前史，可以上溯到“有巢氏”时期。据考古发现，中国最古老的氏族部落之一“有巢氏”部落就曾在这一带留下了生存活动的痕迹。合肥所辖的肥西、肥东两县还发现多处商周时期以淮夷文化为主体的遗址。〔1〕合肥的历史，若从“庐子国”算起，距今已有 3 000 年之久。“合肥”这个地名，最早见于司马迁的《史记·货殖列传》。北魏郦道元在《水经注》中亦提及合肥地名的由来：“盖夏水暴涨，施合于肥，故曰合肥。”据《续修庐州府志》（清光绪庐州知府黄云总编修）记载：“始皇二十六年（公元前 221 年）置九江郡，郡治在襄安，统合肥、居巢、襄安三县。”据此推算，合肥正式建制（县制）距今已有 2 200 多年。



合肥古有“淮右襟喉，江南唇齿”之谓，因此在三国等战乱时期它便成为群雄逐鹿、烽烟四起的兵家必争之地。时至北宋，一代名臣清官包拯诞生于此，合肥又以包公故里享誉海内外。宋元明清时期，合肥儒生考中进士人数在全国名列前茅。合肥历代文人创作和学术成果也蔚为大观，仅嘉庆《合肥县志》中记载的文集就有近百部之多，其中既有借古讽今、托物言志、借景抒情的诗词歌赋，也有涵盖天文、地理、民俗、历史研究和典籍考释等方面的学术著述。明清以降，合肥名门望族兴起，如龚鼎孳、李鸿章、张树声、刘铭传、周盛传、唐定奎、段祺瑞等家族，在中国历史上都产生过重要影响。

长期以来，合肥属“四战之地”，动荡不安。战乱既造成本地人口流失，又致使大量移民涌入（多数来自中原一带和江西等地），这样便促成了中原和西部等异地文化与合肥本土文化的互渗融合。历史和区位造就了合肥文化在发展演进的过程中，其开放性、包容性和多元化的特征逐渐形成并日臻彰显。同样，由于战乱的影响，也使合肥文化谱系缺乏因袭传承的清晰脉络，但它在中国文化发展史上依然具有重要的影响力和一定的历史地位。在某些历史时期，由于一些特殊人物的出现，它甚至在一定程度上影响着中国的历史进程和文化方向。因此，合肥这座历史悠久、文化厚重的古城，曾被史家称为：战之部——兵家逐鹿；商之都——车船辐辏；皖之中——区位优越；人之杰——精英辈出。

新中国诞生之后，合肥古城焕发了青春活力，加快了文化建设和经济发展的步伐，如今它已成为全国著名的科教基地、创新之城、交通枢纽和生态园林之都。

---

〔1〕合肥市人民政府地方志办公室编纂：《合肥概览》，1987 年版，第 3 页。

# 第一章　合肥文化的形成、特征及历史地位



## 第一节　合肥文化的形成与区界

古老的合肥，其文化的形成和积淀经过了一个漫长的风雨历程。自合肥人的先祖在此生存繁衍以来，就留下了文明的印迹，孕育了文化的胚胎，并注入了合肥地域文化的基因。由于时代的变迁和区域划分的变动，合肥的区界和隶属时有变化，但作为合肥文化的区域界定则应以历史上的合、六、巢一带为主，不宜做过细的分割。

### 一、新石器时代至秦汉时期：合肥文化的孕育形成

据考古发现，早在三四十万年前，合肥附近就有猿人活动的踪迹，考古学界将它称为"和县猿人"〔1〕。这一发现既填补了安徽关于旧石器时代研究领域的空白，也佐证了远古时期皖中地区是人类的发源地之一。距今六七千年

〔1〕1986年11月，在巢湖地区和县善厚乡汪家山发现大量动物化石，包括一具猿人头盖骨化石，经鉴定，属新生代第四纪更新世中期，距今约30万年，定名为"和县猿人"。

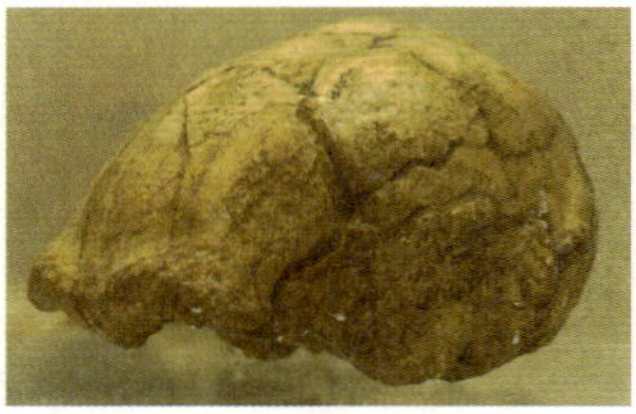
和县猿人头盖骨

前，合肥一带开始出现原始氏族部落（有巢氏），他们临水而居，在高埂上筑巢立室，繁衍生息。有人类的生存活动，就有文化的孕育萌生。殷商时期，合肥地区居住着我国东方夷族的一支——淮夷族。淮夷人勇猛善战，尤其擅长射箭，他们以虎为图腾，被称为“虎方”、“夷虎”。当时，他们已由氏族部落社会进入早期奴隶制社会，合肥周边地区已建有巢、舒、六诸方国。周武王平定天下，将原来的巢国地域析分为二：一为巢国，一为庐国。巢国资深，赐伯爵，称“巢伯国”；庐国赐子爵，称“庐子国”。春秋时期，庐子国为楚国属地，周边诸方国亦被楚国兼并。公元前241年，楚国迁都寿春（今寿县）之后，合肥地区成为楚国中心地带，它依傍巢湖、淝河等水路交通，成为物流大埠、商贾云集之都。至秦始皇灭六国，统一天下，合肥仍为交通畅达、商贸繁盛之地。据白寿彝主编的《中国通史》记载，秦汉时期除长安、洛阳、临淄、邯郸、宛城、成都这六大都会之外，地区性都会有18个，寿春、合肥均名列其中。[1]

当今合肥地区出土的战国及秦汉时期的大量珍贵文物，都能见证当时合肥区域文化和商业兴盛的情形。当然，淮夷文化、南楚和先秦文化只是合肥文化的源头和温床，它们对合肥文化的形成主要起了孕育和催化作用。

## 二、三国魏晋南北朝时期：合肥文化的融汇演化

东汉末年，诸侯争雄，豪杰并起，天下大乱。从189年汉灵帝死至589年隋文帝完成统一大业的400年间，中国基本上处于四分五裂的状态。由于合肥地处江淮分水岭和南北水陆要冲，故成为群雄逐鹿、兵家必争之地。尤其在三国时期，魏、吴两国在此反复争夺，上演了一场威武壮阔的历史大戏，同时也使三国文化在合肥留下了深刻的印记。在当今合肥地区，仍有三国古战场、三国新城遗址、逍遥津、飞骑桥、教弩台、迴龙桥、斛兵塘等与三国相关的人文遗存。

合肥城池在三国时期开始形成。汉献帝建安五年（200年），庐江太守李彬攻杀了扬州刺史严象，梅乾、雷绪等各聚众数万人在江淮之间起兵。为了控制江

〔1〕 白寿彝：《中国通史》第四卷《中古时代·秦汉时期》，上海人民出版社1995年版。

淮通道,曹操决定迁扬州治所于合肥,任命刘馥为扬州刺史。201 年,刘馥"单骑造合肥空城",建立州治。他实行屯田、兴修水利等措施,改善了合肥地区的农业生产条件,对恢复生产、促进文化发展起了重要作用。刘馥"又高为城垒,多积木石,编作草苫数千万枚,益贮鱼膏数千斛,以为战守备"[1]。在以后的魏吴战争中,刘馥修建的城池有效地阻止了孙吴的军事进攻。

233 年,魏将满宠上疏魏明帝"合肥城南临江湖,北远寿春",敌军攻易,于是建议"移城内之兵于城外"。在获得魏明帝同意后,他率众在原城西 30 里鸡鸣山一带营造新城。今天合肥的三国新城遗址公园即为其所在,这是合肥城池演进史上的又一次变迁。

三国新城遗址公园

由于诸侯长期拥兵割据,争夺势力范围,导致战争频发,人口锐减。据《合肥县志》等史料记载,汉桓帝永寿三年(157 年),全国人口总数是 5 648 万,经过三国混战,至西晋统一中国时,全国人口不足 600 万。这种人口锐减的状况在合肥地区尤为严重。刘馥初临合肥时,田地荒芜,人口逃散,一派颓败凄凉景

[1] 陈寿:《三国志·刘馥传》,中华书局 2005 年版。

象。当时,从合肥以南到皖城(今潜山)一带曾一度成为无人区。后来,曹魏在合肥地区实行屯田,经济有所好转。西晋咸宁元年(275 年),朝廷将一批官府奴婢送到合肥区域以替代屯兵种植水稻,有效地促进了当地经济和文化的复苏,使合肥出现了"风土明茂,皆胜淮左诸郡"[1]的景象。

晋王室南渡后,大批官民南迁。为了安置他们,朝廷在大江南北设置了许多侨州、侨郡和侨县,后来南朝的宋、齐、梁、陈也用侨置的办法来安置北方南迁人口。合肥地区是侨置地之一,如东晋在合肥设置的梁郡和南梁郡,其郡治就在今天的肥东县境内。来自黄河流域的大量人口迁入合肥之后,带来了中原地区比较先进的生产技术和有别于亳淮老庄的儒家文化。极具风雅遗韵的吴楚文化,淡定高远的老庄文化,雄奇刚健的三国魏晋文化与崇尚人伦、经世致用的中原儒家文化在合肥这方厚土上相互碰撞糅合,融汇演化,再加上动荡不安的乱世的磨砺,使合肥人逐渐形成了一种既不安于现状又淳朴务实,既崇文尚武又宽厚包容的文化品格。一方面,战争让人们不得不接受腥风血雨的洗礼,不得不用武力以求自保;另一方面,人们饱受战乱、迁徙之苦,目睹生灵涂炭、亲人离散,又迫切渴望社会稳定和生活安宁。当时,合肥的外来移民和本土百姓正是在这样的历史文化环境和心理状态下艰难地走过了数百年的动荡岁月。



## 三、隋唐宋元时期:合肥文化的繁荣昌盛

进入南北朝时期,当时合肥一带基本上属于汝阴县、慎县辖区。隋文帝开皇元年(581 年),改汝阴县为合肥县,改合州为庐州,合肥为庐州州治。这是合肥的另一称谓"庐州"的由来。隋炀帝大业三年(607 年),改庐州为庐江郡,合肥县为郡治。自隋唐开始,合肥地区逐渐进入新的历史时期,社会相对稳定,经济有了较快的发展,同时也促进了文化的繁荣。

唐代是中国封建社会最为灿烂辉煌的时期,特别是唐太宗贞观至唐玄宗开元年间,唐王朝可谓民富国强,如日中天,甚至出现了"稻米流脂粟米白,公

---

[1] (宋)李昉等:《太平御览》。

私仓廪俱丰实"[1]的局面。这一时期，合肥作为庐州治所，农副业、手工业和商贸业都得到了长足发展。《新唐书·地理志》记载："庐州庐江郡土贡有花纱、交梭丝布、茶、蜡、酥、鹿脯、生石斛。户四万三千三百二十三，口二十万五千三百九十六。"当时，合肥商贸繁荣，市区南半部已形成了新的商业巨镇。嘉庆《庐州府志》记载，唐贞观年间，右武侯大将军尉迟恭在合肥地区筑"金斗城"，城址在"故城东南六里，肥河南岸岗阜高地"。金斗城为庐州新城，水路交通便捷，当时周围各县(包括今天的六安、巢湖地区)的漕粮大多通过合肥水路运抵京师。

唐朝末年，唐王朝在黄巢起义军的打击下已名存实亡，军阀四处割据称雄。合肥人杨行密起兵庐州，攻城略地，势不可挡，威震天下。天复二年(902年)他被朝廷封为吴王，成为唐朝的藩王。吴国地处江淮，也就是今天的江苏和安徽中、北部一带。杨行密采取了一系列发展经济的措施，如"招合遗散，与民休息，政事宽简"[2]以奖掖农耕，鼓励桑织，轻徭薄赋，从而使千里江淮出现了"旷土尽辟，桑柘满野，国以富强"[3]的繁荣景象。

宋辽金元时代是民族矛盾错综交织，农耕文化与游牧文化既冲突又融合的特殊时期，也是各民族共同创造文化、书写历史的重要时期。960年北宋王朝建立后，局部战争的硝烟始终没有停息。到南宋时期，宋金对峙的局势更为紧张，南北冲突的战事时有发生。在此阶段，淮河以南仍相对安定，经济文化都有显著的发展。故而当时黄河两岸的贵宦黎民为逃避战乱，纷纷南迁至江淮地区，历史上的合肥又一次接受了中原文化的浸润。

由于当时庐州为淮西首府，是江淮之间的政治军事和经济中心，自然也就成为宋金争夺的对象，战争也曾席卷过这一带。

宋高宗绍兴四年(1134年)冬，金兵5万余人入侵淮南，占据滁州，进逼合肥。淮西安抚使仇悆率千人御敌，全军战死。当时屯驻襄阳的岳飞派遣虎将牛皋率轻骑两千人马急驰合肥救援。牛皋到合肥后仅率几十名骑兵冲入敌阵，金兵见他威风凛凛，长驱直入，疑有埋伏，便仓皇退却，在混乱中自相践踏。这是发生在合肥的又一次以少胜多的战例。相传牛皋破金兵后安营扎寨之

---

〔1〕 引自唐代诗人杜甫的《忆昔》。

〔2〕《旧五代史》卷一百三十四《杨行密传》。

〔3〕(宋)司马光:《资治通鉴》。

地，即合肥古城遗址。《合肥县志》记载，合肥城西北30余里，牛寨寺北有古城遗址，“大十余亩，有土垣，高七八尺”[1]。

绍兴十一年(1141年)金军都元帅金兀术率10万余精锐骑兵强渡淮河，破寿春(今寿县)后占据庐州。随后，南宋名将刘琦等三路人马分路出击，大败金兵，收复庐州。战后，宋金两国于当年缔结“绍兴和议”，此后双方基本维持了和平相处的局面。除上述战事之外，两宋时期合肥一带基本稳定。宋代朱服在《过庐州》一诗中描绘了当时合肥安宁温馨的景象：“昔年吴魏交兵地，今日承平会府开。沃野欲包淮甸尽，坚城犹抱蜀山回。柳塘春水藏舟浦，兰若秋风教弩台。”[2]



当时的统治者在宋金议和时期，采取了一些刺激经济发展的措施，使合肥的经济、文化水平都有显著提高。据《宋会要辑稿》记载，当时庐州有36圩，方圆40里。宋真宗大中祥符五年(1012年)，朝廷遣使往福建取占城稻种在江淮播种，提高了水稻产量。经济作物棉花也扩种到江淮地区，棉布取代了丝麻，棉纺织业随之兴起。合肥作为庐州治所，商贸业也异常发达。有统计资料表明，宋神宗熙宁十年(1077年)，当时合肥每年上缴的商税就高达5万贯[3]。即使在宋金对峙时期，合肥周边也有许多用于物品交易的榷场。南宋乾道五年(1169年)，淮西帅郭振筑斗梁城，使金斗河(当时南淝河一段)横贯城中，合肥市集商贸日臻繁荣，当时城中“百货骈集，千樯鳞次”，金斗河两岸“悉列货肆，商贾喧阗”[4]。

1279年元灭南宋后，元朝新政减免苛捐杂税，实行重农政策。江淮地区是全国垦荒重点，庐州各县大兴圩田，扩大耕种面积，使农业生产获得了较快发展。当时庐州的工艺制作水平相当高超，1955年有人在合肥原孔庙宅基施工时发现了101件金银器，为元朝至顺四年(1333年)庐州匠师章仲英制作，其中一件带有凤凰戏牡丹花纹的银质果盘，做工玲珑别致，精美典雅。

纵观隋唐宋元时期的合肥，它既是州治所在地，又是江淮之间的商埠重

---

〔1〕(清)左辅纂修：嘉庆《合肥县志》，黄山书社2006年版。

〔2〕引自宋代朱服的《过庐州》。

〔3〕(宋元)马端临：《文献通考》，中华书局1986年版。

〔4〕(清)嘉庆《庐州府志》，上海古籍出版社2005年版。

镇。社会相对安定，经济文化得以发展。合肥人不再与刀光剑影相伴，也不再因战乱而流离失所，饱受动荡饥寒之苦。受中原文化和儒家思想的影响，一部分合肥人开始走上读书入仕、博取功名的道路。唐宋以降，府学、县学成为定制，随科举制度并延（今天的合肥六中分部，原第四中学就是当时庐州府学所在地）。此外，各类私塾民学也遍布城乡，发挥着重要的教化作用。在此期间，庐州的文风开始兴盛起来。包拯就是在宋仁宗天圣五年（1027 年）考取进士的，后来官至枢密副使。由于包拯"立朝刚毅，贵戚官宦，为之敛手，闻者惮之"〔1〕，成为历代百姓崇拜的清官偶像，也是合肥儒生的杰出代表。

这一时期，合肥文化呈现出多样化的发展态势，不仅读书求学风气浓厚，诗文著述和民间宗教文化也盛极一时，民俗文化、民间文艺活动更是异常活跃，说唱、歌谣、戏舞、鼓乐、祭祖、舞龙、纸扎、绘画等文艺形式都非常流行。

宋代包拯的"奏议十疏"、杨察的二十卷文集，元代余阙的《青阳山房集》和《五经传注》、葛闻孙的《环山房集》，都在历史上较有影响。尤其是宋代姚铉编著的《唐文萃》，主张文体变革，"文赋惟收古体，而四六之文不录；诗歌亦为古体，而五七言近体不录"〔2〕，对推动宋代的诗文革新运动起了重要作用。

南宋时期合肥文化领域一个引人注目的现象是各类地方志大量涌现。如：唐琦、郑兴裔合著的《合肥志》四卷，练文编著的《庐州志》十卷，刘浩然编著的《合肥志》十卷，还有王知新撰修的《合淝志》十卷等。盛世修志，这些地方志书的涌现，也从一个侧面反映了当时合肥地区经济文化的昌盛景象。

## 四、明清及近代时期：合肥文化的积淀传承

进入明朝，合肥地区的经济文化形态呈现出鲜明的时代和地域特征。由于江淮一带（包括庐州在内）是朱元璋起兵之地，因此朱元璋夺取政权后，在推行休养生息的政策时，庐州受到了格外重视。洪武三年（1370 年），明王朝诏令免除庐州的田租；洪武二十五年（1392 年），朝廷为发展皖中农村副业，"令凤阳、滁州、庐州、和州每户种桑二百株、枣二百株、柿二百株"。官方政策上的扶

〔1〕《宋史》卷三百一十六《包拯传》，上海人民出版社 2006 年版。
〔2〕（宋）姚铉：《唐文萃》，上海商务印书馆 1936 年版。

持与鼓励，使明初合肥城乡经济发展加快，人口也迅速增长。《大明一统志》记载，自洪武二十六年(1393 年)至弘治四年(1491 年)近百年间，庐州府田由 162.2 万亩增至 254.3 万亩，人口由 36.7 万人增至 48.6 万人。[1]

在经济发展、人口速增的情形下，合肥的商贸流通也日臻兴盛。这时的庐州城既是皖中商贸中心，又是南北漕运的中转地，庐州所属 8 州县的赋粮和物资都通过庐州转往京师。庐州城内金斗河沿岸商铺林立，各种商品交易繁忙。庐州城池坚固，历史上素有"铁庐州"之称。需要说明的是，明末张献忠率起义军攻克庐州虽斩杀了城内的封建官绅，却"留下文人多不杀"，因此，合肥的文化传承并没有因庐州失守而受到太大的影响。



清军入关后，一度对反清汉人进行血腥镇压，但后来清朝统治者从巩固政权的需要出发，开始起用汉臣，并陆续采取了奖励垦殖、兴修水利等发展生产的积极措施。合肥周边(特别是巢湖一带)是鱼米之乡，当时所产稻米除本地消费外还运往异地市场，螃蟹、银鱼等水产品也很丰富。乾隆五年(1740 年)，玉米被引进合肥地区种植。此外，烟叶、花生、西瓜等经济作物也陆续被引入当地种植并得到推广。各种商品交换日趋活跃。这一时期，合肥人口激增，乾隆六年(1741 年)，总人口已逾百万。嘉庆二十五年(1820 年)，庐州 5 县人口已达到 351 万。清末，由于太平军与清军在合肥一带争夺战略要地，致使合肥的经济文化发展再次受到重创。以人口为例，到同治、光绪年间，庐州府与州县人口由 351 万减至 140 万。

1840 年鸦片战争爆发之后，西方列强用坚船利炮打开了中国大门，改变了古老中国的经济结构和社会文化形态。随着西方列强势力的扩张，合肥也受到了明显影响，特别是 1877 年芜湖正式开埠后，合肥传统的自然经济结构加速解体，而商品贸易和多元经济则获得了较快发展。

从 1851 年至 1864 年，这 13 年是太平天国运动时期，因为合肥是太平天国京都天然的粮食中转要地，所以太平军非常重视对这一地区的控制，他们调集大军两次攻克庐州。1858 年，在年轻将领陈玉成的指挥下，太平军取得三河大捷，重创湘军，扭转了太平天国天京内讧后的危局，但同时也给合肥留下了难

---

〔1〕(明)李贤等修:《大明一统志》，万寿堂刊本。

以弥补的战争创伤,更给后人留下了无尽的思考。1877 年,中英《烟台条约》签订后,芜湖开始设立各种从事进出口贸易的商行,既收购内地各种商品外销,也将洋货倾销到国内各地。当时合肥地区就有不少外国洋行的代办商号,仅合肥城内和丰乐河两岸就设有收购庄号 20 多处。这些商行代办向外输出的基本是农副产品,而输入的主要是洋纱、煤油、洋火(火柴)等。据《合肥采访概要》记载,清朝末年,合肥向外运销的稻米 130 万担、棉花 3 万担,运进的洋纱8 000件、布匹5 000件。这时的合肥正逐步向近代社会转变,开始出现近代工商业、近代教育、近代科技。1893 年,合肥设立庐州电报局。1894 年,李鸿章家族在合肥设立"李栈",筹办招商局,经营合肥至芜湖的小轮船运输业务。1896 年,西方传教士进入合肥,开始建立教堂、医院和学校。1903 年,肥东人洪明炯采用木构纺织机织成 360 条毛巾,随后开办了毛巾厂。其间,外埠商家纷纷来合肥投资兴办实业,使合肥的社会形态发生了很大变化,出现了近代资本主义的萌芽。

李鸿章官服像

19 世纪中叶,清王朝内忧外患,风雨飘摇。此时,合肥一位非同寻常的人物——李鸿章,登上了大清帝国的政治舞台。早年他追随曾国藩,参与镇压太平军和捻军有功,后又创建北洋水师,担当国家海防和抵御倭寇之重任,成为晚清权倾朝野的一代重臣。随着淮系集团的迅速崛起,合肥周边涌现出了许多淮军名将,如刘铭传、张树声、周盛波、唐殿魁、吴长庆等人,仅六家畈一地就走出了 130 多位淮军将领。他们为李鸿章两肋插刀,出生入死,后来又依附李鸿章这棵大树出人头地、做官经商。其中,刘铭传官至台湾首任巡抚,张树声官至两广总督,周盛波官至湖南提督。这些淮军将领衣锦还乡后,或置身商界,开当铺店号,或在故里大兴房宅,形成了独特的圩堡群落。坐落于肥西大潜山北麓的刘老圩,就是刘铭传晚年建造的庄园圩堡。那里古木参天,建房舍数百间,四周有护河吊桥,防御措施严密。这种圩堡群落是合肥宗族文化在强大经济实力和社会地位支撑下的一种表现形式。

李鸿章家族建于合肥淮河路上的李府等建筑群落,至今仍是合肥中心地带一道引人注目的景观。它庄重朴素,古色古香,呈现出江淮民宅特有的地域

李府建筑

特征和历史风貌。李府保存了与晚清历史和李鸿章有关的大量珍贵照片与实物，让人们感受到这位在中国近代史上颇具争议性人物风云变幻的一生，同时也折射出积贫积弱的近代中国在西方列强的合围侵吞下所经历的种种苦难和屈辱。

尽管李鸿章是个有争议性的历史人物，但他在中国近代史上的重要影响却是不可否认的。他是中国走向近代化的倡导者和开创者，一生致力于洋务运动，力主革新，励志图强。他创办了中国近代化工业和军队，以求富国强兵，抵御外侮，但晚清政府的腐朽统治导致他的宏愿和追求终归失败。他曾自诩是清王朝这座破屋的裱糊匠，无力挽救清廷这座大厦在风雨飘摇中走向衰亡的历史命运。

晚清至民国时期，以李鸿章、段祺瑞为代表的一大批合肥籍政要和军事将领，在中国的社会变革和新旧时代更替之际，登台主政，叱咤风云，对中国的命运和历史走向产生了重大影响。

明清时期，合肥地区的学术界同样是人才济济，群星璀璨，成果卓著。嘉庆《合肥县志》收录的有学术价值的著作就有近百部之多。明代龙源的《友云集》、高海的《泰山游览》、蔡悉的《程子大学定本》、孙镇的《冲元集》、王霍的《书经便蒙》、孙荆的《庐阳文献志》等著作都有较大影响。

清代合肥的历史著作和文学作品颇为丰富，一批在当时文坛有影响的诗人脱颖而出，如龚鼎孳、李澹然、李天馥、李孚青、萧玉成等。其中龚鼎孳“天才宏肆，千言立就”，顺治帝对他尤为欣赏，称其“真才子也”〔1〕。他与吴伟业、钱谦益并称“江左三大家”，有《定山堂诗集》传世，收有诗词3 300余首和部分政论文、奏疏等。其中一首描述筝笛浦的词写道：“美人画舫娇歌舞，烟鬟无数沉黄土。香魂一片化湘云，千年尚听残声鼓。箫鼓残，君莫哀，曾闻孟德风流处，卖履分香铜雀台。”〔2〕这首词里咏物、状景、用典、转韵、联想都运用得妥帖自然，既是描写移步换景的游记，又是表达万千感慨的抒怀之作。

昔日的稻香楼是龚鼎孳与红颜知己、“秦淮八艳”之一顾媚的爱巢，留有许多动人的情爱传说。稻香楼也是当时鸿儒才俊、文人雅士抒怀唱和之所，曾任工部尚书、武英殿大学士的李天馥与其子李孚青也曾来此入住，以诗文会友。李天馥与庐州知府张见易曾挽留新安画派大师石涛在此住有月余，后来石涛在名作《巢湖图》的跋文中记叙了他与李尚书、张知府在稻香楼赋诗唱和之事。

### 五、合肥文化发展的新时期：解放至今

1949年1月21日合肥迎来了解放，2月1日合肥由县改设为市。从此，合肥的命运被改变，其文化发展也进入了一个崭新的历史时期。1952年8月25日，安徽省人民政府正式成立，省会驻合肥。

解放之初，合肥只是一个小县城，仅有5万人口，城墙内的老城区面积为5.2平方公里，实际建成区面积不足两平方公里。城区道路6.9公里，基本是碎石、条石路，房屋99万平方米，除少数2—3层砖木结构的楼房外，大部分是土墙草顶或砖墙小瓦的平房。对外交通，淮南铁路中断，连枕木也被拆掉不少；长途汽车仅有10余辆木炭汽车，破烂不堪；道路坎坷不平，桥梁危圮，有句顺口溜说：“一走二三里，停车四五回，抛锚六七次，八九十人推。”工商业几乎一片空白，没有电，没有自来水，全市仅有一台4尺车床和一些卷烟、碾米、打铁的

〔1〕 赵尔巽等：《清史稿》卷四百八十四《列传》，中华书局1997年8月重印本。
〔2〕 朱世英、高兴著：《古人笔下的安徽胜迹》，安徽人民出版社1982年版。

手工作坊，拥有20多名工人和几台木机的新生棉织厂是当时合肥最大的工厂。

市委、市政府成立后，迅速恢复秩序，抢抓建设，组织市民修整街道，加固桥梁，拆除旧城墙，并在旧城墙的基址上修筑环城马路，开辟了贯穿合肥东西向主干道——长江路，兴建了全市第一座人民公园——逍遥津公园、第一座机场——三里街机场……同时，兴建了江淮大戏院、安徽省博物馆等重要文化设施。

50年代初期，经过全市人民的奋力建设，合肥城市面貌雏形初显，但是与省内芜湖、安庆、蚌埠等市相比，无论是经济发展、城市建设，还是交通条件、居住环境，都依然比较落后。当时，一些人思想上有点动摇，安徽省领导层也有人提出迁省会于芜湖之动议，但上下意见不一，举棋不定，影响了人心安定和城市建设。1958年9月16日，毛泽东主席视察安徽，针对安徽省会选址举棋不定的情况，指出“合肥不错，为皖之中……从长考虑，似较适宜”。领袖一锤定音，既决定了一个城市的命运，也加速了合肥城市的发展。

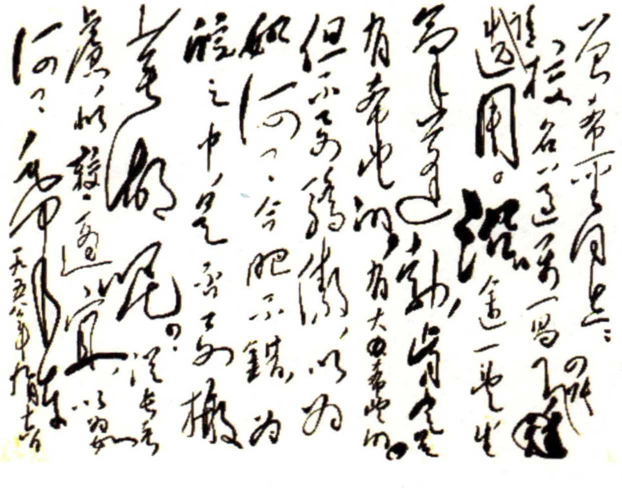

毛泽东手迹

历经解放后30年的风风雨雨，合肥终于迎来了改革开放的大潮，同时也进入了前所未有的快速发展时期。一代又一代合肥人大胆解放思想，抢抓发展机遇，在改革创新中走出了一条超常规跨越式发展的路子，正以积极奋进、昂扬向上的姿态大步走向更加灿烂美好的未来。

今天的合肥，是一座环湖而立的特色之城。坐拥江淮大地，雄踞八百里巢湖，傲揽万里长江。湖中岛屿姥山庙有一著名长联，上联为“百八里形胜参差，欲盖览绮丽春光，正烟消雨霁，岑楼上洞启疏棂，远黛修容环献媚”，下联为“万千层涛澜汹涌，若别领清幽秋景，追风息波恬，长夜间徒倚山渚，冰轮跃彩遍浮金”。它高度地概括了巢湖作为千古名湖的瑰丽和壮观。

今天的合肥，是一座高速发展的崛起之城。只争朝夕求上进，奋力赶超图跨越，是历代合肥人谋求崛起的一贯作风。多年来，地区生产总值、固定资产投资、地方财政收入等主要经济社会发展指标增速，一直位居全国省会城市前列。市域面积由解放初的5.2平方公里拓展到339平方公里，市区人口由5万人增加到335万，国民生产总值增长了百倍以上，文化、教育、科技更是日新月异。

姥山庙




今天的合肥，是一座实力强劲的工业之城。她拥有全国最大的挖掘机、叉车、轮胎生产基地，联合利华、ABB、家乐福、麦德龙等几十家世界500强和国内外知名企业相继落户合肥。家电产业产量跃居全国第一，汽车、装备制造等重点产业综合产能进入全国前列；新型平板显示器、太阳能光伏电池、新能源汽车、公共安全等战略性新兴产业确立全国领先优势。合肥相继成为“国家级汽车及零部件出口基地城市”、“国家节能与新能源汽车示范推广试点城市”、“加工贸易梯度转移重点承接城市”、“中国服务外包基地城市”、“中国服务外包示范城市”和“国家动漫产业基地”。

今天的合肥，是一座活力迸发的创新之城。她是中国农村包产到户的发源地、全国首个科技创新型试点市、全国首批创新型试点市、全国首批社会管理创新试点市、合芜蚌自主创新综合试验区核心城市，还是世界科技城市联盟会员城市。这里诞生了全球第一台VCD(万燕VCD)、全国第一台窗式空调(天鹅空调)、全国第一台微型电子计算机……她时时、处处闪烁着探索的火花，洋溢着创新的激情。

今天的合肥，是一座交通便捷的枢纽之城。承东启西、连南接北，纵横交错、网络密集的铁路，四通八达、"一环七射"的环城高速，通江达海、物畅其流的合肥新港，面向世界、国内一流的4E级新桥国际机场，使合肥跃升为全国铁路中心枢纽、江淮内河航运中心、全国重要的特大型空港，并将成为全国重要的区域性综合交通枢纽。

今天的合肥，是一座开明包容的开放之城。她秉承兼容并蓄的大开放精神，先后同180多个国家和地区建立经贸往来，与日本久留米、美国哥伦布等10多个国外城市结为友好城市；积极参与长三角发展分工合作，成为长三角城市经济协调会重要成员；相继被评为"全国投资环境50优城市"、"全国十大经商成本最低城市"、"中国最佳投资城市"。"近者悦，远者来"的合肥魅力凸显，海内外投资者、创业者、旅游者、定居者等等纷至沓来。



今天的合肥，是一座自然优美的生态之城。在城市建设中，她注重历史与现实的融合，追求城市的文化品位和园林式布局。在辟建环城林带的基础上建成了开放式的环城公园，使合肥城中有园、园中有城，绿树碧水宛如玉带蜿蜒于新老城区之间，被人们誉为合肥的"翡翠项链"。合肥园林与城市融为一体的规划构建，1986年被建设部评为全国优秀设计、优质工程一等奖，并被全国统编教材(中学地理教科书)引为范例。1992年，合肥与北京、珠海等城市一起被列为全国首批园林城市，也是全国首批优秀旅游文化城市之一。

合肥园林城市一景

合肥还有以包公文化为主题的包河公园，以民俗文化和市井商业为特色的城隍庙、步行街，以水域景观为亮点的天鹅湖景区，以动物雕塑为特色的西山琥珀景区，以野生动物园和植物园为主体的大蜀山景区，以大众娱乐文化为中心的环东景区，以高等院校为主角的经济技术开发区大学城，以政务机关和影视、出版、演艺为核心的政务文化新区，更有紧邻巢湖之畔、正在崛起的滨湖新城，它们都是合肥一道道亮丽的风景线。董铺水库、天鹅湖、翡翠湖、南艳湖，一颗颗水域明珠，让合肥富有灵性；经开区、高新区、政务文化新区、滨湖新区，一个个新区的诞生，让合肥充满生机。

在合肥这方热土上，汇聚了众多各界精英，有眼光超前、富有魄力的决策者，有蜚声中外文坛艺苑的作家、艺术家，有引领科技创新的两院院士和中青年科学家，还有知名的文化学者和文化产业的创造者，他们都是合肥新时期文化事业的引领者、开创者和建设者。解放以来，在他们的引领和推动下，伴随着经济社会的快速发展，合肥的文化建设也迎来新的春天。

新世纪以来，合肥步入了文化大发展、大繁荣的新时期。“十一五”时期，全社会文化投入累计达 458.2 亿元，是“十五”时期的 5.29 倍，年均增长 56.9%，高于同期全市投资增幅近 10 个百分点。新建、在建文化体育设施 942 个，总建筑面积 280 万平方米，其中重大项目 27 个，建筑面积 184 万平方米，分别比“十五”时期增长 3.5 倍和 14.8 倍。文化产业增加值增幅连续 5 年超过 30%，2010 年总量突破 150 亿元，占全市地区生产总值的 5.6%。全市有 1 个国家级动漫产业基地、1 个国家级文化产业基地、4 个省级文化产业示范基地和 1 个市级文化娱乐试点街区。其中，合肥国家动漫产业基地自 2007 年 11 月挂牌成立以来，已经集聚各类动漫企业 80 余家，2010 年动漫企业生产产品达两万分钟，动漫产业总产值超过 5 亿元，已呈现强劲发展之势。目前，全市出版物流、新闻传媒、文化旅游休闲、信息网络、创意设计、演艺娱乐、节庆会展业已成规模，数字娱乐、动漫游戏、文化创意等新兴业态日趋活跃，文艺演出、电影电视、电子出版物及音像、文化休闲娱乐、文博旅游、艺术品等市场日益成熟。

一方风土一方歌，合肥民间文化在长期的积累和传承中，还形成了自己独具特色的地方曲艺和手工艺术品。

庐剧，原名“倒七戏”，主要流行于皖中和皖西、沿江一带，已有近 200 年的发展史。庐剧博采众长、兼收并蓄，不断吸收阜南、固始一带嗨子戏，淮南、寿县端公戏，皖南花鼓戏、徽剧等声腔、剧目，唱腔有主调、花腔两大类，曲调朴实清新，优美动听。主要剧目有《休丁香》、《秦雪梅》、《乌金记》、《借罗花》、《讨学钱》

等。上世纪50年代,庐剧表演艺术家丁玉兰等人赴京演出,受到毛泽东、刘少奇、周恩来等中央领导人的亲切接见。2008年,庐剧被列入国家级非物质文化遗产名录。

新中国成立后,黄梅戏这个安庆地方剧种也在合肥这方沃土上生根开花,结出硕果,影响辐射全国。1954年,安徽省黄梅戏剧团在合肥正式成立,相继涌现出了严凤英、王少舫等表演艺术家和时白林、陆洪非等著名作曲家、剧作家,创作了《天仙配》、《女驸马》、《牛郎织女》等经典剧目,"树上的鸟儿成双对"唱响神州大地。进入新时期,省黄梅戏剧团又发展成为安徽省黄梅戏剧院,并培养出了马兰、吴琼等"五朵金花"。



合肥门歌,是幽默风趣、清新质朴、乡土味十足的民间曲艺,是一种曾经流行于皖中南地区的民间歌谣,被誉为皖中南民歌的"活化石",在上世纪五六十年代被合肥及周边地区的老百姓奉为主要"精神食粮"之一。门歌,按歌词表现的内容可分为劳动歌、情歌、生活歌、仪式歌等,按表现手法分有比喻、夸张、形容、对比等。门歌的表现方式,一是走街串户演唱,二是逢年过节玩花灯、划旱船时演唱。门歌也有坐唱形式,由众人凑钱,固定在一个地方唱几天,如同说书一般唱连台本戏,如《梁山伯与祝英台》等。包河区骆岗镇大郢村的贾德云和肥东县的殷光兰是门歌艺术的传承人,他们的唱腔圆润清亮,韵味纯正,余音绕梁。

合肥曲艺种类多,有大鼓、快板、快书、坠子、评书、琴书、评话、弹评、相声等。上世纪90年代,合肥曲艺团的相声作品《鱼老万》获全国相声评比一等奖。

在工艺品方面,以邓之元、陶仁志为代表的一批合肥艺人用火和锤代笔,创作出了闻名遐迩的吴山铁字。还有肥东洋蛇灯、合肥剪纸、挑花、三河羽毛扇等,都是盛开在合肥土壤上的工艺奇葩。

## 第二节　合肥文化的地域特征

合肥文化从内容到形式、从精神内涵到物化形态都具有明显的地域特征,其特征的形成自然与合肥的历史演进、文化渊源以及地域风俗习惯有着密切关系。

历史上，合肥地区建制和行政区划屡经变迁，自秦始皇二十六年（公元前221年）合肥正式建制为县，隶属九江郡，距今已有2 200余年。此后，合肥又数易隶制。在相当长的历史时期，合肥不论隶制如何变化，它都处于江淮首郡的地位。与此同时，无论是秦汉时期的扬州郡还是隋唐以后的庐州府，其所辖区域都已大大超越合肥城的范围。从文化的地缘关系以及文化的辐射性来看，作为以合肥为中心的地域文化，它显然不能囿于合肥自然地理和行政区划的范围。在梳理合肥文化的历史渊源和发展脉络的过程中，我们发现自古以来，合肥文化与周边地区文化始终存在着血缘相通、互融互渗，"你中有我，我中有你"的密切关联。因此，它们既有高度相似的文化表征，也有内涵相近的文化特质。今天，我们考察合肥文化，既要从文化地缘、文化辐射和文化传承的角度来考虑其文化的空间界域，更要以"大合肥"的观念和文化视野来研究其文化的地域个性与特质。不论从历史的渊源还是从发展现实来看，"大合肥"的概念和范围都应包括今天的"合、六、巢"三个区域（即合肥市、巢湖市和六安市部分区县），约相当于清初庐州府所辖范围。

除了对合肥文化的空间区域做出初步界定之外，我们对合肥文化的创造主体以及它所涵括的内容也应有大致的框约。参照学界对徽州文化创造主体与涵括内容认定的基本准则，我们也可从三个层面来概括：首先是合肥人在合肥这方水土上所创造的具有地方特征的文化；其次是非合肥人在合肥地区所创造的带有合肥文化特征及烙印的文化；其三是合肥文化辐射和影响所及地域带有合肥文化色彩的文化。[1] 此外，合肥文化还应包括在大合肥区域内当地人所创造的文化，以及由合肥本籍、寄籍或侨居他乡的合肥人所创造的辐射于外埠的具有合肥地域特征的文化。

赵吉惠先生在其专著《中国传统文化导论》中把文化分为四种类型，即物质文化、精神文化、制度文化、行为文化。其中物质文化与精神文化是主文化，制度文化与行为文化为亚文化。[2] 参照这种分类，我们对合肥文化的梳理和研究，也可以从上述不同层面来进行具体考察。

合肥的物质文化遗存有三国新城遗址、包公祠、逍遥津、教弩台、吴王庙、

〔1〕 参照郭因先生对徽州文化的分类。

〔2〕 赵吉惠：《中国传统文化导论》，江苏教育出版社2007年版。

李典墓、李府、淮军将领故居、城隍庙、三河古镇等，还包括合肥的城市建设、科技发明、著作文献等有形的文化载体，它们是合肥文化的外在表现形态。合肥的精神文化主要是指这一地域所产生的哲学、伦理、宗教以及文学、艺术、民俗等观念性文化，它是合肥文化的内核与灵魂，也是合肥人的基本观念、思维方式、人生态度、道德品格和审美意识的具体体现，这是合肥文化的内涵和特质所在。合肥的制度文化是指长期以来合肥所形成的各种典章制度和地方法规，诸如社会政治制度、土地制度、赋税制度、教育制度、宗教制度、族规、村规等等。合肥的行为文化主要是指合肥人的生活方式、为人处世态度以及具有文化意义的行为规范、行为模式、民俗风习和娱乐方式等。



对合肥文化的空间区域、创造主体和主要内容做出初步认定，是我们进一步去探讨、概括合肥文化地域特征的基本前提。

特殊的战略区位和连绵不断的战乱导致合肥文化的因袭传承时断时续，其连续性和传承脉络并不是太明晰，但作为皖中文化的典型标本，合肥文化既有悠久的历史、丰富的类型和高品级的物化遗存，又有深厚的内涵和极具个性化的地域特征。

## 一、历史悠久

考古发现和历史文献证明，合肥地区、巢湖流域是中华人类的发源地之一，也是中华文明的发祥地之一。和县龙潭洞猿人遗址被发现和确认，不仅震惊了中外史学界，也表明三四十万年以前在合肥区域就开始出现古人类生活的踪迹。此外，巢县银山智人遗址和放王岗遗址以及含山县境内的凌家滩文化遗址的发现，也证明合肥、巢湖一带存在古人类和古老文明的印迹。中国最古老的氏族部落之一"有巢氏"部落就曾在合肥地域东部及沿巢湖一带生存和繁衍。《韩非子·五蠹》云："上古之世，人民少而禽兽众，人民不胜禽兽虫蛇，有圣人作，构木为巢，以避群害，而民悦之，使王天下，号之曰有巢氏。"〔1〕

有巢氏

〔1〕 翦伯赞：《中国史纲要》第一册，人民出版社 1979 年版，第 9 页。

《通志·三皇纪》云:“厥初,先民穴居野处,圣人教之结巢,以避虫豸之害,而食草木之实,故号‘有巢氏’,亦曰‘大巢氏’。”[1]《辞海》关于“有巢氏”的解释是:“有巢氏,传说中巢居的发明者。相传远古时代,他为了避免野兽侵袭,教民构木为巢,居住在树上。反映了中国原始时代巢居的情况。”有巢氏的祖籍地在合肥东部和沿巢湖一带,有诸多文献可以印证。宋代著名史学家郑樵在《通志·氏族考》中指出:“巢,有巢氏之后,尧时有巢父,夏、商有巢国,其地在庐江,子孙以国为氏。”[2]清代学者陆龙腾勘定康熙《巢县志》时特作考注,认为“居巢父”之名,缘起“巢父仍居有巢之旧”,并指出“遂以名其地”。类似记载屡见史籍。另有被孔子尊为与尧、舜、禹齐名“上古四圣”之一的皋陶,其墓葬就位于六安城东,还有地处合肥市郊、属于商周时代的大雁墩和大古堆古文化遗址及陆续出土的文物,都见证着古代合肥及周边地区文明形成的悠久。

## 二、类型丰富

合肥文化不仅历史悠久,且有丰富的类型和样式,具体呈现在以下几个方面:

1. 人文遗存众多。合肥区域既有远古时代的文明遗址(如上文所述),亦有秦汉以降各个时期的历史文化遗存。如:三国时期的逍遥津、教弩台、三国新城遗迹、李典墓、西庐寺,南朝时期的铁佛寺(唐代重建改称明教寺),唐末的吴王墓(北宋初建的吴王庙),晚清李鸿章捐资重修的包公祠,20 世纪 80 年代移迁修建的包公墓,晚清的李府、刘铭传等淮军将领故居,以及有千年历史的三河古镇和新中国成立前夕设立的瑶岗渡江战役总前委指挥部等,都是这方沃土上的人文遗存和文化积淀。而毁于战火的人文景观和名胜就更多了,如闻名遐迩、为历代文人骚客吟咏盛赞的藏舟浦、镇淮楼、听松阁、兴国禅院等名胜。

2. 文化类别丰富。合肥文化涉及政治军事文化、三国文化、移民文化、宗教文化、伦理孝道文化、包公与清官文化、圩堡宗族文化、民俗文化、方言文化、饮食文化、书画与曲艺文化、教育科技文化等等,其中有的文化类别独具一格,如

---

〔1〕 郑樵:《通志·三皇纪》,人民出版社 1971 年版。
〔2〕 郑樵:《通志·氏族考》,人民出版社 1971 年版。

三国文化、包公与清官文化、圩堡宗族文化等，在中国文化发展史上影响深远。合肥还涌现出了一批在中国历史上举足轻重的人物，如唐末农民起义军领袖杨行密(后被封为吴王)，北宋清官名臣包拯，晚清重臣李鸿章，台湾首任巡抚刘铭传，北洋军政元首段祺瑞，诺贝尔物理学奖获得者、世界知名科学家杨振宁等。

### 三、灿烂厚重

合肥文化的因袭传承尽管受到战乱影响，文脉时有断层，但它起源悠远、类型丰富则是不争的事实。早在战国末年至秦汉，寿春就是淮上的通都大邑。合肥与寿春南北相辅，它在北连中夏、南通闽越的经济文化交流中，扮演着重要角色。《史记》、《汉书》对此均有记载。优越的地理通商条件和重要的战略区位，使合肥成为经贸繁荣、文化发展水平与开放程度都比较高的府县城市。合肥历代风云人物和文人才俊的涌现，数以百部学术文化著述的问世，特色鲜明的圩堡宗族文化和乡土气息浓厚的民间文艺的形成，还有大量珍贵历史文物的出土，都印证着合肥文化的灿烂与厚重。在此仅以部分出土文物为例，即可见证合肥古代文化的发展水平与其独特的价值。



1. 乔夫人鼎，合肥地区青铜器的典范器件。它造型优美，色彩斑斓。圆形腹部，直式方耳置于腹的肩部，腹上饰有精美的花纹，下有一道凸弦纹，盖为直边平顶，顶心为弓形鼻，鼻周环铸七字铭文。

乔夫人鼎

2. 长腔长钮编钟，为春秋时期的青铜质打击乐器，共 9 件。通体饰变形蟠虺纹，每面均饰 6 组 18 枚乳钉纹，每 3 枚一组横排，在两侧各列成 3 排，共鸣箱为突体上覆瓦形。该器物不仅反映了青铜铸造技术已经达到了很高水准，也反映出当时人们的审美水平和对精神文化生活的追求。

长腔长钮编钟

龙首纽直流盉

3. 龙首纽直流盉，系西周青铜器，圆形盖，盖上盘一龙，龙首居中昂起头为盖纽，龙身由粗至细盘旋成盖。口圆外敞，直颈，鼓腹，圆圜形底，圆柱形三足。通高 26.1 厘米，足高 5.6 厘米，口径 11.8 厘米。

4. “寿之行□”戈，系春秋时期的青铜勾杀兵器。全长 18.36 厘米，呈绿色，平突脊，两边缘有刃，内上有一长方形穿，饰有弦纹和圆圈纹。环上有篆书铭文：“寿之行□”。

“寿之行□”戈

5. 铸客大鼎，系战国时期楚国青铜礼炊器。鼎通高 113 厘米，口径 87 厘米，重 400 公斤。圆口、鼓腹、圜底、三蹄足。腹饰凸弦纹，弦纹饰模印花纹。双身和外壁饰菱形几何纹，足根部饰浮雕漩涡纹。鼎口平沿上刻 12 字：“铸客为集……为之安邦”。此鼎无论是重量还是形体，迄今为止只有后母戊大方鼎可与之相伯仲。

6. 幽王鉴，1933 年寿县朱家集李三古堆（今属长丰县杨公镇）楚幽王墓出土圆鉴 3 件，形制相同，大小相近，其中 1 件有铭文 3 字。与过去出土的楚鉴有别在于口沿较宽，无颈，圜底近平，腹部有 4 个衔环耳，高 45 厘米，口径 77 厘米，重 69.4 公斤。文物专家谓之“鉴中之王。”

7. 铜矩，系战国时期楚国度量工具。边长 23.2 厘米，两边等长，折角为 90

度，方茎，残留有铸痕。1933 年寿县朱家集（今属长丰县杨公镇）李三古堆幽王墓出土。

8. 镂空龙凤纹玉珮，高 6.8 厘米，厚 0.3 厘米，青玉质。龙体雕刻得刚健婀娜，线条流畅宛转。凤鸟相背而立，长冠，卷尾，意态昂扬。龙体满饰细致规整的勾连云纹，与凤鸟部分繁复细密的透雕镂孔在形式上造成了疏密繁简的对比。设计巧妙，制作精细，为战国玉珮中难得之精品。

9. 铜焦壶，系东汉时期器物，青铜质地，通高 24 厘米。圆形盖，盖和颈部用一子母口套轴连接，可自动翻盖。颈部外敞，腹部微鼓。柄上刻画两只青龙，颈部刻画一只朱雀。整个器物造型美观，纹饰精细生动，是十分难得的珍贵文物。

铜焦壶

10. 鎏金铜熊形器足，系东汉时期器物。高 5 厘米，熊前肢上端、后肢中部、腹部中间各镶嵌一颗绿色宝石。

鎏金铜熊形器足

11. 紫定金彩壶，系盛酒器，高 18.1 厘米，口径 7.1 厘米。胎质洁白细腻，其上绘画的为“莲塘风光”图，构图简练，生动逼真。该壶于 1982 年在肥西将军岭出土，为北宋时期定窑烧制，其出土填补了我国古陶瓷研究和收藏的一项空白。

紫定金彩壶

12. 九华朱觐墨，系宋代文物，1988 年出土于合肥南部五里冲朱岗村。墨模为梭形，正中有阳文楷书铭文“九华朱觐墨”5 字，背面有凤形花纹，长 21 厘米，重 47 克。它是珍贵的宋代墨模制墨的标本，在墨史研究上有重大意义。

九华朱觐墨

13. 歙州黄山张谷墨，宋代文物，呈长方形，墨锭长 25 厘米，重 158.8 克。因大墨制作难度大，《墨法集要》中说“大墨最难搜和”。该墨的出土在墨史研究上有重要意义。

歙州黄山张谷墨

14. 宋代金器窑藏，系南宋晚期器物，在今合肥市百花井附近出土。窑藏有金条 3 根，金片 11 枚，金钗 13 根，总计 33 件，重 813 克。该器物的出土为研究南宋时期合肥在金银器的使用和储存方面提供了重要的实物资料。

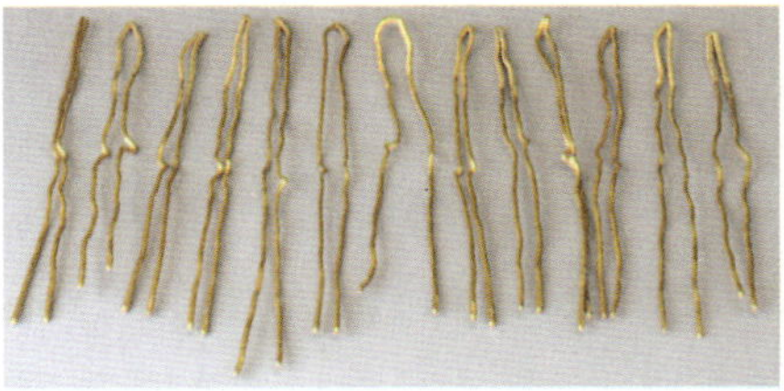

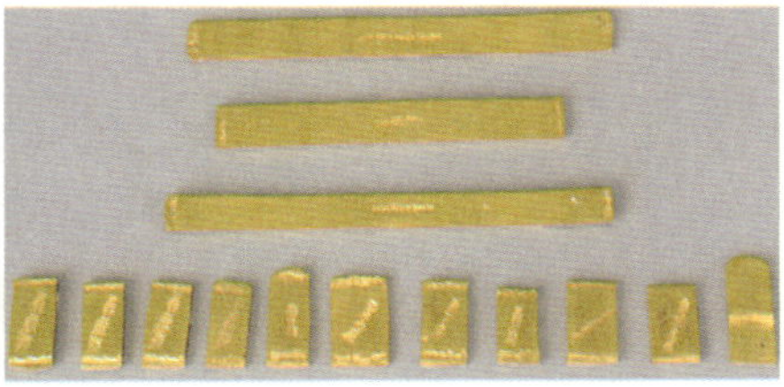

宋代金器窑藏

合肥地区青铜、玉器和文房用品等高品级地下文物的出土，既向人们昭示了合肥璀璨的古代文明器物所达到的工艺水准，也反映了当时合肥人丰富的精神文化生活、浓厚的文化观念和高雅的审美情趣。合肥在拥有这些丰富的历史文化遗存的同时，其他文化形态及其内在文化精神也彰显出它独具一格的地域特征。

## 四、金戈铁马的三国文化

汉末群雄并起，诸侯割据混战。曹操将扬州郡和九江郡治所一并迁驻于合肥，用以对抗东吴。一时间，金戈铁马、鼓角争鸣的鏖战风云在这里汇聚，奇兵突袭、以少胜多的战事传奇在这里演绎。在这方土地上，处处都留有三国文化的印记。

三国新城遗址公园

三国新城:233 年,魏国大将满宠受命在今合肥北三十岗鸡鸣山麓造"三国新城",今天的三国遗址公园即其故址。公园内东城门、兵器铸造窑、练兵指挥台、饮马池、车马道、魏武楼、守望淮扬……这些景点让人们仿佛穿越了时空隧道,置身于三国战争的风云之中,处处都是金戈铁马的气息。

逍遥津:建安十二年(207 年),孙权趁曹操西征张鲁之际,率 10 万大军进攻合肥。魏将张辽临危不惧,大败吴军,孙权骑骏马飞跃淝水脱险。今天的逍遥津公园有"飞骑桥"、"张辽墓"等景点,就是那段历史的见证。

教弩台:亦称"点将台"。相传曹操四次抵达合肥,筑高台教练强弩兵将,以御东吴水师,它至今已有 1 700 多年的历史。后来梁武帝在此建立寺庙,它位于今天的淮河路东段,由佛殿、藏经阁和西厢园三部分组成,是全国重点寺院。寺院内松柏参天,"教弩松荫"为合肥著名的人文景点。

李陵山:三国名将李典与张辽一起守庐州,为祭祀其先祖李陵而建庙于紫蓬山巅,故称李陵山。山上有李典墓、周瑜读书台等人文名胜。

周瑜墓:周瑜病逝后,朝廷下诏归葬故里庐江。在后来的战火烽烟中,陵墓屡遭毁坏。近年,庐江县政府对周瑜墓进行了重新修建。

此外,飞骑桥、斛兵塘、筝笛浦等都是与三国有关的人文遗存。

在合肥民间还有不少生动的三国故事和传说。

歌伎葬身筝笛浦:相传,曹操在大战前夕携歌伎美酒来到金斗河上,筝笛齐鸣,鼓乐助兴。忽然一阵狂风吹覆船只,曹操被部下救起,而美丽的歌伎却葬身水底,从此"渔人常夜闻筝笛声及香气氤氲"。

张辽威震逍遥津:魏国大将张辽在逍遥津大败孙权,《三国演义》中"张辽威震逍遥津"的故事由此而来,其中一首"的卢当日跳檀溪,又见吴侯败合淝。退后着鞭驰骏骑,逍遥津上玉龙飞"[1]的七言绝句,对当时的战况作了生动的描述。

曹操点兵斛兵塘:斛兵塘位于今天的合肥工业大学校内,相传曹操当年的

〔1〕 引自罗贯中《三国演义》第六十七回。

军队号称80万，一时点不过来，便用旱塘计量，像斛子量米，每满载一塘兵士为300人，10塘3 000人，依次统计。

斛兵塘遗址

总之，合肥与三国密切相关的众多遗存和传说使它披上了一层神秘的外衣，也使它与三国文化缔结了如影随形的因缘关系。明人沈明臣在登镇淮楼远眺时赋诗感叹："魏栅吴城几劫灰，高楼日暮且徘徊。藏舟浦断寒潮落，教弩台荒野寺开。六国天霜凋露草，九江秋色老宫槐。淮南重镇为金斗，白屋萧条谁为哀。"[1]



## 五、影响深远的包公文化

包拯是中国历史上有名的清官，是刚正清廉的象征。"龙图包公，生平若何？肺肝冰雪，胸次山河。报国尽忠，临政无阿。杲杲清名，万古不磨。"[2]这世代流传的诗句表达了黎民百姓对包拯的由衷赞美。

包拯画像

包拯（999—1062），字希仁，少年时曾在合肥香花墩读书，28岁中进士。先后任天长、端州、瀛州、扬州、庐州、池州、开封等地官员，后来官至枢密副使，成为朝廷宰辅，死后追封为礼部尚书，谥孝肃。他平生整肃吏治，惩处恶吏，为民请命。"拯立朝刚毅，贵戚宦官，为之敛手，闻者惮之。"[3]长期以来，他受到世人景仰，有关他的传说代代相传，因而逐渐形成了独具特色和魅力的包公文化。

---

〔1〕引自明代沈明臣的《镇淮楼登眺》。
〔2〕引自宋代无名氏的《题包公遗像》。
〔3〕《宋史》卷三百一十六《包拯传》，上海人民出版社2006年版。

位于合肥包河之畔的包公园，主要包括包公祠、包公墓、清风阁、浮庄等著名景点。景区庄严肃穆，环境优美，波光涟漪，垂柳依依。

包公祠全称包孝肃公祠，原址为包拯幼年读书的香花墩，北宋治平三年(1066 年)始建，明嘉靖年间重建，太平天国时毁于战火。清光绪年间由李瀚章、李鸿章兄弟捐资重建。如今祠内正堂包拯塑像庄严屹立，其中有中国台湾、新加坡香客捐赠的香炉和挽幛等物。

北宋嘉祐七年(1062 年)，包拯病逝于河南开封，朝廷追封为礼部尚书。次年归葬故里大兴集，后墓园遭到毁坏。1973 年，包公墓葬遗骨被发现。20 世纪 80 年代中期，省市政府根据百姓愿望，迁安包拯遗骨于包河之畔，重建包公墓园。墓园内现有享堂、墓室，还有包拯家训、墓志铭石碑等，均为历代名家题写，其中有“唐宋八大家”之一的曾巩所书的《孝肃包公传》。

包拯墓室是墓园的主体部分，其中墓志铭是由包拯生前同僚、密友吴奎撰写，全文 3 000 多字，记录了包拯勤政务实，无私无畏，为革除弊政、弘扬正气、强国富民而尽忠尽职的一生。

与包公墓相距不远的是高耸峭直的清风阁。阁楼为宋式建筑风格，是 1999 年合肥市为纪念包拯诞辰千年而建。景区内有功德广场、清风阁、碑林和陈列馆等。“清风阁”命名之寓意为清正自律、清风傲骨，它包含着合肥人民对这位清官的崇敬和颂扬，它也是合肥市弘扬包公精神的标志性建筑。

在包公园内，还有廉泉、脚印塘、浮庄等与包拯相关的人文景点。

包公园以大量实物展示了包拯的真实生活和不平凡的一生，让合肥有了与其他城市不同的特殊文化元素。

由于包拯生前清正廉明，美名远扬，因此当时就有一些文学作品传播了他的故事和形象，最早见于宋代话本的包公戏:《三现身包龙图断冤》、《闹樊楼多情周胜仙》、《合同文字记》。元代至明清时期，各种以包公故事为题材的传奇、话本和戏曲层出不穷。元代有 18 种公案戏，其中写包公审案的就有 11 种，如《包待制陈州粜米》等。明清时期又有 20 种问世。《京剧剧目初探》一书就收录了 34 种包公戏，像《铡美案》、《铡包勉》、《打龙袍》等经典剧目历久不衰。1993 至 1995 年，长达 236 集的中国台湾电视连续剧《包青天》风靡中国大陆和港、澳、台地区及东南亚与欧美的华人社会。后来创作的《少年包青天》也深受广大观众的喜爱。

千百年来，包拯作为不朽的清官形象，早已穿越时空，为历代海内外华人所敬仰。而包公文化，作为合肥文化的特色和亮点，则使合肥人倍感自豪。

## 六、独具一格的圩堡文化

晚清时期，合肥乡间一带出现了大大小小的圩堡土寨，它既有生活住宅区域，也有军事防御设施。圩堡四周环水并筑有围墙，围墙上有瞭望哨口，用类似古城的吊桥连通内外。构筑这类圩堡，主要是太平天国势力蔓延到皖中地区，合肥的名门望族为防范自保，纷纷构筑土寨，组织团练，于是大小迥异的圩堡群落在合肥乡间四野相继涌现，李鸿章旗下的淮军将领在家乡大多筑有这类圩堡。这种兼有军事色彩和宗族文化双重内涵的圩堡土寨的出现，使合肥逐渐形成了独具特色的圩堡文化。今天我们解读圩堡文化，自然要了解与其密切相关的淮军将领以及它本身的布局结构和宗族文化内涵。

以李鸿章为核心的淮系集团是晚清时期一个重要的军事政治集团。在其全盛时期，淮系集团成员执掌中枢重权和地方军政事务，对晚清政治、经济和军事局势产生了重要影响。在李鸿章的提携下，一批淮军将领和淮军幕僚成为封疆大吏，据统计，他提携的安徽籍淮军将领中的道台、总兵、提督以上官员多达 276 人，在此列举几位代表性人物。

张树声（1824—1884），字振轩，道光四年（1824 年）生，安徽合肥人，汉族，廪生出身，清末淮军将领。历任道台、按察使、布政使、巡抚、总督、通商事务大臣等职。1853 年与父张荫谷及弟树珊、树屏、树槐等在周公山下殷家畈筑堡寨，兴办团练，对抗太平军。同治元年（1862 年），曾国藩命李鸿章组建“淮军”。李鸿章令张树声招集刘铭传、周盛波、周盛传、潘鼎新、吴长庆等团练首领，到安庆去见曾国藩。经曾国藩认可后，张树声回乡集合团练，3 个月成军，被编为“树”字等营。张树声后官至两广总督，著有《张靖达公奏议》八卷、《庐阳三贤集》十六卷。

刘秉璋（1826—1905），字仲良，安徽庐江人。咸丰十年（1860 年）中进士，选为庶吉士〔1〕,授编修。同治元年(1862 年)入淮军赴上海。次年转战江苏福山、太仓和浙江的嘉善等地,镇压太平军;后又驰骋苏、皖、鲁、豫、鄂五省镇压捻军。先后任江西巡抚、浙江巡抚、四川总督,在抗击法军侵犯我东南沿海时卓有贡献。

刘秉璋

潘鼎新(1828—1888),字琴轩,安徽庐江人,后迁居肥西三河。道光二十九年(1849 年)中举,后在家乡办团练,参与镇压太平军,受曾国藩赏识,令募勇立"鼎"字营。担任过湖南巡抚、广西巡抚,在抗击法军侵犯我东南沿海时卓有贡献。

刘铭传

刘铭传(1836—1896),字省三,号大潜山人,出生于安徽合肥县(今肥西县)刘老圩一个世代耕织务农的家庭。为人刚正豪侠,耿介诚朴,平时喜欢耍枪弄棒,练就一身武艺。咸丰四年(1854 年)接受官府招安,在乡兴办团练。1865 年升为直隶提督,后抗法有功。1885 年,清政府决定台湾正式建省,任命刘铭传为第一任台湾巡抚。

周盛波(1830—1888),字海舲,安徽合肥人。同治元年(1862 年),周盛波与周盛传选募练勇组成淮军"盛"字营,赴上海、苏南等地攻打太平军,官至记名提督。光绪十年(1884 年),中法战争爆发,周盛波奉诏募淮勇 5 000 人赴天津训练,防备法军由海路入侵津、京,并受命总统前敌各军。因弟周盛传病死,代湖南提督,后实授。

周盛传画像

周盛传(1833—1885),字薪如,周盛波之弟。咸丰年间与兄盛华、盛波分领团练在紫蓬山等地对抗太平军,升千总。同治元年(1862 年),随兄盛波加入淮军,任"盛"字营亲兵营哨官。在江浙攻打太平军,官至记名提督。1867 年,授广西

〔1〕 官名。亦称庶常,名称源自《书经 · 立政》篇中"庶常吉士"之意。明洪武初年,选进士于六部诸司及翰林院之下观政,翰林院之下者称庶吉士。

右江镇总兵。光绪八年(1882年),周盛传升湖南提督,仍留天津镇训练士卒。他对西洋后膛枪炮研究颇深,著有《操枪章程》12篇,成为淮军教科书。

唐殿魁,1832年生,安徽合肥人。咸丰年间在乡与弟唐定奎等兴办团练,曾参与攻打寿州、三河、六安等地的太平军,升千总。同治元年(1862年),随从淮军刘铭传部赴上海镇压太平军,升都司,赐花翎。同治六年(1867年)改任广西右江镇总兵。

唐定奎,道光十三年(1833年)生,唐殿魁之弟。1874年李鸿章荐唐定奎率"铭"军13营6 500人赴台抗日。台南大定,清廷下诏嘉奖,授直隶正定镇总兵,不久升福建陆路提督。1885年中法战争结束,因病辞职归乡,在袁店唐五房圩闲居。光绪十三年(1887年)春病逝。

晚清时期,除当地一些望族豪绅为防匪防盗、抵御太平军纷纷构筑土寨圩堡之外,合肥籍的官吏衣锦还乡后,也在家乡大兴土木,筑圩建宅,聚族而居。仅紫蓬山下附近就有刘老圩、张老圩、周老圩、唐老圩、吴大圩、董大圩、丁大圩等若干颇具规模的圩堡群落。

这些圩堡占地几十亩到百余亩不等,四面环水,大多有内壕和外渠,以吊桥沟通内外。圩堡四周筑有高耸厚实的围墙和楼台哨口,并设有家兵,防守严密。圩内古木参天,院落深深,古色古香,富丽奢华。仅以刘老圩为例:

刘老圩位于紫蓬山区最高峰大潜山北麓两公里处,为方圆百里内淮军将领最大的庄园之一。1868年刘铭传回乡择址建圩,占地约6公顷,圩内四周是深壕和石墙,墙上配有5座碉堡和炮台,外壕还有两座吊桥、门楼,住有士兵守护。圩内古柏和广玉兰高大参天。正大厅为三进,每进13间,皆雕梁画栋。圩西水面上有个小岛,为刘铭传和子孙读书的地方。

值得一提的是六家畈圩堡群,这里曾走出了130多位淮军将领。这些将领衣锦还乡后,广建豪宅,使得六家畈昌荣盛极,名噪一时。

六家畈古民居群落共有六大片,有房屋数百间,还有两处花园,公、私祠堂各一处,望湖楼一座。房屋均属徽派建筑,砖木结构,砖雕木雕精细,青砖灰瓦,齐山飞檐,每栋房屋两边设有风火墙,建工考究("大跃进"和"文革"时期被拆除改建,如今面目全非,亟待重建和保护)。

在六家畈之西,濒临巢湖有一古塔,名为"振湖塔",是六家畈吴氏宗族所

刘老圩复原规划图

建风水宝塔。塔显六棱形，七层，高十二丈，建于光绪十八年(1892 年)。宝塔顶端绘有仙鹤，凌空欲飞。风吹铃响，引人发思古之幽情；登塔远眺，可以饱览巢湖风光。

与徽商重视后代读书相类似，六家畈的吴氏宗族历来读书风气甚浓，且影响深远。吴氏后代有 3 000 多人散居海内外，在各领域均有杰出人才。

合肥乡间圩堡群的出现，一方面体现了合肥人较强的宗族观念和聚族而居的习俗，另一方面也昭示了当时淮军将领的财力与社会地位。

如上所述，合肥一带历来是兵家必争之地。战争既造成了社会的动荡不安，也造成了人口的迁徙和流动。历史上合肥地区曾出现过几次规模较大的移民潮。三国时全国人口锐减，合肥地区也是人稀地荒，当时朝廷迁置一批官府奴婢来合肥屯田。东晋南渡后，朝廷又在江淮间用侨置的办法安置南迁人口。宋金对峙时，北方黄河流域的人们纷纷南迁至江淮地区。这种大规模的移民，带来了文化的碰撞与交流，导致合肥文化不仅有浓郁的地方特色，也兼有开放性和包容性等典型的移民文化色彩。20 世纪 50 年代初，安徽省委、省政府在合肥设立，一些重要单位迁置于此，众多文化、教育、科技领域的人才在此汇聚、生活和工作，这是合肥迎来的又一次移民潮和不同文化的融会。以黄梅戏为例，它原本是流行于皖江安庆一带的地方戏曲，新中国成立后，合肥成立了省黄梅戏剧团，省领导亲自过问，培养了一批优秀的演员、编导和作曲家，使黄梅戏从安徽走向全国，走向海外，产生了广泛的社会影响。

在对合肥文化脉络进行梳理的过程中，我们清楚地看到，由于战争频繁、社会动荡和人口迁徙，合肥文化的传承与沉淀无疑受到了一定的影响，与徽州文化相比，合肥文化尚未形成完整自足的体系与结构，也缺乏相对的统一性和连贯性。然而纵观历史，合肥文化的形成与发展也经历了一个漫长的过程，它是在南北、东西各种文化元素不断碰撞、交汇和融合的过程中发展起来的。它受到过多种文化乃至人类文明的影响，首先是人类早期文明的影响，由于合肥地区在远古时期就有人类居住，所以文明起源久远。殷商时期该地区又受到粗犷朴素的淮夷文化的影响，后来隶属于楚国，又深受浪漫风雅的楚文化影响。秦灭六国，统一华夏，至西汉时独尊儒术，再加上几次中原移民南下，该地区也深受以儒家思想为核心的中原文化的浸润。独特的地理区位，导致合肥一带烽烟不断，长期处于战乱之中，于是合肥人自然也练就出了一种崇文尚武的精神，这种精神深植于合肥人的文化血脉之中。

## 第三节　合肥文化的价值与核心精神

要解读合肥文化的核心价值和内在精神，我们首先有必要对安徽文化作一番粗略的考察。安徽是华夏史前文明的发源地之一，早在远古时期就有古人类的活动踪迹，古老的氏族在这方水土代代繁衍，薪火相传，他们用劳动和智慧创造和孕育着灿烂的文明，累积着厚重的文化土壤。今天它既是我们赖以生存的地方，又是我们精神栖居的家园。由于历史、地理的差异和其他因素的影响，安徽的地域文化呈现出不同的形态和风貌特征。此前，一些文化史和地域文化专家曾对安徽文化做过深入的考察和研究，提出了以江河为界的文化圈概念。欧远方先生就曾提出，安徽自北向南有三大文化圈，即淮河文化圈、皖江文化圈和新安文化圈。文化圈概念的提出，既有历时性的考虑，亦有空间上的界定。

淮河文化在源头上应隶属黄河文化圈。在宋代黄河夺淮以前，淮河地区土地肥沃，农业发达，文化昌盛，其文化已成为中原主流文化的一部分。夏禹在这里开拓疆土，商汤在这里定都，楚国迁都于寿春，春秋时代老子、庄子在这里传授博大精深的“老庄哲学”，汉代学者刘安、桓谭在这里讲经论道，三国曹魏在这里创立“建安文学”……由此可见淮河文化的悠远厚重以及它对华夏民族的深远影响。

皖江文化是形成于八百里皖江两岸的地域文化，它是长江文化的重要组成部分。历史上由于这里战乱较少，远离政治中心，且经济欠发达，所以走科举入仕之途是当地人的普遍追求，于是读书之风尤盛。据《安庆地区教育史》记载，宋元明清时期，原安庆地区12县就有49所知名书院。《科举奇闻》一书记载，桐城张英一门出了举人、进士80余人。青阳、贵池两县在宋元明清时期，有300多人考中举人、进士。[1] 由于文风昌盛，人文荟萃，皖江文化即以文学、书画、戏曲等成就斐然而著称。长期以来，皖江文化既受到“荆楚文化”的影响，又受到它的挤压，导致发展滞后，其文化鼎盛期直至清代才开始出现。



新安文化即徽州文化，其形成主要是自宋代以降中国政治与经济中心的南移所致。隋大业元年(605年)，隋炀帝下令开凿贯通京杭大运河，使钱塘江、长江、淮河和黄河流域相连，长江水运更为畅通，它为徽商从事水上货运提供了条件。徽商的崛起和兴盛是在明清之际，当时徽商足迹遍布全国各地，以至出现了“无徽不成镇”的说法。徽商致富之后，希望子孙能读书入仕，光宗耀祖，于是他们捐资教育，广建书院，使乡里教化蔚然成风，也使徽文化日臻昌兴，异彩纷呈。“新安画派”、“新安医学”、“徽派建筑”、“徽派三雕”、“徽墨歙砚”、“徽菜徽茶”等在全国影响广泛。如今徽学已成为中国地域文化研究领域的显学。

三大文化圈概念的提出，是在对安徽三大区域文化差异进行深入考察和研究的基础上形成的见识，因而赢得了省内外学术界的普遍认同，但它也有未能涵盖皖中地域文化和文化类型的缺憾。地处江淮之间、以庐州为核心的皖中(合、六、巢)文化在数千年的历史积淀中，其文化形态有着自己的鲜明特征，它有许多独特现象，既不属于淮河文化的范畴，亦非皖江文化的产物。就民俗

---

〔1〕 鲁威:《科举奇闻》，辽宁教育出版社2009年版。

方言而言，这一地区与淮河流域的淮南、蚌埠、凤阳和皖江之畔的安庆、桐城、贵池相比，就有明显差异。又如，庐江、和县在地理区位上虽临近长江，但它长期隶属庐州府辖治，在文化渊源和文化形态方面与皖中及合肥文化更为贴近，具有血脉相融和类型相似的特点，而与以安庆为代表的皖江文化却经纬有别。

近年来，翁飞等历史文化学者通过对皖中文化的历史考察，提出了以合、六、巢为中心的“环巢湖文化圈”[1]的概念，获得了省内外学界的认可。

“环巢湖文化圈”其地域区界主要包括巢湖流域周边的市县，按行政区划应为合肥市、巢湖市全部和六安市的一部分（老市区及舒城县），约相当于清代安徽行省治下的庐州府（府治合肥，领合肥、庐江、巢县、舒城和无为）、六安直隶州（不含霍山、英山）、和州直隶州（领含山县）的范围，与目前所提出的合、六、巢省会经济圈区划基本上是吻合的。

“环巢湖文化圈”概念的提出，既能对合肥文化个性特征的形成以及有别于其他三大文化圈文化形态的历史缘由作出合理解释，也能对其文化特质和内在精神进行深入探索和重新认识。合肥长期以来一直是皖中区域的重镇和首府，因此它在“环巢湖文化圈”中自然处于核心和主导地位。通过对其历史形成的文化形态及特征进行具体考察、梳理和研究，我们认为合肥文化的核心价值和内在精神主要体现在以下几个方面：

## 一、开放包容与兼收并蓄的文化品格

合肥地处淮河以南、长江以北的江淮之间，可谓“虎踞皖中，襟江带淮”，在历史上属“吴头楚尾”。早在先秦时期，它为楚国属地，长期受到楚文化的浸润。在淮河一带形成的老庄文化对它自然也有一定的辐射和影响。继后，由于战乱频繁，黄河流域大批移民南下，涌入合肥等皖中地区，他们又带来了以儒家思想为内核的中原文化。三国时期，群雄争霸，合肥成为兵家争夺的要地，人口迁徙流动频繁。且合肥素有“江淮首郡”、商贸“都会”之称，南来北往的商贾舟车在此汇聚集散，因此既形成了不同地域文化在这里的碰撞和融会以及文化形态的多样性，也造就了合肥人海纳百川、兼容并蓄的文化品格和开放包

---

〔1〕 翁飞：《环巢湖文化摭谈》，载《学术界》2008年第3期。

容、雍容大度的坦荡胸怀。《庐州府志》记载，合肥“濒临巢湖，沃野千里，田畴弥望”，且“山川高深，风气完密”，人们生长其间，心怀若谷，逐渐孕育了一种博大的胸怀和坚忍的意志。从文化地缘学的角度看，合肥恰好处在儒道两大文化磁场辐射的中心地带，加上它地跨南北，承接东西，富有包容性，因此能在中国文化转移和渗透的过程中左右逢源，兼收并蓄。

## 二、崇尚气节与爱国爱民的民族精神



崇尚气节，是指恪守做人处事的原则立场，注重道义担当和人格节操。儒家文化主张处世必以仁德为本，守身必从大义出发，须遵守孔子所提倡的“志士仁人，无求生以害仁，有杀身以成仁”的做人准则(《论语·卫灵公》)，强调“志”与“仁”之于人的重要性。北宋诗人梅尧臣在诗句中指出，志士仁人理应坚守“月缺不改光，剑折不改刚……势利压山岳，难屈志士肠。男儿自有守，可杀不可苟”[1]的品格和气节。

中国传统的气节观熏陶培育了无数仁人志士，他们“舍生取义”、“杀身成仁”，在历史上留下了许多可歌可泣的感人故事。合肥在各个时代都涌现出了不少讲气节、重操守，铁肩担道义，尽忠报国或为民请愿的志士豪杰。他们的人格节操影响深远，并逐渐构成了合肥文化的精神内核。

北宋名臣包拯是合肥人心目中崇尚气节、刚正不阿的杰出代表。他一生刚正清廉、铁面无私、不畏权贵，常为老百姓请愿申冤，主持公道，因此历代百姓都尊称他为包青天。长期以来，礼赞包公的各类文艺作品层出不穷，数不胜数，包公甚至被人们罩上了神圣的光环，由此可见黎民百姓对他的崇拜和敬仰程度。

但也有与之相反的案例。明末清初，合肥出了个龚鼎孳，他千言立就，才气过人，颇得顺治皇帝赏识，其诗婉丽典雅，与吴伟业、钱谦益并称“江左三大家”。由于他在李自成进京时归顺大顺政权，清军入关后又投降清廷，所以尽管他有诗文盛名，但注重气节操守的合肥人却很少谈这位老乡，寂寞的“龚合肥”地下有灵应该慨叹不已。

---

〔1〕 引自北宋诗人梅尧臣的《古意》。

南宋时期，著名词人姜夔与合肥操琴的柳氏姐妹情深意切。“别时针线”、“别后书辞”让他难以忘怀。相传，有一次合肥城被金兀术攻破，姜夔急忙赶来。柳氏姐妹却认为他七尺男儿应投军报国，在素笺上疾书：“酒磨壮志，花销英气。国家有难，岂能熟视？”姜夔读罢，暂别姐妹，投奔抗金名将刘琦。合肥收复后，他急忙赶来寻找柳氏女子，只见人去楼空，经打听得知柳氏姐妹不堪金兵侮辱，投河自尽。合肥女子的刚烈气节真是感人至深！

袁世凯称帝时，身为袁氏政权主将、担任陆军总长的合肥人段祺瑞以辞职、不合作和暗中抵制来反对袁世凯复辟帝制。张勋复辟时，他立即在天津成立“讨逆军”总司令部，分兵讨伐，使得“复辟”闹剧只上演了 12 天便告失败。北洋政府垮台后，日本特务想拉他出山，企图建立傀儡政权，他坚决拒绝，表现出了一个中国人的民族气节。

在中国文化界有一位以气节著称的一级教授刘文典，合肥人（祖籍怀宁），1907 年加入同盟会。“五四”运动中他不遗余力地参与营救被捕的陈独秀，1928 年任安徽大学校长时怒斥蒋介石是“新军阀”，并出面保护进步学生。他唯一的儿子刘成章参加北平学生敦请政府发兵抗日卧轨请愿活动。刘夫人爱子心切，欲加阻拦，刘文典劝道：“爱子更须爱国。”后来，儿子为救国四处奔走，积劳成疾，不治身亡。刘文典顶撞蒋介石一事在《鲁迅全集》中有记载，章太炎也曾作联相赠，赞扬他表现出了不畏权贵、刚正不屈的文人气节。〔1〕

合肥人的品格气节，既蕴含了爱国恤民的民族情怀，也表现了淳朴耿直的处世态度和忠孝仁义的伦理观念。

孝义，历来是中国人倡导的美德，合肥人更是以孝义著称。据嘉庆《庐州府志》记载，合肥历代坚守孝道、忠贞不贰并有史可考的节妇就有1 000多人。合肥“三孝口”地名的来历就有感人至深的孝义传说。《合肥县志》记载，张梅、张祝、张松三兄弟是远近闻名的孝子，母亲病丧入棺，邻居家发生大火，为了护卫棺柩，三子竟以身伏于棺上，誓与棺柩同存亡。〔2〕

---

〔1〕 详见《鲁迅全集》中《知难行难》一篇，人民文学出版社 2009 年版。

〔2〕 (清)嘉庆《合肥县志》有一段记载：“张梅、张祝、张松兄弟三人亲丧，殡于室，邻火卒起，棺不及移，三人号恸伏棺上，誓与俱焚，三人皆死，棺独完好。初，母病疮甚重，梅吮之得愈。”

明武宗年间，御史徐钰因上表弹劾宦官被罢黜，稍后他又被调任庐州知府。当地的淳朴民风慰藉了这位心有块垒的父母官。正德十年(1516 年)，他建造思惠楼，其寓意为“思民之惠”。如今思惠楼依然矗立在合肥城隍庙后街，殿角飞扬，美轮美奂。

合肥人向来注重亲情，讲求人伦道德，民间流传着不少兄嫂抚养弟妹的感人故事。相传包公即为兄嫂抚养成人[1]，包公去世后，长媳崔氏又承担了抚育包公次子包绶的责任，包绶也视嫂如母。晚清诗坛“庐阳三龙”之一的江云龙，光绪十六年(1890 年)考中进士，其父母早亡，也是由兄嫂抚育成人的。




## 三、不断进取与“敢为天下先”的创新意识

历史上，合肥地区出现过几次大的移民垦荒屯田运动，在和平时期，这里是全国重要的粮食生产区。在皖中平原的合肥沃土上，有数以万计勤劳淳朴的合肥人在这里拓垦躬耕。从某种意义上说，合肥文化形成的历史，也是合肥先民不断开拓、奋发创业的历史。

合肥人，总是以求真务实的态度对待生活和事业，不断进取，从不懈怠，当代著名物理学家杨振宁就是其中的杰出代表。他自小在合肥生活求学，深受中国传统文化的浸润和合肥人淳厚勤谨性格的影响，经过刻苦奋斗，终于走向了世界科技前沿，成为当代耀眼的科学巨星。1957 年，他与李政道共同提出的“弱相互作用中宇称不守恒”理论获得了诺贝尔物理学奖，他们是最早获得诺贝尔奖的华人。此外，学养深厚的刘文典、将军名医戴正华、电气绝缘专业创始人之一的陈季丹、新中国测绘事业的开拓者吴忠性、微波电子学科带头人刘盛纲以及龚普生、龚澎、徐畹球龚氏三姐妹都是合肥人求真务实、奋发进取的现实写照和典型代表。在此尤其值得一提的是中国镭学创始人郑大章，他是合肥东乡撮镇(今肥东县内)人。1920 年秋，年仅 16 岁的他从北京高师附中毕业后去法国勤工俭学。1922 年夏考入巴黎大学，第一学期学校举行数学会考，

[1] 传说包拯出生时不哭不叫，全身紫黑且眉宇间长有胎记，被其母张氏疑为不祥，扔在包府后花园水井边的荷花池中。不想被前来提水的嫂嫂发现，救起后悄悄抱回与自己的儿子一起抚养，一年后禀告公婆。此后更是用心养育，加倍爱护，教导少年包拯勤奋学习，长大后有所作为。包拯也不负父母和嫂嫂的厚望，考中进士。

他的成绩名列全年级第一。他其中的一位导师就是居里夫人，他是师从居里夫人第一个学习放射化学的中国研究生。1933 年 12 月，他婉拒居里夫人的挽留毅然回国，应学长严济慈（时任国立北平研究院物理研究所所长）之邀，筹建中国镭学研究所，成为中国镭学创始人。不幸的是，在抗日战争的烽火硝烟和艰苦岁月中，他因心脏病突发英年早逝。

“敢为天下先”的勇气和创新意识是合肥人文化品格的又一表现形态。

唐末时期的杨行密，既是历史上第一个被封王的合肥人，也是最能体现合肥人“敢为天下先”勇气和精神的第一人。883 年 3 月，他手刃派他去戍守朔方的都将，号令诸营起义，自称八营都知兵马使，占领庐州全境，不久被朝廷封为庐州刺史。902 年他又被唐昭宗正式封为吴王，成为唐王朝的藩王，定都南京。他执政仁厚，注重安抚百姓，发展生产。《新五代史》称赞他：“宽仁雅信，能得士心。”〔1〕

晚清重臣李鸿章（亦称“李合肥”）为抵御列强入侵，组建北洋舰队，致力于洋务运动，创办了诸多近代实业，开风气之先，顺时代潮流，其“敢为天下先”的勇气和卓越功绩彪炳史册。

刘铭传既是一个颇具传奇色彩的人物，更是一位敢作敢为、开时代风气的勇者。1861 年底，李鸿章在安庆创办淮军，刘铭传率先前去投奔。他在淮军中首先使用洋枪，聘用洋教练。在他的洋教练中，有个叫毕乃尔的法国军官与他交情甚笃，他帮这位法国人娶合肥女子为妻，支持他申请归化中国，隶籍合肥。1880 年，修建铁路在中国还是“禁区”，当年刘铭传应诏入京觐见，就呈递一道《筹造铁路以求自强折》，结果遭到保守派的围攻。刘铭传在担任台湾首任巡抚期间，同样敢为人先，创办了诸多“第一”，引领和推动了台湾的近代化进程。

合肥人走南闯北，分布在世界各地。仅六家畈一带，就有 3 000 多人散居在世界多个国家和地区，这些海外赤子中同样涌现出了许多“敢为天下先”的精英人物。

南宋之初，包拯第七世孙包元吉迁往浙江，后定居定海，子孙遍及海内外。包玉刚，英籍香港实业家，即为包拯第 29 代孙。他眼光超前，胆识过人，白手起

〔1〕 欧阳修：《新五代史·吴世家》。杨行密，吴国的开创者，“宽仁雅信，能得士心”。

家，自组船队，与外国船队一争高下。20 年后，他一跃成为拥有数十亿美元资产和庞大船队的“世界船王”，并担任数十个集团和公司的主席、董事长。功成名就的包玉刚十分关心中国的现代化建设，捐巨款创办宁波大学。他曾携全家老小专程来合肥祭拜宗主。

著名学者唐德刚，1920 年出生于合肥西乡唐老圩，祖上为淮军重要将领。1848 年赴美留学，获美国哥伦比亚大学哲学博士学位，后任纽约市立大学亚洲学系主任。他学贯中西，著作等身，口述历史影响广泛，其中《胡适口述自传》和《李宗仁回忆录》在海内外均有较大影响。

阚家蓂，旅美女词人，老家在合肥东乡，其曾祖阚炯为光绪年间进士。1940 年她考取浙江大学史地系，后自费赴美留学。她的散文集《思莼集》、《大洋两岸》、《旅思乡情》等著作深受中外华人好评。

吴世珊，旅美华人、著名社会活动家。1923 年出生于合肥六家畈，1945 年与美国一位青年在重庆举行婚礼，成为当时的新闻热点。后侨居美国，但始终心系故土，在美成立“吴阿姨服务中心”，自任理事长，处处维护华人权益。她还是美国华人妇女商会创办人，兼任《妇女心声》总编辑、旅美加安徽同乡会名誉会长等职。

此外，曾担任美国政府能源管理署顾问的石家舜、美国火箭专家史运元、化学专家王务兰、实业家葛茂森、作家唐盛镐等都是远走异国他乡、具有开创精神的合肥人。时至今日，合肥人仍以开拓者的形象出现在中外世人面前。如在改革开放的新时期，不少肥东人在上海、新疆等地从事建筑行业，涌现了许多全国知名的建筑企业。

## 四、崇文尚武与追求风雅的习性情怀

从合肥文化的源头看，春秋时期的“庐子国”为楚国属地。随后吴国兴起，吴楚相争，合肥又成了吴国辖地。公元前 473 年，越王勾践灭吴，合肥属越地。后越楚媾和，合肥地区重归于楚。可见，早在春秋战国时期，合肥就先后隶属吴、越、楚，吴越、荆楚之风显然对合肥文化的形成产生了重要影响。吴越在春秋之际连年征战，尚武之习蔚然成风。《汉书·地理志》记载：“吴越之君尚勇，故其民好用剑。”一方面，合肥毕竟长期属战乱和军事争夺之地，当地人在烽烟战火中长大，见惯了征战搏杀、刀光剑影，久而久之养成了豪侠情怀和尚武精神。早在唐代，合肥就设有武科，专业教习格斗。到宋朝时，合肥出现武学教馆，民间习武练功之风遍及城乡。明清时期，各门派武术在合肥地区设馆授徒，广为流传。另一方面，以儒家思想为核心的中原文化随着大批移民南迁合肥一带，“崇文尚儒”的观念也日益深入人心。晋永嘉之后，合肥崇文风习悄然兴起，他们“衣冠避难，多萃江左，文艺儒术，于今为盛，盖因颜、谢、徐、庾之风焉”〔1〕。

一般认为，崇尚武力是民风彪悍的体现，也是北方汉子的习性。而淳朴厚道的合肥人之所以尚勇习武，与战乱时期的自我保护意识和北方南下移民的影响不无关联。在尚勇习武的同时，合肥人也一直崇文敬儒，一旦社会稍有安定，他们就供养子孙读书科考，希望晚辈日后能报效国家，光宗耀祖。于豪侠尚武之中见忠孝情怀，正是合肥人的内在品格和文化精神。在历史的关键时刻和凶险环境中，合肥人总是能挺身而出。如：杨行密怒视朝廷腐败，毅然率兵起义，并手刃都将，统军征战；一代名臣包拯面对权贵为非作歹，拍案而起，力惩奸邪，无所畏惧；在大清王朝内忧外患、危机四伏之际，李鸿章创建淮军力挽狂澜，为强兵富国、抵御外敌尽心尽力；还有“辛亥三上将”——倪映典、吴旸谷、范鸿仙，“民初四总理”——段祺瑞、李经羲、龚心湛、贾德耀，爱国名将卫立煌都是在风云涤荡、时势艰困之际挺身而出的一代英杰，他们是合肥人引以为豪的老乡。在民国时期，还涌现了许多合肥籍的高级将领，如国民党“陆军总司令”孙立人、“国防部长”郑为元等。仅合肥六家畈就有“九里十三将”之说，其中好几位还是上将军衔。

合肥人的崇文尚武精神其实是与忧国忧民、心系国家和民族危难联系在一起的，所以说它也是一种典型的爱国情怀。在中国近现代史上，合肥地区就涌现出许多卓越的爱国志士，他们的英名和事迹将永远铭刻在世人的记忆里。

在淮军将领中，合肥籍的壮士英豪用自己的一腔热血谱写了感人肺腑的爱国诗篇。

聂士成（1841—1900），字功亭。1862 年入淮军，官至提督。甲午中日战争

---

〔1〕 刘盘：《成化记》，载《吴越文化》，辽宁教育出版社 1991 年版。

中率先抗日，英勇顽强。1900 年 6 月，八国联军攻占天津，7 月 9 日，聂士成率武卫前军坚守的八里台桥形势危急，营官要他先撤，他坚定回答："士成在一日，天津有一日，当以死守桥！"他沉着指挥，虽口、脑、腹连中三弹，仍不后退，用血肉之躯竖起爱国丰碑。1905 年清政府立碑纪念，谥号"忠节"，其碑矗立在今天的南开大学旁。2000 年，在他为国捐躯 100 周年之际，天津市政府在原聂公碑所在地建起一个高大的聂士成铜像，以纪念这位民族英雄。

王孝祺(1840—1899)，号福臣。1884 年中法战争爆发，身为广西右江镇总兵的王孝祺率所部"勤军"4 000 人上前线，坚守镇南关，夜袭文渊街，击退侵略军。次年 3 月，他统率右路军，与冯子材一起越关出击，取得镇南关—谅山大捷。

张文宣(1850—1895)，字德三，系李鸿章外甥，官至记名总兵。在 1894 年甲午中日战争中，他驻守威海刘公岛，孤军抵抗日舰袭击。1895 年 2 月，北洋海军战败，张文宣在炮台率士卒多次击退日军的侵犯，后因孤军无援，服毒自杀。

此外，在抗击侵略者的硝烟炮火中，还先后涌现出了刘铭传、唐定奎、章高元、吴宏洛、王贵扬、钱学欣、毕长和、刘朝祜、刘朝带、朱焕明、苏得胜以及李世鸿、刘朝干等合肥籍的淮军将领，他们中有的指挥有方，屡建奇功，有的亲临前线英勇杀敌，血洒疆场。

早在 1905 年，孙中山领导的中国同盟会在东京成立时，合肥的吴旸谷即为发起人之一。一年后，他回到合肥联系倪映典、柏文蔚、王天培、龚镇洲等人成立同盟会合肥分会。1911 年 10 月 10 日，武昌起义，合肥同盟会立即响应，他们机智谋划，兵不血刃，使合肥和平光复。

1926 年，国民革命军大举北伐。为接应北伐军胜利入境，合肥籍共产党员蔡晓舟和李云鹏等人联合进步人士，在合肥北乡发动了吴山庙起义。起义军冒着枪林弹雨奋勇前进，向敌人阵地四十里铺逼进，与之短兵相接，终因力量悬殊而失败。然而他们敢于推翻军阀统治的革命精神将永载史册。

1927 年 4 月 12 日，蒋介石发动反革命政变。次年冬，合肥西乡建立赤卫队，逐渐发展为合肥游击队。在中国共产党的领导下，革命群众斗志高昂，大规模开展扒粮、抗捐、抗暴斗争。1931 年，三河镇万余农民开展"抢米斗争"；

1932 年 4 月，北乡数千名农民举行“双河暴动”；1932 年 5 月，西乡又爆发了万余农民参加的“五一扒粮斗争”。仅土地革命时期，此类革命行动在合肥就发生了 100 多起。

在游击战争、抗日战争、解放战争时期，数以万计的合肥人为革命抛头颅、洒热血，用鲜血和生命在共和国的历史上写下了壮美的诗篇。

柯武东，出生在合肥东乡梁园镇，1927 年参加革命，后任红一军团第三军第一纵队司令员等职，1930 年 8 月在率部进攻文家市的战斗中壮烈牺牲。

刘敏，合肥西乡刘老圩人。1928 年加入共产党，曾任中共合肥中心县委书记。他在合肥组建了皖西北游击大队、皖北独立游击师等军事组织，领导武装斗争，为革命作出了重要贡献。

徐百川，1901 年出生于合肥北乡双墩集。1926 年入黄埔军校，参加过南昌、海陆丰和广州起义。1930 年参加组建红 33 师，任第一任师长，领导该师首攻霍山，解放麻埠，收复独山。1931 年在黄安遇害，年仅 30 岁。

童宜仙，1893 年出生于合肥西乡。1931 年参加共产党，成为合肥地区第一个女党员。抗战爆发后，她成为西乡游击队领导人之一。1941 年被国民党合肥党部抓获，在送往立煌县途中，她宁死不屈，自残而死。

回首合肥文化的源流，在先秦战国时期，它深受浪漫风雅的吴楚文化之影响；在汉唐时期，由于移民南迁，它又受到魏晋风骨和中原儒家文化之浸润，于是各种文化艺术元素在合肥这块沃土上交汇融合，孕育形成了既浪漫雅致又清新自然的文学艺术。其中既有合肥本土文人创作的诗文佳作，也有一些在合肥地区为官或游历的外地文人留下的美文精品。如：大诗人李白就应庐江郡（时郡治合肥）太守、吴王李祇的邀请来到合肥，在庐州山水间盘桓了很长时间，他赏景吟诗，翰墨寄情，留有“秋山宜落日，秀水出寒烟。欲折一枝桂，还来雁沼前”等诗句；刘禹锡在隶属庐州府的和州（今和县）任职，与文人吟咏唱和，留有千古名篇《陋室铭》；“扬州八怪”之一的李方膺，曾担任合肥县令，这也是他仕途生涯中的最后驿站，他与合肥百姓结下了深情厚谊。在他卸任携仆人离开合肥时，众多黎民百姓出城相送，依依不舍。他在《出合肥城别父老》一诗中描绘了当时的感人情景：

停车郭外泪潸然，父老情多马不前。
茅店劝尝新麦饭，桑堤留看小秧田。
一腔热血来时满，两鬓寒霜去日悬。
不是桐乡余不住，双亲墓上草芊芊。

合肥的诗文创作在清代出现了繁荣景象，当时有一批极富才华的合肥诗人在诗坛崭露头角，除前面提及的“江左三大家”之一的龚鼎孳，还有李澹然、李天馥、李孚青、萧玉成等人，以及在合肥任庐州知府的唐景皋、陈廷纶，任合肥知县的左辅、陈文武等。当时的稻香楼，不仅是龚鼎孳和顾媚的爱巢，也是一批文人雅士吟诗作画、谈古论今的文艺沙龙。后来李瀚章、李鸿章也都有诗文留世。甚至习武出身的刘铭传也经常作诗，著有《大潜山房诗钞集》。

晚清时代，合肥诗坛出现了“三龙”，即龚心镕、周龙光、江云龙。因三个人的名或字中都有“龙”字，且私交笃厚，故经常在一起吟诗唱和。

龚心镕，兄弟四人均擅长诗文，才华出众。长兄心鉴为光绪十八年进士。身为举人的龚心镕在赴京殿试之时父亲病丧，只得在家守孝，后忧郁而终。

周龙光，光绪二十四年进士，他淡泊名利，远离官场，在家居闲赋诗。

江云龙，由兄嫂抚育成人，光绪十六年进士，官至徐州知府，在任内多有诗文佳作。

当时（太平军、捻军起事期间）诗坛还有“庐州三怪”（三个性格异的诗人），即徐子苓、朱默存、王尚辰。

合肥文人所写的山水诗词有不少上乘之作，如明清诗人熊敬有：“晓起俄惊霁景开，高山头白势崔巍。卷帘为爱琼瑶湿，一片寒光入座来。”描绘的即为“蜀山雪霁”之景色。

肥西县中部的紫蓬山为大别山余脉，山上有西庐寺、李典墓、西汉名将樊哙墓等遗址。相传苏轼曾来此避难，乾隆帝也曾来此拜谒。历代文人吟咏诗词无数，清代李恩绶的五言诗颇有代表性：“前峰接后峰，一重复两重。云容含骤雨，秋意绘疏钟。怪石解扶客，好山纯是松。余行苦踯躅，安得一携筇。”〔1〕

〔1〕（清）李恩绶：《循李陵山脚上千字山示同游》。

如今，肥西县还经常举行“紫蓬山诗会”。当代著名诗人刘祖慈即为肥西人。

位于肥东县的四顶山因四峰并列而闻名遐迩。相传东汉著名道士魏伯阳来此炼丹。汉代文学家徐乾、王褒曾为四顶山挥毫作赋。宋代文人张彦修、明代诗人许蕃春、清代诗人周家颐都写有优美的诗作。晚唐著名诗人罗隐咏道：“胜景天然别，精神入画图。一山分四顶，三面瞰平湖。过夏僧无热，凌冬草不枯。游人来至此，愿舍发和须。”〔1〕宋代张彦修称它为庐州“一州之胜”，赞曰：翠峦齐耸压平湖，晚绿朝红画不如。寄语商山贤四皓，好来个各一峰居。〔2〕

浮槎山俗称安徽“北九华”，位于肥东县境内，景观丰富，气象万千。宋代大文学家欧阳修曾写《浮槎山水记》。此后，唐宋元明清各个时期皆有文人墨客以浮槎山为题材吟诗作画，留下了诸多诗画精品。如宋代释用逊，明代黄道日、梅山，清代李天馥、杨开森等诗人，都留下了吟咏浮槎山的佳作。

安徽“北九华”——肥东浮槎山

合肥东南濒临我国第五大淡水湖——巢湖。“气吞吴楚千帆落，影动星河五夜来”〔3〕是对巢湖绮丽景象的描绘。湖中有中庙、姥山庙、文峰塔等人文景点，且留有李鸿章、李瀚章、刘铭传等人的题额。唐代诗人罗隐过巢湖写下“借问邑人沉水事，已经秦汉几千年”〔4〕的诗句。北宋宰相司马光登姥山诗云：“湖岛映微寒，荷菱连水天。”〔5〕1964 年春，郭沫若亲临巢湖，并留有翰墨：“遥看巢湖金浪里，爱她姑姥发如油。”〔6〕

〔1〕引自晚唐诗人罗隐的《四顶山》。
〔2〕引自光绪《重修庐州府志》卷六《山川志》。
〔3〕明代储良材曾作《中庙》，诗中吟道：“湖上高楼四面开，夕阳徒倚首重回。气吞吴楚千帆落，影动星河五夜来。罗隐诗留仍水殿，伯阳仙去只山隈。长空送目云霞晚，两腋天风下凤台。”
〔4〕引自唐代诗人罗隐的《登巢湖圣母庙》。
〔5〕引自北宋宰相司马光的《登姥山》。
〔6〕1964 年春，郭沫若游巢湖时有诗“遥看巢湖金浪里，爱她姑姥发如油”，指的就是姥山岛。

在歌咏合肥山水景观的文人中，姜夔可谓别具一格。他自号白石道人，为南宋著名词人，同时通晓音律、书法。他对合肥赤阑桥畔柳氏姐妹一往情深，为此写下了 20 多首诗词和歌曲。在《鹧鸪天·元夕有所梦》中他写道：

肥水东流无尽期，当初不合种相思。
梦中未比丹青见，暗里忽惊山鸟啼。
春未绿，鬓先丝，人间别久不成悲。
谁教岁岁红莲夜，两处沉吟各自知。



庐剧是合肥土生土长的一朵艺术奇葩。长期以来，庐剧主要是在乡间流行，演出深受当地农民欢迎。1957 年 4 月，安徽庐剧团应邀赴京演出。毛泽东、刘少奇、周恩来、宋庆龄等党和国家领导人在中南海怀仁堂观看了专场汇报演出，对庐剧的演技予以充分肯定。《人民日报》、《光明日报》、《北京晚报》等报纸连续发表文章，盛赞庐剧是开放在江淮"田野上的鲜花"。

周恩来总理接见庐剧演员

吴邦国委员长与庐剧演员

除庐剧之外，合肥的门歌、洋蛇灯、吴山铁字、剪纸、葫芦烙画等民间艺术也是代代传承，影响广泛。合肥的书画创作也颇有成就，尤其是新中国成立后，在合肥书画界活跃着一批闻名全国的书画名流，如：萧龙士、赖少其、孔小瑜、李百忍、郭公达、葛介屏、张恺帆、刘夜烽、师松龄等。进入新时期，又有一批合肥籍生活与创作在合肥的书画名家相继涌现。如：张良勋、章飚、陆鹤龄、林存安、陶天月、刘子善、应祚智、陈廷友等。合肥还建有各类书画院和艺术馆，如:包河畔有“亚明艺术馆”,政务文化新区有纪念赖少其的“木石斋”,市区还有“安徽渐江国画院”等。

## 第四节　合肥文化在中国文化版图中的地位

### 一、合肥文化的重要地位

合肥文化在中国历史和文化版图中占有极为重要的地位。首先,合肥地区既是东亚古人类生存繁衍的区域之一,也是华夏民族始祖——“有巢氏”活动的中心地带,留下了诸多史前文明的痕迹,是中国乃至世界文明的发源地之一;其次,合肥文化不仅与古老璀璨的中华文明同生共荣,而且在中国历史发生转折的关键时期,它往往能以特殊的文化影响力对中国的社会变革和历史走向产生重要影响,无论是三国群雄争霸时期,还是唐宋、明清时期,合肥的战略区位、文化精神和重要人物都对中国的历史进程产生过重大影响;其三,合肥文化在南北交融、东西碰撞的过程中形成了自己的鲜明个性和地域特色,在华夏民族文化之林中它是兼具吴、楚、越和中原文化基因又带有江淮本土风味的文化标本。

合肥为“江淮唇喉、皖中都会”,水陆交通极为便捷,又属南北军事要冲,且土地肥沃,固系八皖,济接天下,因此历史上诸多有战略眼光的帝王统帅、辅政大臣以及豪杰枭雄都十分关注和重视合肥这方风水宝地,先后在此挥师鏖战,攻城夺地或设郡府、置州县,布设重兵,构筑城池。

公元前221年,秦吞并六国,一统天下,实行郡县制,置九江郡,设合肥县。“庐以列城为合肥县”〔1〕,这样,西周初年封建、春秋中期消亡的庐子国都城旧邑得以重建。

东汉时期,光武帝刘秀审视东南疆域,看好江淮,特重合肥,遂于建武六年(30年)改九江郡为“合肥侯国”,合肥城池构建的步伐加快。

---

〔1〕 杨循吉:《庐阳客记》。

东汉末年，曹操亲遣刘馥为扬州刺史，于是刘馥“单骑造合肥空城”，重整军政，恢复生产，使百姓得以安居，市贸繁盛。随后曹魏将军满宠固守合肥，并筑有“新城”。

隋开皇初年(581 年)，隋文帝改“合州”为“庐州”，并提升其地位，扩展其“疆域”，辖领合肥、襄安、庐江等 7 县。

唐贞观年间，右武侯大将军尉迟恭在原秦汉老城东南 6 里的淝河南岸冈阜高地建“金斗城”。新旧二城，呼应联络，市场繁荣。

南宋时期，金兵南侵，知州、淮西帅郭振一面组织军民抗击金兵，一面加速城建，将城北河边的市场和逍遥津、金斗圩全部包揽进来，建成了一座城周 26 里、墙高两丈 8 尺的江淮第一大城“斗梁城”。

明洪武年间，开国皇帝朱元璋将庐州升级为“府”，由中央直辖。庐州府与首都应天府(今南京市)、中都凤阳府(今滁州市凤阳县)、和州(巢湖市和、含二县)并立为大明皇畿，“城区规模和市贸繁荣，均为空前”〔1〕。

清朝康熙六年(1667 年)始建安徽省，简称“皖”，辖 8 府 51 县，省会驻安庆。所辖庐州府领合肥、巢湖、舒城、庐江 4 县和无为州，府治合肥。

1952 年 8 月 25 日，安徽省人民政府成立，省会驻合肥，后出现省会南迁之议。1958 年 9 月 16 日，毛泽东视察合肥时明确指示:“合肥不错，为皖之中……从长考虑，似较适宜。”为合肥正式成为安徽省省会一锤定音。

在合肥建制和区划沿革的进程中，我们发现该地区曾数度成为侯国都城、中央直辖府和省会，足见它在中国政治、军事和文化中的重要地位。

三度侯国都城:①西周初年封建庐子国，约于春秋中期亡。②东汉建武六年(30 年)，光武帝刘秀升合肥县为“合肥侯国”，历 4 世，约百年。③东汉灵帝时，复合肥侯国，汉亡遂废国设县。〔2〕三度封侯国合计约 600 年左右。

三度中央直辖府:①西汉设 13 刺史部，扬州为其中之一。东汉因袭，刺史府从历阳移治寿春、合肥。②三国时期，魏、吴分治扬州，魏之扬州刺史府先后驻合肥、寿春。③明朝设庐州府，是意义更为确切的“中央直辖市”。三度设直辖府，合计约 300 余年。

---

〔1〕 王象之:《舆地纪胜》，中华书局 1992 年版。

〔2〕 范晔:《后汉书》，中华书局 2007 年版。

三度省会:①清朝时安徽省省会驻安庆,咸丰三年(1853 年)4 月,太平军进攻安庆,省会迁驻庐州府,同治元年(1861 年)夏,省会迁回安庆。②1945 年 8 月 15 日,日本宣布投降。9 月,国民党安徽省会迁驻合肥城,驻 3 年,省会迁回安庆。③1952 年 8 月 25 日,安徽省人民政府成立,合肥作为省会延续至今。

长期以来,合肥不仅作为华夏中部地区的军事重镇和南北物资集散中心,直接影响着中国的政治军事格局、南北贸易流通和历史发展走向,同时它还以丰富的史前文明遗存见证着华夏文明的起源和发展,又以独具一格的三国文化、包公文化和淮军文化分别诠释和展示着中华古国的军事文化、忠孝文化、清官文化以及国防和工业近代化进程。

1. 丰富的史前文明遗存,见证合肥地区是华夏文明的发源地之一

据考古发现,早在三四十万年前就有古人类在合肥一带生活,专家将其称为“和县猿人”,后来又发现在此留下生活踪迹的还有“巢县早期智人”。在远古时期,人类的祖先之所以选择在此生活,大约只有一种解释,即当时江淮地区的气候比较温和、雨量适中,自然界食物丰富,是一个适合人类生存的栖居地。

新中国成立以来,考古部门在合肥地区发现了不少新石器时期遗址。如:肥东县的大陈墩遗址、大城头遗址,肥西县的古埂遗址,合肥西郊塘岗遗址和和县凌家滩遗址。此外还有肥西县大墩子,含山县大城墩、孙家岗,肥东县吴大墩等以淮夷文化为主体的商周遗址。这些遗址的存在和发现,一方面充分说明合肥地区(包括周边区域)很早就有古人类居住活动,而且出现了史前文明,显然是华夏文明的发源地之一;另一方面它也为我们研究人类发展史和华夏文明史提供了十分重要的证据。

2. 影响广泛的包公文化,为弘扬正义、清廉自律和爱国亲民树立了坐标

包拯一身正气,刚正清廉,生前不畏权贵,爱民如子,经常为民申冤,惩治奸佞,深受黎民百姓的敬仰。包拯死后不久,合肥就建起了包公祠。随着包公故事、传奇和包公戏曲的流传,包公的感人事迹和精神品格深入人心,在他身上,集中体现了“忠孝、仁义、清廉、智勇”等儒家文化精神和中国一代名臣的优秀品格。之后,在他任职的端州、开封、池州、天长等地都相继建造了包公祠。随着包公影响的日益扩大,中国各地(包括港、澳、台地区),还有新加坡、马来西亚、泰国等国家和地区都纷纷建起了包公祠和包公庙。

合肥包公园藏有丰富的包公文化遗存(包括墓志铭、遗训、遗骨、画像、碑刻等),它寄托着合肥人民对他的追思和缅怀。中国历代志士名流和文人墨客留下的诗文、祭文和碑刻都对包拯的精神品格予以高度评价。

中国长期以来是封建集权制国家,法制意识淡薄,中央和地方各级官府的权力很少能受到民众的监督,因而历朝历代都不乏贪赃枉法和草菅人命的现象,所以老百姓就期待能出现清官为他们申冤做主,一身正气的包拯便成了青天大老爷的象征。包公的黑脸,龙头、虎头、狗头三铡刀,以及陈州粜粮、端州掷砚、怒弹国舅、铡陈世美、审阴断阳等故事在民间广为流传,这些故事传说都是历代百姓对包公刚正不阿、清正廉明、爱民亲民高尚品格的礼赞,也包含着人民大众对贪官恶吏的愤恨和憎恶。无论是历史的真实还是艺术的夸张,它都见证着包公人格和包公精神在华夏大地亿万民众心中的深远影响。包公从历史走进了文学艺术,传播非常广泛,其影响遍及政治、伦理、律法、民俗、文学、艺术等各个领域,形成了一种独特的包公文化,它为弘扬正义、清廉自律、爱国亲民提供了难能可贵的示范教材。

3. 淮系集团和北洋皖系集团对中国近代政治格局及历史走向产生了重要影响

李鸿章创建的淮军是在晚清内忧外患、危机四伏的特殊背景下崛起的军事集团。李鸿章曾协助曾国藩镇压太平军和捻军,继后又创建北洋舰队,抵御外来之敌。淮军在当时已成为清王朝事实上的国防军,李鸿章本人在晚清政坛上也举足轻重,处于一人之下、万人之上的地位。当时李鸿章在清王朝的内政外交和大政方针方面有一言九鼎的话语权和决策权,慈禧太后对他也礼让三分。清廷各部要职、地方巡抚、总督统领几乎都是李鸿章的门生故旧或老乡。李鸿章晚年致力于洋务运动,志在强兵富国,虽最终未能挽救风雨飘摇、千疮百孔的清王朝,但他所做的一切在客观上对中国近代工业的发展起了推动作用,尤其是李鸿章一手创建的淮系集团,对近代中国的政治军事格局和历史走向产生了重要影响。

合肥人段祺瑞从小投身军营,毕业于天津武备学堂,并留学德国柏林军校。后在袁世凯的提携下,担任北洋军第二军统领。段祺瑞于 1912 年初联名北洋集团 46 名高级将领上书,要求清廷“立定共和政体”,并将北洋军司令部由湖北孝感迁至河北保定。1912 年 1 月 2 日,隆裕太后以“宣统皇帝”名义颁布退位诏，清王朝寿终正寝。同年 2 月 15 日，袁世凯被南京临时参议院推举为中华民国临时大总统，段祺瑞随之被委任为陆军总长，成为袁氏政权的主将。1915 年 12 月 12 日，袁世凯决定称帝，恢复帝制，为赢得支持曾多次拉拢段祺瑞，但段祺瑞以辞职的方式不与袁世凯合作，并暗中抵制袁世凯称帝复辟，最终袁世凯的皇袍只穿了 83 天。之后，段祺瑞又联络各方反对张勋复辟。段祺瑞 6 次入主北京政府，后期兼行国家元首之权，史称他“三造共和”，是中国近代史上一位纵横捭阖、左右时局的显赫人物。在民族危亡之际，他坚决拒绝与日本人合作，体现了一个中国人应有的民族气节。

4. 合肥科技创新精神在全国现代化进程中起到了引领作用

合肥是闻名遐迩的科教名城，2004 年成为全国第一个科技创新型试点市。合肥拥有众多国家级科研院所和各类高等院校，一连串当代“中国第一”的创造发明都在这里诞生。合肥还涌现了一大批出类拔萃的尖端科技人才，如：中国镭学创始人郑大章、中国电气绝缘专业创始人之一的陈季丹、新中国测绘制图事业的开拓者吴忠性、中国微波电子学科带头人刘盛纲，其中最杰出的自然是杨振宁。杨振宁于 1957 年和李政道共同获得诺贝尔物理学奖，后来在“杨—米尔斯方程”和“杨—巴克斯特方程”上又有重要建树。他先后受聘担任北京大学、清华大学、南开大学、中国科技大学等国内著名学府的名誉教授，并帮助一些高校和科研部门建立与国际接轨的实验室和研究机构。

20 世纪 70 年代，中国科技大学迁至合肥，中国科学院分院等科研机构也纷纷选择合肥。20 世纪 80 年代，合肥与北京、西安、成都并列为中国四大科教基地。合肥市委、市政府也作出了“科技兴市”的战略决策。如今合肥已经成为以电子信息、生物工程和新医药、光电机一体化为支柱，兼及环保和新材料开发的高新技术产品研发生产基地，在全国影响广泛。

在文化内涵和文化品格上，如果说徽州文化像“山”一样高远厚重、博大精深，皖江文化像“水”一般柔美婉约、飘逸空灵，淮河文化像“土”一般质朴淳厚、滋养万物，那么合肥文化则像浩渺巢湖，平和深沉，胸襟阔大，笑纳百川，兼容并蓄。由于战事频仍，合肥的文化传承或许不尽连贯，缺乏相应的逻辑体系和代传序列，但在中国历史发展的关键时期，它却能孕育出叱咤风云、惊天撼地的精英豪杰，影响着中国的历史走向和政治文化格局。合肥文化兼有北方豪放和南方婉约的品格特征，更有自身浓郁的乡土气息和地域色彩。现有充分的证据表明，合肥文化既是华夏古老文明的源头之一，也是华夏五千年文明史的重要组成部分。

## 二、合肥文化的主要价值

前面略述了合肥文化在中国文化版图和文化史上的重要地位，现在我们再从精神文化、学术研究和实际应用三个层面来考察一下合肥文化的价值所在。

1. 精神文化价值



合肥文化的价值不仅在于器物遗存的形而下的物质层面，更在于精神内核、文化品格和集体记忆的形而上的精神层面。由于长期受到楚越文化和中原文化的浸润，加上移民带来的各种地域文化的相互融合，合肥文化便具有开放包容、兼收并蓄的特点及在融汇中丰富、在发展中创新的移民文化品格，同时也铸就了合肥人坦荡宽厚的胸怀、乐观豁达的心态、敢为天下先的勇气和思变求新的精神。合肥还拥有独具一格的三国文化、深入人心的包公文化和内涵丰富的淮军文化等文化元素，这些都对合肥本土文化的发展和文化个性的形成产生了重要影响。三国文化的豪放雄健、包公文化的民本情怀、淮军文化的忠骨侠义等文化内涵，无不深刻影响着合肥民众心性品格的养成、集体记忆的储存以及精神文化特质的铸就。因此，合肥文化的价值更主要的是体现在形而上的精神层面。

2. 学术研究价值

合肥史前文明遗存和历代丰富的文化资源累积对于考古学、社会学以及政治、军事、伦理、风俗等方面的文化研究均有十分重要的意义和学术价值。

首先，合肥文化中丰富的史前文明遗存是我们认识史前这一地区人类生活状况的第一手资料。三国时期留下的人文遗存和故事传说对于我们进一步了解三国时期的政治、军事也有着十分重要的意义。尤其是晚清淮军的有关资料和遗存，对于中国近代史的研究无疑具有重要参考价值。

其次，合肥历代的人文遗存和文献史料，对于我们研究合肥人的价值观、道德观、风尚习俗、思维方式、生活状况、生产方式、宗族制度、婚姻状况等，也有重要的参照作用。尤其能够为我们研究中国独特的清官文化以及道德文化传承提供不可多得的标本。

3. 实际应用价值

合肥丰富的历史文化资源及其内涵丰富、个性鲜明的文化精神对于当今合肥的经济文化发展和精神文明建设都具有十分重要的借鉴意义和应用价值,具体表现在以下四个方面:

(1)为省会经济圈的发展提供文化支持

合肥,尤其是以合肥为中心的环巢湖文化圈丰富的历史文化资源,可以为合、六、巢经济区的发展和联动提供文化支持。它有助于推动合、六、巢城市带文化产业的发展和经济发展模式的转型。

(2)为合肥地区的旅游开发提供实际支撑

历史悠久的合肥有不少弥足珍贵的文化遗存,它们是不可复制的极有价值的文化旅游资源,能为合肥旅游业的深度开发提供实际支撑。

(3)为合肥提升城市形象提供文化元素

合肥虽文化积淀厚重,但合肥的城市形象和文化影响力还有待进一步提升,包公文化、三国文化、淮军文化和当代科教文化等文化元素,对提升合肥的城市形象和文化影响力都能发挥重要的作用。

(4)为合肥的建设规划提供文化视阈

历史上不少政治家、军事家和文史地理学家都曾对合肥的区域规划、城建发展、品格定位有所谋划和考虑。历代先贤关于合肥城建的谋划,能为当今合肥城市的规划和发展提供文化视阈。

# 第二章　合肥文化的渊源与演进脉络



## 第一节　合肥的自然人文环境与建制沿革

### 一、合肥的自然人文环境

东经117度17分和北纬31度51分在经纬网上的相交点，正是合肥市在地球上的位置。合肥和北京属于同一时区(东8区)，这使合肥在计时上非常方便。合肥位于安徽省中部，是安徽省省会，北至淮河岸，东南至长江边，西南距大别山麓均约100公里。它是长三角城市群成员，也是全省政治、经济、文化、信息、金融和商贸中心，还是全国重要的科研教育基地。

合肥市地处江淮丘陵地带，岗冲起伏，垄畈相间，大别山余脉自肥西大潜山进入，向东北蜿蜒，北起舜耕山，南至巢湖边，具有丘陵岗地、低山残丘、河湖低洼平原三种地貌。位于太平洋沿岸季风气候区的范围之内，处在中纬度与低纬度之间，属于亚热带，受四至九月的台风和黄梅雨季的影响，空气湿润，因此合肥的气候应属于“亚热带季风湿润气候”，四季分明，夏季湿润多雨，冬季干燥寒冷。年平均气温15.7 ℃，七月平均温度为28.4 ℃，极端最高气温为

41 ℃,极端最低气温为零下 20.6 ℃。年日照时间约为 2 000 个小时,全年无霜期 228 天,年平均降雨量在 940—1 000 毫米,平均相对湿度为 77%。

优越的自然环境造就了合肥发达的农业文化。合肥的粮食作物、瓜果、蔬菜等向来品种繁多。由于土壤肥沃,气候适宜,从外地移来的品种,大多能够在合肥“安家落户”繁衍下来,如从西域移来的蚕豆,东南移来的竹笋、番茄,亚热带移来的芭蕉,尤其是新中国成立后从寒温带移来的苹果、马铃薯,从西南移来的甘蔗、贵重药材天麻等。还有从日本引进的草莓,鲜美可口,长丰县是全国十大草莓生产基地县之一。在粮食作物方面,主要是因地制宜种植水稻、冬小麦和油菜等作物。畜禽水产养殖业发达,特色农产品丰富,合肥市有“中国淡水龙虾之都”的美誉。

境内水系比较发达,江淮分水岭横贯中部地区,地势平坦,土地肥沃,圩区绵延。分水岭以南为长江水系,主要河流有南淝河、丰乐河、派河、滁河、巢湖等。分水岭以北为淮河水系,主要河流有东淝河、池河、窑河、瓦埠湖、高塘湖。[1] 东淝河北行 100 多公里,经寿春注入淮河,晋代淝水之战谢玄大破苻坚处即在此。南淝河全长 70 公里,是合肥的主要河流。历史上的合肥,横贯城内的金斗河,自西向东,中途分出一支,过经县桥、和平桥、洛水桥,转而流向西南,汇集成龚大塘,与护城河联成一脉。还有西濠、北濠、包河和东门大河,总属于南淝河水系。19 世纪之前的合肥,实际上是河水环绕的一片绿洲。现在境内不少河流已消失不见。昔日横贯城内的金斗河,如今变成了繁华的长江路。自新中国成立上溯到往古,南淝河从来是合肥人生活用水的主要来源,是郊区农民最大的自然灌溉渠,又曾为人们提供无数的鱼虾菱藕,并且是合肥通向外埠的唯一航道。然而世事沧桑,昔日的河流不见了,留下了 20 多座桥梁的名称,铭刻在这座古城的记忆中,至今还有一些桥名被沿用着。1958 年,南淝河上游建成了集水面积为 207.5 平方公里的董铺水库,不仅消除了南淝河的灾患,而且为城市水厂开辟了可靠的水源,还发展了淡水养殖业。由于政府重视,如今的合肥正在向花园式的绿色城市转变。

[1] 合肥市地方志办公室编纂:《合肥概览》,1987 年版,第 11 页。

天鹅湖夕照

合肥位于美丽富饶的巢湖北岸，是全省的政治、经济、科技、文化中心，水陆交通的枢纽。为江淮两大河流水运相接的最近点，历史上在军事、商业等方面均占有重要地位。"太史公叙天下地势，于江淮之间独举合肥。今千年后，山水变迁，昔太史公所云'受南北潮'者已不复见；独其居江淮间，殷盛阔大，包举湖山，卓为巨邑，则今犹古也。"这是嘉庆《合肥县志》序言中的一段话。沧海桑田，历史更替，我们既可以从中一窥合肥的地理概况，也可以由此触及合肥的绵长文脉。"肥之教养，基于汉衰，息乎六朝，振乎唐，盛乎宋，而沿流乎元，其盛衰大较，稽之志而可睹者也。"〔1〕

## 二、合肥的建制沿革

夏商周：早在夏商时代，江淮之间出现了一些部族小国。周武王时期，"庐"国建立，合肥是其中心地带。周宣王时期，庐国属楚。春秋时期，起源于湖北省荆山的楚国，把疆域不断向东扩张，遂奄有江淮之地，北到寿春，南到鸠兹（芜湖）。"庐"、"居巢"、"舒鸠"、"桐"、"六"诸小国，都接受了楚文化，归属于楚国。

〔1〕（清）嘉庆《重修合肥县志序》。

公元前770年至公元前221年，庐属楚，又属吴，又属越，终又属楚。

秦：公元前223年，秦将王翦灭楚。公元前221年，秦始皇废封建，立郡县，改庐国为九江郡，郡治在襄安（今无为县境内）。

汉：公元前203年，汉高祖改九江郡为淮南国，合肥县属淮南王国九江郡。汉文帝七年（公元前173年），淮南国除，4个郡直属中央，合肥县仍属九江郡。汉文帝十二年（公元前168年），合肥县改属淮南国。汉武帝元狩元年（公元前122年），淮南国除，复设九江郡，合肥县仍属之，为三级行政区治所。汉武帝元封五年（公元前106年），合肥县改属扬州刺史部九江郡，为三级行政区治所。这时合肥已经由集镇建制上升为县，是扬州所领的15县之一。25年，汉光武帝封功臣铿镡为合肥侯，合肥改为侯国，仍属九江郡。200年，汉献帝废侯国，复改为县，扬州治合肥，扬州刺史驻合肥。

三国：曹魏黄初元年（200年）至正始二年（241年），合肥为曹魏一级行政区扬州州治，共21年。正始二年（241年），属曹魏扬州淮南郡，为三级行政区治所。

晋：晋武帝咸熙二年（265年），合肥县属扬州九江郡，为三级行政区治所。太康十年（289年），改属淮南国，为三级行政区治所。晋惠帝永康元年（300年），改属淮南郡，为三级行政区治所。晋元帝大兴四年（321年）至晋成帝咸和五年（330年），晋征西将军戴渊为督司、兖、豫、并、雍、冀六州诸军事兼司州刺史，在江淮间侨置，有关侨郡、县分别属之，治于合肥，为一级行政区司州州治，共9年。晋成帝咸和四年（329年）置汝阴郡，属豫州。合肥为郡治，领5县。合肥改名汝阴，逡遒改名逡道，又改为慎县。晋成帝咸和五年（330年），合肥侨置汝阴郡、县及陈郡，为二级行政区治所。后赵建武十一年（345年），合肥县属扬州淮南郡，为后赵三级行政区治所。晋穆帝永和六年（350年），复属东晋豫州汝阴郡，汝阴、合肥县同治，为二级行政区治所。

南北朝时期（420—589年），一级行政区为州，二级行政区为郡，三级行政区为县。

南朝：宋武帝永初元年（420年），合肥县，汝阴县改属南汝阴郡，并兼南豫州州治、南汝阴郡治，为一级行政区南豫州州治。至齐代宋，共59年。永初三年（422年），撤合肥县为侨置汝阴县，合肥改名汝阴。

齐初侨置豫州，又称西豫州，迁治汝阴，仍兼南汝阴、北陈郡治，汝阴县治。至永元二年(500 年)，北魏占领汝阴，为一级行政区西豫州州治，共 21 年。

梁武帝天监五年(506 年)，复汝阴，改南汝阴郡为汝阴郡，迁豫州治汝阴。508 年，改合肥为南豫州。普通七年(526 年)，豫州迁治寿春，迁南豫州治汝阴。至太清元年(547 年)，为一级行政区南豫州州治，共 21 年。太清元年(547 年)七月，改设合州于汝阴，以故合肥县为州名，兼汝阴郡、县，南顿郡、县等治所。为一级行政区合州州治，共 1 年。太清二年(548 年)，合州入东魏，梁改治江滨。

陈武帝永定三年(559 年)，合州、汝阴郡、县及北陈郡入陈，沿其旧制。陈文帝天嘉二年(561 年)，合州及侨郡、县复入北齐，沿其旧制。陈宣帝太建五年(573 年)六月，复入陈，沿其旧制。至太建十一年(580 年)，为一级行政区合州州治，共 21 年。

陈宣帝太建十一年(580 年)，合州及所属郡、县入北周。至北周静帝大定元年(581 年)二月入隋，为一级行政区合州州治，共 1 年。

北朝：北魏景明元年(500 年)，南汝阴郡、汝阴县入北魏，为北魏二级行政区治所。

隋：隋文帝开皇三年(583 年)，废郡，撤县，改合州为庐州，辖 7 县，以韩擒虎为庐州总管。庐州系延庐江郡、县旧名。恢复合肥县，州治在合肥。合州为一级行政区名称历梁、东魏、北齐、陈、北周及隋初，南北共 6 个政权，历时 40 年。至隋炀帝大业三年(607 年)，先后为一级行政区合州、庐州州治，共 27 年。大业三年(607 年)四月，改庐州为庐江郡，郡治在合肥。

唐：唐高祖武德三年(620 年)，改庐江郡为庐州，仍治合肥县。唐太宗贞观四年(630 年)，置淮南道，庐州属焉，领合肥、慎县、巢县、庐江 4 县。至唐玄宗开元二十一年(733 年)，为一级行政区庐州州治，共 113 年。唐玄宗开元二十一年(733 年)，仍为庐州，领 5 县(增无为)。天宝元年(742 年)，又改庐州为庐江郡，治合肥，仍属淮南道，为二级行政区。唐肃宗至德元年(756 年)十二月，置淮南节度使于扬州(今扬州市)，庐江郡仍属之，为二级行政区。至德二年(757 年)十二月，复名庐州，领 5 县，仍属淮南节镇，为二级行政区。

唐僖宗中和三年(883 年)至唐昭宗天复二年(902 年)，唐封杨行密为吴王，原本以庐州为都，后改都扬州，庐州仍属吴。至唐亡(907 年)，吴自立，驻合肥，为一级行政区淮南节镇首府，共 5 年。

五代十国：庐州及治所合肥县先后属吴、南唐。吴武义二年(920 年)，升庐州为德胜军，为节镇，又称庐州节度使，均治合肥。至南唐代吴，为一级行政区德胜军节镇首府，共 17 年。后唐长兴二年(931 年)，遥立庐州为昭顺军节度使驻地。实际上，后唐势力没有到达合肥，并无此设置。

后周显德五年(958 年)三月，改德胜军为保信军节度，仍为庐州及合肥县治所。至宋代后周，为一级行政区保信军节度首府，共两年。

宋：宋初仍沿旧制，庐州仍治合肥县，改属淮南道地理区域，为二级行政区。宋太宗淳化四年(993 年)，庐州属淮南道，领合肥、梁县、寿县等三县(慎县因避孝宗讳，改梁县)。997 年，改"道"为"路"。宋神宗熙宁五年(1072 年)，分淮南路为东、西两路，庐州改属淮南西路，为二级行政区。

宋高宗建炎元年(1127 年)，改淮南西路治庐州，为一级行政区淮南西路首府。绍兴初年，为避金兵，淮西路寄治巢县。绍兴七年(1137 年)，淮西将郦琼以庐州叛降刘豫伪齐。绍兴十一年(1141 年)，为杨沂中收复。宋孝宗乾道二年至五年(1166—1169 年)，在和州置司。乾道五年(1169 年)；淮西路复治庐州。至宋恭帝德佑元年(1275 年)二月入元，为一级行政区淮南西路首府，共 149 年。

元：元世祖至元八年(1271 年)，升庐州为淮西路，设淮西总管，领 3 县，属江淮行省。至元十四年(1277 年)，在庐州设淮西路总管万户府，属江淮行省淮西道宣慰司，为二级行政区。至元十五年(1278 年)，升庐州为路，置总管府，仍属江淮行省淮西道，为二级行政区。元泰定帝泰定二年(1325 年)，以庐州属淮西道。元末，红巾军大宋政权在庐州设江淮行省。龙凤十年(1364 年)，朱元璋遣徐达攻庐州，秋七月，克庐州，改庐州路为庐州府，为江淮行省省会。龙凤十二年(1366 年)，废江淮行省，改属江南行省，为二级行政区。

明：明太祖洪武元年(1368 年)，庐州为直隶，领 2 州(庐江、六安州)，6 县(舒城、巢县、无为、庐江、英山、霍山，废梁县并入合肥)。明成祖永乐十八年(1420 年)，庐州府隶南京，称南直隶。

清：顺治二年(1645 年)，庐州改属江南省。顺治五年(1648 年)，庐州属安庐道。顺治九年(1652 年)，庐州改属庐六道。

康熙元年(1662 年),设安徽巡抚,改左布政使为安徽布政使。康熙四年(1665 年),裁撤庐六道。康熙五年(1666 年),庐州隶安徽布政使司。康熙八年(1669 年),庐州府改属庐凤道。

雍正二年(1724 年),庐州府辖 1 州 4 县,府治合肥。4 县:舒城、庐江、无为、巢县。

咸丰三年(1853 年),建安徽行省于庐州府,巡抚驻合肥。11 月,太平军在攻克桐城、舒城后,开始了全力进攻合肥城的战斗。1854 年 1 月 14 日,太平军万余人对庐州发动总攻。1 月 17 日,太平军用火药炸裂城垣而破城。安徽巡抚江忠源投水自尽,李鸿章带领部队退居庐州北,家资尽为太平军所得。

同治元年(1862 年),建安徽行省于安庆,庐州改为府。1866 年,新设安庐道,庐州属焉。

光绪十六年(1890 年),庐州仍改为府,领 5 县。

中华民国:1912 年,庐州府废,合肥县直属安徽省。1938 年 5 月,日军入侵,合肥沦陷。1945 年,抗战胜利。在日本统治合肥近 7 年的时间里,城内人口只剩下老弱两千。日本宪兵队在小书院,即现在的第九中学里设下水牢,任意把城乡人民投入水牢内,并豢养狼狗吞噬人民的血肉。1945 年 12 月,安徽省会从金寨迁到合肥。在此期间,李品仙的省府迁到合肥,这里成为国民党反共的前哨阵地。在他执政期间,大肆搜刮民脂民膏,国民党的黑暗统治使老百姓处于水深火热当中。

中华人民共和国:1949 年 1 月 21 日,合肥守敌刘汝阴部在我谭启龙将军率领的南进纵队的攻击下,弃城而逃,合肥获得了解放。22 日晨,中国人民解放军合肥军事管制委员会宣告成立。军管会以孙仲修、黄岩、宋日昌、郑抱真、王长俊、李广涛为委员,孙仲德为主任,黄岩、宋日昌为副主任,李广涛为秘书长。接着中共合肥市委员会成立,黄岩为书记,李广涛为副书记。不久,黄岩调省委任职,张恺帆任市委书记。又不久,张恺帆也调省委任职,李广涛任市委书记。

1949 年 2 月 1 日,合肥市人民政府成立。市长由郑抱真担任,树海任副市长。全市划分为三个行政区:第一区、第二区、第三区;两个直辖镇:第一直辖镇和第二直辖镇。同年 4 月,两个直辖镇合并成立第四区。

1949 年 9 月,撤销 4 个区,分设大东门、车站、西门、北门、南门 5 个派出所辖区。

1951 年 11 月，撤销 5 个派出所，成立车站、东市、西市 3 个区。

1958 年 7 月，肥东县、肥西县、巢县划归合肥市。

1959 年 5 月，从巢湖周围 4 个县的沿湖地带划出部分农村，设立巢湖（水上）区。

1960 年 3 月，改车站区为东市区，原东市区改为南市区。

1961 年 4 月，肥东县、肥西县、巢县划出。巢湖区撤销。

1963 年 8 月，改南市区为中市区。

1983 年 7 月，肥东县、肥西县复归合肥市管辖。

2002 年 3 月，合肥市区划调整，大致以南淝河、板桥河、老环城路、金寨路为界，将原东市区、中市区、西市区、郊区分别调整更名为瑶海区、庐阳区、蜀山区、包河区。

2004 年 6 月，长丰县有两个镇和 5 个乡划归淮南市管辖。

2006 年 2 月，合肥市启动大发展、大建设、大环境"三大推动"战略进程，按照"141"城市空间发展战略（1 个主城、4 个城市外围组团、1 个滨湖新区），高起点规划，高标准建设，打造独具魅力的现代化滨湖大城市。安徽省第八次党代会明确提出要把合肥市建设成为现代化滨湖大城市。2006 年 11 月 15 日，滨湖新区建设正式启动。

至 2009 年底，合肥市辖肥东、肥西、长丰 3 个县，瑶海、庐阳、蜀山、包河 4 个区和国家高新技术产业开发区、国家经济技术开发区、新站综合开发试验区 3 个开发区。市辖（三县不算）街道办事处 44 个，社区居民委员会 333 个，镇政府 6 个，乡政府 2 个，村民委员会 74 个。全市总面积 7 055 平方公里（含巢湖水面面积 233.4 平方公里），市区面积 838.52 平方公里（不包括长丰、肥东、肥西县），城市建成区面积 305 平方公里。全市东西两端最长距离 133 公里，南北两端最长距离 124 公里。西北郊枕江淮分水岭，东南郊临碧波浩渺的巢湖。另外，长丰县面积 1 922.24 平方公里，肥东县面积 2 215.53 平方公里，肥西县面积 2 070.72 平方公里。全市常住人口 510 万人，其中市区常住人口 290

万人。[1]

## 第二节　合肥地区史前文明的发现及价值

在史前文明的考古中，专家常常关注两大问题：一是人类起源，二是文明起源。据考古发现，人类起源大约始于旧石器时代，而文明起源则与新石器时代相关联，如此便形成了旧石器考古和新石器考古的区分，而陶器便成为两个时代分野的一种最主要的标志。



合肥，介于长江和淮河两大水系之间，江淮分水岭横亘中部，南边毗临我国五大淡水湖之一的巢湖，境内河道纵横，多条河流注入淮河和巢湖；地形为丘陵，呈岗冲相间、波状起伏形态，河流两岸和沿湖地带有地势低平的平原；气候上属亚热带季风性湿润气候，气候温和，雨量适中。总体而言，合肥的地理环境和温润气候，还是比较适合多种植物的生长和动物的繁衍，这无疑为古人类活动和文明孕育提供了较为有利的自然基础。

### 一、旧石器时期合肥地区古人类的发现

安徽的旧石器出土主要分布在水阳江和巢湖流域，虽然合肥城区迄今还没有发现古人类化石和旧石器，但是安徽古人类化石出土点和县龙潭洞、巢湖银山都与合肥有着较为密切的地缘关系，合肥、巢湖全部和六安的一部分（老市区和舒城一带）在历史上同属泛巢湖流域，都隶属于庐国、九江郡、庐州府等，并没有明确的划分界限，这一地区丘陵散布、水网纵横、气候温和，非常有利于早期人类活动——渔猎与狩猎活动的开展。巢湖一带的古人类遗址理应归于合肥史前文明范畴之内。

1. 和县龙潭洞古人类文化遗址

和县猿人遗址位于巢湖地区和县陶店乡汪家山，发现于20世纪80年代初期，属新生代第四纪更新世中期，距今约30万年，与北京周口店猿人、爪哇猿人

〔1〕合肥市地方志办公室编纂：《合肥年鉴(2010)》。

等有相似之处。它的发现，说明长江流域和黄河流域都是中华民族的发源地。1988 年“和县猿人”遗址——龙潭洞，被列为全国重点文物保护单位，并写进了中学教科书。

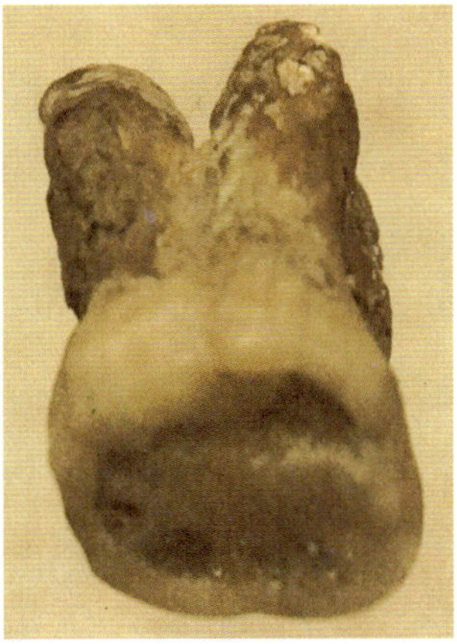

和县猿人臼齿化石

2. 银山智人人类文化遗址

位于巢湖市银山村，经过考古学家 3 次发掘，发现 1 块不完整的人类枕骨、1 块附连 3 枚牙齿的左上颌骨和 3 枚零星牙齿。根据化石形态特征，应属于早期智人。

洞穴堆积分为 4 层，人类化石发现于第二层，含大量灰岩角砾的棕红色砂质黏土层，伴出土的哺乳化石有中国鬣狗、剑齿象、貘、犀、肿骨鹿等 10 多种动物化石。在其北侧洞穴发现有更早时期的动物群化石，包括拟豺、桑氏短吻鬣狗、巨剑齿虎、豹、长鼻三趾马等。经测定银山地点伴生的动物骨化石样，银山人生活的年代约在 16 万至 20 万年前，但根据对银山地点堆积物中钙板年代的测定，银山人生活的年代应该在 30 万年前。银山早期智人化石及哺乳动物化石的发现是我省继和县猿人化石之后，古人类和旧石器时代考古的又一重大发现，也是长江下游地区唯一一处早期智人化石地点，它对研究中国人类起源和环境演化都具有重要意义。

## 二、新石器时代合肥地区古文明遗址

尽管合肥本地的旧石器考古尚属空白，但代表文明起源的新石器文化遗存已有多处发现。新石器时代的农业共同体兴起于黄河中下游地区，在距今 4 000余年的龙山文化遗址中，石锄、石镰、蚌镰等农具和各种谷物多有出土。考古资料表明，淮河南北两岸也是我国早期人类生息繁衍的重要地区。淮河流域新石器时代文化以淮河干流为中心分别向南北延伸，与长江流域、黄河流域的新石器时代文化相衔接，成为南北文化交流的中间地带。合肥因处于长江、淮河之间因而成为新石器时代重要的文化遗存地，南北文化的许多特征在这里交融碰撞、融合升华，形成了新的文化因素，充分展示了合肥悠久的历史文化。1955 年，考古人员在肥东县大城墩发掘的新石器时代遗存中，发现有早已炭化的稻谷凝块和烧焦的稻粒，这表明在 5 000 年之前的合肥地区先民就开始种植水稻，进而表明在新石器时代，合肥境内已出现了原始农业，且原始农业生产已达到相当水平。我们知道，原始农业的出现得益于人类对劳动工具的制作和使用，上述出土的工具充分证明新石器时代合肥地区的先民已可以制造和使用简单的劳动工具来种植粮食。在以原始采集农业为主、渔猎和畜养为辅的原始社会经济形态中，人们的生活方式开始由游牧为主转为定居为主。这些珍贵的文化遗存向我们生动地展现了人类早期的生活情景：他们以农业为主，种植谷麦，捕鱼打猎，编织网具，纺麻织丝，经历了长期的氏族社会定居生活。



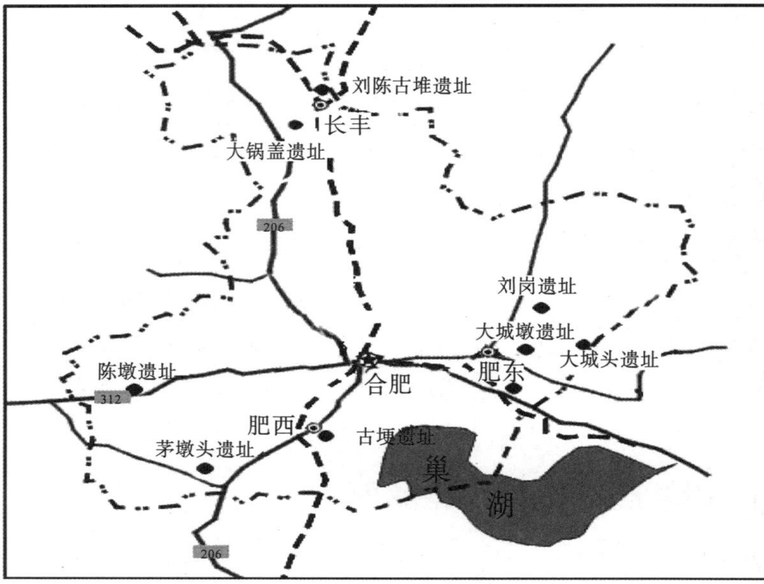


合肥地区新石器遗址分布示意图

目前合肥已发现的被列入文物保护单位的新石器时代遗址共有 9 处，其中 8 处相关文物部门已进行过多次考古调查。肥西古埂是进行过科学发掘的新石器时代遗址。1983 年 5 月，经文化部和中国社会科学院批准，安徽省考古研究所对肥西古埂新石器遗址进行首次科学发掘；1987 年省、县两级文物部门又再次对该遗址进行考古发掘。两次发掘获得了一大批地下遗存，初步呈现了该遗址的基本情况，为我们揭开合肥史前文化面貌和社会经济生活提供了一个重要窗口。

**合肥地区新石器遗址一览表**

| 序号 | 名　称 | 类　别 | 文保级别 | 地　址 |
|---|---|---|---|---|
| 1 | 大城墩遗址 | 古遗址 | 省级 | 肥东县龙城仓城村 |
| 2 | 大城头遗址 | 古遗址 | 省级 | 肥东县阚集小程村 |
| 3 | 古埂遗址 | 古遗址 | 省级 | 肥西县上派镇 |
| 4 | 药刘遗址 | 古遗址 | 县级 | 肥东县撮镇镇药刘村 |
| 5 | 刘岗遗址 | 古遗址 | 县级 | 肥东县张集乡刘岗村南 |
| 6 | 陈墩遗址 | 古遗址 | 县级 | 肥西县金桥乡 |
| 7 | 茅墩头遗址 | 古遗址 | 县级 | 肥西县山南镇 |
| 8 | 大锅盖遗址 | 古遗址 | 县级 | 长丰县庄墓镇余庄村 |
| 9 | 刘陈古堆遗址 | 古遗址 | 县级 | 长丰县水湖镇大周村 |

肥西古埂新石器遗址，位于肥西县上派镇东1.5公里，北距合肥市约18公里，上派河流经遗址的东北方并注入巢湖。遗址现呈慢坡状，高出周围水田约两米，占地总面积约两万平方米。古埂遗址文化堆积层厚度为1.5米左右。两次发掘出土大批陶器、石器等遗物，并发现了房基、灰坑、墓葬等遗迹。根据层位关系和出土遗物的特征，可分为早晚两期。早期遗存的年代大约相当于北方大汶口文化中期，以夹砂红陶为主，有少量灰陶和黑陶，多手制，胎壁厚薄不均。纹饰很少，有刻划纹、波浪纹、附加堆纹及圆镂孔等。器类主要有鼎、豆、壶、罐、甗、杯等，三足器和平底器流行，圈足器未见。石器有斧、锛等，磨制较粗糙。另外还发现有一些陶网坠、陶弹丸等简单的渔猎工具。晚期遗存的年代相当于龙山文化时期，此期红陶明显减少而黑陶数量增加，出现了轮制陶器，器表都经过磨光处理。纹饰有篮纹、细绳纹、弦纹和附加堆纹等。主要器类有鼎、罐、豆、鬶、杯、盘等，其中袋足鬶和粗柄镂孔豆是早期所没有的。平底器较少，圈足器流行。生产工具有石铲、石镰、石刀、陶纺轮、陶弹丸等，石器制作比早期精细。早晚两期均发现了房基，形式没有多大变化。在第二次发掘中清理出一座完整房基，长方形，面积25平方米，居住地面平整光滑，经火烧烤呈砖红色，质地坚硬。居住面四周有排列规整的圆形柱洞，中央有一长方形陶灶，

高出地面，灶房遗留有陶鼎、豆、盆等炊器和完整的陶箅。[1]

从肥西古埂发掘资料看，合肥地区在6 000年前左右就已有了一定高度的文明，人们开始过定居生活，生产工具以石器为主，具有相当水平的制陶技术。由于地处皖中，这里的文明带有南北交融的特点。在古埂早晚期文化遗存中，中间似有缺环，其早期以红陶为主，并出现彩陶（以淡黄色作底，上绘黑色花瓣纹），显示其较多地与大汶口文化互有影响；晚期则黑陶突增，红陶锐减，明显看出与良渚文化和薛家岗文化互有交流。古埂早晚期文化的不同与缺环，恰好反映南北文化的差异。[2]

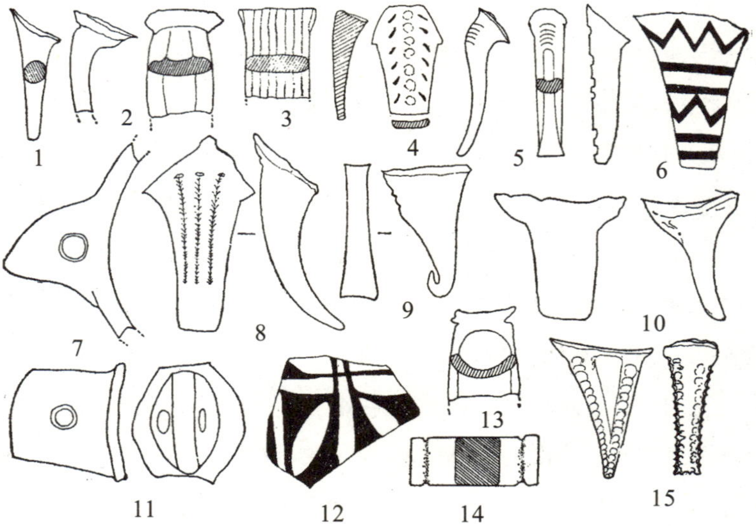


1. Ⅰ式鼎足　2. Ⅱ式鼎足　3. Ⅲ式鼎足　4. Ⅴ式鼎足　5. Ⅳ式鼎足　6. Ⅵ式鼎足
7、11. 器耳　8—10、15. 器把手　12. 彩陶片　13. Ⅵ式鼎足　14. 陶网坠

〔1〕 安徽省地方志编纂委员会：《安徽省志·文物志》，方志出版社1998年版，第13页。
〔2〕 杨德标、杨立新：《安徽肥西县古埂新石器时代遗址》，载《考古》1985年第7期。

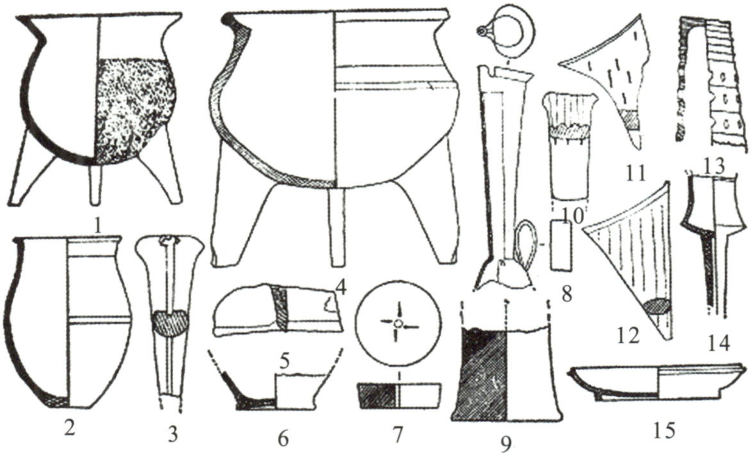

1. Ⅱ式陶鼎　2. 陶缸　3. Ⅲ式陶鼎足　4. Ⅰ式陶鼎　5. 石刀　6. 陶碗　7. 陶纺轮
8. 陶鬶　9. 陶器座　10. Ⅳ式陶鼎足　11. Ⅰ式陶鼎足　12. Ⅱ式陶鼎足
13. 陶豆柄　14. 陶高柄杯　15. 陶小盘

由于目前学术界对淮河流域文化在整个中国文化谱系中的定位问题尚存在争论,因此一时还很难理清肥西古埂新石器文化或合肥地区的史前文化的位置。近年来,国内考古界就中华文明源头和文化进程问题提出了一些新观点。依托于考古资料,部分学者对以前将淮河流域都归入黄河流域,把淮河主流两岸和江淮之间视为黄河、长江两大文化系统的中介地带的观点提出质疑,继而提出淮河史前文化大系的概念,认为淮系文化是与黄河流域史前文化大系并存发展的另一大史前文化系统。〔1〕就整个安徽考古发现而言,淮河流域和江淮之间是黄河流域与长江流域、东部沿海与西部腹地的古代文化相互交流、相互碰撞的一个重要区域,这里新石器文化发达、遗址数量众多,应是中华文明孕育和发展的重要地区之一。从遗址年代看,安徽淮河流域新石器遗址年代较早,宿州小山口遗址和濉溪石山子遗址的早期都可追溯到 8 000 年左右;江淮之间遗址的出现则要晚一些,目前还没有早于距今 6 000 年以前的文化。〔2〕一些学者认为,在史前文化影响上,相对而言,淮北和皖南区史前文化

〔1〕高广仁:《淮河史前文化大系提出的学术意义》,载《郑州大学学报》(哲学社会科学版)2005 年第 3 期。

〔2〕朔知:《安徽新石器时代遗址分布特点与考古调查方法》,载《道远集——安徽省文物考古研究所五十年文集》,黄山书社 2008 年版。

受周围文化影响较大，在其发展中存在个性不突出或不明显、带有大的文化断层等问题；江淮区的史前文化面貌，虽然存在受周围地区原始文化的一些影响，总体上受到的冲击还比较小，地方文化特色也比较鲜明。其南北两区的原始文化在各阶段之间虽有缺环，但是它们大的文化发展框架基本完整，从早到晚文化谱系的发展脉络还是比较清楚的，应是一个相对独立而稳定发展的文化区域。〔1〕当然，有关合肥史前文化的源头、完整的文化面貌以及它在安徽史前文化体系乃至中华文明起源中的作用等问题，还有待于今后的考古发现。



## 第三节　合肥与巢湖、六安文化的历史渊源

### 一、历史归属，三地交互

从文明起源、历史演进以及文化传承来看，合肥与巢湖、六安之间始终存在着“你中有我，我中有你”的亲缘关系。区位和史实表明，古庐州与古巢州、古皋城三地在山水地理、区划隶属、文化源流和民俗语言等方面历来彼此交互、密不可分。据考古发掘，合、六、巢一带多处显现上古文明的遗迹，如和县龙潭洞猿人遗址、巢县银山智人遗址和放王岗遗址，还有位于含山县境内距今约5 300年的新石器时代遗址——凌家滩，位于六安城东、被孔子尊为与尧舜禹齐名的“上古四圣”之一、堪称中华法制鼻祖的皋陶墓，肥西县大墩子、含山县大城墩、孙家岗、肥东县吴大墩等商周时期以淮夷文化为主体的遗址，以及有文献记载的氏族部落“有巢氏”传说。这些分布密集的遗址、数量可观的出土文物、文献和民间传说，充分证明合、六、巢区域既是华夏民族的发祥地和中华古文明的发源地之一，也表明它们属于同宗共祖的同一文化圈。《庄子・盗跖》云：“古者禽兽多而人民少，于是民皆巢居以避之，昼拾橡栗，暮栖木上，故命之曰有巢氏之民。”《韩非子・五蠹》云：“上古之世，人民少而禽兽众，人民不胜禽

〔1〕杨立新：《安徽史前考古若干问题的思索》，载《道远集——安徽省文物考古研究所五十年文集》，黄山书社2008年版。

兽虫蛇，有圣人作，构木为巢，以避群害，而民悦之，使王天下，号之曰有巢氏。”“有巢氏”的主要活动区域就在合、六、巢一带。早在夏商时代，江淮之间出现了一些氏族部落小国。公元前 11 世纪，商灭周兴，巢国被征服，故《春秋》记载：“楚人围巢。巢，国也。”周武王征服巢国后，将其地析分为二，一为巢国，仍旧都于巢城；二为庐国，立都于庐邑。巢国资深，赐伯爵，曰“巢伯国”；庐国赐子爵，称“庐子国”。巢国、庐国的区域即今天的合、巢一带。这一区域除“庐”国、“巢”国之外，还有“群舒”、“英”、“蓼”、“六”诸方国，即今六安市及周边地区。相传偃姓皋陶部族曾在此地活动和聚居，而六国为夏所封，因夏禹的继承人皋陶早逝未继位，后裔封于此。《史记·夏本纪》记载，帝禹欲“授政”皋陶，“而皋陶卒”，故“封皋陶之后于英、六”，“以奉其祀”。所以六安又称“皋城”。西周晚期，巢湖流域方国林立，有皋陶之后受封的六国、位于舒城的群舒诸国、位于舒城庐江间的宗国、位于合肥附近的庐子国以及位于巢湖之滨的巢国。它们彼此地界毗连、唇齿相依，故留下诸多一脉相连的地名痕迹。春秋战国群雄争霸时期，这里被称为“吴头楚尾”。庐国往北 70 公里左右，即为楚国晚期的都城寿春；往东南不到 100 公里，出含山境内的昭关，就是吴国的地界了。历史上“伍子胥过昭关”的故事，相传就发生在这里。

据《合肥县志》记载，春秋战国期间，庐子国先为楚国领地。后吴楚相争，合肥为吴国辖地。公元前 473 年，越王勾践卧薪尝胆灭掉吴国。越楚议和时，庐国复归楚，其城邑尚存，名为“庐邑”。总之，春秋战国风云跌宕之际，合、六、巢一带诸侯国的隶属游移不定，它们先被楚、吴、越相继兼并，最终又复归于楚。今在庐州古城遗址内发现的楚国金币——郢爰，便是历史的见证。当时崛起于湖北省荆山的楚国，自恃武力强悍，把疆域不断向东扩张，遂奄有江淮之地，北到寿春，南到鸠兹(今芜湖)。因此，“庐”、“居巢”、“舒鸠”、“桐”、“六”诸方国，都不同程度地受到了楚文化的浸润。当时楚国与六国结成“与国”，六国欲反叛自立，于是“(公元前 622 年)秋，楚人灭六”(参见《春秋·文公五年》)。

秦灭六国后，废除分封制，全国统一实行郡县制，原居巢县、合肥县、六县、寿县等便隶属九江郡，郡治在寿春邑。汉武帝时，九江郡属扬州府，领成德、合肥、逡遒、橐皋等县。《汉书·地理志》记载，汉武帝元狩二年(公元前 121 年)封刘庆为六安王，取“六地平安、永不反叛”之意，乃置六安国，领地为 5 县：六、蓼、安丰、安风、阳泉，大致在今淮河以南，六安市金安、裕安两区，河南固始、安徽霍邱一带。东汉末年，曹操将扬州府治从寿县迁至合肥，又将九江郡治设于合肥，使合肥同时拥有“州”和“郡”两级衙署，此时合肥在政治和经济上均进入鼎盛时期。其实，自汉以降，合肥一直是合、六、巢地区的行政中心。隋文帝杨坚改合州为庐州，治所合肥，辖7县，包括合肥县、慎县（今肥东县地）、庐江、襄安（巢县，今巢湖市居巢区）、霍山（含今岳西、英山部分地区）、潜水（今霍山境内）、开化（原六安小县境）在内。光绪《庐州府志》记载：“顺治二年（1645年），庐州府隶江南省，领州二县六：合肥县、舒城县、庐江县、无为州、巢县、六安州、英山县、霍山县。”雍正二年（1724年），“庐州府辖州一县四……升六安直隶州，以英山、霍山属之”。



1912年民国建元，废庐州府、六安州、凤阳府建制，改称合肥县、巢县、六安县、寿县。1949年初，合、六、巢一带先后解放。中共江淮区党委和江淮行政办事处决定，合肥城设市，原合肥县的其他地区分设肥西县（直属）、肥东县（江淮解放区第五行政区）。肥西县于1950年隶属皖北行署巢湖专区，1952年2月改属皖北行署六安专区，同年8月安徽省人民政府成立后，肥西县仍属六安专区，1958年9月划入合肥市，1961年4月又划属六安专区，1983年7月又划归合肥市管辖。肥东县1952年3月划入滁县专区，1956年1月改属蚌埠专区，1958年7月划入合肥市，1961年4月又改属滁县专区，1965年7月又改属巢湖专区，1983年7月回归合肥市管辖。1964年10月，国务院决定在合肥北部新设长丰县，由原属六安专区寿县的四个区和肥东、肥西及定远各一个区组成，隶属合肥市。

由上述可见，合、六、巢三地，无论是历史上的建制隶属，还是新中国成立后的辖区变化，它们始终是同属共处、密不可分的。

## 二、文化传承，三地同源

由于合、六、巢历史上先后被吴、越和楚国所辖，同时也处在吴越文化和楚文化的交汇融合之地，所以无论是生产、生活方式还是文化传承、民风习俗，都具有南北兼容、承东接西的特征，并逐步形成了自身独具特色的地域文化。就民风习俗而言，庐、巢地区乃至六安东部，有相当大的部分是相同的。就方言语音而言，庐、巢两地也较为接近，而六安口音则与舒城、寿县相近。从整体上看，合、六、巢地区的民俗方言等，与淮河沿岸的蚌埠、淮南和皖江之畔的安庆、桐城，确实存在较明显的差异。

这一带还形成了一个特色鲜明的地方性剧种——庐剧，它原先的流行区域以皖中（今合肥、巢湖等地）和皖西（今霍山、六安）地区为主，继后逐步流传到皖东南（今芜湖、当涂）等地。庐剧原称“倒七戏”，形成时间大致在清末。据史料记载，清末太平天国时期上述地区就已经出现职业班社的流动演出。从艺术类型的传承和流变的角度看，庐剧显然与流行于皖中及周边地区的民间门歌有着渊源关系。门歌是以“寒腔”为主调的一种民间小曲。庐剧的内容和唱腔以“哀怨悲苦”为基调，与门歌十分相似。有研究者认为，庐剧是以门歌为基础，其中糅合了秧歌、茶歌、民歌、大别山歌等各种民歌小调，进而形成了地域特色突出，在合、六、巢地区影响广泛的一个剧种。2006 年它被列入第一批国家非物质文化遗产名录。

千年古镇——三河，亦称“皖中首镇”，它有悠久的历史和丰厚的文化积淀。古城墙、古炮台、古民居、楼台亭阁、古巷廊桥至今仍历历在目、修复完好。历史上它文风昌盛、经贸繁荣。其方位处于合肥县、舒城县、庐江县三县的交界处。解放后，三河镇长期介于肥西、舒城、庐江三县之交。1983 年之后，由于巢湖、六安拆区建市，三河镇又成了合肥、巢湖、六安“三市交界”之处。因此，今天的三河古镇也成了合、六、巢三市的文化之窗和旅游胜境。

历史上的合、六、巢地区，还是淮军的摇篮和淮军文化的故里。当年李鸿章回乡组织团练，兵源主要来自这一带。后来淮军中的主要将领张树声、周盛波、潘鼎新、吴长庆、刘铭传、丁汝昌、叶志超、聂士成及其首领李鸿章，其中 7 位是合肥人，另外两位（吴长庆和丁汝昌）则是原庐州府辖内的庐江人。刘铭传故居刘老圩已被列入国家级文物保护单位。刘铭传晚年隐居山林，就选择了六安的张店和麻埠。祭奠淮军将士的昭忠祠建在巢湖忠庙，李鸿章、刘铭传等题词的文峰塔耸立在姥山，合、六、巢三地民间至今仍流传着有关淮军的传奇故事。

### 三、山脉水系，三地相连

以合、六、巢为中心的“环巢湖文化圈”作为一个相对独立的文化板块，其地域范围，如按自然水系来划分，它应该泛指整个巢湖流域；若按行政区划来划分，它应该包括合肥市、巢湖市两市的全部和六安市的一部分（老市区及舒城县），约相当于清代安徽行省治下的庐州府（府治合肥，领合肥、庐江、巢县、舒城4县和无为州）、六安直隶州本州（不含霍山、英山）、和州直隶州（领含山县）的范围。

从自然地理学的角度来看，合肥与巢湖地区在地质构造上基本属于同一板块，东亚大陆最大的郯庐断裂带（即从山东郯城到庐江的地震断裂带）横贯其中。两地之间也有一个相互贯通的较为完整的水系。古代文献中记载的“庐子国”和“巢伯国”在地域上基本是重合的。从两汉到魏晋，此地一直有“陷巢州，长庐州”的传说，并演化为民间戏剧。这一传说，体现了先民对不可预期的灾难突降心存恐惧，也许它在一定程度上阻碍了庐州百姓向巢湖进发的步伐（2001年巢湖唐家嘴水下汉城遗址的发现也间接证明了这一点）。



六安地区位于安徽西部，大别山北麓，俗称“皖西”，它的东部与合肥和巢湖地区紧密相连。合肥周边的大潜山、圆通山、紫蓬山、鸡鸣山，也是大别山延伸而来的余脉，而巢湖则接纳着来自合肥南淝河和大别山的水源。

合、六、巢一带既有高山峻岭（以皖西六安为主），亦有丘陵和平原（以皖中合肥和巢湖为主），河流水系纵横密布，北接淮河，南入巢湖，进而通江达海。历史上这一带的水运相当发达，它带动了经贸物流的繁荣。六安人一般是经合肥、巢湖，到达长江沿岸的芜湖、南京等长江中下游商埠，山区的麻、竹木、茶叶等土特产即用竹排、流筏运抵这些地区。合肥、巢湖人又能通过淠河、史河、淝河进入淮河沿岸的市镇商埠。水运的发达带来了三地人流、物流的汇聚和市场的形成，故合、六、巢三地也成了当时江淮之间的商品集散中心。其中地跨三界的古镇三河因濒临巢湖，三水贯通，物产丰富，“百货交通，为庐郡南一大都会”，它是合、六、巢山水相连、来往便捷、互通有无的典型范例。

## 四、精英名流，三地辉映

自秦汉以降直至明清，合、六、巢三地人才辈出，群星璀璨。他们的祖籍、出生地和活动区域往往彼此相交、难以分解。如楚汉相争时的著名军事谋略家范增、九江王英布、三国名将周瑜、元末被封为“两公两侯”的巢湖水师大将俞廷玉父子和廖永安兄弟，直到近代的淮军首领李鸿章、名将刘铭传、张树声和张树珊兄弟、周盛波和周盛传兄弟、唐殿魁和唐定奎兄弟、刘秉璋、潘鼎新、吴长庆、聂士成以及北洋海军提督丁汝昌、北洋皖系军阀首领段祺瑞、民国时期著名的巢县国共三上将——冯玉祥、张治中、李克农等，都出生于合、六、巢一带。尤其值得一提的是，由于巢湖的地缘因素，水师名将成为一大特色，如周瑜、俞廷玉父子、廖永安兄弟、丁汝昌等。这里又是南北文化的交融之所，历代贤人高士层出不穷，上古高人许由、巢父在卧牛山隐居，留下洗耳池；周灵王太子乔在紫薇山修道，留下王乔洞；欧冶子入冶父山铸剑，该山因人而名；西汉文翁入蜀办学，百世流芳；东汉大科学家王蕃制浑天仪，撰《浑天图记》、《浑天象注》，为天文学的发展作出了杰出贡献；异人左慈，实际上是一位大魔术家；魏晋时期庐江何氏一门学者辈出，名重一时，私家著史，成效斐然。这里诞生出《孔雀东南飞》的凄美哀婉，也有过张籍、张孝祥的悲悯与愤世。唐宋文化大繁荣时期，这里的名山胜迹曾吸引过无数文人墨客，留下了诸多作品，如刘禹锡的《陋室铭》，王安石的《游褒禅山记》，米芾的《宝晋斋》，杜牧、李清照的乌江霸王祠诗咏，等等。到了近代，由于中西文化的碰撞和社会的转型，又涌现出一大批具有近代意识和眼光的知识分子："合肥三怪"（王尚辰、徐子苓、朱默存），蒯德模、蒯德标、蒯光典兄弟父子，吴保初，刘体仁，吴旸谷，倪映典。合、六、巢地区还有北宋大画家李公麟，现代国学大师刘文典，诺贝尔物理学奖获得者杨振宁，著名旅美学者唐德刚，抗日名将方振武，工农红军杰出将领许继慎，著名爱国民主人士朱蕴山，中共名将洪学智、皮定均，革命作家蒋光慈，文坛"未名四杰"（韦素园、李霁野、韦从芜、台静农），当代书法大师林散之，著名诗人田间，作家鲁彦周，奥运射击冠军许海峰。三地名人可谓群英荟萃，交相辉映。

无论是从历史区划、山水地缘，还是从文化传承、民俗风习和历史人物等方面看，我们都有充分的理由认为，合、六、巢三地历来就有源远流长和密不可分的亲缘关系。以三地为中心的环巢湖文化，也是一个相对独立的文化圈，或为特征鲜明的文化板块。其历史久远、文化遗存丰富、地域文化特色显著、历史人物影响广泛，都是这个文化圈的标志性特征。由此可见，环巢湖文化的地位丝毫不比淮河文化、皖江文化和新安江流域文化逊色。[1]

---

〔1〕参见翁飞：《关于开展环巢湖文化研究的建议》，首届"环巢湖文化论坛"大会发言（2008）；戴健：《省会经济圈的"地域亲缘"》，安徽人文讲坛第 20 讲（2008）。

## 第四节　先秦时期合肥文化的形成与演进

夏、商、西周时期，华夏民族开始从野蛮蒙昧时代走进文明的大门。约在商周之际，合肥地区的文明开始孕化起步，迈出了缓慢的步伐。公元前21世纪夏朝建立后，夏族与江淮地区居民的文化交流和联系更为频繁，目前已在该地区发现若干具有二里头文化特征的遗物，肥东吴大墩遗址出土了圆腹罐、深腹罐、陶爵[1]，与中原地区二里头文化的同类陶器相似。另外，江淮地区还发现了与二里头文化雷同的铜器，如肥西出土了铜铃和铜镈[2]。公元前16世纪，我国第一个奴隶制国家夏朝灭亡，其最高统治者桀被商朝领袖汤驱逐到南巢，《尚书》记载，“汤遂放桀，死于南巢之山”，南巢即今合肥、巢湖一带。[3] 商朝自建立直到灭亡，在长达5个世纪的时间里，以合肥为主要地区的淮河流域一直是商朝政治和军事经营的重点区域之一。随着政治、军事形势的变化，商朝对淮河流域进行了卓有成效的政治、军事经营，加速了商代青铜文明在江淮地区的传播，并对该区域初期的文明化进程产生了重要影响。如早商文化大城墩类型主要分布于江淮之间，霍山—巢湖一线以北的地区，年代与早商文化第三期约略相当。[4] 大城墩类型中的器物有鬲、豆、深腹盆、大口尊、小口瓮、深腹罐、甑等，它们在数量上占绝对优势，其主体因素是商文化因素，这一文化面貌也间接地反映了商朝早期的政治、军事力量已深入到江淮区域。[5] 夏商时期，合肥大地上还居住着淮夷族，为我国东方夷族的组成部分。东夷起源于今山东地区，淮夷人善射，以动物为图腾，当时称为“虎方”，西周时称为“夷虎”，建立过偃姓的群舒、巢、六、州莱等小方国。这些淮夷诸国由于有较强的经济实力，开始与中央王朝抗争。战争不息，从一个侧面反映了江淮地区经济发展的

---

〔1〕张敬国、贾庆元:《肥东县古城吴大墩遗址试掘简报》，载《文物研究》1985年第1期。

〔2〕国家文物局:《中国文物精华大辞典·青铜器》，上海辞书出版社1995年版。

〔3〕合肥市地方志编纂办公室:《合肥概览》，1987年版，第3页。

〔4〕周书灿:《商代对江淮地区的经营——兼论江淮地区的文明化进程》，载《安徽师范大学学报》(人文社会科学版)2009年第3期。

〔5〕中国社会科学院考古研究所:《中国考古学·夏商卷》，中国社会科学出版社2003年版。

程度。公元前1046年前后，商为周所灭。周武王姬发封土建国，将古氏族方国“南巢”地域析分为“巢”、“庐”两个诸侯国，合肥这地方为“庐国”。唐史地学家徐坚等编纂《初学记》时引东汉学者应劭《汉书注》“庐江郡即故庐子国”之说，并考证：“庐州，古庐子国也，烈王都之，南巢之地。”〔1〕西周时期，特别是西周中晚期，周王朝对江淮地区的政治和军事经营力度进一步加强，西周文明继续对江淮地区的社会发展产生强烈的影响，江淮地区一度被纳入西周王朝的政治体系中。1972年，考古人员在肥西县大墩子发掘出土了青绿色的釉豆残片，其色泽比较纯正，质地坚硬，说明当时合肥地区的青瓷制造水平已达到较高的水平。最近几年在肥西境内还发掘出土了商代青铜斝、觚、爵；周代的青铜鼎、镈、戈、矛、盘、匜，代表了商周时期合肥的手工业发展水平。夏商周时期合肥比较有代表性的考古遗址为：市郊大雁墩、大古堆、武大城、烟大古堆、肥东大城墩、肥东龙城、肥东乌龟滩、肥西黄花墩、肥西王古城、肥西陈墩、肥西茅头墩、肥西方桥大墩、肥西郑大墩、长丰武王墩、长丰刘陈古墩、长丰李家古堆、长丰紫燕墩、长丰新庄古城。〔2〕我们从这些遗址出土的文物中能够很直观地看到夏商周王朝对江淮地区的影响痕迹。

春秋战国时期，合肥地区受到了楚文化和吴越文化的双重影响，文化形态丰富，如杂花生树，群英缤纷。春秋时期，起源于湖北省荆山的楚国，疆域不断向东方扩张，奄有江淮之地，北到寿春，南到鸠兹（今安徽芜湖），“庐”、“居巢”、“舒鸠”、群舒、巢、六、州莱诸方国被楚国兼并，接受了楚文化，归属于楚国。“楚文化的主源可推到祝融，楚文化的干流是华夏文化，楚文化的支流是蛮夷文化，三者交汇合流，就成为楚文化了。”〔3〕春秋战国时代是楚文化的鼎盛期，宏妙的哲理、奇瑰的文学、精美的手工艺和独特的民俗立异标新，与其他区域文化交相辉映。〔4〕春秋末期，长江下游的吴国兴起，大举西进，与楚国争夺淮右地区，双方势均力敌，形成拉锯战。战争的间隙，吴楚商人进行物品交换日益频繁。合肥正当吴头楚尾之会，居吴楚要冲，便逐渐发展成为军事上的重镇、

---

〔1〕徐坚等：《初学记》第一册，中华书局1962年版，第185页。

〔2〕朱光耀、朱诚等：《安徽省新石器和夏商周时代遗址时空分布与人地关系的初步研究》，载《地理科学》2005年第3期。

〔3〕张正明：《楚文化史》，上海人民出版社1987年版，第26页。

〔4〕冯天瑜、何晓明、周积明：《中华文化史》，上海人民出版社1990年版，第408页。

贸易上的市集。最初的物品交换是以本地谷物供应交战双方的军粮为主，以后品种逐渐增多。从吴国来的海产品，其中以鲍鱼为珍品；楚地来的木材，以枫、楠、樟等木为名贵，还有犀兕皮革，作为制作盔甲、盾牌和剑鞘的材料。公元前241年，楚国迁都于寿春（今寿县境内），合肥成为楚国的商业都会，当时的合肥因水路交通方便，是南北水产、木材、皮革等物资的集散地，故址在旧城西门外二里。《史记·货殖列传》记载："而合肥受南北潮，皮革、鲍、木输会也。""南北潮"是指合肥南有巢湖，北有瓦埠湖通淮河，南北之潮，俱至合肥。新中国成立后，合肥故城址出土黄金货币——郢爰，状似金饼，中间镶嵌"郢爰"二字，经考古学家鉴定为楚国的黄金货币。1958年，寿县丘家花园出土了楚怀王六年（公元前323年）由国君签发的商业运输通行证"鄂君启金节"，其铭文规定水上商业运输以150舟为限。铭文还规定，陆上商业运输以50车为限，若牛马驮货或人力肩挑，还要按规定折合成车，一批不能突破50车。铭文还规定了商业运输的路线，也表明合肥是楚国的经济要地。鄂君启是楚国贵族巨商，拥有运输车子50辆，水运船只150只，可用舟车载约50吨的货物，在楚国境内免税通行贩运。当时的楚国都寿春向南、向西均有车辆通行，向南至合肥、居巢，乘舟可入巢湖，达长江。



公元前473年，越王勾践灭吴，江淮东部成为越国的疆土，江淮地区出现了楚越对峙的局面。战国时代，越为楚所灭，越人四处奔逃，江淮全部成为楚国境。楚国控制江淮后，大批楚人东迁，江淮地区受到楚文化的熏染，楚文化开始与当地原有的吴越文化相互交融，形成多元文化形态。[1] 此时的江淮以楚文化为中心，兼有北方中原文化和南方吴越文化，表现出南北过渡地带的地域人文景观。[2] 整体来看，合肥地区的经济、文化、生产方式、生活习俗等方面都深刻地烙上了楚文化烙印，并且受楚文化影响的深度和广度随着时间的推移逐渐加深。这从各个阶段的楚墓遗存中可以很清楚地看出来，此外我们从发掘出土的墓葬中可以看到春秋战国时期合肥地区手工业的发展状况。长丰杨公一带自1977年到1981年先后进行了四次发掘，共发掘出墓葬11座。其

〔1〕 邹逸麟：《江淮平原的人文》，载《自然·文化·人地关系》，科学出版社1999年版，第68—90页。

〔2〕 张崇旺：《略论江淮文化》，载《文化学刊》2008年第6期。

分布特点是:两两成对,一大一小南北向并列在一起,相距 20—30 米。根据发掘资料判断,应是夫妻异穴合葬墓。地面都有大型封土堆,墓葬形制基本为竖穴土坑木椁墓,每墓都有一个较长的斜坡墓道,墓向以东西向居多,墓口与封土之间铺一层白土,椁周围填青膏泥起密封作用,这是南方楚墓普遍流行的一种葬俗。这些墓葬的墓口均在 10 米以上,墓底留有距地表深 7 米以上的墓坑,以台阶的形式逐层内收,台阶以下为斜形坑壁,墓底留有生土二层台,二层台上不放随葬品。葬具有重棺重椁、一椁重棺、一椁一棺和单棺。其中最大的 M9 棺椁为重棺重椁,椁室用木枋垒筑,长 5.55 米,宽 4.33 米,高 2.55 米,隔板将椁室分为头箱、脚箱、两边箱、棺室 5 个部分,棺为两层套棺,外棺厚重,棺盖和墙板均用整木做成弧面形,盖面在黑漆底上朱绘粗犷的勾连云纹,内棺长方盒形。这批楚墓的随葬品多为仿铜陶礼器,青铜器少,玉器较多。青铜兵器几乎每座都有,而且多随葬在墓道的两壁,对称放置3—5对,有矛有戟。其中错银凤鸟铜尊等器物制作十分精致。出土的玉器十分珍贵,共出土 80 余件,仅 M2 就出土了 55 件,玉材琢磨细致,厚薄均匀,雕工精细。如 M8 出土的两件龙形玉佩,均透雕成龙凤形,造型雄健有力,龙头作昂首回顾状,龙身屈成"S"形,脊部都有一孔,尾巴连接凤身,凤头下瞰,尾翅起,两面均饰涡纹,其中一件还在龙颈两侧和尾部饰有数只小鸟,是玉雕中的精品。长丰出土的精美玉器有多种,反映了战国时期的琢玉工艺技巧已达到相当高的水平。随葬的陶礼器均为黑衣会陶,纹饰也只有简单的弦纹,陶器组合有鼎、盒、壶、钫和鼎、豆、盒、壶、罐两种形式,这都是战国晚期常见的组合形式。长丰杨公战国晚期墓群是楚国都贵族墓地。[1]

从新石器时期到青铜器时期再到铁器时期,经过数千年的发展演变,合肥地区的原始农业又有了进一步发展,主要表现为农业生产工具的改进和水利的兴起两个方面。战国时期,铁器在合肥地区也已经开始出现,长丰楚墓出土有铁矛二件、铁剑一把。[2]

---

〔1〕 安徽省文物考古所:《安徽长丰战国晚期楚墓》,载《考古》1994 年第 2 期。

〔2〕《安徽长丰杨公发掘九座战国墓》,载《考古学集刊》1982 年第 2 期。

# 第五节　秦汉魏晋时期合肥文化的多元融合

“秦王扫六合，虎视何雄哉！”这是唐代诗人李白的《秦王扫六合》中的诗句，它形象地再现了秦王嬴政“续六世之余烈，振长策而御宇内”的金戈铁马生涯。秦王嬴政用不到10年的时间，荡除了韩、魏、赵、楚、燕、齐六国，于公元前221年建立起中国历史上第一个统一的中央集权制国家，中华文化共同体也基本上宣告形成。秦始皇为更好地推行中央集权，在全国范围内建立了郡县制，分全国为36郡，置合肥县，属九江郡，定郡治于襄安，统辖合肥、居巢、襄安三县。《安徽省志·建置沿革志》对此记述较详：“合肥市区作为区域中心形成于春秋时期的历史激变中。据(明)杨循吉称：‘《春秋·鲁哀公十二年》，公会吴于橐皋。庐近地也。秦并六国，置九江郡，庐以列城为合肥县。’吴郡杨循吉于正德元年(1506年)应同年进士、庐州刺史马汝砺之聘来修《庐州志》按他的说法，在吴国占领安徽东南地区时，合肥已是江淮地区的城邑聚落。”〔1〕

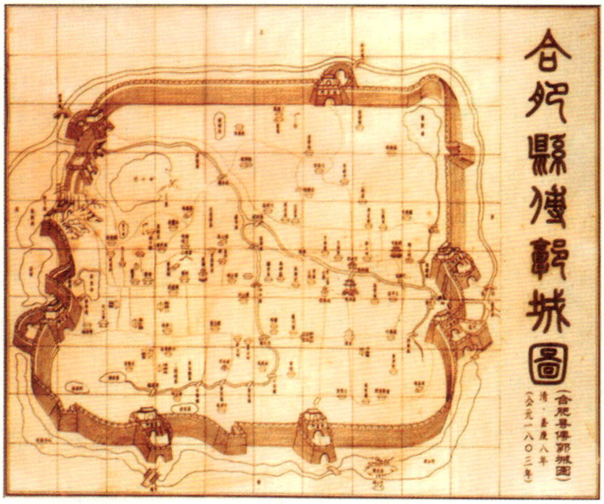


合肥古城图

西汉时期，实行郡国平行制，九江郡先后改为九江王国和淮南王国。汉高帝五年(公元前202年)以九江、衡山、庐江、豫章4郡置淮南国，治所在六县(今六安县境)，旋徙寿春(今寿县)。汉高帝十一年(公元前196年)，刘邦封其子刘长为淮南王。公元前124年，淮南国除，复称九江郡，隶属于扬州，领辖合肥、逡道(今肥东龙城)、成德(今长丰、肥西、寿县境)等15县。东汉建武六年(30

〔1〕 安徽省地方志编纂委员会：《安徽省志·建置沿革志》，方志出版社1999年版，第500页。

年），光武帝刘秀改合肥县为“合肥侯国”，封功臣扬化将军铿镡为合肥侯，“合肥其地视他邑独重”。历 4 世，后改为县。汉灵帝时，复合肥侯国。汉献帝建安五年（200 年），又废国设县。《后汉书·志第二十二·郡国四》记载：“九江郡：秦置。……浚遒、成德、西曲阳、合肥侯国。历阳侯国，刺史治。”合肥的地名，文字记载始见于司马迁著《史记》，至今已逾 2 200 年；北魏郦道元的《水经注》：“施合于肥，故曰合肥。”公元 581 年，隋置庐州治所于合肥，历经唐、五代、宋、元、明、清诸代 1 400 余年，合肥均为庐州治所，故又名庐州。

从秦汉到南北朝的近 800 年历史中，或因为战争动乱，或因为国家分裂，中原地区出现了几次由北向南的大规模移民，客观上促进了合肥地区的经济发展和各种文化元素的碰撞融合。秦始皇统一中国后，把浙东的越人西迁；汉武帝时期，西汉政府为控制南方的粤人和东南的东瓯人、东越人，几度将其移民到江淮地区。武帝征和年间（前 92—前 89），因黄河泛滥，中原地区饥荒连年，西汉政府允许饥民向江淮地区移民。江淮地区气候温暖，雨量充沛，土地广阔，大量移民的到来促进了江淮之间和江南地区的农业开发。传统农业在此期间有了新的发展，主要表现为牛耕的使用，水利的发展，屯田、圩田的兴起。牛耕在中原地区出现较早，但淮河以南地区直到东汉时期仍没有推广开来，依旧沿袭刀耕火耨的原始种植方式。东汉章帝建初八年（83 年），著名水利专家王景就任庐州郡太守，把牛耕和使用铁犁的方法传授给农民，开始大力提倡牛耕，一改过去的落后耕作状况。由于牛耕大大提高了耕作效率，耕地面积迅速扩大，粮食产量显著增加，初步奠定了传统农业的基础，同时也极大地缓解了江淮地区因移民增多而出现的粮食不足状况。王景在推广牛耕的同时，还将种桑养蚕、织布技术刻于石碑，传立各乡，蚕桑和织布从此在江淮地区兴起，传统耕织农业有了新的发展。整个西汉时期的合肥，社会稳定，经济文化比较发达，中原王朝为了进一步开发江淮地区和经营江南闽越，治驰道，兴修水利，推行牛耕，引水灌田，江淮地区经济繁荣，商贸隆兴，人民衣食丰足，冶炼业、陶瓷业都发展到了一定规模。合肥出土的大批汉代文物，如铜尺、兽形铜灯、鎏金熊、铜染杯、铜铲、雕花瓷壶等，都表明当时的经济文化比较发达，人民的生活也比较富足。汉代的合肥是江淮之间的南北通道，在隋代古运河开凿以前，江南的木材、水产和北方的皮革、农畜产品主要通过合肥商埠集散，故商贾物资云集，使合肥成为一座街市扰攘、舳舻相接的商业城市。我们从考古资料中也可以看出当时合肥经济商贸的发展程度。据史料记载，舒王墩汉墓是西汉㡒颉侯刘信（刘邦侄子）的墓地，也是迄今为止安徽省经过考古发掘的较大的西汉时期土坑木椁墓。2000年由安徽省考古研究所和肥西县文物管理所联合进行抢救性清理发掘，该墓虽经历史上的多次盗掘，仍有近百件文物出土，舒王墩汉墓的规模之大、形制之特别在全省也是少见的。

东汉末年，曹操与孙权争夺江淮流域，战事蜂起，寿春、合肥作为两方争夺的战略要地遭到严重破坏，加之国家分裂，江淮水运失去了昔日的地位，寿春、合肥便先后衰落。200年，曹操为了控制江淮通道，巩固淮河南北地盘，迁扬州治所于合肥，任命刘馥为扬州刺史，建立州治。刺史刘馥到此就任，见合肥几成废墟，只得重建合肥城。刘馥一面招降乱军，高筑城垒，以便战守；一面发展生产，奖励耕织，休养生息。《三国志》："馥既受命，单骑造合肥空城，建立州治……数年中恩化大行，百姓乐其政，流民越江山而归者以万数。于是聚诸生，立学校，广屯田，兴治芍陂及茹陂、七门、吴塘诸堨，以灌稻田，官民有畜，又高为城垒，多积木石，编作草苫数千万枚，益贮鱼膏数千斛，以为战守备。"嘉庆《合肥县志》对刘馥治理合肥的政绩亦不惜笔墨，记道："相继数年，恩化大行，流民归者以万数，于是广屯田、兴陂堤，官民有畜，乃聚诸生，立学校，又高为城垒，积木石以修战守之备。"刘馥治理有方，从建安五年到建安十三年，合肥的经济和文化都有了很大发展。直到南北朝梁天监五年（506年），豫州刺史韦叡为夺取北魏占领的这座城池，放了围堰的淝水，才冲毁了这座城。从魏晋到陈之间的数百年，合肥一直处于战乱之中，经济与文化的发展自然受到了很大影响。然而，由于秦汉和魏晋时期大量移民南下，汇聚合肥地区，他们带来了中原地区较为先进的农耕技术和儒家文化。同时，浙东和江西（鄱阳湖畔等地）移民迁居合肥地区，也带入了异地文明。这种外来文化与本地文化的碰撞和融合，不仅丰富了合肥文化的内涵，同时也铸就了合肥开放包容的移民文化品格。此外，外来人与本地人的通婚，提升了人口质量，也有利于文化的杂交和创新。

## 第六节　隋唐时期合肥文化的长足发展

唐代是中国古代历史上最为灿烂辉煌的时期，特别是贞观至开元年间，社会稳定，“百姓殷富”，国家粮仓积满，甚至“陈腐不可较量”。正如诗人杜甫在《忆昔》诗中所写：“忆昔开元全盛日，小邑犹藏万家室。稻米流脂粟米白，公私仓廪俱丰实。”唐朝前期和中期，江淮地区的社会经济出现前所未有的繁荣景象。合肥作为庐州治所，其农副业、手工业和商业贸易都有长足发展。当时的庐州物产丰富，除稻、粟、麻、茶丰产外，其他农副产品和工艺品也较丰富，单贡品就有丝布、绸缎、绢、花纱、麻、茶、酥、糕点、酒器、鹿脯等多种。在庐州贡物中，丝织品比较突出。《新唐书・地理志》云：“庐州土贡有花纱、交梭丝布等。”据《唐六典》记载，当时庐州所产的布、火麻的质量在全国名列前茅。唐宪宗时，朝廷向江淮地区大索缣匹，用来向回鹘换马。50 匹缣才换 1 匹马，而换来的马多羸弱不堪使用。因此，白居易愤慨地写道：“元和二年下新敕，内出金帛酬马值。仍识江淮马价缣，从此不令疏短织。合罗将军呼万岁，捧授金银与缣彩。谁知黠虏启贪心，明年马来多一倍。缣渐好，马渐多，阴山虏，奈尔何?”

合肥的商业贸易在隋唐时期亦有发展。当时周围各县的漕粮大多通过合肥水路运抵京师。唐初，合肥城区南半部已形成新的商业巨镇。嘉庆《庐州府志》记载，唐贞观年间，右武侯大将军尉迟恭筑“金斗城”，城址在“故城东南六里，肥河南岸岗阜高地”。金斗城为庐州新城，地处肥水南岸，水路交通便捷。

经济发展和社会长期稳定，使唐代庐州的人口大量增加。隋大业五年（609 年）核实户口，合肥所在的庐江郡实有户籍 41 632 户，平均每县 5 947 户。至唐开元二十八年（740 年），庐州（辖合肥、慎、巢、庐江、舒城 5 县）共有 43 323 户，205 396 人，平均每县 8 665 户。

天宝十四年（755 年），爆发了以安禄山为首的叛乱，唐王朝失去了黄河流域的财政收入。为解决财政困难，唐王朝加紧了对江淮地区的搜刮，“天下以江淮为国命”。至德元年（756 年），第五琦向唐肃宗献策：“财赋所产，江淮居多。”肃宗即任命其为江淮租庸使。同时郑叔请为御史到江淮，用“率贷”法取货财，“豪商宗户皆籍其家资，所有财货畜产，或五纳一，谓之‘率贷’，所收以巨万计”。这表明当时合肥所在的江淮地区的经济发展已达相当水平，社会生产力有很大提高，文化也得到长足发展。

唐僖宗中和三年(883年)，杨行密被唐政府任命为庐州刺史，归淮南节度使高骈节制。当时高骈年迈昏庸，宠信方士吕用之，吕因此逐渐掌握权力，专断独行。淮南将领毕师铎恐被害，于中和五年(885年)遂反，召宣州观察使秦彦助战，高骈为秦、毕所杀。杨行密命全军将士为高骈穿孝，大恸三日。杨行密击杀秦、毕二人，入扬州(今江苏扬州)，自称淮南留后。时城内大饥，以堇泥为饼食之，人相食，杨行密下令用军粮救济百姓。其后杨行密复与秦宗权、孙儒争夺江淮一带，先后消灭其他势力，逐渐占有此地。唐昭宗景福元年(892年)，杨行密被任命为淮南节度使。乾宁四年(897年)，宣武节度使朱全忠大举南侵，杨行密败之于清口。此后数十年间，南北遂成分裂局面。天复二年(902年)，拜东面行营都统、中书令、吴王，原本以庐州为都，后改都扬州，庐州仍属吴。至唐亡(907年)，吴自立，驻合肥，为一级行政区淮南节镇首府，共5年。

唐朝安史之乱后，社会经济的发展呈现明显的转折，北方的社会经济已然衰落，而唐王朝之所以还能维持统治，主要是倚靠东南的社会经济富庶地区。故明末大学者王夫之说“唐立国于西北而植根本于东南矣”，“而唐终不倾者，东南为之根本也”。杨行密在唐末的社会动荡局势中，参与江淮地区军阀之间的斗争，并且凭借自身的领袖气质、军事才能及勇猛性格，在江淮地区建立和巩固了自己的势力范围，稳定了局势，从而为江淮地区的治理创造了良好的条件。正是江淮地区特殊的地域优势和战略地位，使得合肥这方沃土一方面饱受战争之苦，另一方面战后的经济文化也得到长足发展。杨行密“招合离散，与民休息，政事宽简，百姓便之”[1]。为解决财政困难和物资短缺问题，杨行密本想通过以茶盐换取民间布帛的方法来充实军用。这时幕僚建议道:“兵火之余，十室九空，又渔利以困之，将复离叛。不若尽我所有易邻道所无，足以给军。选贤守令，劝课农桑，数年之间，仓库自实。”杨行密采纳了该意见，结果“未及数年，公私富庶，几复承平之旧”[2]，为杨吴政权奠定了坚实的物质基础。

---

〔1〕《旧五代史》卷一百三十四《杨行密传》。
〔2〕司马光:《资治通鉴》。

隋唐时期，历代帝王都选择中西部定都，因此当时的文人儒士大多聚集在离京畿较近的陕西、河南、山西一带，安徽由于离京畿较远，文士数量就不及上述几省。据戴伟华的《唐代文士籍贯与文学考述》、陈尚君的《唐诗人占籍考》等文献记载，唐代文士的分布，以陕西(160人)最多，其次河南(158人)，再次山西(99人)，而安徽仅有28人。这当然是指有籍可考的文士数量，未必十分准确。但从相对数来看，安徽文士少于上述省份是没有疑义的。就安徽本省来看，江南地区的文士数量也要多于江北地区(江南文士主要集中在宣、歙、池三州)，当时庐州的文士数量相对来说比较少。据张宪华《唐代安徽进士考》、简梅青《唐代安徽教育与科举述论》等文统计，唐代安徽进士共有45人，其中合肥地区只有6人，所占比例并不高。可见，隋唐时期庐州的文化教育水平还处在发展之中。

据史料记载：武德初年，唐高祖曾下令恢复地方州县学校，大兴学校教育。敕令：上郡学置生六十员，中郡五十员，下郡四十员。上县学并四十员，中县三十员，下县二十员。武德七年(624年)，又下令：州县及乡皆置学。到唐太宗时，学校已发展到了相当水平。但各州县的发展并不平衡。有些地方发展得较好，有些地方就比较滞后。它在很大程度上与地方官员的重视程度有关。从统计数据来看，唐朝前期庐州没有进士可考，可见当时庐州的文风还不是很昌盛，教育水准也不太高。唐玄宗时期，开元二十一年(733年)五月敕："许百姓任立私学，其欲寄州县学授业者，亦听。"开元二十六年(738年)正月又下诏："宜令天下州县，每一乡之内，别各置学，仍择师资，令其教授。"后又令"天下家藏《孝经》一本，精勤诵习。乡学之中，倍增教授，郡县州长，明申劝课"。可见，唐玄宗对发展教育也是相当重视的，达到了天下兴学的程度。当时的庐州自然也不例外。由于州县学设置普遍，时入贡人。至乾元元年(758年)州县学生被放归营农，儒生的读书热情受到严重打击，从此州县学普遍不振。庐州也一样。据《唐故太中大夫太子宾客上柱国襄阳县开国男赐紫金鱼袋罗公墓志铭(并序)》记载："宝应年间，罗珦刺庐寿二州，庐江诸部……乡校废落……修起经师弟子以理庠塾，每岁以廉茂计偕者，倍于他邦。"又杨凭《唐庐州刺史本州团练使罗珦德政牌》亦云："罗公牧庐江七年，政洽化淳，迁领寿阳……庐江之俗，不好学而酷信淫祀……(珦主政庐州时)命乡塾党庠，缉其墙室，乡先生总童冠子弟，以淹中之《礼》，田何之《易》，上代帝王遗书，与鲁《春秋》及百王之言以教之……不及数岁，俊造之秀升于宗伯者仅四十人。”《新唐书》也记载：“宝应初，罗珦擢庐州刺史，民间病者舍医药，祷淫祀，珦下令止之。修学官，政教简易……”从上述引文中可以看出，当时庐州的民风习俗比较愚昧落后，祛病宁可信鬼神，也不信医药。经罗珦这类地方官之努力，庐州的学风文风和老百姓的生活习俗才逐渐得以改变。

由于隋唐时期国家的政治文化中心尚未南移，庐州的地缘优势自然没有魏晋和宋明时期明显，因而它的文化教育发展水平与京畿附近省份相比，也就存在一定的差距，但其时庐州也在发生变化，人文气象日渐上升，文化教育取得了长足发展。唐代合肥考中进士 6 人，即郭霸(制科)、何士幹、罗珦(制科)、李群(状元)、陈沆(榜眼)、李羽。〔1〕



## 第七节　宋元明清时期合肥文化的昌盛与传承

在历史的滚滚长河中，合肥这座古城见证着动荡岁月里朝代更迭的沧桑，这份厚重的记忆可以体现其特殊的地理位置和战略地位。历代有识之士对此也有精到的评价，嘉庆《合肥县志》记载：“合肥襟江带湖而阻长淮，大蜀、浮槎东西雄峙，南北舟车往来会集，吴楚接脉之地。”〔2〕合肥位于吴楚之间，是雄视江淮的重要地带，历来是兵家非常重视的地区。韩无咎《风土论》云：“腹巢湖，控淮甸，膺濡须，枕潜皖，实用武之地。”三国时此地战事频繁，魏吴双方在这里打了许多大仗。南宋时，合肥长期是宋金两国的前沿阵地。清朝时，著名的三河大捷亦发生于此。所以说合肥的地方文化受到战争的影响并留有很深的军事印迹。

两宋时期，阶级矛盾和民族矛盾时缓时烈，但两宋统治者实行了一些恢复和发展经济的措施，再加上北方民众大量南迁，南北方生产技术有了交流，对

〔1〕 此处数据参见《合肥历代进士综述》一文。
〔2〕 (清)嘉庆《合肥县志》，黄山书社 2006 年版，第 45 页。

江淮地区的经济发展十分有利。因此，两宋时期合肥的经济文化发展水平都有一定程度的提高。宋元时期，合肥的社会文化呈多样化发展之势，不仅宗教文化盛极、民俗文化兴旺，且城内学子多、诗文丰，民间说唱、歌谣、戏舞、鼓乐等文艺活动都有较大发展。

在文著方面，宋代杨察的二十卷文集、包拯的“奏议十疏”、姚铉的《唐文萃》，元代余阙的《青阳山房集》和《五经传注》、葛闻孙的《环山房集》，都较有影响。其中姚铉的《唐文萃》对推动宋代的诗文革新运动起了重要作用。姚铉，字宝之，庐州合肥人，太平兴国八年（983 年）登进士甲科，卒于天禧四年（1020年）。史称他文辞敏丽，善笔札，藏书甚多，颇有异本。他根据《文苑英华》编选的《唐文萃》，“文赋惟收古体，而四六之文不录；诗歌亦为古体，而五七言近体不录”。书中还特立“古文”一门，以示接受韩愈、柳宗元的古文概念和传统，力矫晚唐五代诗文之弊。

南宋时期，合肥地方志著作大量涌现，特别引人注目。仅据陈振孙的《直斋书录解题》和《宋史·艺文志》记载，就有唐琦、郑兴裔的《合肥志》四卷，刘浩然的《合肥志》十卷，孙昭先的《淮南通川志》十卷，练文的《庐州志》十卷，王知新《合淝志》十卷等。这一时期地方志著作之所以大量涌现，一个重要原因是，合肥地区战争频仍、社会变乱急剧，时人希望将自己的所见所闻记录下来，流传后世。可惜的是，宋元时期的《合肥志》基本上都没有保存下来，但这些事迹足以反映合肥的经济文化在当时的长足发展。

经受了元末农民起义军的打击，江淮地区的社会经济受到相当的影响。明朝建立后，农民出身的皇帝朱元璋认识到：“天下初定，百姓财力俱困，譬如初飞之鸟，不可拔其羽；新植之木，不可摇其根，要在安养生息之。”他坚持实行一系列轻徭薄赋、与民休息的政策。他鼓励农民垦荒，开垦出来的耕地“听为己业”；还允许新垦之地免租税 3 年。同时，明初还经常大幅度地减免赋税和徭役。包括庐州在内的江淮地区是朱元璋的起兵之地，因而格外受到重视。洪武三年（1370 年），明朝政府免除庐州、滁州、和州等地的田租。洪武十三年（1380 年），免天下田租。明太祖还奖励农村搞副业，洪武二十五年（1392 年），“令凤阳、滁州、庐州、和州每户种桑二百株、枣二百株、柿二百株”。

上述政策的实施，使明初合肥的社会经济继续发展。耕地面积大量增加，农产品产量迅速提高，副业生产发展迅猛，人口迅速增长。据《大明一统志》记载，自洪武二十六年(1393年)至弘治四年(1491年)近百年间，庐州府的田亩由162.2万亩增至254.3万亩，每年实征赋粮9万—10万石(米、麦)，人口由36.7万人增至48.6万人。宣德四年(1429年)，明政府规定：应天府等今属江苏的5府和庐州等今属安徽的5府(州)共要运交漕粮220万担，占全国漕粮总数的一半。这说明庐州成为当时全国重要的产粮区之一。

明成祖朱棣即位后，继续推行力革弊政、轻徭薄赋、发展生产等政策，明朝的经济实力日益雄厚，“宇内富庶，赋入盈羡，米粟自输京师数百万石外，府县仓廪蓄积甚丰”，“百姓充实，府藏衍溢”。农民更重视精耕细作以提高农产品产量，合肥地区的农业生产继续发展。《万历会典》记载，自弘治十五年(1502年)至万历六年(1578年)，庐州人口由48.7万人增加至62.3万人，田亩由254.3万亩增至683.8万亩，平均每户田亩由69.5亩增至144.3亩，每年实征赋粮9万石，赋银6万两(白银)。而合肥县的人口在万历六年(1578年)也已超过30万。



在经济逐步恢复发展、人口不断增长的条件下，明代合肥的商业文化和交通运输业日益兴旺。明代的庐州城，既是巢湖地区的经济文化中心，又是南北漕运的转输地。庐州周边地区所产的贸易货物，如粮油、棉花、蚕桑、竹木、桐油、茶、麻、皮毛、家畜、家禽等农产品大都经由庐州转运各地。庐州府所属州县的赋粮和物资，都通过庐州转往京师。庐州城内金斗河沿岸商贾林立，鳞次栉比，经营皮毛、绸缎、布匹、粮油、金银首饰的店铺以及茶馆、当铺、钱庄等行业生意繁忙。

清军入关后，一度对各族人民的反抗进行血腥镇压，给社会经济带来很大的破坏。后来，清初统治者从巩固统治的需要出发，陆续采取了奖励垦殖、兴修水利、稳定税收等措施，因此合肥地区的农业生产得到迅速恢复和发展。除了耕地面积扩大外，粮食作物和经济作物的产量有较大提高，农作物品种不断增加。合肥的巢湖周围地区是鱼米之乡，盛产水稻。从清初开始，庐州水稻的总产量不断提高，所产稻米除本地消费外，还大量输往外地。巢湖水产丰富，鱼类超过百种，螃蟹、白米虾、大小银鱼等都是庐州的著名水产。玉米、红薯于清朝中期在江淮地区推广种植。乾隆五年(1740年)十月，两江总督郝玉麟由福建携来玉米种子，由安徽巡抚陈大受教民试种，“化无用之田为有用”，又进而在所属各县推广。乾隆五十一年(1786年)，敕令百姓广种红薯作为救荒粮。此后，红薯便在安徽地区普遍种植，并占“民食之半”。此外，明末清初，烟草种植也开始传入庐州地区，花生、西瓜的种植也得到推广。清初张璐的《本经逢原》记载，花生的种植由闽入皖，逐步推广。嘉庆《合肥县志》记载：“西瓜，产店埠者佳。”伴随着经济的发展，清代合肥的人口持续增长。乾隆六年(1741年)，合肥人口已逾百万。嘉庆二十四年(1819年)，合肥人口已达167.79万。嘉庆二十五年(1820年)，庐州5县的人口已达351万。

随着历朝历代政治经济的发展，合肥地区的文化也在不断发展，名人才俊辈出。据统计，唐、五代时期，合肥有进士6人；宋代合肥进士有21人；元代1人；明清时期，合肥进士共有126人。清代合肥的进士人数居歙县、桐城、休宁(考虑休宁寄籍)之后，位居安徽第四。可见，合肥在当时是全国文风昌盛、科举较发达的县之一。历经宋元明时期的积累和发展，到清朝时，合肥成为全国重要的人才产出地，俨然成为“文化大县”。

合肥这个地方，历来有水有山，水陆交错，除了具有相对发达的商业经济外，合肥本地仍以农业经济为主。从《合肥县志》记载来看，合肥地区隔三差五就出现这样那样的“天灾”。然而较为恶劣的自然环境却塑造了合肥人“勤于稼穑”，“风俗淳朴，崇俭重名”的特点。

此外，合肥人还有一个特点就是质直无异心。受程朱理学影响较深，宋元明以来，合肥多出耿直忠义之人。如北宋时的包拯，“危言直论，排斥权幸，切劘治道，而抚持同本”，“其临政，明不可欺，刚不可挠，公不可干以私，所在士民闻其风采，犹知起敬起畏”。包拯耿直廉节、刚正无私的处世风范，合肥后生往往“瞿然知敬，风动一乡”，其流风余韵深刻地影响了庐州人的文化品格。

包拯之后，元明清以来，合肥忠义之士屡出，代不乏人。元朝至正年间的战斗英雄余阙，在各方叛军蜂起之时，一心忠于朝廷，赴汤蹈火，在所不辞。他曾坚守庐州、安庆，并屡建奇功。至正十八年，安庆危急时，“群盗四面蚁集，外无一甲之援，西门势尤急，阙身当之，徒步提戈，为士卒先……孤军血战，斩首无算，而阙亦身被十余创。日中城陷，城中火起，阙知不可为，引刀自刭”。其忠贞刚烈的行为，令闻者为之扼腕。入明后，大明皇帝嘉阙之忠，诏立庙于忠节坊，以示崇敬。明末动乱之时，有县学生张四哲者，在叛军围庐之时，急率其弟四美、四奇与贼战城下，不胜。谓两弟曰："城必陷，与其举家戮辱死，不如举家清白死。"遂与弟及妻女十五人投井而死。带领全家以身殉节，以示对朝廷的不二之心。还有赵嗣蕃其人，在庐州城溃之时，贼人强之跪，不屈，贼怒，率至西门缚于树，骂不绝口，割其舌，以血喷之，被杀。县学生王时彦者，死于城陷，其妻张氏闻变，投水而死，他的母亲竟不食而死。余阙在《修城碑》中言："余生长合肥，知其俗之美，与夫所不从乱而可守者亦二焉：'其民质直而无贰心，其俗勤生而无外慕之好，其材强悍而无孱弱可乘之气。'"〔1〕总结了合肥人典型的文化品格。



〔1〕（清）嘉庆《合肥县志》，黄山书社2006年版，第597页。

# 第三章　合肥与三国文化



## 第一节　合肥与三国风云

东汉末年，朝廷腐败，统治阶级残酷剥削和压迫百姓，土地兼并日益严重，百姓流离失所，社会矛盾不断激化，人民生活在水深火热当中，官逼民反，走投无路的人们终于爆发了声势浩大的黄巾大起义。在镇压黄巾大起义的过程中，以曹操、孙权和刘备为首的割据势力不断发展壮大，各自盘踞一方，从而形成了三足鼎立的局面，历史进入了三国时期。

三国时期是继战国以后又一个分裂动荡的时代，魏、蜀、吴都想扩大自己的势力，统一全国，于是不断掀起战争。合肥，自古占据“江南之首，中原之喉”的特殊地理位置，从而不可避免地成为曹魏政权与孙吴政权争夺的焦点，自然也就无法摆脱战争的乱局。《汉书·地理志》记载，汉代合肥属于县级建制，隶属于九江郡，地处扬州刺史辖境。汉代扬州的辖境很大，共计 5 郡 78 县：庐江郡，辖 12 县；九江郡，辖 15 县；会稽郡，辖 16 县；丹阳郡，辖 17 县；豫章郡，辖 18 县。汉顺帝时期，稍有调整，“扬州统会稽、丹杨、吴、豫章、九江、庐江六郡”，“县邑侯国九十二”，包含相当于今天安徽、江苏、浙江、江西、湖南等省的地理范围。

建安初年(196 年),东南局势发生变化,江东孙策、孙权自立,自行建置郡县,割据江东。长江中下游以南、以东的扬州辖境,大多被孙策、孙权占有。孙策属下的庐江太守李述,出兵攻破扬州,杀死扬州刺史严象而自代,扬州由此混乱。曹操为改变这一局面,于建安五年(200 年)"上表"汉献帝,决策在合肥重新建置扬州,合肥由此陡升两级,成为刺史级别的州治,下辖数郡几十个县,江淮地区全部包含在这一行政区划范围内。这是一个比较大的举措,合肥的战略地位骤然提高,成为曹操政治集团"平一宇内"的东南军事基地。曹操决策以合肥为州治,重建扬州,同时举荐刘馥任扬州刺史。这是曹操重建扬州战略计划的重要组成部分。

刘馥画像

刘馥,字元颖,沛国相(今安徽淮北市)人。他出身寒微,没有显赫背景,但富有才华,且有见识。建安初年,刘馥以敏锐的眼光意识到袁术集团的昏暗,劝说袁术部下戚寄、秦翊等人认清形势,率领人马投奔曹操。曹操大喜,由此赏识刘馥,留为幕府谋士。在决定派谁去重建扬州这一战略要塞的关键时刻,曹操想到了刘馥,认为刘馥"可任以东南之事,遂表为扬州刺史"。刘馥由此成为曹操重建扬州的首任刺史,也是重建合肥的有功人物。刘馥任扬州刺史前后 9 年(建安五年至建安十三年),他在扬州的政绩,不仅是出于他个人的智力,而且是出于以曹操为首的台阁对他的信任,出于他有权处理州中政治、经济、教育、战守等各种事务。他精心营建、治理合肥,坚决推行曹操的战略路线。正是由于这样一个制度,使他在合肥的治理中取得了明显的成效,为再兴合肥,推动江淮地区经济、社会、文化的复苏与振兴,作出了突出贡献,受到了合肥人民的怀念,"扬州士民益追思之"。201 年,刘馥"单骑造合肥空城",建立州治。他着眼于时局,在合肥规划建筑了一座坚固的城池,"高为城垒,多积木石,编作草苫数千万枚,益贮鱼膏数千斛,以为战守备"。据考证,刘馥修建的合肥城大约位于今天合肥市水西门外南淝河西北一公里左右处,这是合肥城市建筑史上重要的一页。刘馥修建的这座城池,后来历经数十次战争的洗礼。第一次是建安十三年(208 年),时刘馥卒,孙权出兵合肥。史载:"孙权率十万众攻围合肥城百余日。时天连雨，城欲崩，于是以苫蓑覆之，夜燃脂照城外，视贼所作而为备”，城中守军坚守城池，终于赢得了合肥保卫战的胜利。在以后的数十次战争中，合肥城一直坚不可摧，巍然矗立在江淮大地上。除了建筑坚固的城池以外，刘馥还采取一系列措施来加强合肥的物质文化建设。他重视教育，在合肥“聚诸生，立学校”，“数年中恩化大行”，合肥的文化教育迅速得到发展。另外，刘馥还非常重视安集流民，“百姓乐其政”。反对曹操的陈兰等武装力量被曹操派兵平定以后，尚有南怀绪等零散势力，由于刘馥采取安抚措施，“南怀绪等，皆安集之”，社会很快安定，“百姓乐其政，流民越江山而归者以万数”。这里“越江山而归”，是指长江以东、以南的流民回到合肥，回到江淮间。江淮地区的劳动力得到了有效补充，完全改变了原先“合肥空城”的景象。刘馥任扬州刺史期间还很重视兴修水利，推行屯田。曹操早在建安元年(196 年)就采纳谋臣的建议，推行屯田。曹操发布的第一道《屯田令》说:“夫定国之术，在于强兵足食。秦人以急农兼天下，孝武以屯田定西域，此先代之良式也。”是岁，曹操募民屯田许下，得谷百万斛。试验成功，立即推广各地，“州郡例置田官，所在积谷”。刘馥在合肥贯彻曹操的战略思想，“广屯田，兴治芍陂及茹陂、七门、吴塘诸堨，以溉稻田”，大力兴修水利，奖励农田开垦和耕种，促进农业发展，带动社会经济迅速恢复。数年之间，“官民有畜”，粮食有了积累，连年向曹操“贡献”，为国家补充了粮饷。建安十三年(208 年)，刘馥卒，他主持兴修的“陂塘之利，至今为用”。

三国时期，社会动荡，战争频发，魏、蜀、吴都想完成统一大业，但三方互不相让。合肥，这座战略重镇，不可避免地成为曹魏政权与孙吴政权争夺的焦点。208 年至 253 年，在这段不到 50 年的时间里双方在合肥爆发了 5 次较大规模的战争冲突，互有胜负。

第一次战役发生在 208 年 11 月，曹操在赤壁之战中大败，但大军仍驻扎在荆州北部。12 月，吴军将领周瑜正攻打江陵的曹仁，而孙权则亲自进攻合肥，想开拓西、北两路战线。孙权率军队围住合肥，另派张昭进攻九江的当涂，但没成功。曹操得知消息后，派将军张喜带兵解围。至第二年，合肥城久攻不下，孙权想率轻骑亲自突击敌人，张纮进谏道:“夫兵者凶器，战者危事也。今麾下恃盛壮之气，忽强暴之虏，三军之众，莫不寒心。虽斩将搴旗，威震敌场，此乃偏将之任，非主将之宜也。愿抑贲、育之勇，怀霸王之计。”孙权听后便中止了突击的想法。合肥城经过数月的攻击，又连日下雨，城墙将崩，于是守城将士用草和棕榈叶补上城墙，夜晚则点火把照亮城外，观察敌人的行动以作防备。此时，张喜援军仍未到达，别驾蒋济向守将献计，伪称4万援军已到雩娄，派主簿假扮迎接张喜，并命三个兵士带信出城后装作偷偷入城。其中一个成功回城，另外两个被吴军擒获。孙权得信后，误认为张喜援军将到，便引军撤退。

第二次战役发生在214年，即张辽大战逍遥津，后有详述，暂且不论。

第三次战役爆发于233年12月，孙权出兵围攻合肥新城。因城远水，20余日不敢下船。魏将满宠便遣6 000步骑，在肥水隐蔽处伏兵等候。后孙权军上岸，满宠伏军突起袭击，斩首数百。孙权又派全综攻六安，亦不胜。



234年，蜀汉丞相诸葛亮进行第五次北伐，遣使请东吴一起出兵。孙权答应后旋即引发第四次合肥之战。同年5月，孙权进驻巢湖口，自称拥兵10万，亲自带兵进攻合肥新城；同时他又派陆逊和诸葛瑾率领万余兵力进驻江夏和沔口，攻向襄阳；将军孙韶、张承进驻广陵、淮阴，形成三路兵马共进北伐之势。6月，曹将满宠想率众军援救新城守将张颖，但曹将田豫却认为新城自守有余，如果派遣援军，担心孙权反而会吞并援军。散骑常侍刘邵则认为满宠应自守不攻，避其锐气；而中军则先派5 000步兵、3 000精骑出发，将队伍疏散排列，多设旗鼓，敌军误以为大军到来，必定自走，可以不战而破。曹睿于7月亲率水师东行，满宠募集数十将士，折断松枝为火炬，灌上麻油，再顺风放火，烧毁吴军攻城器具，射杀孙权之侄孙泰。时孙吴军中士兵多有疾病，又听到曹睿大军将至，军心动摇，于是孙权不得已撤兵。这是第四次战役。

第五次战役发生在253年，吴太傅诸葛恪围攻合肥新城，堆起土山急攻。魏将张特率3 000人坚守新城1个多月，死伤甚多，城池将破。最终张特用诈降计大败吴军。诸葛恪无奈引军撤退，撤退时，“士卒伤病，流曳道路”，惨不忍睹。从此，诸葛恪威信尽

满宠铜像

失，后被孙峻设伏击杀。

以上是曹魏和孙吴政权数次对合肥及其周边地区的大争夺，充分说明了合肥战略地位的重要，同时也促进了当地经济的发展：曹魏在合肥和居巢屯田，收取粮食；孙权也在江北以租佃的方式种植庄稼，以保障战争的物资供应。

## 第二节　合肥与三国传奇

上述几次战役为何都发生在合肥及其周边地带呢？这是由合肥所处的战略地位决定的。合肥处于巢肥运河的修建之处，即施水和肥水的连接地段，既是南北水陆干线的要冲，又是江淮之间的中心地段，为数条路途的汇聚之所，属于“锁钥地带”，即交通和军事上的枢纽区域。控制了合肥，便可以向几个战略方向用兵，或堵住几个方向的来侵之敌。正如顾祖禹所言：“府为淮右襟喉，江南唇齿。自大江而北出，得合肥则可以西向申蔡，北向徐寿，而争胜于中原；中原得合肥，则扼江南之吭，而拊其背矣。……盖终吴之世，曾不能得淮南尺寸地，以合肥为魏守也。”正是具有这样高的军事价值，合肥在三国战争史上一直是魏吴双方争夺的战略枢纽，是兵法上的“衢地”。

由于魏吴长达 30 余年的争夺，合肥因此留下了许多与三国有关的遗址。有证可考、有史记载的就有三国新城、筝笛浦、藏舟浦、迴龙桥、飞骑桥、斛兵塘以及古逍遥津和教弩台。这些遗址，经过岁月的洗礼，虽然其外在形貌发生了诸多变化，但它们所散发出的韵味依然清新，依然独特。

1. 三国古战场逍遥津

提到逍遥津，人们很自然地想起了三国时期魏军创下的一个以少胜多的著名战例“张辽威震逍遥津”。为取得合肥的控制权，巩固自己的势力，壮大自己的实力，魏吴两军在此频频交锋，致使这块土地成为闻名遐迩的三国古战场，其中最著名的战役之一“张辽威震逍遥津”的战场遗址就在今逍遥津公园一带。今天的逍遥津公园位于合肥市老城区东北部，昔日的古战场早已不在，经过多年的精心修葺经营，这里已成为占地 30 多公顷，环境优美、景色宜人的综合性公园。

逍遥津公园

2. 古教弩台

古教弩台遗址

古教弩台遗址在今合肥市淮河路步行街东段北侧，距淝水、津水和逍遥津都不远。教弩台，俗称曹操点将台，台高5米多，占地面积4 000余平方米。台基壁峭，俨如城堡，边缘勒以砖石，东汉末年曹操在此“教强弩以御吴舟师”[1]，故名“教弩台”。史载，东汉末年，曹操四次到达合肥，临阵指挥，筑此高台教练强弩兵将，以御东吴水军，迄今为止已有1 700多年的历史。曹操于208年统一北方后，率领号称80万大军的人马南下征伐孙吴，行至合肥驻扎在此时，经常调集500名弓弩手在教弩台前比武操练。高台上古亭之内的古井和听松阁两处古迹很有来历。相传古井是当年曹军汲水所凿，因高出地面屋脊而被称为“屋上井”。井沿内周的20多条深沟，是汲水绳索长期拉磨形成的，仿佛在向人们诉说着屋上井的沧桑历

屋上井

〔1〕（清）嘉庆《庐州府志》：“曹操在此筑台，教强弩以御吴舟师。”

史。听松阁旧址原为一土堆，传说曹操曾在此处操演水军，后人便在此地砌台纪念，取名“听松阁”。阁上题有“教弩松荫”四个字，是闻名的古“庐阳八景”之一。原来教弩台上并无松树，因为庐州夏天炎热，士兵难熬酷暑，曹操便令人广植松树。松树长成后，清风袭来，松涛阵阵，从此，“教弩松荫”便成为合肥的一个著名景点，听松阁也由此得名。

3. 八斗岭

八斗岭在合肥东北角70里处，相传曹操之子、诗人曹植的衣冢墓就在那里。据《合肥县志》记载，曹植，字子建，时为文坛“八子之一”，文才卓著，能七步成诗，被誉为“天下文章一石，子建独得八斗”。“八斗岭”的名字就是为了纪念这位诗人而起的。其衣冢墓在今八斗中学以南，旁有笔架田、砚台塘，堪为一代文豪落葬之风水宝地。

曹操父子蜡像

八斗岭的来历在合肥民间相传有这样一段故事：

汉末天下大乱，曹操过着戎马生活，曹植也跟着父亲四海为家。有一年，曹操带兵来到合肥，曹植自然也随之而来。

一天，曹植带着随从骑马出游，来到一个去处，但见岗岗坡坡，像山又没有顶，说是平原又凹凸不平。这时，正值春末夏初时节，庄稼郁郁葱葱。曹植跑了半天，就令随从拴了马，在一处树荫下歇凉。哪知随从没有把马拴好，几匹马走进庄稼地，践踏了好几亩庄稼。曹操军纪很严，曾下令：“糟蹋百姓庄稼者斩。”曹植虽然很年轻，但是非常爱护他的随从，他怪自己没有嘱咐好，出了纰漏，因此举起宝剑说：“诸位别担心，请回复丞相，就说曹植已经伏法了！”众随从哪里肯让？拽住他，夺去宝剑。那个粗心的随从跪在地上说：“公子，你不能这样。马践踏庄稼是小人的罪责，只要你照顾好小人的妻小，卑职死而无怨。”曹植还是感到对不起他，抱着他哭成一团。这时，几个留着黑须的农民走上前来，说：“公子，你甭难过，丞相军纪严明，可对我们是没用的哇！”曹植止住哭泣，不解地问：“为啥？”“你别看现在庄稼长得怪好的，可是一不下雨，颗粒无收，那比马践踏还要厉害。公子，你不要杀他，请你在丞相面前为我们这里的村民奏请开条河吧！”曹植明白了，就说：“这个容易，不过父亲的命令还是要执行的，他从来不准徇私。”农民笑了，说：“这不妨事，你就说，这是百姓们的要求，以河换命吧！”曹植答应了，回来把这事对曹操说了。曹操果然答应赦免那个随从。至于开河，曹操说：“现在各处烽烟未平，很难抽出人手开挖，只能等全国平定后再办理！”曹植是个直肠子的人，当即将消息转告村民。大家听了都很高兴，相信曹操说到做到。谁知后来曹操死了，曹植的哥哥曹丕继位。曹丕嫉恨曹植恃才得宠，就把曹植贬到陈留去了。这时，曹植想起了当年在合肥北外乡的那件事，他收拾了一下，来到北外乡。那几个黑须老农已经变成白胡子老头了，他们流着眼泪对曹植说：“公子，你遭难了，还没有忘记我们啊！只是这……这开河的事是无指望了！”曹植说：“老大爷，你们别愁，曹植就是为这开河之事来的。合肥守将张辽老将军是父王的爱将，他与我交情很好，我修书前往，请他帮忙，完成父王遗志。”老人们感动得眼泪哗哗直流，但他们很难相信这开河的事会成功。

一个月后，曹植把仅有的一点积蓄带上，又从陈留来到北外乡，可是不见一个兵丁、一个民工，心里很纳闷。原来，张辽虽然和曹植交往深厚，但是他惧怕曹丕，因此既没有答应，又没有不答应，一直拖着。曹植相信他与张辽的友谊，于是又写了封信去催。时当六月暑天，又逢干旱，那一带土地干得开裂，村民喝的都是泥浆水。跟随曹植的那个“以河换命”的随从泪水汪汪地说：“公子，看来开河无望了，走吧，走吧！”曹植说：“估摸着信也该收到了，老将张辽是个讲情义的人，等等吧！”随从只得哽咽着点点头。又过了几天，连泥浆水也没有了。几个白胡子老农跑来对曹植说：“公子，这里不能待啦，渴死不如逃荒！”曹植望着万里无云的蓝天，痴心地说：“我等张将军派人来！”几个老汉流着泪走了。第二天一早，曹植看到村民们三三两两地离开了，就是不见张辽派人来。一个白胡子老农来劝：“公子，我们一道走吧！”曹植摇摇头，依旧痴情地望着南边，等了很久，还是不见人来。曹植渴了，他和随从走进村里，到处都空荡荡的，连个人影都找不着，到哪里去找水喝呢？最后，曹植和随从竟渴死在那个荒岗上。

后人为纪念曹植，将鱼山起名为八斗陵，又因该地位于江淮分水岭，后又改称八斗岭。1992 年撤区并乡，建制八斗镇。

4. 飞骑桥

汉代的合肥城位于今天的亳州路西南淝河畔，当时逍遥津为城外一块荒郊之地，水网密布。东汉末年，群雄争霸。当年，孙权与曹军在逍遥津大战时，孙权被张辽追袭，带着左右突出重围，奔到一条河边，而河桥上的木板已被抽去。正在孙权仰天长叹之际，一随从急中生智，往孙权坐骑上猛抽一鞭，坐骑吃痛，一发神力，腾越过横在逍遥津水上(金斗河支流)的断桥，因此脱险。从此"飞骑桥"天下闻名，后人建此桥以示纪念，今尚存巷名。

飞骑桥

5. 斛兵塘

斛兵塘又称站塘、量兵塘，在今天合肥市屯溪路合肥工业大学校园内，也是唯一一处在大学校园里安家的三国文化遗址。今天的斛兵塘面积近百亩，碧波荡漾，景色优美，在塘的岸边立有一座书型的石碑，上刻斛兵塘的历史及基本情况。每天都有勤奋的学子在湖边晨读，傍晚时分这里更是一对对情侣携手散步的好去处。说起斛兵塘的来历，有一个有趣的传说：东汉末年，曹操亲率大军南下攻打孙权，途中在合肥安营扎寨。曹操大军虽号称有80万之众，但无准数。为清点人马以得出准确的数字，同时也为了排除清点的失误，曹操想了一个办法，他令人挖了一个大土坑，然后命令士兵排队走进去站满，得出准确的数字。如此反复计算，他终于算出了军队的人数。当曹操率军南下后，此坑废置，渐成一水塘，后人称之为斛兵塘。

6. 藏舟浦

藏舟浦位于今合肥市杏花公园内。东汉时南淝河从此流过，河边港汊密布、芦苇丛生，曹军大将张辽率军与孙权军队大战时，曾将战船隐藏于此，故得此名。

7. 筝笛浦

相传东汉末年曹操同数名歌女乘船在此游玩，船倾覆于此。后有渔人夜宿于此，梦中闻筝笛弦节之音，声气非常，忽然有人驱之"慎勿近(曹)公船"，渔人遂惊醒,移船而去,后人因此而命名。筝笛浦位于今天的杏花公园内,是广大游客乐于游览的好去处。

当然,三国时期作为魏国扬州淮南郡的合肥,是魏吴两国长期争夺的战场。魏吴长达30余年的争夺,在合肥城留下的遗迹远非上述那么多,还有像曹操、孙权狭路相逢的"迴龙桥",没有挖好的"曹操河",周瑜小时候读书的"周公山","孙权墩","李典墓",等等,这些都展示了合肥在三国时期的文化内涵以及合肥悠久的历史文化。



## 第三节　合肥与三国人物

除了上述的三国文化遗址,谈三国文化与合肥的因缘,我们还要谈到三个人,这三个人都是三国时期的名人,他们在合肥这块土地上留下了不可抹去的历史脚印,这三个人就是曹操、张辽和周瑜。

### 一、曹操

曹操(155—220),东汉末年的政治家、军事家、文学家。本姓夏侯,字孟德,小名阿瞒,沛国谯郡(今安徽亳州市)人,出生在一个大官僚地主家庭,因其父曹嵩乃中常侍曹腾之养子,故改姓曹。亦因这种关系,曹操自幼便有机会接触官宦子弟,日后的劲敌袁绍曾是曹操年少时的朋友。曹操身长七尺,细眼长须,自幼放荡不羁,但很有才华,又足智多谋,善于随机应变。

曹操画像

曹操"少机警,有权术,而任侠放荡,不治行业",但就是这样一个人,在东汉末年群雄并起、军阀混战中,靠自己的才智谋略,实力由弱变强,通过数次战争,战胜对手,统一了北方半壁河山。

在曹操统一大业的过程中,争夺江淮是其中的一个重要部分。东汉建安年间,江东地区被孙权占领,曹操权衡全局,决心争夺江淮地区,一方面增强自己的实力，另一方面为南下消灭孙权、统一全国做准备。而在江淮地区，唯合肥具有“淮右襟喉，江南唇齿”的重要战略地位，因此曹操在争夺江淮地区的策略中，首先是从经略合肥开始的。在曹操经略合肥的同时，江东孙权的势力迅速增长，不断兴兵北上，主要军事目标是攻打合肥，夺取江淮。在双方的争夺中，合肥的战略地位凸显。为了迎击孙权的军事挑衅，曹操愈益加强对江淮的经略，他曾于建安十四年、十七年、十九年、二十一年亲自出征合肥，全面谋划，促使合肥迅速发展，也带动江淮地区的经济社会持续发展。江淮地区的崛起，不仅成为曹操在东南的军事屏障，而且成为支撑东南军费乃至国家开支的重要来源。这些都得力于曹操采取的一系列战略措施，其中主要有以下几点：

1. 建制合肥扬州

《汉书·地理志》记载，汉代合肥属于县级建制，隶属于九江郡，地处扬州刺史辖境。汉代扬州的辖境很大，共有5郡78县。东汉顺帝时期，稍有调整，“扬州统会稽、丹杨、吴、豫章、九江、庐江六郡”，“县邑侯国九十二”，包含相当于今天安徽、江苏、浙江、江西、湖南等省的地理范围。建安初年，东南局势发生变化，江东孙策、孙权自立，自行建置郡县，割据江东，长江中下游以东、以南的扬州辖境，大多被孙策、孙权占有。孙策属下的庐江太守李述出兵攻破扬州，杀死原扬州刺史严象而自代，扬州由此混乱。曹操为改变这一局面，于建安五年“上表”汉献帝，决策在合肥重新建置扬州。合肥由此陡升两级，成为刺史级别的州治，下辖数郡几十个县，江淮地区全部包含在这一行政区划范围内。这是一个比较大的举措，合肥的战略地位骤然提高，成为曹操政治集团“平一宇内”的东南军事基地。

2. 举荐刘馥任扬州刺史

曹操决策以合肥为州治、重建扬州，同时举荐刘馥任扬州刺史，这是曹操重建扬州战略计划的重要组成部分。曹操用人不拘一格，认为刘馥“可任以东南之事，遂表为扬州刺史”。刘馥成为曹操重建扬州的首任刺史，也是重建合肥的有功人物。

3. 平定动乱，安集流民

东汉末年，军阀割据混战，社会经济衰落，整个江淮大地经济兴盛的面貌不再。裴松之注引《魏书》云：“自遭荒乱，率乏粮谷。诸军并起，无终岁之计，饥则寇略，饱则弃余，瓦解流离，无敌自破者不可胜数。”又说袁术“在江淮，取给蒲嬴。民多相食，州里萧条”。《三国志》记载，袁术的军队到达寿春一带，“士众绝粮，乃还至江亭，去寿春八十里。问厨下，尚有麦屑三十斛”。袁术军中存粮居然只有“麦屑三十斛”，如此缺粮，可见江淮地区的粮食匮乏程度。此时合肥战祸不止，处于混乱状态，人民流离失所，四处逃亡。到曹操以合肥为州治、重建扬州时，合肥俨然是一座“空城”。不仅如此，地方势力梅乾、雷绪、陈兰等趁机作乱，聚众数万横行在江淮间，江淮“郡县残破”，社会动荡不安。曹操为了实现重建扬州、争夺江淮的战略部署，不顾当时北方袁绍10万大军压顶，毅然分兵前去合肥，安定九江、庐江两郡。在安定合肥、平定地方武装割据的战役中，于禁、臧霸、张辽等将领受命抵达合肥，率军追击并一举歼灭了陈兰等人，为重建合肥扬州、稳定人心、开发江淮创造了一个安定的社会环境。



4. 沟通巢肥运河

孙权部队以水军见长，曹操南下征伐孙权，必须训练水军。建安十四年(209年)三月，曹操率军“至谯，作轻舟，治水军”。经过4个月的训练，曹操率领水军于“七月，自涡入淮，出肥水，军合肥”。这是曹操首次率领水师抵达合肥。其行军路线记载得十分清楚，由涡水入淮，出肥水，最后“军合肥”，也就是驻扎在合肥。这里揭示了一个十分重要的问题：曹操的水师打通了肥水与施水之间的水上通道。曹操此后三次出征合肥，同样率领水军南下抵达合肥，而且进一步南下直抵居巢、长江濡须口等地。

依据现代水利部门的测量，肥水与施水之间横亘江淮分水岭，无法沟通。但是曹操20年间4次率领水师南下合肥，这是无可争辩的历史事实。查阅资料分析，也有一些合理的条件。其一，曹操率军南下的时间是七月份，时值夏季，丰水季节，河道水满，两水可以相通，或加上少量的人工疏浚，能够沟通。其二，两汉时期的肥水与施水是相通的，《史记》、《汉书》均有记载。其三，三国时期的巢湖与芍陂的水域比较宽阔浩渺，肥水、施水易于沟通。其四，东晋的历史证明，这里有人工运河，史称“巢肥运河”，即沟通巢湖与肥水的运河。应该说是曹操开挖了这条人工运河，这在当时非常有意义，除了军事上的意义外，更有南北经济文化交流的意义，客观上有利于江淮经济区的深入开发。

5. 置扬州郡县长吏

曹操率领大军抵达合肥后，孙权却不战而退，避开曹操的兵锋，双方没有交战。曹操没有立即回师，在合肥驻扎半年。利用这次机会，他坐镇合肥，经略规划了很多重大事项，其中之一就是选贤任能，"置扬州郡县长吏"。

《三国志・吕蒙传》记载，"曹公遣朱光为庐江太守"，任命淮南人仓慈"为郡吏"、为淮南"绥集都尉"。[1] 凡此等等，皆曹操亲自圈点，充实了扬州郡县的各级官员，稳固了吏治，稳固了江淮地区的统治。其用人特点体现了重农强兵的方针。

6. 颁布"恤抚令"，安定社会

曹操在合肥继续安集流民。史料记载，曹操率军南下的途中，"至寿春，时庐江界有山贼陈策，众数万人，临险而守"。曹操到达之前，地方官曾经派遣偏将前去剿灭，"莫能禽克"。曹操与大家商讨对策，身边谋士刘晔分析说：陈策"据险以守"，是因为"中国未夷"，社会动荡不定。"今天下略定"，应当采取安抚措施，"开赏募"，让他们"自溃"，无需用兵。曹操欣然接受这一建议，招抚了陈策等数万流民。曹操一方面继续安集流民，另一方面颁发了"恤抚令"，宣布了相关政策，解决"百姓流离"问题，这是安定社会的重要文件。令曰："自顷已来，军数征行，或遇疫气，吏士死亡不归，家室怨旷，百姓流离，而仁者岂乐之哉？不得已也。其令死者家无基业不能自存者，县官勿绝廪，长吏存恤抚循，以称吾意。""恤抚令"显示了曹操以人为本的政治路线，对稳定江淮地区的社会局势发挥了重要作用。

7. 兴修水利，推行屯田

《三国志》记载，建安十四年(209 年)七月，曹操驻扎合肥，视察扬州，继续推行扩大农耕，兴修水利，"开芍陂，屯田"，发展农业生产的路线。"芍陂"是合肥地区著名的水利工程，兴修芍陂，可以确保扬州"屯田"的成效，促进江淮农业的进一步发展。

上文提到曹操选用仓慈，据《三国志・仓慈传》记载，"仓慈，字孝仁，淮南人也，始为郡吏。建安中，太祖开募屯田于淮南，以慈为绥集都尉"[2]。由此可

---

〔1〕 陈寿：《三国志・吕蒙传》(裴松之注)，线装书局 2008 年版。

〔2〕 陈寿：《三国志・仓慈传》(裴松之注)，线装书局 2008 年版。

知，仓慈是淮南人，本是郡中一般官吏，曹操任命仓慈为都尉，其募民屯田应当在淮南。上文提到的庐江太守朱光，据皖屯田，“皖田肥美”，很有成效。建安二十二年(217年)，曹操亲往合肥，决战孙权，凯旋时，“留伏波将军夏侯惇、都督曹仁、张辽等二十六军屯居巢”。居巢，即今巢湖市居巢区，曹操在此建“二十六军屯”，足见规模之大。皖、居巢、淮南等地“民屯”、“军屯”的广泛推行，进一步促进了合肥地区的经济发展。

屯田制的推行，使许多流民重归土地，既解决了他们的一些生计问题，又对恢复和发展生产起了积极作用，还进一步促进了合肥地区的经济繁荣。

曹操在战争中认识到粮食对于军事行动的重要性，尤其是在群雄逐鹿的大混战中。曹操还从历史中吸取经验，认识到强兵足食是立国的基础。因此他在196年把汉献帝接到许(今河南许昌)后，决定推行屯田制。他在下达《置屯田令》时强调:“夫定国之术，在于强兵足食。秦人(秦始皇)以急农兼天下，孝武(汉武帝)以屯田定西域，此先代之良式也。”由此可以看出曹操这一举措的正确性和重要性。

曹操建置合肥，开发江淮，这是他统一大业的一部分，是顺应历史局势的需要。他经略合肥，使合肥得到复兴与繁荣，推动了江淮地区经济的迅速发展，这不仅为后来合肥的长足发展提供了保障，也为其东南军事基地奠定了厚实的经济基础。由此可见，曹操这一高瞻远瞩的策略，充分体现了他在政治、军事上的过人才智。他对合肥经济发展所作的贡献，是他留给合肥人民的一笔宝贵财富，值得合肥人民去永远珍藏。

关于曹操与合肥的文化因缘，还有一道以他的名字命名的菜肴，即“曹操鸡”。“曹操鸡”是始创于三国时期的合肥传统名菜。汉献帝建安十三年(208年)，曹操统一北方后，率领大军南下征伐孙吴(即历史上著名的赤壁大战)，行至庐州(今安徽合肥)时，曾在教弩台前日夜操练人马。曹操因军政事务繁忙，操劳过度，头痛病发作，卧床不起。行军膳房厨师遵照医嘱，选用当地仔鸡配以中药、好酒，精心烹制成药膳鸡给曹操食用。曹操食后觉得味道鲜美，十分喜爱，随之病渐好，身体很快康复，此后每进餐必常食此鸡。从此“曹操鸡”的声名不胫而走，这道菜便在合肥流传至今。

## 二、张辽

张辽铜像

张辽(169—222),字文远,雁门马邑(今山西朔州)人。曹魏著名将领,官至前将军、征东将军、晋阳侯。先在并州刺史丁原部下担任从事,后来归附董卓。董卓死后,带兵投靠了吕布,在吕布手下任骑都尉。后来,吕布在下邳被曹操打败,最终归附曹操。他武艺高强,有勇有谋,多次建立奇功,还有着武将少有的突出语言才能,与乐进、于禁、张郃、徐晃并称曹魏的"五子良将"。张辽勇猛过人,以超绝的武艺纵横驰骋沙场。他一生南征北战,出生入死,立下了汗马功劳。在多次战役中,合肥逍遥津一役是张辽毕生最闪光的佳作。关于张辽威震逍遥津一战,《三国志·张辽传》中有这样一段记载:

太祖既征孙权还,使辽与乐进、李典等将七千余人屯合肥。太祖征张鲁,教与护军薛悌,署函边曰"贼至乃发"。俄而(孙)权率十万众围合肥,乃共发教,教曰:"若孙权至者,张、李将军出战,乐将军守,护军勿得与战。"诸将皆疑。辽曰:"公远征在外,比救至,彼破我必矣。是以教指及其未合逆击之,折其盛势,以安众心,然后可守也。成败之机,在此一战,诸君何疑?"李典亦与辽同。于是辽夜募敢从之士,得八百人,椎牛飨将士,明日大战。平旦,辽被甲持戟,先登陷阵,杀数十人,斩二将,大呼自名,冲垒入,至权麾下。权大惊,众不知所为,走登高冢,以长戟自守。辽叱权下战,权不敢动,望见辽所将众少,乃聚围辽数重。辽左右麾围,直前急击,围开,辽将麾下数十人得出,余众号呼曰:"将军弃我乎!"辽复还突围,拔出余众。权人马皆披靡,无敢当者。自旦战至日中,吴人夺气,还修守备,众心乃安,诸将咸服。权守合肥十余日,城不可拔,乃引退。辽率诸军追击,几复获权。太祖大壮辽,拜征东将军。建安二十一年,太祖复征孙权,至合肥,循行辽战处,叹息者良久。乃增辽兵,多留诸军,徙屯居巢。

由此可以看出张辽有胆有识，且善于用兵。张辽一直在战场上实现自己的人生价值，为曹魏政权贡献了毕生的力量，直到晚年，他还带病征战。黄初三年(222 年)，张辽病逝于江都(今江苏省扬州市)。曹丕得知这一消息，痛哭流涕，谥张辽为“刚侯”。黄初六年(225 年)，曹丕追念张辽、李典在合肥之功，诏曰：“合肥一役中，张辽、李典仅以步卒八百人，破贼十万之众……现分封辽、典邑各百户，赐一子爵关内侯。”

如今走进逍遥津公园，看到横刀跃马的张辽塑像，我们可以想象当时战事的激烈，感受到张辽的大将风范。他将同逍遥津一样永远成为合肥历史的书写者、见证者和记载者。



## 三、周瑜

周瑜(175—210)，字公瑾，人称“美周郎”。庐江舒县(今安徽庐江西南)人。东吴大将，出身士族，精通音律，有“曲有误，周郎顾”之语。文武双全，为建威中郎将，人称“周郎”。建安十三年(208 年)他率孙刘联军大破曹军于赤壁。他所指挥的这场战役，是中国历史上著名的以少胜多的战役，也奠定了后来魏、蜀、吴三足鼎立的局面。建安十五年(210 年)他率军西征，由于长期征战，积劳成疾，箭伤复发，卒于巴丘(即巴陵山，今湖南岳阳)，时年 36 岁，厚葬故土，墓在庐江城东侧。

周瑜画像

提到周瑜，人们都会想起苏轼的词《念奴娇·赤壁怀古》中的句子：“大江东去，浪淘尽，千古风流人物。故垒西边，人道是，三国周郎赤壁。”

赤壁一战让人们记住了周瑜的英雄气概，就像刘劭在《人物志》中说的那样，英雄应为“聪明秀出为之英，胆略过人为之雄”，再加上高尚的道德。而周瑜就是符合这些条件的一个英雄。若从另一个角度来评价他的英雄气概，可以说，他是一个有德有才，又有风度和朝气的人。

在德的方面，他举贤荐能可比鲍叔牙，折节为国可比蔺相如，谦礼忠君无人能比，气度恢弘众将诚服。

在才的方面，他弱冠征伐，为东吴开国立下汗马功劳；赤壁之战时力挽狂澜，立下头功；后又亲冒矢石为东吴开拓荆州，丰功伟绩暂不多提，单说当时人们对他的评价，他的文武全才已万众瞩目了。“英隽异才”、“王佐之才”、“年少有美才”、“文武韬略万人之英”，这些都是当时人们对周瑜才智的评价，而且说这些话的人都是当时一流的人物。

论及风度，周瑜是出了名的儒将，非比那些粗莽武夫，是一个风雅超群的人物。只一句“遥想公瑾当年”，可见其人其貌使人多么心驰神往了。

最后说说他的朝气，周瑜不仅具德、才、风度，而且又独具一种朝气，一种锐意进取、自信豪迈的英杰之气。对自己人他是谦逊有礼的，但面对敌人和挑战，他又表现出蔑视和大无畏的英雄气概：刘备和周瑜在赤壁战前相会时，当刘备说起兵力太少，周瑜“此自足用”、“操自寻死尔”的回答多么有气势，周瑜的谋略也无不透出先发制人、锐意果敢的气质，正所谓“天纵英才”。

在今天的合肥，有一座周公山，位于肥西县焦婆乡境内，山上绿化苍翠，环境优美。相传周瑜幼年时在此读书，后人为纪念周瑜，故以“周公”为山名。山顶原有周瑜庙，内塑周瑜像及其坐骑白马。嘉庆《合肥县志》记载：“周公山有周瑜庙，周瑜读书处。”

周瑜的家乡庐江县位于安徽省中部，北接合肥，东北临五大淡水湖之一的巢湖，南近“黄金水道”长江。庐江县历史悠久，民风古朴，文化积淀深厚。自汉武帝元狩二年（公元前 121 年）建县至今，已有 2 100 多年的历史。历经千百年沧桑巨变的庐江，逐渐形成了独具特色的吴楚文化和淮军文化传统。而1 700 多年来，周瑜墓虽历经风雨，但胜迹犹存。

## 第四节　合肥三国新城遗址

今天，在合肥市庐阳区三十岗乡有一座三国文化公园，这就是著名的合肥三国新城遗址公园。公园共占地 530 亩，南濒淝水（古施水）故道，西邻鸡鸣山、将军岭，东距合淮路 7 公里，是市级爱国主义教育基地。至今，三国新城遗址尚存夯筑土城墙残基大小土墩 18 处，地形岗峦起伏，西郊风景区蜀山湖就在眼前，秀丽的大蜀山在水一方，可谓依山傍水、空气清新、景色秀丽、交通便利。园内三国历史文化积淀深厚，著名的景点有新城文物陈列馆、聚贤堂、饮马池、满宠草堂等。我们谈论这些景点，离不开整个三国时代，离不开三国时期的政治、军事和人物等，只有这样我们才能认清三国，才能真正了解新城这座古城堡。

三国时期，合肥属魏国扬州淮南郡。魏吴两国对峙于长江中下游地区，江淮之间的广阔土地成为两国长期争夺的战场。孙权占据江东以后，势力迅速扩大，凭借水军优势，不断攻打合肥，试图想夺取江淮进而统一全国。合肥因此一再遭到孙吴的围攻。据《三国志》记载，曹魏将军满宠为抵御孙吴军队而固守合肥。魏青龙元年(233 年)，满宠对当时的合肥形势进行了全面分析，上疏魏明帝曹睿说："合肥城南临江湖，北远寿春，贼攻围之，得据水为势；官兵救之，当先破贼大辈，然后围乃得解。贼往甚易，而兵往救之甚难，宜移城内之兵，其西三十里，有奇险可依，更立城以固守。此为引贼平地而掎其归路，于计为便。"[1]当时，孙吴军队以水军为优势，吴军北上围城，则"得据水为势"，而魏"官兵救之，当先破贼大辈，然后围乃得解"。吴军来攻很容易，然而魏军往救之却很难。为此，满宠建议移城内之兵于城外，在合肥城西 30 里建立新城以对抗孙吴，引诱吴军远离水道而趋平地，从而不让其发挥水军优势，以便"掎其归路"，克敌制胜。当时有不少人持反对意见，认为这是自动撤出合肥，是"示天下以弱"。第一次上疏失败后，满宠并没有泄气，再次上表申述：主动"移城却内"，并非示弱，虚虚实实，正合兵家之"诡道"。此次上表加强了军事意义的论证，使人意识到确实有建立新城的必要。经魏明帝

三国遗址公园之征东门

〔1〕 陈寿：《三国志·满宠传》(裴松之注)，线装书局 2008 年版。

同意后，满宠等人立即赶往合肥城西30里建筑合肥新城。

据有关历史文献记载，合肥新城在通常情况下屯兵人数为3 000—4 000人，最多时共有步兵、水兵、骑兵约6 000人。新城建成以后，合肥旧城（位于今市区四里河一带）作为居民区和商业中心，仅派少量部队防守，大量兵卒移至新城。合肥新城建成后，孙吴水军须越巢湖到达合肥城下，然后还要再登陆行军30里，方可抵达合肥新城。这样一来，孙吴的水军优势便不能发挥，军需补充更加困难，使曹魏方面获得了有利战机。而曹魏却可以沿水路直通寿春，水上运输方便，有利于提高战斗力。可以说合肥新城是曹魏抵御孙吴的一座桥头堡，曹魏视其为“淮右襟喉，江南唇齿”和“江南之首，中原之喉”。新城的建立具有一定的军事意义，标志着曹魏战略思想的转变，由之前的战略进攻转为战略防御，在防御中有力地打击孙吴的军事进攻，从而在一定程度上削弱了吴军的有生力量，保存了魏军实力。新城在战火中完成它的历史使命，同时也在战火中显现出满宠的聪明才智，证明了当初满宠上表建立合肥新城的正确性。

合肥新城建成后的20年间，吴军屡次围攻，均无功而返。

233年，新城甫成，孙权御驾亲征，发兵进围。到了合肥城下，见旧城西北30里突然崛起一座新城，不知所措。孙权想要围攻新城，但由于新城远离水路，不利于作战，因此“积二十日不敢下船”。满宠得报后，再加上他善于观察生活，对孙权的性格有所了解，透彻剖析了敌方的心态，对诸将说：“孙权今知我移城，必在兵士中发大言。今大举前来，势欲攻在必得，虽不敢贸然进攻，必当上岸耀兵。”[1]于是满宠“乃遣步骑六千，伏肥城隐处以待之”[2]。事情正如他所料，吴军在20多天后果然上岸炫耀兵威，宠“伏军卒起击之，斩首数百，或有赴水死者”[3]。此时满宠的伏军如神兵天降

三国士兵石像

〔1〕〔2〕〔3〕 陈寿：《三国志·满宠传》（裴松之注），线装书局2008年版。

突然杀出，孙吴军队措手不及。由于远离水道，吴军不敢贸然下船进攻，也不敢再打无把握的仗了，无奈之下只好撤退。满宠创造了一个出奇制胜的战例，合肥新城经受住了第一次战火的考验。

234年5月，不甘失败的孙权乘蜀军攻魏之机，再次带兵马猛攻新城。此时正当诸葛亮第五次北伐，请东吴一起出兵。孙权派陆逊率万余人进驻江夏、沔口，攻向襄阳；将军孙韶向广陵、淮阴逼进；自己则亲率10万大军围攻合肥新城。此次吴军兵将众多，声势浩大。开战之初，曹魏征东将军满宠深恐寡不敌众，制定了一个较为保守的作战方针，欲放弃新城，退守寿春。据《三国志·魏书·明帝纪》记载，当时魏明帝没有接受满宠的作战思想，明帝引经据典，坚决不许后退。曰："先帝东置合肥，南守襄阳，西围祁山，贼来则破于三城之下者，地有所必争。纵权攻新城，必不能拔。敕诸将军退守，朕将自往征之，比至，恐权走也。"魏明帝认为即使孙权围攻合肥新城，魏军也不许后退，要死守新城，并声言自己将轻率军队前往合肥新城救之。满宠接受了魏明帝的意见，决定艰苦守城。他重修作战方针，根据当时的形势，与驻守新城的将军张颖共同制定了一项切合实际的实施细则。此时东吴在合肥新城外面堆了一座土山，企图采用人海战术攻下新城。满宠和张颖等人选择在一个夜黑风高的夜晚，"募壮士数十人，折松为炬，灌以麻油，从上风放火，烧贼工具，射杀权弟子孙泰"〔1〕。吴军见此情景一片惊慌，可谓兵荒马乱。就在此时，孙权得知魏明帝亲率大军前来增援合肥，害怕腹背受敌，于是引军而退。此战以少胜多，轻松地击退了孙权。满宠等人制定了这样一个巧妙的作战方针——火退孙吴，使魏国保存了大量的人力、兵力等军事资源，有利于解除西线之围。恰在此时，蜀军统帅诸葛亮病死在五丈原，他的第五次北伐以失败而告终。

魏嘉平五年(253年)五月，即孙权死后的第二年，吴太傅诸葛恪率领20万大军进攻淮南，连续数月围攻合肥新城。而此时，魏军仅有3 000人。驻守新城的魏将张特见吴国大军来犯，基于自己兵力少，军事力量薄弱，于是决定坚守城池，不与吴军交战。诸葛恪指挥吴军沿城累筑土山，决心破城，非达到目的不可，一副气势汹汹的样子。魏吴两国对峙90余天之后，合肥新城城墙崩

〔1〕 陈寿:《三国志·满宠传》(裴松之注)，线装书局2008年版。

塌。张特眼见新城将陷，万分焦急。就在这异常危急之时，张特突发灵感，决定采用“诈降术”，冒险前往吴营诈降。他对诸葛恪说：“吾已无心再战，然魏法规定，遭围攻百日而不得援军来救，虽降而家人不受连坐。今吾城已受围九十余日，城虽将陷，但尚有半数人不愿降，请容吾再行说服，明日即将名册呈送。”为了取信对方，他将象征权力的印绶奉送给吴军。诸葛恪信以为真，便下令停止围攻新城。守城的魏军得到了交战以来第一次喘息的机会，张特命令魏军乘机修补新城城墙，这样一来，便巩固了防御工事。第二天，张特向吴军宣布死守新城。吴军听后大怒，发动猛烈攻势，但久攻不下，疲惫不堪。此时正值酷暑之时，再加上长期以来的疲惫攻城，吴军病者大半，损兵折将很多。然诸葛恪只按自己的意志行事，不听身边将领们的意见，更不用说去体察军情了。这样的统帅是注定要失败的，因为他得不到士兵的拥护。最后天怒人怨，士气低落，不得不撤兵。诸葛恪无奈而叹曰：“此战，非吾所不能，乃天不助吾也。”此次新城经受了生死之战，在即将沦陷的危急时刻，聪明的张特施用“诈降克敌”之术，挽救了新城。

合肥三国新城存在了近 50 年，直至西晋太康元年(280 年)，东吴暴君孙皓被晋军俘虏，三国时代宣告结束才废除新城，迁回原址。这意味着合肥新城这座城池完成了它的历史使命。

三国时代的新城，虽是三国时期魏国抗吴的桥头堡，但今天我们仍然可以看到这座古城的风貌，通过保护性恢复古城墙及东城门原貌，对新城内考古发掘的兵器铸造窑址、练兵指挥台、饮马池、车马道等遗址进行保护性建设和展示，原汁原味地再现了三国合肥新城风貌。

饮马池

公园大门广场——据有关资料记载，其广场占地 2 000 平方米，大门主体高 14.6 米。大门刻画了汉兽和朱雀，大门两侧雕刻了魏吴两国君主和主要将士形象。通过此景，游客们可以想象那时的社会现象。

文物陈列馆——此建筑共有四个展厅，展示出了合肥新城遗址出土的近百件文物，有秦砖汉瓦、工具、兵器、生活器皿这四大类，同时配以灯光、影视效果，战争场景和军事生活鲜明地展现在人们面前。这样一来，游客们可以从整体上了解合肥新城这座军事城堡的兴衰历史。

新城戍守与守望淮阳——它们均为大型雕塑，展现征东将军满宠和守护新城的将士抵御孙吴进攻、保卫新城的英勇形象，同时也说明了新城的重要地理位置及战略防御作用。

屯兵营遗址



屯兵营遗址、饮马池、练兵指挥台、兵器铸造窑址——这些都是三国时期军事活动留下的遗址。屯兵营遗址是三国新城守城将士的居住场所。饮马池是当时新城内一个 1 400 平方米的池塘，供战马饮水，位于合肥新城西南角。练兵指挥台，顾名思义就是当时守城将士练兵的指挥台，位于新城西城门北侧。兵器铸造窑址是铸造兵器的地方。

古城门遗址——可分为东侧门遗址、东中门遗址、西城门遗址。它们都是土夯门。

“时光隧道”——北有“曹魏故垒”，南有“屯戍遗踪”匾额。通过此道，我们从 21 世纪回到三国时代，走进三国新城这个三国时期的军事城堡。透过那层玻璃，我们可以看到三国新城城墙不同土层的剖面。

合肥三国新城遗址公园还有一些遗址，如城墙马面遗址等。它们从各个方面反映新城风貌，反映当时的三国军事活动。

合肥三国新城遗址历经 1 770 余年的风雨剥蚀，沧桑巨变，至今仍然屹立在合肥这片历史悠久的古老土地上，使我们能清晰地品味这座三国时期军事城堡的风貌，近距离感受三国文化的气息。

合肥三国新城遗址现为安徽省重点文物保护单位，是安徽省乃至全国保存较好、极具史学价值和军事研究价值的三国文化遗产。从 1995 年起，合肥市人民政府对新城遗址进行了科学保护并加以开发，合理利用这块历史城堡故地的历史文化资源，秉着“保护为主，抢救第一，加强管理，合理利用”的原则来进行三国新城遗址公园的建设。三国新城遗址公园已成为一座露天的自然景观和人文景观并存的三国军事历史博物馆，展示出丰富多彩的三国文化，充分体现了三国新城遗址特色。它是今日合肥一颗璀璨的明珠。

## 第五节　魏吴战争与逍遥津

位于今天合肥市老城区东北角的是一座约 20 万平方米的城市公园，这便是著名的三国文化遗址逍遥津。逍遥津公园分为东西两部分，其中水面面积约占整个公园面积的三分之一。在园外，有一座西津桥，又称逍遥桥，它是古代合肥对外的交通要道。

走进逍遥津的大门，首先映入眼帘的是张辽跨骑骏马的铜像，威武雄壮，气魄非凡。漫步在逍遥津公园内，你不仅可以领略美丽怡人的风光美景，同时还能近距离感受一些与三国有关的古文化。在距今约 1 800 年以前，也就是三国时期，这里曾经发生过一场声势浩大的战争。在这块土地上，曾经群雄逐鹿，硝烟弥漫，曹魏和孙吴的军队为了得到对合肥乃至全国的控制权，在这里爆发了一场大战。

张辽大战逍遥津是魏吴战争的一个重要组成部分。当时，以曹操、刘备、孙权为代表的三方势力，互不相让。曹操的势力范围主要在以中原为主的北方一带，其子曹丕是三国时期魏国的建立者；孙权是江东一带的主人，建立了吴国；刘备的势力范围主要在今天的四川地区，他是蜀国的建立者。

合肥北通淮河，南达长江，自古以来就有“淮古襟喉，江南唇齿”的战略地位，在三国时期更是曹魏的军事重地。从防御上看，曹魏东置合肥，中守襄阳，西固祁山。合肥地处淮南重地，既利屯田戍边，又扼孙权北取徐、扬之路。孙权屡攻合肥，就是希望将前线向前挺进，以合肥为北屏障，以巢湖为水军根据地，必要时可以让水军北入淮河攻魏。从战略上看，合肥南控巢湖，遥望建业，能够对东吴构成威胁。从军事策略上看，曹操时常由合肥越巢湖发兵南下，把东吴的兵力和注意力长期牵制于此，使长江一线大部分地区得到安宁。魏吴接壤数千里，而十多年间，只在此一隅发生战斗，道理大概如此。

基于合肥地理位置的重要性,魏吴两国在此地先后展开数次大战,烽火遍及合肥、濡须等地。曹魏南下,孙吴守濡须以拒;孙吴北上,曹魏守合肥以待。在魏吴的数次交战中,其中意义最大的便要数张辽威震逍遥津了。

早在逍遥津战役之前,魏国和吴国就有过交锋,但这些小战役没有带来很大的影响。魏吴之间的矛盾由来已久,已不像个人矛盾那样简单,而是涉及一个国家的存亡。在那个动荡的年代里,想要巩固自己的统治地位,只有不断地对外扩张,争取更多的领地才有可能长期立于不败之地。此外,合肥特殊的地理位置,更加剧了魏吴两国之间的争夺,因此魏吴战争不可避免。

曹操对合肥地区的控制始于建安五年(200 年),此前淮南曾被军阀袁术占领,后为曹操所败,形成豪强割据混战的局面。江东孙策、孙权先后消灭了盘踞庐江的刘勋和李术,但是并未留驻江北,而是把上游荆州的刘表当作主要敌人,与其部将黄祖频频交锋,以致在淮南形成政治上的短暂真空。当时曹操正在官渡与袁绍激战,无暇南顾,但他认识到这一地区的重要性,迅速任命刘馥为扬州刺史,治合肥,在纷乱的棋局上抢先占据要点,反映了他的远见卓识。这便是魏吴战争前的军事局面。

建安十六年(211 年),孙权听从长史之议,将治所从京口西迁到"山川形胜"的秣陵,建石头城,改名建业。同时吕蒙以"兵有利钝,战无百胜,如有邂逅,敌步骑蹙入,不暇及水,其得入船乎"〔1〕为由,劝孙权夹濡须水口立坞。建安十八年(213 年),曹操攻濡须,孙权与之相持月余,双方虽各有胜负,却难以为功,曹操只好发出"生遣朱光屯皖,大开稻田"的指令。由于当初曹操军谯备边,恐江滨郡县为权所略,不听蒋济"自破袁绍,北拔柳城,南向江汉,荆州交臂,威震天下,民无他志。然百姓怀土,实不乐徙,惧必不安"的劝说,征令内徙,使"江淮间十余万众皆惊走吴",导致"江西遂虚",皖城实际上已是一座孤城。

建安十七年(212 年),孙权接受吕蒙"皖田肥美,若一收孰,彼众必增,如有数岁,操态见矣,宜早除之"的建议,亲率大军征皖。吕蒙荐甘宁为升城督,督军急攻,一开始作战就俘获了太守朱光和参军董和,并男女数万口。待张辽率兵来救,"闻城已拔而退"。当年七月,曹操知道皖城已经失守,不顾贾逵等人的谏

〔1〕 陈寿:《三国志·吕蒙传》(裴松之注),线装书局 2008 年版。

阻，愤然再次举兵亲征，然“士马不能逞其能，奇变无所用其权”，“军遂无功”。曹操始悟与其胶着于此，不如回师而西取张鲁。

建安二十年(215 年)，刘备定蜀，孙权令诸葛瑾往求荆州诸郡，刘备当然不会答应这件事，关羽尽逐孙权所置三郡长吏。孙权非常气愤，于是遣吕蒙袭夺长沙、零陵、桂阳三郡，使鲁肃率万人屯巴丘以御关羽。孙权驻扎陆口，为诸军节度。刘备听说这件事后，亲率 5 万大军下公安，遣关羽进益阳，争三郡，大战一触即发。当时曹操兵临汉中，刘备害怕失掉益州，派遣使者求和，于是孙权和刘备分荆州，重结旧盟。在这种情况下，东吴西线无战事，于是孙权就把目光再一次投向了东线的合肥。

建安二十年(215 年)，孙权亲率 10 万兵马攻向合肥，麾下将领有吕蒙、甘宁、凌统、蒋钦、宋谦等，而合肥仅有张辽、乐进、李典及护军薛悌的 7 000 守军，曹军主力远在关中，无法赴援，兵力悬殊，曹军这一方处于劣势地位。可以说，这一次魏吴两军交战，魏军处于极为不利的地位。

曹操在西击张鲁之前，交给护军薛悌一道秘密教令，函边写着“贼至乃发”。现在吴军果真北上，张辽、乐进、李典、薛梯于是开函看教令，教令上书：“若孙权至者，张、李将军出战，乐将军守，护军勿得与战。”然敌众我寡，分兵出战是否是上策，诸将都心存疑虑，唯独张辽领会曹操用心所在，说：“公远征在外，比救至，彼破我必矣。是以教指及其未合逆击之，折其盛势，以安众心，然后可守也。”乐进等人仍然犹豫不决，张辽怒曰：“成败之机，在此一战，诸君何疑?”李典向来与张辽不睦，但为其坚决赴敌的精神所打动，慨然曰：“此国家大事，顾君计何如耳，吾岂可以私憾而忘公义乎? 请从军而出。”于是张辽“夜募敢从之士，椎牛飨将士”，准备次日大战。

第二天清晨，张辽带着 800 名勇士杀进孙权初到不整的阵中。张辽披甲执戟，独自冲锋陷阵，杀敌数十人，斩其二将，并在阵中大呼己名，然后突击冲入重垒，直到孙权麾旗之下。孙权见状大惊，部将闻风丧胆，不知所措，只得走登于高丘之上，仅以长戟自守。张辽见敌军退避，便叱喝孙权下来决战。孙权惧而不敢动，及望见张辽所领之兵很少，于是聚众军数十重围困张辽。面对重兵围困，张辽毫无惧色，左冲右突，直前急击，其围不禁冲撞而开，张辽领麾下数十人脱出，然阵中尚有余众未出，皆号呼张辽道：“将军舍弃我们了吗?”张辽又冲入重围，救出被困余众。孙权兵马皆望风披靡，无人敢抵挡张辽，魏军取得了初步胜利。

由于魏军初战告捷，军心大振，而吴军锐气顿失，再加上合肥城防御工事非常坚固，东吴几万大军连续围攻十余日无一点进展，孙权见久攻不下，且军中有疾疫流行，只得撤军。

吴军依照命令引兵而回，大部既去，只留下孙权与吕蒙、蒋钦、凌统及甘宁率士兵千余人，尚在合肥以东之逍遥津北。张辽从高处望见，立即与李典、乐进等人率步骑突袭过去。孙权见势不妙，“使追还前兵，兵去以远，势不相及”。形势危急，凌统率亲兵 300 人死战，甘宁引弓射敌，诸将一起浴血奋战。陈武奋命战死，宋谦、徐盛皆被创而走，潘璋时“身次在后，便驰进，横马斩谦盛兵走者二人，兵皆还战”。“权乘骏马上津桥，敌已毁桥，津南已见彻，丈余无板。谷利在马后，使权持鞍缓控，利于后着鞭，以助马势，遂得超度”，策马驰驱而去。贺齐率 3 000 士兵在津南迎权，随后中军拒击，得徐盛被创所失之矛。凌统亦返身再战，“左右尽死，身亦被创，所杀数十人，度权已免，乃还，桥败路绝，被甲潜行”，其余诸将也都陆续返回。

孙权逍遥津遇险图

这一次激战，张辽打出了魏国的军威，也显示出了自己杰出的军事才能。逍遥津一战，吴军精锐尽出，10 万大军竟为张辽的 7 000 守军所破，连孙权本人也差点为曹军所俘，幸赖凌统、甘宁、吕蒙等人奋力死战，才得以脱身。此战可以说是三国历史上以少胜多的经典战例。张辽在极端不利的形势下，冷静地分析情况，作出正确决策，并且身先士卒、勇猛作战，使己方最终挫败强敌，获得胜利，确实是“智勇双全”的名将典范。

逍遥津一役，是张辽毕生最闪光的杰作。血战逍遥津，不仅成就了张辽绝世名将的声誉，其更深远的影响还在于它使东吴君臣重新考虑国家的战略思想。《三国志·吕蒙传》记载：“今操远在河北，新破诸袁，抚集幽、冀，未暇东顾。徐土守兵，闻不足言，往自可克。然地势陆通，骁骑所骋，至尊今日得徐州，操后旬必来争，虽以七八万人守之，犹当怀忧。不如取羽，全据长江，形势益张。”这正是东吴战略思想转变的体现。故在曹操再度出兵濡须之际，孙权派都尉徐详见操请降。魏吴修好，开始注目势力陡涨的刘备，集中精力趁机夺回荆州。

这次战役使张辽与合肥结下了不解之缘，更与逍遥津结下了不解之缘。黄初六年(225年)，曹丕追念张辽在合肥之功，“仅以步卒八百人，破贼十万之众……现分封辽、典邑各百户，赐一子爵关内侯。”可以毫不夸张地说，如果没有张辽在逍遥津一役中取得的胜利，今天的逍遥津公园便不会因张辽而出名，今天的合肥市可能会以另外一种面貌呈现在我们面前。历史，至少是三国的历史将可能被改写。

张辽死后，他的墓便建在了今天的逍遥津公园内。逍遥津从此便以三国古战场闻名于世，逍遥津湖心三岛中至今还有一土丘，相传为张辽的衣冠冢。由此可见，今天的逍遥津公园有着多么深厚的历史渊源。

宋乾道年间，合肥城扩建，逍遥津被圈入城市。明代窦子偁将逍遥津改名“窦家池”。清康熙年间，逍遥津又被一王姓翰林所据，易名“斗鸭池”；光绪年间，又易主为龚照瑗、龚心钊的私家花园。龚心钊自号豆隐，因此逍遥津又改名为“豆叶池”，而后龚家花园屡遭战火，日益破败。新中国成立前夕，园址残垣断壁，杂草丛生，满目荒凉。

新中国成立后，合肥市政府将逍遥津逐步辟建为公园，并将逍遥津以西的季家花园也延揽园中，1953年正式以“逍遥津公园”命名。经过多年的精心建设，逍遥

张辽墓

津成为环境优美、景色怡人的综合性公园，成为合肥名胜古迹游览区和新“合肥十景”之一。游人可以一边欣赏如画的景致，一边遥想当年古战场的雄浑壮烈。

此后，合肥市委、市政府对逍遥津公园进行了全面改造，建设张辽墓，包括建碑亭、墓丘、亭廊、三国故事雕塑，更换铜质张辽塑像，使张辽墓景点成为一个完整的系列，提升景点的三国文化内涵，全部项目于2003年上半年竣工。

竣工后的逍遥津公园占地31.3公顷，其中水域面积11.2公顷。公园南大门是一座高近10米、三开间、牌楼式的仿古大门。现横挂在公园南大门上的匾额“古逍遥津”四字，系清代状元、宣统皇帝的老师陆润庠所书。园内完整地保存着一座曹魏大将军张辽的衣冠冢。进入公园首先看到的是一尊持枪跃马的张辽青铜塑像，塑像高5米，底座上有“威震逍遥津”5个大字。此外，东吴孙权败阵的飞骑桥也在园内恢复重建，更丰富了逍遥津的内涵和意境。



漫步在公园内，如临仙境。全园以水系自然地分为东西两园，园内景点密集。东园为青少年活动区和儿童乐园，中间一大片草坪，为游人集结、娱乐的广场，东北角是摇桨荡舟的游船码头，还有新建的逍遥阁；西园以植物造景为主，配合建筑和园林小品，有梅花山、牡丹园、杜鹃园、盆景园等胜景，各种奇花异草争妍斗艳。园内有假山怪石、小桥流水、水榭回廊、楼台亭阁，皆相隔在举步之间。

逍遥津公园，环境幽雅宁静，曲道幽长迂回，假山假石嶙峋逼真，不对称式的园林布局层次分明、错落有致。公园既有北方园林的古朴典雅，又有南国园林的妩媚清秀，就像一位亭亭玉立、着装入时的少女。走进逍遥津公园，悠久的历史传说会使人尽发思古之幽情，而引人入胜的自然风貌和人工建筑又使人心旷神怡、流连忘返。

此外，逍遥津公园最大的特色是园内有湖，湖面面积达168亩，约占全园面积的四分之一。泛舟湖上，可尽赏公园中的湖光岛色。精巧古朴的水榭、红柱绿瓦的花窗、醉人的荷塘花色、古朴的逍遥庄园无不极尽妍态，多彩多姿。湖中有三岛，犹以北岛为最，亭阁生辉，掩映在绿色丛中。南岛面积最小，芦苇随风摇曳，宁静而幽秘。

自2007年10月1日被设立为开放性公园之后，逍遥津的游客接待量逐日上升。目前，它已成为合肥市民休闲娱乐的首选场所之一。不仅如此，逍遥津已成为合肥市标志性景点之一，吸引了许多外来游客。

# 第四章　合肥人文遗存与名胜



## 第一节　唐末吴王遗踪

“吴王遗踪”位于合肥城北35公里的长丰县吴山镇东侧。据《合肥县志》记载，唐末五代十国时期吴国的建立者杨行密归葬于此，并建庙(庵)，墓基如山，吴山庙因此而得名。因其文化历史悠久，1995年“吴王遗踪”被评为“合肥十景”之一。

去吴山镇寻找“吴王遗踪”，可以看到镇东侧的吴王古墓。“吴山庙”在“文革”中惨遭破坏，现已重建，香火缭绕，游客不断。修复后的庙宇粉墙黄瓦，金碧辉煌，吴王塑像庄严，碑刻隽秀。镇内还有百花园遗址和贞节牌坊，吴山庙武装起义纪念碑和纪念馆，叶挺将军旧居等。

吴山庙

五代十国时期的吴王杨行密在故乡合肥留下了许多与其有关的历史遗迹。

据《新五代史》和《资治通鉴》记载，杨行密虽然身高力大，但“驰射武伎，皆非所长”，其所以能号令三军，平定江淮，除了高超的军事指挥才能和远大的政治眼光外，其“宽仁雅信，善得士心”，“宽简有智略，善抚御将士，与同甘苦，推心待物，无所猜忌。……招抚流散，轻徭薄敛”，是使军民归心、事业成功的重要原因。而吴山镇的民间传说则赋予吴王更多的乡土味、邻里情。杨行密总是不忘合肥、惦念家乡。华诞设宴，离不开家乡的白鹅；犒赏有功将士，则用家乡的美酒。因此长丰县吴山镇毛洁肉嫩的大白鹅就被世人称为“贡鹅”，而上个世纪 80 年代的“贡吴王酒”也是挖掘整理当年贡奉吴王的美酒配方研制而成。

吴王墓



杨行密(852—905)，字化源，庐州(今合肥长丰县)人。唐末宋初年间，曾有“五代十国”这样一种政局剧烈动荡的割据局面。其中合肥人杨行密于 902 年被唐封为吴王。唐天祐二年(905 年)11 月，杨行密病卒，享年 54 岁，谥武忠。吴乾贞元年(927 年)追尊为武皇帝。吴王棺椁由其长子杨渥和女儿百花公主护送还乡，葬于合肥城北，即今吴山镇东侧。吴王陵墓高大如山，墓旁立碑，碑文曰：“唐吴王墓。”后人怀念吴王仁勇爱民之德，于是建庙祭祀，香火鼎盛。四时八节，进香者络绎不绝，遂名吴山庙。吴山镇也因此得名。他死后，其子杨溥正式立吴国，杨行密被尊为吴太祖。杨行密出身农家，为人宽厚仁信，且有智谋。《新五代史》称赞他：“宽仁雅信，能得士心。”《十国春秋》推许他：“宽简有智略，善抚御将士，与同甘苦。”

杨行密少年时长得高大魁伟，能“手举 300 斤，日行 300 里”。唐末，黄巢起义军经过庐州，他应召入伍。后来，杨行密被唐招抚，封为庐州刺史。从此他以庐州为根据地，开始了拓土扩张，其势力逐渐向舒州、淮南等地拓展。

经过 887 年夏的天长之役，杨行密已拥兵近两万人，他接着北上屯兵围困广陵(今扬州)。一个多月后，广陵城中缺粮少柴，最后连草根都吃光了，那些饿急了的士兵则靠杀人充饥。守将秦彦、毕师铎无计可施，于是夺门突围而走。

杨行密入城,自称淮南留守。当时整个广陵城只剩下几百户人家,都饿得不像样子,杨行密急令部下把军粮分发给饥民。

902年,杨行密被唐昭宗正式封为吴王,成为唐朝的藩王。作为中央政权的唐王朝,此时正面临内忧外患,即北面外族侵扰,内部矛盾纷争。唐王朝对杨行密、杨行密对他的部下和属地,都采取了“安抚”策略。吴国地处江淮,也就是今天的江苏和安徽中、北部一带。杨行密奖掖农耕,鼓励桑织,百姓安居乐业,市面日渐繁荣。他还两次率军击败了后梁的入侵,巩固了自己的政权,千里江淮又出现了繁华景象。

杨行密出身贫寒,深知民间疾苦,注意节用安民。直到他抚定江淮,身为淮南节度使时,还穿着带补丁的衣服,不忘根本。杨行密体恤百姓,顺应民意。灭孙儒后,又派兵护送孙儒部淮南籍投降兵将回乡,妥善安置。淮南既定,他又及时从扩张边界转到保境守土、安抚百姓、发展生产的政策上来。他的部下皆骁勇凶暴之人,杨行密恐其为非作歹,晋爵吴王后,即开始着手法制建设,删定《格令》50卷行之。

杨行密联合可以联合的力量,对付威胁最大的敌人。他最初联合朱全忠、钱镠对付凶残的孙儒,直至孙儒灭亡。朱全忠拥兵自重,他就联合李克用、王建、李茂贞来抵制朱全忠,并打出“拥唐讨逆”的旗帜,以保存自己,牵制敌人。他的策略是能够吞并的就坚决吞并掉,无力吞并的就讲和,避免无谓的人力、财力消耗。他和钱镠争夺今苏南地区,屡动兵戈,形同水火,“行密尝命以大索为贯,号曰‘穿钱眼’,缪闻之,每岁使以斧科柳,谓之‘斫杨头’”。但当双方打成平局,杨行密自料钱氏不易消灭时,就主动讲和修好,此后两国保持了几十年的和平共处。这对双方都有利,不失为明智之举。上述情况说明,杨行密颇有政治远见。

杨行密生活的年代距今已逾千年,他的遗物、遗迹今已难寻。当年他在大蜀山上建造的行宫,如今只剩草丛泥土中的断砖碎瓦。他在大府第(后称大夫第,今蒙城路西侧省邮电局宿舍)建有府第。他的女儿叫百花公主。相传当年杨行密发迹后,她不愿住在吴山乡下,于是在外征战的父亲便为女儿在合肥城内建了新宅。百花公主在城内住过的花园叫花园巷,百花公主梳洗打扮用过的水井叫百花井,因井而得名的百花井地名沿用至今。

吴王墓周边建筑——吴王墓西边的百花园。传说，百花公主与父王杨行密之间的父女感情非常深，吴王去世后，公主悲痛欲绝。为了缅怀父王，不忘父情，百花公主在其父王的墓旁修建了这座花园，用于寄托哀思。花园以水面为主，湖景与吴王墓连为一体。出百花园前行，穿过林间小道，即到达以杨行密长子杨渥命名的杨渥街。杨渥街是“吴王遗踪”景区的主要干道，景点主要分布在路两边，百花街将其分成南北两段。在杨渥街上，游人可以购买到当地的名牌艺术品吴山铁字和品尝到历史名菜“吴山贡鹅”。

在百花园和杨渥街交会处，便是远近闻名的吴王庙。据史书记载，吴王庙原名大圣庵。相传百花公主爱父至孝，此庙便是她为吴王守孝时所建，她死后也葬于吴王墓不远处，就是今天的公主坟。原存的大圣庵是一座清代建筑，破旧不堪，残缺不全。近年加以改建，由山门、东西厢房和大殿组成一个独立的院落。修复后的吴王塑像庄严，碑刻隽秀，青松肃立，粉墙黄瓦，具有典型的唐代建筑风格。

## 第二节　紫蓬山与西庐寺

紫蓬山森林公园面积有近百平方公里，森林茂密，古迹众多，境内有名称、有来历的大小山头就有 30 多个。清代称为“庐阳第一名山”，为安徽名胜。

紫蓬山位于肥西县紫蓬镇南，它东对道士山，南连千字山，西近萝卜山；山底面积为 6 平方公里，主峰海拔 188.7 米。主峰顶部平坦，北面山势较缓，南面山势峻拔秀挺。

紫蓬山又称李陵山，因三国魏将李典镇守合肥，在山顶建庙祭祀七世祖李陵，故名之。唐代将李陵庙改为西庐寺。清光绪年间，李恩绶编著的《紫蓬山志》对此曾有过详尽的记述。可惜当年烽火纷起，战乱不迭，西庐寺屡遭毁坏，连同八卦亭、通公塔、钟鼓楼、望湖楼以及清帝钦赐的如意、古鼎，慈禧御赐的《龙藏全经》和大明宣德炉等稀世之宝均荡然无存。到了清同治年间，太平天国将领袁宏谟解甲归田，入寺为僧，重修庙宇百余间。此时，西庐寺殿阁雄丽，规模宏伟，成为皖中地区闻名遐迩的古刹之一，亦是合肥明教寺的上院，被称

紫蓬山大门

为“小九华”。山上，有抗金英雄葛升墓、吴国都督周公庙，以及文昌阁、真武庙、观音堂、藏经楼等名胜古迹遗址。山下周边数十里，散布着大小数十个村落圩群，著名的有刘老圩、张老圩，分别是直隶提督、台湾首任巡抚刘铭传和淮军大将、两广总督张树声的故居，显示出合肥古民居的一种特有景象。

紫蓬山山门呈宫殿式建筑，三栏四门，颇为雄伟宏大。山门上有一匾额，上书“庐阳第一名山”。山门上有三副楹联，中间一联的上联为“紫气东来丛林千古毓锦绣”，下联为“蓬山西去大众十方仰福缘”。上下联首字正好嵌有“紫蓬”二字。联中“丛林”二字，语意双关，一指紫蓬山茂密的森林，二指佛教的寺院。另外两联，一联为“娱目骋怀看崇山峻岭茂林修竹，凝神静气听杏雨松风梵呗钟声”，另一联为“淮军故里风云际会，林海奇观璀璨明珠”。

沿山路前行，首先映入眼帘的是“仙人湖”。“仙人湖”湖水清澈见底，水质优良，是个天然浴场和水上乐园。距“仙人湖”百十米远，是“佛园”景区。“佛园”的牌坊大门坐西朝东，寓“紫气东来”之意，门额上书有“佛园”二字。佛园的大门前有一对石狮，分别由一座四方形高大石围栏围护。两侧山体上雕塑了众多神态各异、栩栩如生的佛像。穿过石雕坊碑，沿着弯曲的山间小道前行，一路上可以尽情领略紫蓬山佛教文化的神韵。

穿过“佛园”不久即达“西庐寺”。寺前有一棵状如“孔雀”的马尾松，树高十余丈，仰首望去，那松树身上苍老的斑痕，颇似孔雀身颈上的羽毛，粗壮而又弯曲的树干不断向上延伸，直达苍穹。树顶枝蔓横生，恰似孔雀“开屏”。这棵自然生长出奇特形态的“孔雀松”，现已成为当地一景。

西庐寺

“西庐寺”始建于东汉末年，唐代改建为“西庐禅寺”。唐代以后，因战乱屡经兴废，明末清初的静澄、鉴容及晚清的通圆和尚，各进行过一次大规模的重修。据《紫蓬山志》记载，通圆和尚于同治年间在修复西庐寺时，陆续建成殿房124间，计有“大山门五间，中供弥陀佛，左右四大天王像，地藏殿十五间，殿中木塔一座，殿左右十王”。加上大佛殿、后殿、宫厅、禅堂、观音堂，位于二层的八卦亭、钟楼亭、藏殿楼、寮房、通公塔、望湖楼等等，真可谓是殿宇恢弘，气势非凡。寺内还收有众多文物及苏东坡遗物——一方宋砚。西庐寺堪称名刹、宝刹，也成为合肥地区当时最大的庙宇群。

西庐寺佛堂里供奉着“三世佛”像。佛堂左侧有一棵被称为“活化石”的古银杏树，树高10多米，胸径粗约10圈。这棵已有500多年历史的古银杏树，除树干略向一边倾斜，微显老态龙钟外，依然是树叶稠密、青翠欲滴。



西庐寺周围松竹环抱，古木参天，环境幽静秀美。寺旁的“望湖楼”是西庐寺的最高建筑物。登楼，近可观紫蓬山下素有“璀璨明珠”之称的大堰湾的湖光山色；远可眺碧波万顷的巢湖的无限风光。

由西庐寺下方的森林步道折向东南，便来到“仙人洞”。这里怪石嶙峋，石象、石狗、石牛，似真非真。“仙人洞”东西两个洞口相通，历来是游人到紫蓬山游玩必到之处。古人有诗赞颂道：“怪石嶙峋耸绿崖，天生石洞住仙家。蔷薇烂漫风吹落，洞口蒙蒙看雨花。”

“仙人洞”的下方有一座古墓，即三国大将李典之墓。从李典墓顺着步道而下，途中一景为“石象”。石象不远处生长着一株具有500多年历史，颇似龙颈的“龙颈古榆”。

再由“龙颈古榆”向南，行一里多路，即到白云寺。白云寺原名青龙寺，为西汉初年所建，距今已逾千年。相传，宋朝苏东坡遭贬谪时曾来此避难，并在此留下一方长一尺二寸、宽七寸的巨型砚台。乾隆皇帝下江南时，为寻访苏东坡遗迹，找这块巨型砚台，曾到此拜谒，并改“青龙寺”寺名为“白云寺”。白云寺坐落在千字山上。千字山比紫蓬山仅低半米，又名“千童山”、“千子山”，这都有清乾隆、嘉庆和民国年间的石碑为证。千字山双峰并峙，怪石嶙峋，松树茂密，景色优美。宜人的生态环境造就了这里宜人的气候，被当地居民称之为“天然空调”和氧吧。清代李恩绶《循李陵山脚上千字山示同游》诗云：“前峰接后峰，一重复两重。云容含骤雨，秋意绘疏钟。怪石解扶客，好山纯是松。余行苦踯躅，安得一携筇。”短短几句诗描绘了此山的特点、风貌和神态。白云寺右侧山坡下，是西汉名将樊哙墓的遗址。

距白云寺不远的山腰处有口名叫“四川井”的古井，据民间传说，此井泉通四川，故名“四川井”。但据有关人士考证：清光绪年间，紫蓬山东岩旧时住着一位名叫虚腹的高僧，是四川人。西庐寺主持通圆和尚请他来紫蓬山研究佛经。虚腹来此之后，常到千字山一带游玩，渴了即在此井汲水解渴。后人为了纪念他，便将此井命名为“四川井”。

紫蓬山不仅林茂景美，而且植物品种丰富，野生动物种类繁多。据调查，紫蓬山有野生动物 100 余种，其中鸟类 80 种。



## 第三节 包公故里与包河园林

在合肥对外宣传的城市名片上，位列首位的就是“包公故里”。作为包公的诞生地和归宿地，合肥人理应为家乡拥有这样一位名人而自豪。坐落在风景秀丽的包河岸边的，是合肥最著名的 4A 级风景区——包河园景区。包公祠是合肥现存不多的古建筑之一。在我们寻找合肥的标志性建筑时，众多合肥市民都大力推荐包公祠。

包公祠是纪念宋朝龙图阁直学士、礼部侍郎、开封府尹包拯的公祠。据合肥史志记载，包公祠始建于 1066 年，也就是在包公逝世后的第四年，现存的包公祠是清光绪八年(1882 年)由合肥老乡李瀚章、李鸿章兄弟捐款修建的，因此合肥民间有着“包家祠堂李家修”的说法。

从建筑风格上说，包公祠由白墙、青瓦构筑的封闭式三合院组成。它是典型的砖木结构，建筑风格也有着马头墙等徽州建筑的影子。现在包公祠已不仅仅是一个祠堂，它已成为包公文化的一个具体象征，而与包公相关的传说俯拾即是，这些传说与包公祠

包公祠

一起寄托着人们的美好愿望。

明弘治元年(1488 年),庐州知府宋鉴在此修建包公书院。包公祠建在环境幽雅的河中之洲香花墩上,一组白墙青瓦构筑的封闭式三合院显得古朴端庄。现在的包公祠由正殿、两厢房、廉泉井、流芳亭、回澜轩、包公故事蜡像馆及大片的碧水和园林组成。主建筑是包公享堂,壁上嵌有黑石包公刻像,上悬“清风亮节”匾额。正中供奉着威严的包公塑像,王朝、马汉、张龙、赵虎侍立两旁,赫赫有名的龙头、虎头、狗头三铡,更凸显出“铁面无私”的黑脸包公的凛然正气。两边厢房则陈列着包公墓出土的文物,包括《家训》及包氏家谱等展品。享堂西面配以曲榭长廊,东面有一六角龙井亭耸立,内有古井。亭栏画栋顶端雕有浮龙,青天白日,龙影映入井底,随着井水晃动,如龙飞舞,俗称“龙井”。清末举人李国蘅根据传说写了《香花墩井亭记》,发出“抑或孝肃祠之井为廉泉,不廉者饮此头痛欤,是未可知也”的议论,世人改称“廉泉”。包公祠四面环水,一曲清流原是古时庐州城的护城河,因为包公而改名包河。包河水光潋滟,河中生长有红花藕和铁面鲤鱼。相传红花藕断之无丝,“包老直道无私,竟及于物”;铁面鲤鱼身阔背青,黝黑似铁,以喻包公的铁面无私;久煮不散架,更似包公的刚直不阿,因此传为佳话。

包公墓大门

与包孝肃公祠紧连的是包河南畔林区的包孝肃公墓园。墓园掩映在苍松翠柏丛中,园内迁安了包拯及其夫人、子孙的遗骨。包公《家训》中曾言:“后世子孙仕宦,有犯赃滥者,不得放归本家;亡殁之后,不得葬于大茔之中。不从吾志,非吾子孙。”故有“不肖子孙,不得入墓”的说法。墓园由主墓区、附墓区和管理区组成。高 5 米多的包拯墓主墓呈“覆斗型”,拾阶而下,墓道两侧的石壁上刻有仿宋《二十四孝图》和《接引图》,墓室内安放有包拯墓志铭和 2.4 米长的金丝楠木棺,棺内安放包拯遗骨。北侧是附墓区,有包拯夫人董氏及其子、媳等墓 5 座。整个墓园庄重肃穆,寓包拯禀性正直、刚毅之意。

# 第四节　庐州府学

## 一、历史沿革

以儒家文化为主导的中国传统社会历来重视文教事业。自汉武帝“罢黜百家，独尊儒术”，在中央设立“太学”（后世称为“国子学”“国子监”）以来，以州（也称郡）、县为基本行政单位的地方官学教育也逐渐发展起来。蜀郡太守文翁，在成都首创官立学府——学宫，“招收生徒，学成后委以重任”，使蜀地的文教“比齐、鲁焉”，受到汉武帝的赞赏，于是诏令“郡国皆立学校”[1]，由朝廷统一管理的地方官学便产生了。

1. 庐州府学的历史渊源

庐州地处江淮之间，“地势宽平，原隰雄厚，控扼南北”[2]，历来为文教之邦，学宫自汉代应当有之。汉宣帝时的名臣何武（四川人，官至大司空）曾为庐江郡（即庐州）太守，“行部必先即学宫见诸生，试其诵论，问以得失”[3]，可以说“庐郡学宫，自汉已彰”[4]。然而年代久远，学宫旧事，已无可考。

庐州府学

魏晋以来，南北分裂，战争频仍，文教衰败，庐州又屡屡成为兵家争夺的战场，学校更是湮没无闻。隋唐以后，随着国家统一，经济发展，文教昌隆，各地府州县之学才逐步发展起来。庐州隶属淮南西路，庐州应当建有府

[1] 田建荣：《科举教育的传统与变迁》，教育科学出版社 2009 年版，第 24 页。
[2] 姚鼐：《庐州府志序》。
[3] 班固：《汉书》，中华书局 1962 年版，第 3483 页。
[4] （清）黄云、林之望、汪宗沂修纂：光绪《续修庐州府志》卷十七《学校志》。

学，但无文献记录可考。现今所知的庐州府学最早建于唐武宗会昌年间(841—847)，距今有1 100多年的历史。宋代赵磻老于孝宗乾道年间重建府学，并写有《庐州府学碑记》，中有“自唐会昌庙学鼎盛，迄绍兴、隆兴一再坏于戎马”[1]，可以看做是关于庐州府学最早的文献记录，可见那时府学是比较兴盛的。然究竟系何人所建，无从得知。查嘉庆《庐州府志》职官表，会昌年间，大学者杜佑之子杜悰任淮南节度使，庐州为其府属，府学的建立，当与之有关。

2. 宋元时期的庐州府学

北宋时期，庐州文化发达，人才辈出，单是《宋史》所记载的进士就有十几位。名臣马亮、著名清官包拯、文学家姚铉、进士杨察等，均出自合肥，其文教之盛由此可知。然而史志中却没有对府学的记载，文献中倒是屡屡出现“景贤书院”的字样。如嘉庆《庐州府志》介绍合肥县学时说：“县学旧在威武门外，宋淳熙中，郭少保振展拓城基，迁于城内景贤书院。”[2]嘉庆《合肥县志》在介绍合肥县学时也说：“县学在东南洛水桥东……宋时改景贤书院为之。”[3]唐末和五代政治动乱，中央和各地官学衰落。宋代建国之初，当时的统治者“忽视设学校培育人才，以至在立国之后的80多年间，官学没有得到应有的发展。在这种情况下，书院便以新生事物所特有的强大生命力，得到较大程度的发展”[4]。因此在宋初书院的发展形成第一个高潮，庐州景贤书院当建于这一时期。由此可知，在北宋时期庐州府学应是景贤书院，后又改为合肥县学。

南宋初期，合肥为宋金对峙的前沿阵地，兵火数被庐州，府学遭到严重毁坏。此时的庐州民风彪悍，人多尚武；而驻守庐州的均为督军统帅，多以学校之事“迂阔，不益武备”，因此在很长时间内无人问津学校之事。直到宋孝宗乾道九年(1173年)，赵磻老奉命以淮西统帅身份驻守庐州，与前代守将轻视文教不同，赵磻老认为“礼乐慈爱为战之蓄，德义礼信为战之器”，言下之意，施行礼乐教化，能激励百姓的斗志，能保边境长治久安。一到庐州，他便拜谒孔庙，而此时的孔庙(府学)已是“败屋几椽，揭榜为位”，十分荒凉破败。他于是捐俸重

[1] (宋)赵磻老：《庐州府学碑记》，嘉庆《庐州府志》卷十六《学校上》。
[2] 嘉庆《庐州府志》卷十七《学校下》。
[3] (清)左辅：嘉庆《合肥县志》卷九《学校志上》。
[4] 孙培青主编：《中国教育史》，华东师范大学出版社2009年版，第215页。

建，一切费用皆来自于官府，“主办于官而民不知”，历经5个多月终于修成。整个府学共有屋“四十九楹”（楹，为古代房屋的计量单位，一楹为“一列”，有一间或数间），“垣墉外峻，堂殿屹立，阶序、门屏、斋厨、庖湢，罔不具备”[1]。府学中间的大殿立有孔子塑像，并配从祭，一如后世官办学校的一般格局。除此之外，还配了庐州的乡贤马亮、包拯的塑像于翼室，以此激励乡人。他还亲自为府学撰写碑记。赵磻老所建的学校，奠定了后世庐州府学的基本格局，可以说厥功甚伟。

赵磻老之后，宋宁宗开禧元年（1205年），驻守庐州的许姓统帅曾修过府学，然而“旋即倾圮”。宋宁宗嘉定十五年（1222年）十二月，开封人瞿朝宗以殿前诸军统帅兼知庐州，出于“推广吾中国声名文物之盛，礼乐教化之美”的理想，刚一到任，“即议修学”。他首先拿出赵、许二帅捐给学校“未及经营而去”的资金，再从军费中拿出一部分资金，“益以戎司之帑，数倍于前”，命有司修建。首先修建的是孔庙大殿（大成殿），“迁稽古阁于直庐后”（“直庐”原意“侍臣值宿之处”，这里当指教谕、训导之宅），又增辟了“庑门以及斋序”，使整个府学“祭祀有馆，庖廪有所”，规模较前代增广了许多；又用“黝垩丹漆”由内到外全部漆刷一新。此项工程从1222年的6月开始到次年的5月才竣工，历时11个月，縻钱一千三百万，米石五百。整个府学总共有屋“三百二十有四楹”，大成殿“高广宏丽，跨越旧规”，稽古阁“崇基杰栋，雄峙一隅”。瞿氏亲自为大成殿题匾，其字“笔势飞动，揭实楣间，与殿斯称”。时人阮霓为府学作碑记，称赞瞿氏“为戎务倥偬之时，规模志虑，特为宏达”[2]。

元代淮西总管府、淮西道、淮西江北道肃政廉访司均以庐州为府治，合肥为江淮间数一数二的重镇。天下承平，府学当有进一步的发展，然而史志中少有记载。嘉庆《庐州府志》在介绍“合肥县学”时有“元至正中总管拜住重建”之语，说明这一时期府学和县学可能是合二为一的。

3. 明清时期的庐州府学

明朝统治者重视文教，庐州为畿辅之地，为“富庶教化之所”[3]；历任郡守

---

[1] （宋）赵磻老：《庐州府学碑记》，嘉庆《庐州府志》卷十六《学校上》。
[2] （宋）阮霓：《庐州府学重建记》，嘉庆《庐州府志》卷十六《学校上》。
[3] （明）李旻：《重修庐州府学记》，嘉庆《庐州府志》卷十六《学校上》。

也都特别关注府学文庙的兴建与修缮。据嘉庆《庐州府志》记载，明代庐州府学最早由宣德年间的府同知谢庸“创修”，自正统到正德年间，历任知府揭稽、史濡、孟玘、李嵩、马金、徐钰、龙诰等人“前后增置斋舍、亭廨、庾库、庖湢之属，规制始备”[1]。除此之外，嘉靖、万历年间的知府冯圣世、高节、吕鸣珂、贾克充、张大忠、吴明道、叶逢春、张光缙等人，先后增修了文昌阁、启圣祠、题名碑、奎楼等建筑，拓宽了泮池，使之成为一方文教胜地。其中，弘治年间的知府马金任职期间的工程尤为浩大，对前代遗留的“大成殿、从祠、两庑、列戟、棂星二门以至于泮、桥、路、表，咸撤而新之”，并增建了笔架山、观德亭、尊经阁，使整个府学“尊经有阁，明伦有堂，师生有居，而游息有所”，“凡学之所当有，至无不葺治而完美”[2]。尤其是尊经阁修成之后，马金派人去南京国子监购买国子监中所有版本的书籍，使尊经阁藏书达“数十万卷”[3]，成为名副其实的读书之所。

明天启以后，朝政腐败，国势日危，很少有人关注文庙。崇祯年间的农民大起义，使府学又遭到了严重的焚毁。到清顺治八年(1651 年)时，庐州府学仅剩“中殿一楹”，其他门、堂、殿、阁均“荡然平地”，整个旧基“牛羊成群，鸟鼠纵横”，一派荒毁景象。知府吴允昇奋起修之，自己先捐俸 500 两，继而拿出“囊中装”(私人财物)，并发动百姓捐献“一木一瓦”[4]，经过几个月的努力，相继重建增修了两庑、门坊、中殿、阶址等，基本上奠定了清代庐州府学的格局。康熙年间的知府薛之佐、张纯修、杜立本、马云从等先后添建了名宦、乡贤二祠；清乾隆年间的知府尤拔世、赵瓒、王宬、祝忻、徐文灿、恭格、和腾额均有不同程度的重修，并添建照墙、奎楼，最终使规模完备。其中乾隆十五年知府赵瓒的修建尤为重要。赵瓒出守庐州时，文庙虽然“亭阶宏敞，宇翼如克”，但墙基已坏，部分屋椽倒塌，“瓦腐丹黝”，“殿宇渗漏”，“栋梁内蠹”，已到非修不可的地步。赵瓒首先捐俸，并倡议当地士绅百姓捐助，后又檄告庐江、舒城、无为、巢县等四属官员捐资，计得白银 1 300 两，使得“墙基加坚，梁栋加美，衮斛加固”，为以

[1] 嘉庆《庐州府志》卷十六《学校上》。
[2] (明)李旻：《重修庐州府学记》，嘉庆《庐州府志》卷十六《学校上》。
[3] (明)谢铎：《庐州府学尊经阁记》，嘉庆《庐州府志》卷十六《学校上》。
[4] (清)赵观己：《重修府学记》，嘉庆《庐州府志》卷十六《学校上》。

后几十年间的稳固打下根基。嘉庆七年(1802 年),庐州知府张祥云捐俸倡修正殿、两庑、棂星门、泮池、云路坊牌、明伦堂并周围垣墙,并移建了崇圣祠,使整个府学“焕然一新”〔1〕。

## 二、规模结构

庐州府学

庐州府学在合肥又被俗称为“文庙”,遗址在原合肥市第四中学(蒙城路和安庆路交界地),今为合肥六中校区,占地 50 亩左右。原合肥四中东接城隍庙、南临安庆路、西近博物馆、北望思惠楼。博物馆原是历代庐州府治的所在地,史志中说“府学在府治东”,两者正好吻合。原四中校园内楼宇恢弘、山石嵯峨,保存有不少传统建筑,雕梁画栋,古色古香,散发着浓烈的书卷气,让人依稀能够想象出当年庐州府学的轮廓。

清嘉庆七年(1802 年)所修的《庐州府志》对庐州府学建筑结构的介绍颇为详细,并附有府学图,现根据它的描述对庐州府学的体制规模稍作介绍。府学的正门为“戟门”。古代帝王外出,在止宿处插戟为门,因此宫门皆立戟。古代官办学校都被称为“学宫”,为一方学堂之尊,故称其大门为“戟门”,戟门两边有“下马碑”,意寓来此之人都要下马,以示尊敬。进入戟门,绕过照壁之后是棂星门。棂星原本称“灵星”,是主管风调雨顺的。宋代时,儒家把孔子与天相配,因此孔庙中都筑有灵星门楼,用以祭祀孔子。演变到后代,人们觉得把祭祀灵星当作祭祀孔子十分勉强,又见门的形状好像窗棂,就把“灵星”改为“棂星”,此为文庙的二门。穿过棂星门,便是泮池,古代学宫都有泮池,故士子入学也称“入泮”。泮池上有桥,池和桥原先都比较狭窄,明嘉靖四十六年(1567 年),庐州知

〔1〕(清)赵璜:《重修儒学碑记》,嘉庆《庐州府志》卷十六《学校上》。

府吕鸣珂“增广一丈二尺”。

泮池过后便是府学的主体建筑——大成殿(即孔庙),共有5间,每间顶梁悬挂着历代帝王御书的匾额。正殿当中供奉着“至圣先师”孔子的牌位。东配殿分别列复圣颜子、述圣子思子二圣和闵损、冉雍、端木赐、仲由、卜商、有若等6位先贤的牌位;西配殿分别列宗圣曾子、亚圣孟子和冉耕、宰予、冉求、言偃、颛孙师、朱熹等6位先哲的牌位。大成殿的东西两翼,各有庑殿13间,供奉着自唐代以来被历代朝廷册封的80位先贤、先儒牌位,两边各奉40位,所奉之人在历朝历代稍有变化。东庑的右翼为乐器库,共3间,收藏着各方捐赠的各种祭器、乐器。正殿、东西配殿、东西庑殿可以说是整个府学的祭祀区。



大成殿之后为明伦堂,明伦堂共有5间,在明伦堂的东西两侧均设有由清顺治帝起草、礼部牍示天下生员的卧碑文,以告诫士子安心读书,做忠厚正直的良民。明伦堂的左翼为进德斋、正宜斋,右翼为崇道斋、育英斋。堂之后有敬一亭,亭中有明嘉靖帝御制的箴碑。敬一亭后有尊经阁,由南宋瞿朝宗建造,当时名为稽古阁,为府学藏书之所。明代马金、龙诰、冯圣世、贾克忠等知府先后修建。尊经阁之后有笔架山,山旁为射圃之地,圃中有马金建造的观德亭一座。以明伦堂为主体的斋堂亭阁,当是府学的“教学区”,为师生研习进修之所。

戟门、棂星门、泮池、大成殿、明伦堂、敬一亭、笔架山等构成了府学的中轴线。在这条中轴线的右翼,戟门的右侧为“学门”,即正门之外的旁门,当为日常所开之门。学门之后为儒学署,是管理府学的办事机构。儒学署之右有名宦祠,供奉着自汉代以来在庐州任职的名臣或政绩突出、受百姓爱戴的官员的牌位共51位,如汉代何武、唐代李翱、宋代刘筠、明代龙诰、清代薛之佐等。学门之北,有一口井,井上有亭子,亭上有匾,名曰“状元井”,暗寓这里是出状元的地方,此井“以宋马忠肃公举进士第一得名”[1],可见历史之悠久。名宦祠之后为奎楼。奎楼最早兴建于明万历九年(1581年)叶逢春任庐州知府期间,当时名叫文昌阁,起修原因是自嘉靖元年以来,几十年间庐州登进士的人甚是“寥寥”,士民将原因归为府学地势低颓,文脉欠通,应建一所高楼,以迎“文笔之气”[2]。明万历四十一年(1613年)张光缙任知府时重修,更名为“奎楼”。清

---

〔1〕(清)黄本骥:《重修泮池记》,嘉庆《庐州府志》卷十六《学校上》。

〔2〕(明)叶逢春:《庐州府学文昌阁并启圣祠记》,嘉庆《庐州府志》卷十六《学校上》。

乾隆四十五年(1780年)知府和腾额再次重修。奎楼之后是训导宅,宅后依次有馔堂、仓库、吏廨、土地祠、省牲所等等。

在中轴线的左翼,戟门左下马碑的左侧,有乡贤祠,供奉着自汉代以来出自庐州的名宦多贤的牌位共18位。如汉代文党,宋代马亮、包拯,元代余阙,明代许如兰,清代龚孚肃等。在西庑之北有号房20间,当为入学生员的居住之所。在号房之北、明伦堂的西北为府学教授之宅。教授之宅的西北面,也就是整个府学的西北角,建有启圣祠。"清雍正元年,追封孔子先世五代合祀祠中,改名崇圣祠,又称启圣祠,各省府学、县学宫不立别祠,于大成殿之后建崇圣殿以祀之"[1],故此为祭祀孔子先人的殿堂。根据商衍鎏先生的描述,清代府县学宫中的崇圣祠一般在大成殿之后,但据嘉庆《庐州府志》中"府学图",崇圣祠在府学西北角。可见东西两侧是整个府学的生活区。明清两代的宫学都有统一的规定,庐州府学的布局结构体现了地方学宫的一般特点。但其中的状元井、笔架山为别的学宫所没有,显示出它与众不同的特点,也表明历来合肥地方官员对府学的重视。

从上述的规模结构可以看出,庐州府学不仅仅是教一方子弟的学习之所,更是一个士民祭祀圣人、怀念家乡先贤的文化活动场所,兼学校和文庙于一体,起到了教化民风、维系人心的作用,所以能历久不衰。

### 三、藏书

学校既然是教化讲习之所,藏书是其应有之备。从文献中看,南宋瞿朝宗"迁稽古阁于直庐后"[2],说明府学在其兴建之初,就已经建有藏书之所。当然明代马金改"稽古阁"名为"尊经阁",说明在明清以后官学图书主要以经史为主。马金时期尊经阁的藏书达数"十万卷",其数量是非常可观的。嘉庆《庐州府志》记载了嘉庆时期府学的藏书书目,从中可以窥见清代府学所藏图书的种类和数量。此书目著录的图书主要包括以下几类(以下图书,如未另标数量的,均为1部):

---

〔1〕 商衍鎏:《清代科举考试述录及有关著作》,百花文艺出版社2004年版,第15页。

〔2〕 (宋)阮霙:《庐州府学重建记》,嘉庆《庐州府志》卷十六《学校上》。

1. 儒家经典和程朱理学类著作

《易经大全》、《书经大全》、《诗经大全》、《礼记大全》、《春秋大全》、《宋元人经解》、《二程全书》、《朱子语类》、《孝经》、《朱子近思录》、《小学》(四部)、《理性大全》。

2. 帝王的解经著作或指定的理学著作

《御纂周易折衷》(两部)、《钦定周易述义》、《御纂书经传说》(两部)、《御纂诗经传说》(两部)、《御纂理性精义》、《御纂朱子全书》(两部)、《钦定四书文》、《钦定诗义折衷》、《钦定周礼义疏》、《钦定仪礼义疏》、《钦定新颁仪记义疏》、《御纂春秋传说》、《钦定春秋直解》。

3. 儒家经典的注疏类著作

《易经注疏》、《书经注疏》、《诗经注疏》、《周礼注疏》、《仪礼注疏》、《礼记注疏》、《春秋注疏》、《公羊注疏》、《谷梁注疏》、《孝经注疏》、《论语注疏》、《孟子注疏》、《尔雅注疏》、《十一经旁训》(两部)、《五经图》(四轴)、《易经来注》、《四书解义》(两部)、《上论清汉对音字》(四本)。

4. 各种史传类著作

从《史记》到《元史》或《明史》的正史类著作(共两套43部)、《资治通鉴纲目》、《文献通考》、《史纂左编》、《御批资治通鉴纲目》(两部)、《御批资治纲目三编》(两部)、《改正续篇纲目》(两部)、《礼乐志》。

5. 诗文类著作

《昭明文选》、《汉魏百名家》、《郑崟阳四十大家文》、《陈百史大家文》、《文定》、《文待》、《古唐诗纪》、《御制诗书文》、《万寿衢于歌采章》、《唐文萃》、《朱子文集》、《唐诗品汇》。

6. 规章制度类著作

《御制训饬士子文》、《上论》(三十四本、八本、五本)或《御论》(一本、一道)、《吏部处分则例》(两部)、《吏部则例》、《礼部则例》(两部)、《国子监则例》(两部)、《学政全书》(两部)、《钦定科场条例》、《科场全例》、《磨勘条列》(两部)、《增辑学政全书》(两部)、《墨宝》(一道)。

7. 其他著作

《稗编》、《武编》、《乐谱》、《册府叙论》、《武英殿聚珍版丛书》、《御制平定金川碑文》、《大学碑文》、《南巡盛典》、《御制文庙碑文》、《太学碑文》(两纸)。

以上图书大约有100种几十万卷,大大超过明代中期的数量。这些图书有一部分是官员购置的,另一部分是朝廷逢节年颁发的。从种类上来看,多为程朱理学类的著作,清代以程朱之学作为基本的统治思想,作为官学的府学自然以之为正宗教材。但是也应该看到,在这些图书中,还有一些历史、文学之类的著作,说明其藏书的种类还是比较丰富的,并不完全就是为了科举考试的。尤其是《武英殿聚珍版丛书》,1773年乾隆帝命令从《永乐大典》中汇辑罕见著作,计138种,用木活字排版,定名"聚珍版",尤为珍贵。从这些书目中我们还可以看出:虽然说明清时期各类学校多"沦为科举附庸"[1],主要目的是输送科举人才,但是地方各级学校传播文化的功能还是存在的。



## 四、近代庐州府学的兴衰

鸦片战争以后,清王朝的统治趋向衰落,内忧外患严重冲击着传统的社会秩序,庐州府学也自然趋于衰废。清咸丰年间,太平天国起义爆发,江淮一带是太平军和清军争夺的重要战场,庐州深受兵火之灾,太平军两克庐州,府学再次被烧毁。

和全国其他地方相似,"咸丰兵燹"对庐州传统社会的经济、文化造成了巨大的破坏。但是与全国其他地方不同的是,由于庐州人李鸿章和他组织领导的淮军的崛起,庐州府学迎来了发展的新机。李鸿章的祖辈为耕读人家,其父李文安经过几十年苦读,于道光十四年(1834年)考中举人,4年后成为进士,与晚清重臣曾国藩是同年。道光二十三年(1843年),李鸿章本人在庐州府学被选为优贡,次年到京师顺天府参加乡试,又3年成为进士,从而开始了他的政治生涯。[2] 可能出于对故乡培养之恩的感激,李鸿章在逐步发迹、成为清王朝柱国重臣之后,对桑梓的文教事业特别关注和支持。他所组织、领导的淮军将领,如刘铭传、周盛传等人多是庐州人,也非常热心乡土的文教事业,所有这些都促成了庐州府学在近代的复兴。据光绪《续修庐州府志》记载,清同治四年

---

〔1〕 孙培青主编:《中国教育史》,华东师范大学出版社2009年版,第262页。

〔2〕 罗斌、王海山主编:《李鸿章传》,内蒙古文化出版社2010年版,第4—11页。

(1865年),时任两江总督的李鸿章檄文责成庐州知府唐景皋重修府学文庙,李鸿章之弟、淮军将领、时任甘凉道提督的李鹤章劝淮军文武将士捐银18 000两,并请所属合肥、庐江、舒城、无为、巢县五州县府“复抽亩捐”,重修府学。大成殿、两庑、戟门、泮池、棂星门“一律遵照旧式”,并增建了崇圣祠、乡贤祠、名宦祠、福神祠、东西学署,又在学署的东面临街造屋,对外出租,所得收入“悉划归府学岁修工费”。

不仅如此,李鸿章还利用他在清王朝的重要影响,为皖省和庐州府及其属县(州)学争取到更多的中式名额和学额。在录取比例极低的明清社会,会试、乡试中式名额和各级官学学额是非常敏感的社会问题,因为每多一个名额,就意味着多一个读书和入仕的机会。李鸿章发迹之前,庐州及其属县与全国其他的府州县学一样,只能享有规定的中式名额和学额。清同治五年(1866年),时任两江总督的李鸿章应淮军统领张绍棠、郑国魁的要求,以淮军报效朝廷军饷308 800两为由,奏请“加安省文武乡试永远中额各一名”,并请广学额,朝廷“准加了一次文武学额各四名”,又“加庐州府学文武学额四名”,合肥、庐江、舒城、无为、巢县等县学也有不同程度的增加。同治八年(1869年),时任湖广总督的李鸿章应刘铭传的要求,以淮军报效军饷314 500两为由,“请加安省文武乡试永远中额一名并请加广学额”。同治十年(1871年),时任直隶总督的李鸿章应周盛传等人的要求,以淮军报效军饷32万两为由,“请加安省乡试中额三名”并请加广学额;朝廷“准加广一次合肥县文武学额各二名”。这些努力,大大增加了皖省及庐州士人读书入仕的机会。从这里也可以看出近代安徽(包括庐州)人文辈出的渊源。

除此之外,淮军将领唐定奎对庐州府学也有贡献。“咸丰兵燹”以后,庐州府学中所有的祭器和乐器荡然无存。清光绪四年(1878年),时任福建陆路提督的唐定奎捐资购买府学中所有的器具,并设中和局,聘请乐舞师,专门负责教习舞乐,由时任知府黄云负责监督,对乐舞生实行一定的优惠政策,规定“乐舞生中文生(生员)科试考三等者,免考,录遗,一体乡试”,“文童生文理清顺者,免应府县考,由府学教官具册送院以佾生应试”。唐定奎之子唐治隆又在明伦堂后府学署的左右两侧各建祭器库两间分存祭器和乐器,由教谕和训导负责管理,所有费用均由唐定奎捐赠。光绪六年(1880年),唐定奎又捐中和局善后银5 000两。这5 000两银子除了盖厨房、添置板凳桌椅之外，一部分用来买学田，另一部分存商生息。每年所得田租和利息“均归中和局收存，以供办理乐舞、修补残缺之费”[1]。唐定奎为何热衷于乐舞教育，原因不可得知，但他与李鸿章及其他淮军将领热心乡土文教的精神是难能可贵的。

## 五、庐阳书院与合肥县学

与庐州府学相关的还有庐阳书院和合肥县学，本节也附带略作介绍。

1. 庐阳书院

庐阳书院属于官办书院，属于庐州府管辖。嘉庆《庐州府志》介绍：庐阳书院坐落在郡城东南隅，清康熙四十四年(1705年)知府张纯修创建，原名横渠书院，当时的书院讲堂只有10余间。乾隆十四年(1749年)，府属无为州有田地之争，知府蔡长沄请求朝廷将有争议的田地归入书院，所得岁租以作为书院的经费。十五年(1750年)，知府赵瓒又添建13间讲堂，购买多种经史书籍，尤其考虑到“师生膳脯不敷”，捐俸倡议助学，得到了乡绅的积极响应，共捐得白银1 000多两。其中700多两购置田产，用以岁收；另有200多两命合肥县令交与钱庄用以生息，才使得书院有充分的发展。另有乡绅李植、陈嘉鸾各捐田庄一座，以岁收充膏火之需。嘉庆五年(1800年)，知府张祥云重修院内的正谊堂，修整墙宇，添置各种器物，“增取正课、外课”，使得“肄业生徒倍于往昔”[2]。

咸丰年间庐阳书院也毁于兵火。清同治元年(1862年)，庐州知府唐景皋、合肥知县桂中行劝邑绅储开泰倡捐瓦屋54间，集资重建。光绪五年(1879年)，经乡绅李鹤章(李鸿章之弟)、张清沂、王尚辰等请将原来的府学考棚余房增修改为书院，并悬有李鸿章书写的匾额。在经费上，唐景皋则派人清查先前的学田，以岁入供养。又将庐州废弃的僧庙田充为书院学田。时任两江总督的李鸿章亦捐湘平银(清代及民国前期湖南等地所用的银两衡量标准)10 000两，并委托乡绅刘步青、戴昌言等购置田房，租利以作书院童生加给、奖赏之需，庐阳书院复兴。

---

〔1〕(清)黄云、林之望、汪宗沂修纂：光绪《续修庐州府志》卷十七《学校志》。
〔2〕嘉庆《庐州府志》卷十六《学校上》。

2. 合肥县学

合肥县学早在宋代就已有之，嘉庆《庐州府志》说其“旧址在威武门外”。南宋淳熙年间，郭振驻守合肥，展拓城基，将县学“迁于城内景贤书院”[1]。元代至正年间总管拜住重建，明洪武年间知县张义又重新修建，永乐年间的知县李肃、正统时知县方伟亦有增修。景泰时的知府史濡买下都督王珪的宅地并加以扩建，县学才有新址。成化时知县陆渊、周玑，弘治时知府马金，嘉靖时知县董执中，天启时知县张正学、陈琯、教谕张大魁相继修葺增建。在明末农民起义当中，县学也大部分被毁。清顺治年间，县学训导苏绍轼、教谕宰维翰、知县方象瑛屡次修葺；知府杜立本率属僚捐资改修崇圣祠、明伦堂。康熙四十四年(1705 年)，教谕钟于序改建尊经阁等。乾隆四十四年(1779 年)知府恭裕、知县刘昆等重修了学宫并清理学基。嘉庆《合肥县志》记载，合肥县学在“县署东南洛水桥东”，占地面积为“十一亩一分有奇”[2]，观嘉庆《庐州图志》可知，县学毗连庐阳书院(今合肥六中南校区)，在其西北角。县学的建筑布局类似于府学，只是规模较小而已，内有一井，名为“包公井”，据说是包拯任庐州知府时所捐建。[3]

咸丰兵火之后，县学仅存瓦砾。清同治六年(1867 年)，时任两江总督的李鸿章发文给庐州知府唐景皋，命他同邑绅李蕴章(李鸿章三弟)、刘步青、戴昌言、徐桂森等，以合肥重修府学的余资接修县学，甘凉道提督李鹤章则建议将县学移建于“前街南首龙门巷旧系试院地基”，内中“所有大成殿、两庑、戟门、泮池、棂星门、崇圣祠、乡贤祠、名宦祠均照旧式重建”[4]。清光绪四年(1878 年)，李蕴章以亩捐余款续建，增修东西学署及宫墙照壁、云路街，费用不够，又捐资令参将浦英旺监修完工。福建陆路提督唐定奎又捐资金修建了孝忠、节义、孝弟、福神等祠，县学得以短暂复兴。

## 六、庐州府学的衰落与蜕变

无论是庐州府学、合肥县学，还是庐阳书院，都是封建社会的产物，随着时

[1] 嘉庆《庐州府志》卷十七《学校下》。

[2] (清)左辅：嘉庆《合肥县志》卷九《学校志上》，黄山书社 2006 年版，第 64 页。

[3] 程如峰：《包公传》，黄山书社 1994 年版，第 131 页。

[4] (清)黄云、李经方编纂：光绪《庐州府志》卷十七《学校下》。

代的变迁,它们也无可避免地走向衰落,并产生新的蜕变。新学兴起后,庐州府学已经是一座空壳。1929 年,安徽省立第六女子中学迁入,部分师生当时曾以"朝曦读书会"组织活动,响应东北义勇军的抗日斗争而闻名一时。抗战时,学校迁至立煌县(今金寨县),改称"安徽省立立煌女子中学",抗战胜利后迁回合肥,几度易名,至 1956 年创办完中学时方定为"安徽省合肥市第四中学",2009 年秋并入合肥六中。

清光绪二十七年(1901 年),清廷下令全国改地方书院为学堂,次年,李鸿章之子李经方以庐阳书院旧址创办合肥最早的中学堂——庐州中学。创办之初,"一切设施均由创办人做主","光绪三十四年,始归庐州府管辖"[1]。民国时期几经更名,新中国成立后定名为安徽省合肥一中,成为合肥最优秀的中学之一;直到 2009 年迁出,原址现并入合肥六中。



## 第五节 宋代城隍庙

合肥曾有两座城隍庙,其一是合肥县城隍庙,旧址在现今省立医院的东大院内,抗战期间被毁;其二是庐州府城隍庙,位于现今的霍邱路上,保存至今。府城隍庙初建于北宋皇祐三年(1051 年),迄今已有一千多年的历史。这座城隍庙是合肥标志性古建筑之一。城隍庙与包公祠都是合肥不多的保存完好的古建筑。

城隍庙

"城隍"传说是守护城池的神,后被认为是管辖十殿的阎王,负责赏罚人间善恶。城隍神,是城市的保护神,"城",

〔1〕 合肥市地方志编纂委员会:《合肥市志》,安徽人民出版社 1999 年版,第 2540 页。

就是城池,"隍"就是干涸的护城河,"城"和"隍"都是保护城市安全的军事设施。中国早在周代就已开始祭祀"水墉"神,水墉神被认为是城隍神的原形。至少在南北朝时期,民间已经为城隍神立庙供奉。自南北朝以后,"城隍神"一词屡现官编史书。至明代,城隍信仰可谓是登峰造极。有人统计,明代全国有城隍庙 1 472 所,也就是说当时差不多每一座县城都有一座城隍庙,城隍神也被列入国家祭祀神灵的范围。

城隍庙古戏台



庐州府城隍庙原有山门、正殿、戏台、娘娘庙等,并有碑记《城隍庙记》。正殿居中是精雕细刻的城隍庙老爷龙骨坐像,牛头、马面、判官、无常分立两侧。相传庙内花戏楼为仿北京颐和园戏楼式样,常年演戏。合肥学院的老教授许有为这样回忆他儿时城隍庙的情景——60 多年前,许教授还在孩提时代,每年到春秋祭祀时,祖母都要牵着他的手到庙内进香,慈眉善目的城隍老爷和城隍娘娘的塑像并坐在神龛内,接受庐州百姓的朝拜。那时,合肥人们根据自己的生活习惯在正殿的后面给城隍老爷和城隍娘娘安排了一张镂花的"八步床",以表示对庇佑一方的城隍老爷的尊敬。善良的人们传说,如果有冤屈,只要向城隍老爷申诉,就能得到昭雪。

清咸丰四年(1854 年),太平军攻打合肥时,府城隍庙毁于战火。清同治十年(1871 年),地方官筹款重建大殿三间、官厅三间、门头一座,后因经费缺乏,中途停工。光绪五年(1879 年),李鸿章的弟弟李鹤章"倡劝绅捐"修建完工。[1] 1949 年之后,合肥城隍庙曾被机关、企业占用,庙里的塑像、对联、器物等或毁或散失,格局也遭变动。

1985 年 7 月 12 日,合肥市人民政府公布城隍庙为市级文物保护单位。城隍庙修复一新后成为合肥市群众艺术馆馆址,经常举办各种文艺演出。同时,市政府以城隍庙为中心,进行综合开发,建设城隍庙市场,首期工程位于城隍

〔1〕(清)光绪《续修庐州府志》卷十八。

庙正南面,占地约6.3平方千米,东西宽150米,南北长420米,整体为徽派仿古建筑。城隍庙市场,开设了白石斋、九狮楼、徽光阁、庐阳宫等1 000多家商店,以及酒楼、茶座、艺苑、舞厅等。90年代,市政府耗资3 000余万,拆除部分旧建筑和危房,建成"小商品世界",并在中轴线北端原址恢复重建了明代的思惠楼和庙后娘娘殿,重塑娘娘殿诸女神法像。城隍庙如今被包围在城隍庙市场之中。市场因庙得名,庙因市场名更彰显。

安徽省民俗学会理事、合肥市地名专家咨询委员会委员牛耘是位"老合肥"。他说,在他小的时候,城隍庙里面的民俗活动丰富多彩,现在回忆起来仍历历在目。牛老告诉笔者,他很小时就去过城隍庙,一到山门,就被家长用黑布蒙上眼睛,因为城隍庙前殿两侧有十殿阎罗,里面展现了在人间做坏事的人死后遭惩罚的各种恐怖景象。但走到后殿,黑布就可以摘除了,这里是城隍老爷和城隍娘娘的寝宫,布置的生活用品不但真实,还很华美。牛老认为,恐怖场面和美好场面一墙之隔,反映了当时人们善恶分明、惩恶扬善的朴素倾向和情感。牛老说,惩恶扬善的观念不但深入当时百姓的心中,人们更能自觉不做亏心事。戴春和、永寿康、刘仁和曾是合肥三家老牌子的中药店,他曾多次听到药店的伙计、老板们讲起,药店上上下下都要以诚信为本,谁都不敢做假药。

府庙城隍出巡曾是轰动合肥府的民俗活动。牛老说,城隍老爷老两口一年中要在合肥城出巡三次,清明节、中元节和冬至各一次,线路不重复,经城隍庙、三孝口、现今的长江路和淮河路,最后到卫衙大关;随后进行开坛诵经等仪式,然后散会。这一民俗活动在抗日战争之前每年都进行,最后一次举行应在1937年。他说,曾经内容丰富、激动人心的民俗活动,是如今的年轻人难以想象的。

## 第六节　明代思惠楼

与中国其他的古老城市一样,合肥也有属于自己的城隍庙。既然是合肥的城隍庙,它就有着自己独特的地方,其最大的特色就是庙后被誉为"庐州第一塔"的思惠楼,这是其他地方的城隍庙所没有的。

据嘉庆《合肥县志·古迹志》记载："思惠楼旧址在府城隍庙后，明正德十年知府徐钰建，今毁。"另据徐钰《思惠楼记》曰："庐州府城隍庙岁久倾圮，父老募财新建，庙后旧有隙地，基崇而平，颇为佳胜。予因其羡余建楼其上。广数楹，高倍之，制古而材朴……吾惟思民之惠，忧乐系乎民……匾其楼为'思惠'，作《思惠楼记》。"由此可知思惠楼系明代庐州知府徐钰于正德十年(1515年)用地方捐资所建，至今已有近500年历史。徐钰是江夏(今湖北武昌)人，明孝宗弘治九年(1496年)进士，曾任御史。武宗正德初年(1506年)，宦官刘瑾等人贪赃枉法，专权横恣，无恶不作。文渊阁大学士刘健、兵部尚书谢迁等朝廷重臣奋起与之抗争，时任御史的徐钰和赵佑、朱廷声等亦上表弹劾。阁议将重治宦官之罪，事垂定而中途突变，刘瑾等一批奸人照样逍遥法外。徐钰等人竟被罢官。后来因庐州城防空虚，武宗重新起用徐钰，任其为庐州知府。他到任后加固城池，澄清吏治，保障了一方安宁。正德十年(1515年)，他用地方父老捐资修缮府城隍庙的工程余款，在庙后空地建造了一座楼。徐钰认为，做地方官的人应该"忧乐系乎民"，时刻不忘百姓疾苦，既要"思民之惠"，也要施惠于民，于是"思惠楼"便成了这座楼的名称。

思惠楼

明代思惠楼位于城隍庙北面。徐钰在其《思惠楼记》中描述了楼建成后的盛况："广数楹，高倍之，制古而材朴；八窗洞达，俯视城堞……南望鹿起、龙眠一带诸山，东则青阳、浮槎，西则鸡鸣、紫蓬；烟霏云霭，岔涌出没。"登高远望，东南西北之群山尽收眼底，可见当时此楼甚高，应该是庐州最高的建筑。然而此楼意义重大的地方还不仅仅在于楼的高度，而在于兴建此楼的目的。民间有一种说法，认为此楼有镇压邪气之功用，因此有人认为建楼的目的在于镇城驱邪，其实最主要的目的徐钰在其文中也说得很清楚："登楼一望，遐思悠然。见农夫之耕也，皲手足，沾体肤，则思稼穑之艰难；见织女之蚕也，取釜斤，执懿筐，则思杼轴之空虚；担簦蹑屩，抱布贸丝，见商贾之往来也，则思关市之征；寒烟衰草，败壁颓垣，见逃逋之未集也，则思怀绥之政。喘而汗，喙而息，此劳者之弗息也；伛偻而曲躬，呻吟而仰首，此无告之颠连也……假斯登眺，以扩吾怀。澡瀹乎精神，荡涤乎尘垢；藩篱既撤，壅蔽不生。是楼之作，固将有裨乎民，非若向风开襟，乘月清啸，徒为逸乐之具而已。"身为知府的徐钰，建这座楼不是为了满足自己作为文人雅士登高游览尽享抚琴对弈之乐的需求，而是为了时时提醒自己作为一个地方官的职责，那就是心系老百姓（农民、手工业者、商贾、难民），为老百姓造福祉。登高不是为了欣赏美景而是为了体察民情，思民之惠，从而施惠于民。"为官一任，造福一方。"徐钰深深明白这个道理，于是思惠楼不再是一座冷冰冰的建筑，而是一种精神，一种象征，是"以民为贵"的精神，是清官的象征。

斗转星移，世事变迁。明代的思惠楼经受不住岁月的洗礼，很早就成为一片废墟。直到 1994 年城隍庙二期工程建设时，经合肥市政协副主席陈衡、原城改工程指挥部总工程师程华昭及其他有关领导倡议，在原址恢复重建思惠楼。工程由合肥工业大学建筑系古建筑专家金志杰教授设计，规模远胜前人。许有为先生作《重修思惠楼记》，在谈及重建目的时，许老写道："邑人抚今思昔，倡议恢复思惠楼，以缅怀关切民瘼之先人而勖勉心系国是之来者。"可见重建此楼不仅是为了还原古迹，更多的是为了铭记一段历史，传承一种精神。

现在思惠楼与城隍庙以及与之融为一体的市场一起，形成了别具特色的城隍庙景区。思惠楼前是重修的娘娘殿，娘娘殿前面就是已有千年历史的城隍庙，一式粉墙黛瓦，马头封火山墙徽派建筑。八角玲珑的思惠楼不管是远望还是近观皆殿阁峥嵘，美轮美奂。楼分 5 层，高 37 米，相当于 12 层住宅楼的高度，无愧于"庐州第一塔"的美誉。"各层之间以陡峭的上下交叉双向扶梯相通。底层的塔基、台阶、栏杆，全以汉白玉砌成，洁白晶莹，雍容华贵，真个是雕栏玉砌。上面各层的屏门隔扇、抱柱、栏杆，均通体朱红。各层楼以彩色玻璃隔扇三方环绕，外通游廊，凭栏远眺，可见郊野烟霭云树；俯首鸟瞰，市廛街巷尽收眼底，正如楼之楹联所说：'画桥烟柳，市列珠玑，负郭栽三春云树；翠幕风帘，户盈

罗绮,登楼望十万人家’。”〔1〕

现今的思惠楼的第一层是大雄宝殿,乃人们上香祈福的地方;第二层为“千佛殿”,陈列着历代观音像;第三层是“罗汉堂”,供奉着明代的罗汉像;第四层是“徐钰纪念馆”,里面悬挂着有关徐钰及其兴建思惠楼的一些文献记载;第五层是“观音阁”,内有放生池、许愿墙、开光情人锁及舍利子。看来与道教庙宇——城隍庙近在咫尺的思惠楼已成了佛教圣地。释、道二教在合肥城隍庙景区的完美结合,是不是可以看出合肥人的包容性格呢?不过在缭绕的香烟中希望人们能铭记明代那位知府徐钰建楼的初衷。



## 第七节　清代稻香楼

在合肥老城西南角一个三面环水的半岛上,略有起伏的山丘绿树中掩映着一幢幢不同风格的别墅琼楼,那就是今日的稻香楼宾馆。为什么要提及这个宾馆,它与清代稻香楼又有什么关系呢?其实,此宾馆之所以名为“稻香楼宾馆”就因为这里便是清代稻香楼的遗址。令人遗憾的是,昔日的稻香楼已难觅踪迹,府县志的记载也寥寥无几,我们只有透过一些断章残片去追忆那座曾经闻名一时的龚家楼阁。稻香楼乃合肥人龚鼎孠从浙江仙居知县退归后所建。稻香楼建成后很快成为合肥名胜。据考证,其胞兄龚鼎孳(清代名臣)就曾携横波夫人顾媚数回合肥,住稻香楼。因龚鼎孳在政坛和文坛的影响远远超过其弟,又由于龚鼎孳曾与顾媚居住于此,因此人们都把稻香楼视为龚鼎孳的别墅。

稻香楼景观图〔2〕

〔1〕 李宾主编:《庐阳揽胜》,中国文学出版社2000年版,第125页。

〔2〕 吴同彦、鲍雷:《古庐州市景图》。

稻香楼在清初合肥是许多文人雅士向往的人间仙境，我们从《庐州府志》的记载中尤可想见当年的迷人景色："汀畦飘渺，仿佛蓬莱，台榭参差，规模阆苑。秋石为渚，采幽壑之芙蓉；咽湍成堤，搴芳洲之杜若。"〔1〕难怪龚鼎孳每次回到合肥时，都带着他宠爱的横波夫人顾媚住在这座美丽的别墅里。而那位能诗擅画的佳人也在此地流连忘返，他们弹琴歌舞，吟诗作画，卿卿我我，优哉游哉，给这座美丽的楼阁又平添了一份高雅、浪漫和温馨的情调。

当时的文武百官和文人骚客都喜欢来此，一来可以登楼凭栏，赏四时景致，览八方风情，吟咏写意；二来可以与龚鼎孳夫妇交游唱和，美景、美人、诗词、歌舞，人间盛事尽矣。

龚氏家族收藏有龚鼎孳《稻香楼诗集》，康熙年间进士许自俊为之作序，序中描写稻香楼周围景色道："门开三径，收东屯西穰之禾；户对两峰，揽丙舍西山之翠。"由于稻香楼这座建筑本身的资料缺失，我们今天无法知道这座名楼的造型、结构等方面的详情，只能根据这些零星的记载后人的画作，大致得知稻香楼位于合肥德胜门外护城河边三面临水的小岛上，有浮桥连接城垣，除此之外的一切我们只能在心中去构想了。

龚鼎孳去世后，工部尚书、武英殿大学士合肥人李天馥及其子、名诗人李孚青也曾入住稻香楼。李天馥和庐州知府张见易曾留住新安画派大师石涛和尚于稻香楼月余，石涛后来在其名作《巢湖图》的跋文中还叙及他在稻香楼内与尚书、太守们诗酒唱和之乐事。然而经过太多的人事变迁、风雨洗礼之后，稻香楼逐渐荒圮坍塌，清人邵陵所见到的稻香楼已成了这样的光景："洞壑深沉白日阴，空阶行处绿苔侵。断无人迹唯荒草，一院秋虫自在吟……高楼不见人危倚，依旧西风送稻香。"〔2〕荒凉、惨淡、破败，不复往日的雕梁画栋、莺歌燕舞，再后来稻香楼便只剩一片废墟了。

新中国成立初期，一支解放军部队在稻香楼遗址上建了几间简易房居住，时间不长部队就转移了，此处又成为合肥市残老孤儿教养院。1956 年安徽省委在此兴建宾馆，这就是文章开头提到的稻香楼宾馆，如今已是安徽省国宾馆、四星级花园式宾馆，区域面积 670 亩，馆内树木苍郁，竹影扶苏，鸟语花香；

〔1〕（清）嘉庆《庐州府志》，上海古籍出版社 2005 年版。

〔2〕（清）邵陵：《题稻香楼》。

有假山、喷泉、荷花塘和多种花卉供欣赏，更有环湖路、湖心岛、石桥、凉亭供游憩，水光山色，浑然一体。它有东楼和西苑、南苑、北苑三幢别墅等，先后接待过毛泽东、邓小平、江泽民、胡锦涛等党和国家领导人及外国元首。

近几年有一些人士呼吁在遗址重建稻香楼，恢复稻香楼原先的面貌，并将此楼作为展示“合肥龚”系列人文、历史资料的窗口，如龚鼎孳的《定山堂集》、龚鼎孚的《稻香楼诗集》以及有关龚家的器物、碑刻、牌匾，龚氏人物与名人交往的函札、图片等。从而将稻香楼和“合肥龚”作为合肥旅游的一个品牌隆重推出，并最终把稻香楼建成合肥的大观园。我们期待着这一天早日到来。



## 第八节　李鸿章故居

李鸿章，这位清末著名的宰辅之臣，他的功过是非留给后人太多议论的空间。熟悉历史的人都知道，李鸿章是合肥人，在合肥有他的享堂和故居。相对于人死后所建的享堂来说，一个人生前的故居更能折射出一个人的一生。读者诸君，如果您想更清楚地了解清末那段历史，更理性地评价李鸿章这个历史人物，他的故居是您必去参观的一个地方。因此，请你们随我一起走进李鸿章故居去看看吧。

李鸿章

李鸿章故居位于今天合肥市淮河路步行街中段，在鳞次栉比的商业气息浓厚的现代化建筑中，它是那样得独特和醒目。这是一幢典型的晚清江淮地区的民居建筑。这幢建筑坐北朝南，气势宏伟，布局整齐，结构严谨，雕梁画栋，占地面积 2 000 平方米，是合肥现存规模最大、保存最完整的名人故居。它于 1998 年被评为省重点文物保护单位，1999 年 9 月 27 日正式对外开放。

故居由南向北依次分为大门、前厅、中厅、走马楼（小姐楼），共五进。这是改革开放后合肥市人民政府对故居采取保护措施，在原有基础上重建的，虽然这座古色古香的江淮官宅历经百年的风雨仍保留着独有的风貌，但毕竟规模

李鸿章故居



已大大缩小,不到原来的二十分之一。据史料记载,原宅建于19世纪末,当时李氏兄弟6人均身居高位,他们聚族而居,深宅大院,鳞次栉比,覆盖了合肥市繁华的淮河路中段的半边街,时称"李府半条街"。在这些私宅中最为豪华的住宅不是李鸿章的,而是李鸿章的弟弟李鹤章的,即今天被列为文物保护单位的李国蘅公馆。此私邸于1865年动工,落成后其后门直到油坊巷,东边还辟有私家巷——新华楼巷,一直延伸到今天的含山路口。"李国蘅是李鹤章之孙,中过举人,是他继承了李鹤章的府第,我们今天所看到的'李鸿章故居'其实也就是这一片建筑。"〔1〕

走近这座建筑,你便会看到大门之上那块刻有"李府"字样的匾额,门前整齐地悬挂着一排有"李府"二字的大红灯笼,这是过去大户人家的标志,以便让路人不管是在白天还是在晚上,都会清楚地知道,这是李府的豪宅。

步入大门行数步即到过厅,过厅为故居的第二进,为来客求见等候之处,以待佣人禀报之后再入中厅与主人会面。厅正中是座屏风,上方高悬一块匾额,上书"钧衡笃祜"四个大字。这四个字是李鸿章70大寿时光绪帝御笔所赐,以褒奖他的卓绝功勋。而今,这儿已布置成"晚清军政重臣李鸿章史料陈列

〔1〕 完颜海瑞主编:《人文合肥·合肥胜迹》,南方出版社2008年版,第128页。

御赐牌匾

馆”。厅内展出了李鸿章生平史料，分为“李鸿章的少年时代、李鸿章与淮军、李鸿章与洋务运动、李鸿章与外交、毁誉参半的一生”五个部分。大量珍贵的图片、翔实的资料和生动的实物，充分展示了李鸿章“少年科举、壮年戎马、中年封疆、晚年洋务”的一生，客观地揭示了其在晚清历史上所扮演的角色和作用。



告别略显沉重的李鸿章史料陈列馆，走出过厅，穿过天井，便来到中厅。中厅又称福寿堂，是李府会见宾朋、举行重要仪式的场所，相当于现在的客厅。游客进来后的第一感觉便是它的高大宽敞，也难怪，中厅堂高竟有9米，从地面到屋顶有现今的两层楼高，这对今天住惯了层高不足3米单元楼的人来说，简直是不可思议的。此厅的空间设计采用了明三暗五式，前隔扇后屏门，颇具江淮地区富宅的特色。正中是三个开间，是过去主人会客之处，又叫敞厅。东西两侧为厢房，是李氏后人的书房。可以说此厅为现存江淮地区最大的晚清私人住宅厅堂。这里每扇门上都雕有造型精美典雅的图案。房梁全是斗榫，不用一枚钉子，这保存了李府的原汁原味。据工作人员介绍，有的梁柱还是当时的原件。大梁两头都雕成象头形状，寓意吉祥（象）。正上方的横梁上雕有“佘太君祝寿图”，人物造型栩栩如生，代表了晚清江淮地区精湛的雕刻技艺。中厅上方的长案上摆有一只古钟，左边是一面镜子，右边设一面屏风，寓意家宅吉祥，“终（钟）生平（屏）静（镜）”。东西两侧的书房青砖墁地，清雅疏阔，体现出古人对读书做学问的理解：耐得住清静寂寞方能成就大业。我们可以仔细来看一下东厢房的陈设，最有特色的部分便是里面的博古架和书架。博古架被称为“过桥式”，左右两部分正好可以重合在一起，原理出自中国古代阴阳互补的理念。左边摆放的楠木书架正好可以装下一部《二十四史》。

从“相府”的豪华大厅继续往里参

李鸿章故居福寿堂

观，推开屏门，我们将进入的是“李鸿章墨宝展”的展厅。这是2008年下半年故居工作人员在中厅和走马楼之间特意设置的一个展厅，用来展出李鸿章的书法作品。这也是国内首次集中展出李鸿章的书法作品。李鸿章墨宝展共分为三大块：匾额、对联和信札。其中匾额13块、对联13副、信札24封，这些墨宝来自广东、台湾、山西等全国各大小博物馆所收藏的李鸿章墨宝。其中，匾额部分包括文人题字、祝寿、堂号以及衙署匾等；对联部分则主要反映了李鸿章的价值观和道德修养；而信札内容尤为丰富，包括镇压农民起义、洋务运动、私人函件等等。相信游人在看过这些作品之后不仅可以细细品味李鸿章书法的特点，探索其书法与其性格之间的某些联系，而且从这些对联和信札可以进一步了解其思想与行为的内在因素。

最后一进是李府中最著名的“小姐楼”，即“走马楼”，因其为李氏家眷所居之地，所以当地人称“小姐楼”。“走马楼”这个名字的全称是“走马转心楼”，用来说明其通道的宽敞。此楼面阔7间，上下有回廊相通，布局典雅，是二进式回字形木雕楼，全榫卯结构，为典型的徽式建筑风格。楼与前院中间有道墙，墙中间的门就是过去俗语所说的“大门不出，二门不迈”的二门。楼下正中有一方天井，上承天光，下接地气，符合阴阳调和的风水学要求。楼上东首第一间据说是李鸿章幼女菊耦（现代著名女作家张爱玲的祖母）所住，正中是老夫人所住。原先的老宅还有一个比现存面积大得多的后花园，是供女眷们流连玩赏的，但风雨沧桑，后花园早已不复存在。小姐楼里摆放着古老的秀床、雕花的梳妆台、大理石面的圆凳，这些家具全是由民间收集来的真古董，都是有着几百年历史的红木家具，古色古香。小姐的闺房内有一个漂亮的五彩瓷礅，放在红木梳妆台前；房内还有一只画缸，也许这位多才多艺的菊耦小姐还雅擅丹青。老夫人的房内除大床之外还有一张红木麻将桌，可能是供她休闲和消磨时光所用。

走马楼

以上我们算是参观完了李鸿章故居，不过还有一个地方没有提及，那就是故居东面的“淮系集团与中国近代化”展馆。这是2005年在合肥市人大代表的建议和合肥市政府的关心下，故居东扩了1 000平方米，从而才有了这个展馆，应该说这也是故居不可分割的一部分。“淮系集团与中国近代化”的展览，是在丰富李鸿章生平展的基础上开放的，通过大量的历史图片将整个展览分为五个部分，包括前言、淮系阵容、洋务新政、西学东渐、抵御外侮和结束语。整个展览向世人昭示了以李鸿章为首的淮系集团对近代军事、经济、文化以及国防所做出的重大贡献，是他们引领了中国近代化的首轮浪潮。但由于时代的局限和集团内部的种种矛盾，使他们不能完成中华民族独立自强的历史使命，其所留下的经验教训是值得我们后人深思的。



历史的车轮永不停息，然而总会有一些东西作为历史的遗存，让后人凭吊和思索。李鸿章故居作为合肥一个著名的人文遗存，它历经沧桑，曾见证了一个特殊的历史人物的生活起居，见证了一段风云变幻的历史。我们今天有责任好好保护这座建筑，最大限度地恢复它的原貌，这既是让后人记住历史、思考历史的需要，也是合肥开发旅游资源，打造旅游品牌的需要。令人欣慰的是在2009年年初召开的安徽省“两会”上，有人大代表提出议案：重建“李府后花园”，完善李鸿章故居的旅游资源产品。但愿故居的历史面貌在一次次重建中逐步显现出来。

## 第九节　刘铭传故里

在合肥大潜山北麓两公里处，有方圆百里最大的一座圩堡庄园——刘老圩，它就是著名淮军将领、台湾建省后首任巡抚刘铭传的故居。

今天当你走进刘老圩，你也许会失望：故居内只有一些残垣断壁，一片野草萋萋，呈现出一派凄凉的景象。圩内仅存几间旧房，已被风雨侵蚀，沧桑满面。青砖、断瓦、野草仿佛以一种无声的语言向人们诉说那一段曾经辉煌的历史。那就让我们透过这些历史的痕迹，追忆那曾经属于刘老圩的似水光阴吧。

刘铭传故居之所以被称为刘老圩，这和合肥当地的风俗有些关系。“圩”

刘铭传故居

在合肥一带有两层意思：都指建筑设施，一是筑起大堤，用以阻挡汛期洪水对田地的浸淹；二是房舍四周挖壕蓄水，内外以吊桥连通作为出入道路，其作用是防备匪盗。这类建筑在长江中游统称为“圩垸”，而江淮地区和合肥一带则称之为“圩”。像刘老圩附近还有许多以前淮军将领的圩子，例如：刘铭传家侄、“铭军”后期统军刘盛休的蟠龙墩圩子，刘铭传孙辈、江苏候补知县刘朝璞的鸽子笼圩子，淮军创始人之一、两广总督张树声所建的张老圩子，张树声之弟、记名提督总兵张树屏所建的张新圩子，淮军将领周盛波、周盛传兄弟所建的周老圩子，淮军将领唐殿魁、唐定奎兄弟所建的唐五房圩子，以及叶志超、王孝祺等人和他们的家庭所建的大小不一的圩子。这些圩子，星罗棋布，方圆百里，形成了一个十分壮观的独特建筑群——圩堡群，被世人称为“淮军故里圩堡群”。

清道光十六年七月二十七日（1836 年 9 月 7 日）凌晨，刘铭传生于合肥西乡井王四房郢（今肥西县铭传乡建设村四房村民组）。1856 年 8 月，其家被抓捕刘铭传的清兵焚毁，今只存当年屋后月牙塘轮廓及房屋柱基、条石。1868 年，刘铭传回乡择址（在原址东南约 3 000 米）兴建新宅“刘老圩”。圩基包括水面，占地约 6 公顷。建圩时四周挖壕沟垫圩基地，西面挖大堰烧砖瓦，就近从山上取石料。为了面对大潜山，刘老圩建筑坐西朝东。圩内四周是深壕和石围墙，大潜山汇流的金河水绕圩而过。围墙上配有 5 座碉堡、炮台。分内、外壕沟。外壕有东南、东北角两大吊桥，各桥分别有两层门楼 7 间，住有兵勇护圩。

如果你在 19 世纪 70 年代来到这里，你会惊叹于这座庄园的宏大与设计的别具匠心。过外吊桥进圩，便是内壕沟了，与内壕沟相连的又是吊桥和门楼，走过门楼，才能看到刘铭传家族居住的内宅。正大厅为三进，每进 13 间，头进与二进之间的天井院是回廊包厢，第三进为两层堂楼，主要为女眷住所。正大厅大门面对外壕沟月芽塘，月芽塘两尖角内弦是矩形荷花池，池中有花圃。正厅西南角是西式洋楼，两层三间，小巧玲珑，楼上藏书，楼下住人。正大厅北面有一座钢叉楼，两层五间，据说故居对面的大潜山侧有老虎洞，建此楼“压邪镇圩”。

盘 亭

钢叉楼的后面，你会发现有一座亭子，这就是故居有名的盘亭，此亭四面环水，唯有一座石桥可以相通。这是刘铭传珍藏国宝“虢季子白盘”的地方。“虢季子白盘”是西周时期虢国的季子白为纪念自己成功战胜西北猃狁部落武装而召集能工巧匠铸成的一件青铜器，是西周三大青铜器之一，目前国内仅存这一件。当年刘铭传在大破太平军、攻入常州城后获得此盘，随即将盘运回合肥家乡刘老圩故居，特造这座六角盘亭来收藏。刘铭传居住故居期间，时常赏玩，视为传家之宝，他在亭中亲笔书写了一副楹联：“盘称国宝，亭护家珍。”并为此亲自撰写了一本书《盘亭小记》，记载“虢季子白盘”的来龙去脉。那么这个“国宝家珍”今天是否仍在刘氏后人手中呢？答案是新中国成立后的 1950 年，刘铭传的曾孙刘肃曾亲自护盘进京，将“虢季子白盘”献给了国家。盘已不在，亭亦无存，却成为一段不灭的记忆，见证了刘氏为保护国宝所做的努力。



盘亭北面的九间厅，是刘铭传居家时宴客会友之处。故居的西北有座霸王墩，为古人类遗址；故居的东南有个大堰，是当年为建造故居取土烧砖瓦后形成的一大片水面。堰中有岛两座。较小的那座小岛正好位于九间厅后，曾经是刘铭传居家护圩时的弹药库。西水面上有一座大岛，岛上是一座读书亭，是读书的好地方，仅架一座栈桥与外相通。据说刘铭传晚年时曾拆了栈桥，每天

九间厅

摇船送孙辈到岛上读书，中午叫人送饭上岛，傍晚才准孙辈们回家。

刘铭传的后代多在圩内居住，解放初因军工建设要将圩改建为仓库，刘家后人才从此迁走。

穿过长长的历史隧道，我们又回到眼前的情景：故地仍在，故人已去，故宅不再。圩外护城河已淤塞很久了，由护城河到圩内的两座吊桥因新中国成立后修了路而废弃，庄园内许多有特色的老房子已被拆毁。现仅存重建的九间厅和当年参天的古柏及刘铭传亲手种下的广玉兰。广玉兰树虽历经百年沧桑，至今仍高大挺拔，香飘四方。据说，广玉兰是慈禧太后赐给淮军的，后被刘铭传等淮军将领带回合肥栽种。从此以后，合肥便有了广玉兰树，如今此树已成合肥市市树。

刘铭传故居现已被列为国家级重点文物保护单位，重修刘老圩、重现淮军故里旧貌的工程已经启动。根据合肥市和肥西县出台的故居保护规划，整个故居的修复将坚持“修旧如旧，恢复原貌”的原则，保持故居独特的江淮民居景观。相信在不久的将来，刘铭传故居将会吸引更多的游客。



## 第十节　千年三河古镇

三河，地处合肥、六安、巢湖三市交界处，位于安徽省城合肥至黄山、九华山的旅游黄金线上，距合肥 45 公里，属肥西县境。三河因丰乐河、杭埠河、小南河三水流贯其间而得名。三河历史悠久，据考古发现，6 000 年前这里就有人类活动。而见诸史册、可供稽考的历史，少说也在 2 500 年以上。记录于《左传》的吴楚争霸的鹊岸之战，即发生在今三河一带。可以说，三河是不折不扣的千年古镇。

三河古城门

水乡古镇的特色，一为水，二为古。水是三河的精灵。首先我们看看它在历史上用过的名字：春秋时称鹊岸，晋以前叫鹊尾，晋后称鹊渚镇，南北朝后期称三汊河，明清始置三河镇。不管是哪个名字都与水有着密不可分的关系。以“三河”为名，首见于《大明统一志》，志曰：“三河在府城（合肥古称庐州府）南九十里，其源有三，合而为一，入巢湖。”雍正《合肥县志·山水志》记述更为详细：“三河外环两岸，而二水贯其间，故曰三河。原中州墩上建石佛寺，门外系河口古渡。南有小楼，石墙外属舒城。”嘉庆《合肥县志》又云：三河“米谷廪聚，汇舒、庐、六诸水为河者三，河流宽阔，枝津回互，万艘可藏”。从这些记载可知诸河水或穿镇而过，或环绕小镇，使三河成为美丽的水乡、商业繁荣的水旱码头、物产丰饶的鱼米之乡。三河的兴起与繁荣，靠的就是这三条大河，以及濒临巢湖的通江达海之利。三河今日的鲜活灵动、充满生机的独特面貌还在于这里纵横交错、回环往复的河港湖汊。如果有人说三河是因水而生，因水而长，因水而富，那真是一语中的。



三条大河流经之地，两岸数十里之内尽皆沃野平畴。宽阔坚实的大堤，既是河岸，又是圩堤。绿树炊烟的村落，如诗如画的田园，就靠这绵绵不断环环相连的堤防，把洪水挡在堤外，将良田揽于怀中。

丰乐河与小南河终年船来船往，帆樯云集。汛期水大，船舶可上行至六安双河；枯水季节，平底驳船可撑至舒城桃溪。曾经兵荒马乱的年月，也有大小七八百条木船常年航行于河上，将一船又一船谷米，经由三河转运至沿江各地，甚至可以销往潮汕，故三河有谚曰：“买不尽的双河（指六安市双河镇），装不完的三河。”杭埠河因淤积水浅，鲜有舟楫之利。汛期固然可以放送竹木山排，但平时只能通行排筏。这排筏一般以烟火熏成黑色，排头翘昂，排尾平贴水面，飘然来去于上下游之间，在交通尚不发达的往昔，就是靠这排筏把大别山的各色山货运到三河，再把下江上来的淮盐、红糖、京广百货销往沿河各地和遥远的山区。〔1〕

三条河流不仅给三河带来了便利的水上交通和运输，还赋予了三河独特怡人的水乡风景。杭埠河穿镇而过的数里河段，风景优美。两岸皆植垂柳，数人牵手抱不过来。清晨微风习习，看着弱柳拂水面，小舟出柳荫，真是诗意十

〔1〕 完颜海瑞主编：《人文合肥·合肥胜迹》，南方出版社 2008 年版，第 165 页。

足。而每当黄昏来临，残阳铺水，炊烟袅袅，“渡头余落日，墟里上孤烟”，更是诗意盎然。

古是三河的厚重内涵。三河的“古”形成了江淮地区独有的“八古”景观：古河、古桥、古圩、古街巷、古民居、古茶楼、古庙台、古战场。古河前面已经说过。至于古桥，三河河多，桥自然也多，叫不出名儿的就有十几座。古桥最多的地方是在街心河上。杭埠河从上游冲下来，把三河一切两半，河南河北本是一家，现在被划分成了两家，行走不方便了，于是修的桥便多。从北往南数：天然桥、济公桥、三县桥、鹊渚桥、国公桥，这些桥分连西街、中街、东街和南街。南街还有麻石桥、油坊桥、木鹅桥、无蚊桥，原本还有一座沈家桥，但今已无存。每座桥的名字都铭记着一段历史：鹊渚桥是取自古名，因为三河古名鹊渚；国公桥的捐修者是一位国公；木鹅桥，是说古代合肥与舒城界线难分，最后雕了个木鹅，从上游往下放，最后流到三河南街不动了，于是木鹅流经的河便叫木鹅河，木鹅停止的地方修了一座桥，叫木鹅桥，由于桥是象征性的，很短，便又叫三步两县桥。三河镇又名木鹅镇，便因木鹅定界的缘故。今日的三河人为了发展旅游业，又修了天安桥、望月桥、鹊渚廊桥，这些桥虽然是新桥，却有古桥的风韵。

三河美景

史书上关于古圩的记载始于唐代，实际上三河的圩兴建得更早。由于地理因素，三水使三河成了一个三角洲，三条河的内河堤自然成了圩堤，堤埂上建起了街道和住宅，堤埂内便修整成一块块圩田。可以说古圩是河的衍生物，古圩见证了一代代三河人与水拼斗的历史。三河有杨婆圩、沙档圩、五联圩、五星圩。漫步古圩，不仅能感受到它曾经的沧桑，也能欣赏到它今日的秀丽。尤其是杨婆圩，在上世纪 90 年代那场特大洪灾过后，新圩村农民在堤坝上栽下了满堤的桃树，使传说中的桃花岛又在今天复活。阳春三月桃花岛一片春意，是三河新的旅游景点。

古街巷分为地上和地下，地上的街巷好理解，而地下的是怎么回事？20 世纪六七十年代，三河的村民相继在数米的地下挖到石条、木椽、小瓦和锅灶，这说明在遥远的古代在地下数米之处存在街巷，后来被洪水卷来的流沙掩埋了。地上的街巷虽没有地下的古老，但如今算来也有1 000多年了。最古老的街要数二龙街，历经宋、元、明、清，至今约有1 000多年的历史。但上世纪70年代因治理杭埠河截此街为两段，今已难觅旧迹。三河街道初具规模是在晚清时期，中、西、东、南皆有不少街道，其中南街街道最多，除了南大街外，上有上横街，下有下横街，还有仁里街、菜市街、米市街和新街。三河街一共有10条。除了街就是巷，总共26条，现在去三河旅游的游客，可去其中的一人巷看看，这条巷子在杨振宁旧居旁边，仅容一人通过，真正是“一夫当关，万夫莫开”。



晚清时期，肥西籍的淮军人物纷纷在三河购置房产，给三河留下了成片的名宅。另外还有一些商业大户在此也大兴土木，兴建了各种各样的住宅。这些古民居多是青砖小瓦，飞檐翘角，封火墙隔断。内里多为深宅大院，一般为五六进之深，院内往往建有圆门、隔墙，大户人家还辟有花园。新中国成立后，三河的古民居多有毁损，特别是在1991年大水过后很多被拆除，目前仅有张树声家的“鹤庐”尚存。

旧时的三河茶楼林立，很多是饭店兼茶楼。过去，三河人把茶楼当做待客的地方，来了亲友到茶楼上喝茶，既方便又洒脱。经商的人们则在茶楼上一边品茶一边谈生意。倘若当时你到了三河，不去茶楼是会有所遗憾的。今天那些古色古香的茶楼多已不存，我们只有在豪华饭店的门前追忆那一段清雅的时光。

万年台

古庙有很多，宋代的冲元观、石佛寺、大王庙，明代的迎水庵，清代的城隍庙，民国的太公庙等等。万年台有两座，都建自清代，一座在城隍庙，一座在大王庙。古庙台新中国成立后均被拆，1990年三河又新建了万年台。如今万年台成了三河文艺演出的最佳场所，台上“小倒戏”即现在的庐剧吸引着众多的古镇戏迷和慕名而来的游客。

三河因其特殊的地理位置，历来成为兵家必争之地，自春秋时期开始，三河的古战场不计其数。现在还能看到的是19世纪中叶的三河大战遗迹。太平军建筑的城墙尚有两段，城东段在三河一小门口，从北向南伸，长30米，高8米；城北段嵌存在三河二中教室的后墙上，长约50米，高6米多。走上城墙，看看当年太平军用过的铁炮，可以遥想一下当年硝烟弥漫的战场，发思古之幽情。

总之，三河“八古”佐证和诠释着三河的古老，给今天的游客增添了访古探幽的雅兴和情趣。

三河不仅有着古老的内涵，而且焕发出新的生机。近年来，三河镇在省、市政府的正确领导下，以“基础设施完善，生态环境优美，经济文化繁荣，群众生活殷实”的“经济强镇、生态古镇、文化名镇”为发展目标，加大工作力度，加快发展速度，努力打造“魅力三河”新形象，并取得明显成效，先后被确立为“全国小城镇建设重点镇”、“全国创建文明村镇工作先进镇”，省第一批“文明镇”、“卫生镇”、“国家4A级风景区”。

走进三河，泛舟河上，欣赏镇内镇外的秀丽风光；游街串巷，感受三河丰富多彩的民俗文化；万年台下，听一听庐剧那婉转动人的唱腔；小饭馆中，品一品独具风味的农家土菜，一种“心旷神怡”的感觉便在你的全身如涟漪般扩散开来。

# 第五章　合肥名人在国内外的影响



## 第一节　包拯与中国的清官文化

包拯画像

包拯(999—1062),字希仁,庐州人(今合肥市肥东县人),他既是中国北宋时期的一代名臣,也是中国清官文化的标志性人物。包拯年少时在城内香花墩读书,勤奋刻苦,抱负高远。天圣五年(1027年),包拯中进士。公元1037年,39岁的包拯正式走上仕途,首任扬州天长县(今属安徽省)知县,上任不久便破了历史上有名的"割牛舌"案,充分显示了其断案能力。先后任端州知州、监察御史、地方转运使、户部副使。公元1050年被提升为天章阁待制、知谏院,后又任河北路转运使,升为龙图阁直学士,因此人们又称其为包龙图或包学士。还做过安抚使和瀛洲、扬州、庐州、池州知州,在这些地方,他为百姓做了许多好事。他秉公办事,大义灭亲,并时刻关心着朝政。公元1056年,包拯任开封府府尹,虽然仅在开封任职一年多,但有"关节不到,有阎罗包老"之称。接着又任御史中丞、三司史和枢密副使,掌管军政。嘉祐七年(1062年),包拯逝世,朝廷追赠他为礼部尚书,谥号“孝肃”。

关于“清官”一词,有研究者指出,“查正史记载,始见于《清史稿》”[1]。然而明代李贽在《焚书》卷四《杂述·因记往事》中已有“彼为巨盗,我为清官”之说,将清官与巨盗对比,前者则有“清正、清廉”之意。早在金代,元好问的《薛明府去思口号》诗中也出现了“清官”一词:“能吏寻常见,公廉第一难。只从明府到,人信有清官。”从“清官”一词的出现和流传的时间来看,它显然与包拯关系密切,应该是在包公故事流传之后才得以普及的。[2]近千年来,包拯几乎是清官的代名词,他为官清廉刚正的美名和断案如神的传奇故事在中国民间可谓家喻户晓、代代相传。随着时空的延伸、民间传说的日益丰富和版本更新,包拯从人到神,从历史人物到文学形象,从具象到抽象,逐渐演变成为一种理念和精神的化身,同时也成为中国特有的清官文化的符号。





## 一、中国清官文化形成的主要缘由

就外部因素而言,清官文化的形成主要源自中国封建社会的政体性质、法制环境和等级制度。封建社会的根本特征是君主集权制,它没有为黎民百姓的民权诉求提供公平、公正的评判,往往只能由那些敢于主持正义、为民请愿、为民说话的个别清官来惩治贪官污吏,消解民怨,缓解社会矛盾。久而久之,清官就成为那些长期处于被剥夺话语权、申诉权和自身利益维护权的普通百姓们所祈盼的救星、崇拜的偶像,由此也逐渐积淀演化成为中国特有的清官文化。“官府衙门八字开,有理无钱莫进来。”这句颇为流行的民谣,是封建社会中国老百姓对官场腐败、墨吏贪财、钱大于法的黑暗政治的揭露和讥讽。与此相反的另一则民谚则是:“关节不到,有阎罗包老。”对于这句话,一般有两种解释:一是说打官司如果没钱疏通关节,就去找包公申诉;二是说拉关系、打通关节的事,根本到不了包公那里。无论哪种解释更贴切,其大意都是赞颂包公为官清廉刚正、铁面无私,是老百姓心中真正的清官廉臣。由此可见,包公之所以被中国老百姓称为“包青天”,奉为清官楷模,且代代相传,一方面是由于在君主专制、恶吏横行的封建时代,无权无势的底层民众始终心存对为民申冤、仗

[1][2] 段宝林:《关于包公的人类学思考》。

义执言的清官的祈盼;另一方面也表现了中国大众对包拯道德人格的礼赞和由衷敬仰。中国封建时代吏治混乱、官场腐败已是普遍现象和难治顽症,但也有一些口碑颇佳的廉吏出现,如:唐代的徐有功,明代的况钟、海瑞,还有明清之交的于成龙等都是清正廉洁、惩治污吏、爱民亲民的清官良吏。他们虽在匡正时弊、澄清冤案、拯救黎民百姓方面政绩卓著,缓解了社会矛盾,但由于封建社会人治制度存在根本性缺陷,导致他们并不能从根本上解决问题,有时甚至性命难保。徐有功因惩治奸官恶吏得罪权势,三次被控死罪,屡遭迫害;海瑞因直言上疏嘉靖皇帝而获罪下狱,差点丢了性命,这都是清官难做的典型案例。然而,在贪官恶吏瞒上欺下、横行肆虐的封建社会,清官廉吏哪怕寥若晨星,也是老百姓心中的一盏明灯和一心向往的救星。于是,民众以口头传说、民间故事和小说戏剧等形式赋予了清官许多传奇经历和神性色彩,以此来表达他们对清官的赞颂和对清明吏治的期待。久而久之,清官文化就成了在中国民间最具有群众基础和影响力的一种本土文化。

## 二、清官的人格魅力与政治风险

在各种版本的故事传说和小说戏剧等民间文艺作品中,创作者们都不约而同地描述了包公清廉刚正的人格魅力和记载了为民申冤、为民请愿的几起典型案例。如:包拯在肇庆端州任知州三年,两袖清风,视朝廷贡品端砚为身外物,离任时,连百姓赠其留作纪念的端砚也坚辞不收,留下了"不持一砚归"的千古佳话。又如:包拯在家训中明示,"后世子孙仕宦,有犯赃滥者,不得放归本家,亡殁之后不得葬于大茔之中。不从吾志,非吾子孙"〔1〕。他痛斥贪官,指出"贪者,民之贼也",并请求"今后应臣僚犯赃抵罪,不从轻贷"〔2〕。据《仁宗实录·包拯附传》记载,包拯居家简约,"虽贵,衣服、器用、饮

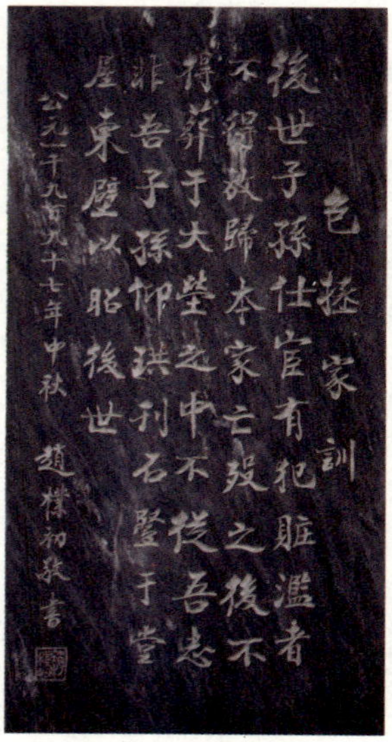

包拯家训

〔1〕 脱脱、阿图鲁等:《宋史》卷三百一十六《包拯传》,中华书局 1977 年版。
〔2〕 张田:《包拯集》。

食,如布衣时"[1]。

包拯不仅自己恪守公正廉洁,而且对亲友族人也同样从严要求,不徇私情,身先示范。如:公元1053年,包拯因丧子回庐州任职,其舅仗势欺人,受害人告到包拯处,他毫不袒护,立即依法杖责家舅。此事在当地引起轰动,包拯清官美名不胫而走。在开封任职时,为了主持公道、秉公办案,他断绝了与亲戚友人的一切书信往来,不接受任何人的说情,严厉处置了一批横行霸道、胡作非为的达官贵人和市井无赖。他还撤销了刁难勒索百姓的"门牌司",使告状人可以直接到衙门前呈交诉状,杜绝了官府门吏对百姓的盘剥,深受民众的拥护和赞誉。包拯的清廉刚正并非一时一事,而是终身一贯,相传他早在青年时期就写下了这样一首明志诗:"清心为治本,直道是身谋。秀干终成栋,精钢不作钩。仓充鼠雀喜,草尽兔狐愁。史册有遗训,毋贻来者羞。"[2]据《宋史·包公传》记载,包拯"立朝刚毅,贵戚宦官为之敛手,闻者惮之"。当时朝廷对他的评价是"识清气劲,直而不挠,凛乎有岁寒之操"[3]。吴奎在包拯《墓志铭》中称其"峻节高志,凌乎青云。人或曲随,我直其为。人或善容,我抗其辞。自始及终,言行必一"[4]。北宋名臣欧阳修尽管与他政见不合,但对他的品行操守依然敬服赞佩,称其"清节美行,著自贫贱;谠言正论,闻于朝廷"[5]。

包拯不仅在清廉律己、秉公无私等方面堪称典范,他还时时关心民众疾苦,为民请愿,力主"薄赋敛,宽力役,救荒馑"[6]。如:庆历四年,长江中下游地区出现旱灾,百姓处于饥荒之中却仍要交税,包拯为此4次向皇帝上奏章,请求体恤黎民疾苦,减轻百姓负担。他还急奏朝廷《请救济江淮灾民疏》,同时开仓放粮,缓解灾民燃眉之急。因此,江淮民众都称他为"再生父母"。由于包拯历来廉洁亲民,一身正气,所以后人赞誉他"正气大名留宇宙","道直千秋同岳峙"。[7]

---

[1] 脱脱、阿图鲁等:《宋史》卷三百一十六《包拯传》,中华书局1977年版。
[2][4] 朱万曙:《包公故事源流考述》,安徽文艺出版社1995年版。
[3][5][7] 朱万曙:《包公与清官文化》。
[6] 张田:《包拯集》。

长期以来，包拯深受民众的爱戴和景仰，不仅是因为他为黎民百姓做了许多善事，惩治了不少贪官恶吏，更重要的是他那清廉律己、刚正耿直、疾恶如仇的人格精神赢得了人们的普遍敬重。据《宋史》卷三百一十六《包拯传》记载："拯性峭直，恶吏苛刻，务敦厚，虽甚嫉恶，而未尝不推以忠恕也。与人不苟合，不伪辞色悦人，平居无私书，故人、亲党皆绝之。"[1]海瑞与包拯亦有相似之处。海瑞一生清廉守正、刚直不阿，敢于犯颜强谏、惩治腐贪，且体恤民情，深得民众的尊敬与爱戴。清嘉靖帝曾这样评价海瑞："海瑞，乃大明之神剑，唯德者堪能用之。"



作为封建社会的最高统治者——皇帝，对清官廉臣的态度往往是矛盾的，一方面他们希望朝廷上下有更多的包拯、海瑞式的忠臣廉吏，帮助朝廷匡正时弊、威慑邪恶、取信于民，以使皇朝永固；另一方面他们又担心包拯、海瑞式的清官得罪官吏太多，引起权贵不满，会动摇自己的统治基础。这样一来，清官就常有难以预料的政治风险，因为他们总是被置于官场派系斗争的风口浪尖，稍有不慎，皇帝就会兴师问罪。宋仁宗对包拯的宽容已是特例，即便如此，包拯也因弹劾外戚张尧佐触犯了仁宗，被调离京城长达 4 年。海瑞因惩治贪官遭到排挤，竟被革职闲居长达 16 年之久。由此可见，中国的清官文化有时为官方所认可，成为主流文化的分支得以延续，清官也常被朝廷当做忠君为民的良臣廉吏和遵守最高封建道德的典范予以推崇，但清官和清官文化的弘扬又始终为朝廷所戒备。只要清官的言行触犯了"龙颜"君威或得罪了皇帝的宠臣心腹，或者民间借弘扬清官文化来申冤告状或反官场腐败，朝廷往往就会毫不犹豫地惩戒贬谪清官，压制民间对清官文化的宣扬。

### 三、清官道德人格的普适价值与文学传承

中国的清官文化就其基本内涵而言，主要是以儒家的民本思想和忠君尽职克己的封建礼制道统为核心。但在不同时代或不同情形下，其内涵也会发生一定的变化。当天灾降临、民生艰困时，民众更为期待的是那些能够体恤民情、关爱百姓的清官出现；当政弊时乖、奸臣当道、是非颠倒或冤案发生时，民

---

〔1〕 脱脱、阿图鲁等：《宋史》卷三百一十六《包拯传》，中华书局 1977 年版。

众盼望的自然是那些敢于仗义执言、惩恶锄奸、为民申冤的清官大老爷。一般来说，普通百姓对清官文化内涵的理解和界定是以儒家的民本思想为主，而作为封建朝廷所认可的清官和清官文化，往往更为强调的是那种忠君尽职、清廉克己的忠臣廉吏和封建的礼制道统。随着社会的变迁和朝代的更替，人们对清官的认定和对清官文化内涵的理解与诠释可能会出现某些差异，但基本定义几乎没有多少改变。历朝历代的清官廉吏大多以忠君辅政为己任，以惩奸除恶、为民申冤和清廉自守为表征。封建社会清官廉臣所作所为的基本出发点虽然是为缓和社会矛盾，为巩固封建王朝的专制统治服务，但他们刚正不阿、惩恶扬善的道德人格却具有超越时代和阶级的普适价值。黎民百姓在以等级制度和人治为基础的封建专制时代，基本人权得不到保障，律法的施行也往往因人而异，所谓"礼不下庶人，刑不上大夫"正是对中国封建社会公正缺失，尊卑有别，刑、礼按等级划分的典型诠释。在这种生存环境中，底层老百姓自然祈盼能替他们申冤的清官大老爷出现。但在现实生活中，真正能"铁肩担道义"、为民做主的清官毕竟很少。于是，黎民百姓借助口耳相传的清官故事来寄寓自己对清官的祈望和景仰，历代文人和剧作家在民间传说的基础上整理加工，改编或创作了一系列清官传奇和剧本。其中数量最多、影响最大的要算包公题材的文学作品了。包公形象走进文学领域之后，经过千百年来的广泛传播和不断创作，其形象特征始终处在变化之中。由于时代不同，文学作品中表现出来的包公也形象各异。他的形象发展经过千百年的演变过程，历经宋、元、明、清和现代社会，在文学领域产生了轰动效应。

1. 宋代包公形象：公正无私的判官——历史包公向文学包公的转型

宋代城市、城镇和草市兴盛，市民阶级不断扩大，繁华的都市生活滋生了很多娱乐场所——瓦舍。瓦舍里汇集了很多艺人，他们各献其艺、各展所长，有的表演杂技，有的表演杂剧，有的说唱故事……包公故事的最早传说也是在这里产生的，可以说是宋代深受广大市民欢迎的说唱艺人最早将包公带入文学领域的。从此，包公铁面无私、不畏权贵、为民做主、清正廉洁的种种事迹便逐渐传播开来，而且越传越广、越传越神。民间流传的包公故事不拘泥于史实，而是根据原型不断发展和演变。广泛流传的包公故事被宋代文人采录而成为宋金笔记，经艺人加工而成为宋元话本，由演员塑造而成为宋金杂剧。在封建社会，包公的文学形象实际上是人们对黑暗现实强烈不满的一种折射，是老百姓对封建压迫的一种曲折抗议。

随着市民阶级的扩大，说话和杂剧艺术在市井兴起并蓬勃发展。通过艺人在瓦舍勾栏和茶楼酒肆中的表演，包公形象走出了文人笔记，从书场转到舞台。宋金话本和戏剧中的包公形象贴近市民生活，故事离奇曲折、情节出人意料，同时不再拘泥于历史事实，开始具有传说性，满足了市民的爱好和需求。现存宋代有关包公断案的三篇话本为：明代冯梦龙所著《警世通言》中的《三现身包龙图断冤》、《醒世恒言》中的《闹樊楼多情周胜仙》和明代洪楩所著《清平山堂话本》中的《合同文字记》。



2. 元代包公形象：断案如神、为民申冤的清官——文学包公的神化倾向

元代是中国历史上第一个由少数民族建立的统一王朝，作为统治者的蒙古贵族，实行了尊蒙贬汉的民族歧视政策，他们把国民分为蒙古、色目、汉人、南人四个等级，蒙古人被奉为至尊，汉人和南人则等而下之。当时蒙古贵族独揽朝廷军政大权，但当时的案件审理多半由小吏操控，而这些小吏贪赃枉法、是非不分，老百姓往往求告无门，有冤无处申。吏治腐败和权贵横行使广大民众渴望清官的出现，希望清官能为他们伸张正义、平冤昭雪。由于现实生活中的清官寥若晨星，一些仕途受阻的知识分子便创作了一系列包公戏，把内心的忧愤和百姓的愿望诉诸笔端，同时也对黑暗的吏治予以无情的揭露和批判。诸如此类原因，使得包公戏大量涌现，从而使元代包公戏得到繁荣发展。

元杂剧中的包公戏有 21 种，现存 11 种：关汉卿的《包待制智斩鲁斋郎》《包待制三勘蝴蝶梦》，武汉臣的《包待制智赚生金阁》，李行道的《包待制智勘灰栏记》，郑廷玉的《包待制智勘后庭花》，曾瑞卿的《王月英月夜留鞋记》，无名氏的《包待制陈州粜米》，无名氏的《包待制智赚合同文字》，无名氏的《叮叮当当盆儿鬼》，无名氏的《神奴儿大闹开封府》，无名氏的《鲠直张千替杀妻》。

元代戏曲中的包公始终是与清廉刚正、铁面无私、不畏权贵的清官形象联系在一起的。如：《包待制陈州粜米》主要写包公去陈州为民除害、开仓粜米的故事。包公为调查事实真相，不惜为娼妇牵驴。问题查清之后，他又力排阻力，坚决惩处了污吏刘时中和杨金吾。又如：《包待制三勘蝴蝶梦》中的王老汉被权贵恶霸葛彪打死，而王老汉的三个儿子为父报仇又打死了葛彪。包公不畏

龙头铡、虎头铡和狗头铡

皇亲国戚葛彪家族的权势，敢为孤儿寡母做主，用一个死囚犯换回了他们的性命。这出戏反映了包公对权贵的蔑视和为民做主的清官立场。在元代戏曲中，包公作为清官形象的基本特征已逐渐定型，并深深扎根于普通百姓心中。

在《包待制智斩鲁斋郎》一剧中，包公运用巧计惩处了为非作歹的权贵鲁斋郎。因鲁斋郎持有御赐金牌，可免死罪，包公不能斩他。于是包公为了蒙混皇帝，巧用汉字特点，把“鲁斋郎”的名字写成“鱼齐即”，等皇帝批示斩首后，他又添上笔画写成“鲁斋郎”，终于处死了地方一害。在《包待制智赚生金阁》中，包公故意炫耀宝物，使庞衙内放松警惕，骗出其从郭成手里强夺的生金阁，最终将庞衙内正法。这些故事都集中反映了清官包公在断案和除恶过程中所表现出来的聪明才智。后来，包公形象逐渐被赋予了某些神化色彩。有的戏曲极力渲染包公明察秋毫、断案如神，具有沟通阴阳两界能力的超人神性。在《包待制智勘后庭花》、《包待制智赚生金阁》、《神奴儿大闹开封府》和《叮叮当当盆儿鬼》等戏曲里，作品都描写了包公与鬼魂打交道破案的故事。包公常借鬼魂托梦来断案，还有冤魂告状、旋风引路、鬼神显灵等情节。戏剧中的这些描写无疑带有封建迷信色彩，但它们也在一定程度上反映了老百姓期待有清官为他们申冤做主的迫切愿望。

3. 明代包公形象：东方的福尔摩斯——文学包公的神魔化与类型化

中国封建社会进入明代中后期，已经走向衰落，君主专制进一步加强，土地兼并加快，阶级矛盾尖锐，一系列的社会矛盾随之产生，于是统治者忙于应付内忧外患而忽略了对文化领域的监控管理，忽略了对宣传和普及法律知识的公案小说的压制。同时，资本主义萌芽开始出现，新旧生产关系混杂，商品经济迅速发展，特别是出版印刷业的空前发达，也都促进了公案小说的繁荣。此外，手工业和城市商业的繁荣使得市民阶层壮大，人们的审美趣味趋向世俗化，时兴一种“世俗之趣”〔1〕，这既促进了小说、戏曲和各类通俗文学的繁荣，也成为明代包公形象故事不断丰富的一个原因。明代故事、戏剧、小说和说唱中的包公形象与元代相比略有变化，不少作品有意渲染他在破案中的超人智慧，将其塑造成重要的侦破者和断案者，但大体上包公依然是老百姓心目中的一代清官廉臣。明代包公形象除了断案如神外，还突出了求实作风。包公通过微服私访、乔装打扮等方式查明案情，充分显示了其精、巧、细、实的性格，但这时的包公形象已开始远离现实生活，变得更加类型化。

明代包公戏共有9种，现存5种：童养中的《胭脂记》、沈璟的《桃符记》、欣欣客的《袁文正还魂记》、无名氏的《高文举珍珠记》、无名氏的《观音鱼篮记》。上述戏剧中，包公形象基本保持了元代戏曲中智谋过人、不畏权贵、为民申冤的清官特征。但明代戏曲中的包公形象比元代更为丰富，包公常常成为料事如神的破案者，因为人们希望包公既能清正廉洁，又能断案如神、为民申冤。



4. 清代包公形象：从清官到忠臣——文学包公的类型转换

清代戏曲中的包公形象已开始出现从清官到忠臣的类型转换。清朝统治者从明朝灭亡中吸取教训，意识到要巩固皇权，就必须大肆宣扬儒家的忠君思想，使更多的汉族臣工和文人为其服务，因此他们有意宣扬包公忠君和忠于朝廷的一面，试图让汉臣效仿。于是，清代文学作品中包公形象的清官特征已被一代忠臣和神探的光彩所遮蔽。清代包公题材的小说有《三侠五义》、《万花楼》等，包公戏则有《铡美案》、《探阴山》、《打銮驾》、《铡包勉》、《断后》、《打龙袍》、《琼林宴》、《双包案》、《五花洞》、《铁莲花》、《血手印》、《行路哭灵》、《乌盆记》、《九头案》、《碧尘珠》、《神虎报》、《摇钱树》、《卖花三娘子》、《花蝴蝶》等。在上述作品中，清官包公、忠臣包公和神探包公融为一体，一方面反映了时代变迁所导致的民众心理的微妙变化，另一方面也反映了清代包公戏主题的多元化。仔细观察清代文学领域中的包公形象，在作品中我们可以发现包公的形象已与前代不同。由于清代的社会政治特点，它受到统治者的控制，为适应其需要而去宣扬一种所谓“忠”的思想。包公形象在清王朝中体现出三个鲜明的特征：一、清官与侠客义士的结合；二、忠奸斗争中的忠臣；三、沉稳气度代替了智慧。

---

〔1〕 袁行霈：《中国文学史》，高等教育出版社1999年版，第125页。

5. 当代包公形象:从忠臣到法官——文学包公的定位回归

新中国成立后,包公形象经过上千年的演变变得越来越丰满,越来越受人们喜爱。其形象发展演变到当代,人们赋予了它新的特征,即反腐倡廉的包公形象,成为当今社会精神文明的象征。随着社会政治经济的发展,少数官员生活腐化、贪污腐败,社会主义的新中国需要包公这样的清官和他执法不阿、公正廉明的精神。中国历任领导人也都极力反对官员腐败,大力提倡反腐倡廉。包公故事经过不断发展和演变,在当代形式多样,戏曲、小说、广播、电视、诗歌、动漫等都有包公题材的作品,有些作品还传播到其他国家,影响深远。

## 四、关于中国清官文化的反思

中国清官文化的历史延续和历代百姓对包拯等清官廉臣的祈盼、记忆和传扬,让我们既感到一丝欣慰,看到在中国这个历尽沧桑的文明古国,为国为民的清官廉吏不绝于世,凛乎青云、气贯长虹的道义永存,但它也让我们不免心生悲哀。中国是世界四大文明的发祥地之一,勤劳智慧的中华民族一方面创造和传承了灿烂辉煌的民族文化,另一方面这种文化在发展过程中又存在明显的先天不足,随着专制集权模式的过早成型和僵化,社会中下层(尤其是普通民众)的基本权益难以获得独立于皇权之外的法律保护,甚至连基本的申诉权和话语权都没有。当官民之间发生利益冲突或纠纷时,处于弱势的大多是无权无势的平民百姓。面对有理无处说、有冤无处申的残酷现实,黎民百姓只有祈盼青天大老爷的出现。包拯等清官的问世,给民众带来了申冤的希望,也以自身人格的光辉遮蔽了制度缺失的漏洞。中国民众只知翘首以待清官从天而降,或礼赞清官的道德人格,却不知追问和弥补制度本身的缺失。民众对清官的祈盼尽管在一定程度上体现了对法律的呼唤、对公正的崇拜,但其实质还是与法律制度和意识有所区别的人治思想,这难道不是一个民族的悲哀和理性精神萎靡的表现吗? 一个被历代民众赞颂的清官,无疑是一座道德的丰碑,但一个民族仅仅有这座丰碑是不够的,因为它既不能阻止也不能杜绝冤案和悲剧的发生。一个社会的文明进步,主要还是要依赖先进的制度。构建民主与法治相互依存的现代文明国家与和谐社会,既需要弘扬为国为民恪尽职守、清正廉洁的清官精神,更需要设计和推行能够真正体现民主法治原则,能有效阻止和惩治腐败，为老百姓维权和伸张正义的法律制度。当我们铭记历史包公、反思清官文化的时候，重要的是呼唤“制度包公”的出台和制度文化的建设。

## 第二节　李鸿章与晚清政治及洋务运动

合肥市往东北约30华里，静静地坐落着一个与中国其他乡村并无多大差异的村庄——磨店。历经百年风雨的洗礼，这座看似普通的村庄仍旧静伫在那里，默默地见证着岁月的变迁与时代的更迭。村头那口绿苔斑斓古井也一起见证了那些曾经发生在这里的每一件事，平凡的，抑或不平凡的……



公元1823年，也就是道光三年的正月初五（2月15日），正值民间传统迎财神的日子，磨店的李文安一家也是喜气洋洋——这家的大脚夫人又生了一个儿子。这个从小就天资聪颖的李家二小子便是后来权倾朝野的李中堂大人——李鸿章。

若要追根溯源，李鸿章的家世并不显赫，只是个典型的耕读世家。事实上李氏先世本姓许，明朝时因避乱由江西湖口迁至安徽合肥，其九世祖李心庄无子，姻戚许迎溪将次子给其为嗣，这才改姓为李。《李鸿章家书》中有这样一段记载：“前吾祖父穷且困，至年终时索债者如过江之鲫。”其祖父李殿华曾两次参加“乡试”，但一直与功名无缘。其父李文安于道光十八年（1838年）考中进士，官至刑部督捕司郎中，此后李氏家族才“始从科甲奋起，遂为庐郡望族”。李文安号愚荃，为人厚重，对子女要求严格，重视教育，造就了“一门两代三进士”的辉煌家景。长子李瀚章官至湖广、两广总督，次子李鸿章更毋庸赘言，三子李鹤章、四子李昭庆官皆不显。李母出身书香门第，乃合肥名士李腾霄之女，秉性贤良淑静，一生育有六子二女，她对李鸿章的人生道路影响深远。

李鸿章（1823—1901），字子黻、渐甫，号少荃、仪叟，排行老二，后人又称其为李二先生。其实他原本名叫章铜，其父后将其改为鸿章，意为“宏图大展，文章经国”。事实证明，李鸿章确实没有辜负其父当年的良苦用心。少年时的李鸿章天资过人，6岁时便进入家馆棣华书屋学习。16岁时，他更是才气逼人，以县学第一名考中秀才。道光二十三年(1843年),20岁的李鸿章入选优贡,随后奉父命入京应翌年(甲辰)顺天乡试并一举中第。赴京途中,满怀雄心壮志的李鸿章赋诗一首:“丈夫只手把吴钩,意气高于百尺楼。一万年来谁著史?八千里外觅封侯。”字里行间透出的是一种何等非凡的大气!当时其父李文安在京供职,使得李鸿章能以“官生”的名义在北京应试。道光二十七年(1847年)的丁未科试中,24岁的他考中二甲第十三名进士,顺利成为翰林院庶吉士,开始了仕宦生涯。冥冥之中,似乎一直有一股力量在推动着年轻气盛又才华横溢的李鸿章前进。1852年,他在翰林院大考中取得第二名的优异成绩,得到咸丰皇帝的“文绮之赏”。这里值得一提的是,当年与李鸿章同榜的两科(甲辰举人、丁未进士)中也是人才济济,很多是后来同他一样官位显赫的政要,如军机大臣沈桂芬,身兼大学士与军机大臣的张之万,还有沈葆桢、郭嵩焘等人,李鸿章同他们一直保持着特殊的亲密关系。最为重要的是,他在京城遇到了一位对他人生后来产生重大影响的人物,这便是他终身崇拜的恩师——曾国藩。说起来,这位晚清“中兴第一名臣”与李文安是同年进士,官至翰林。曾国藩出身书香门第,学识渊博,文学造诣极为深厚。有这样一位大儒的言传身教,李鸿章可谓受益匪浅,从而奠定了他一生思想与事业的基础。梁启超在《李鸿章传》中有这样一段论述:“鸿章初以优贡客京师,以文学受知于曾国藩,因师事焉。日夕过从,讲求义理经世之学,毕生所养,实基于是。”

李鸿章

论及李鸿章大起大落的一生,梁启超先生在《李鸿章传》中将其大致分为两个时期:前期主要是平定太平天国及捻军,即“兵家之李鸿章”;后期主要是兴办洋务和外交生涯,即“洋务及外交家之李鸿章”。以下就从这两个方面来了解李鸿章。

## 一、李鸿章与淮军

19世纪中叶,西方资本主义列强入侵中国,激化了晚清社会的各种矛盾,内忧外患无时无刻不在吞噬着气数将尽的清王朝。此时的大清帝国已是风雨飘摇，人民更是处在水深火热之中。穷则思变，一时间众多饥寒交迫的农民纷纷揭竿而起。咸丰元年(1851 年)1 月，一位屡试不中的粤籍私塾先生洪秀全在广西金田发动农民起义，建号太平天国。3 月洪秀全在东乡称天王，9 月太平军攻克永安并驻扎半年，进行封王建制、整顿军纪等工作。随后，起义军迅猛进军，从广西经湖南、湖北、江西、安徽，一路上以风卷残云之势挺进长江中下游地区，直逼江苏。1853 年 3 月，太平军攻克金陵，改名天京，将其定为太平天国首都，正式建立了一个与清王朝分庭抗礼的农民政权。清廷一开始对这群“长毛”不屑一顾，现在一下子面对如此严峻的形势，咸丰帝感到极为震惊，同时也对朝廷正规军竟如此不堪一击感到震怒，于是速命各省在籍大臣兴办团练，以配合朝廷正规军同太平军作战。“团练”即地主阶级的地方武装，是“团”与“练”的合称。团练多由地方豪绅把持，自筹粮饷，维护地方封建统治秩序，必要时镇压地方群众的反抗斗争。在这样的大背景下，翰林院编修李鸿章也奉命随同工部左侍郎吕贤基回安徽办理团练，开始了他“翰林变绿林”的戎马生涯。

1853 年太平军到达李鸿章的家乡安徽，攻克省城安庆并杀死巡抚。李鸿章得知此消息后立即回到老家庐州，招募了一支几百人的“勇壮”，与周围的地方团练配合同太平军作战。李鸿章乃一介书生，可以说是完全不懂军事，虽苦战 5 年却收效甚微，只落得四处碰壁，甚至还留下被太平军一连攻破 10 余座军营的记录，着实吃了不少苦头。1857 年 2 月，太平军的两员大将陈玉成、李秀成率主力挥师北上，这时李鸿章的“勇壮”们便兵败如山倒。咸丰八年(1858 年)，太平军再度攻克庐州，并且把李家祖宅焚毁一空。此时的李鸿章家破兵败，陷入人生低谷。不过几年的磨炼也着实让他长了不少见识，获得了一些实战的经验。此时，在湖南长沙兴办本省团练的曾国藩则是另一番气象。他利用当时特殊的局势，编练湘军，配合绿营军作战。湘军在军事上旗开得胜，势力也逐渐强大。失意中的李鸿章写了一封信给自己的恩师:“窃念今日之事势艰难极矣，人才败坏极矣。惟吾师倡义旅于湘中，拂拭英奇，别树一帜……”曾国藩认为他“才大心细”且“文武兼资”，收到信后令幕僚李瀚章向其弟发出邀请，命其“命驾迅速来助为盼”。李鸿章随后投身曾国藩的幕府，正式加入湘军阵营。

咸丰十年(1860年),江南大营被攻破,钦差大臣和春战败身亡,庞大的绿营军主力顷刻间土崩瓦解。因此势力日益强大的湘军自然成为清政府镇压太平军的唯一主力,曾国藩于是被授予两江总督和钦差大臣,总揽军权。

这时,太平军以势如破竹之势横扫江浙,逼近上海。上海虽弹丸之地,却是当时全国最重要和最大的商业中心与口岸。据统计,当时全国近一半的进出口贸易都在上海进行。因此,守住上海的重要性不言而喻。面对所向披靡的太平军,当时的上海富商官绅们惊恐万分,租界的洋人们基于自身利益考虑也极力想阻止“长毛”们的进攻。然而当时的上海四面楚歌,国家正规军又不堪一击,能暂时依靠的只有租界里的所谓“各国勇壮”(即臭名昭著的华尔洋枪队)。可那些洋兵们虽然武器装备先进,但人数最多不过一两千,与太平天国的12万大军相比无异于以卵击石。危难之际,上海的官绅们将目光投向了因湘军而名声大振的曾国藩。于是在冯桂芬的导演下,一场“乞师”大戏拉开了帷幕。1861年冬,户部主事钱鼎铭携冯桂芬起草的乞师书信《公启曾协揆》,作为上海方面的代表,亲自来到安庆游说曾国藩出兵援沪。钱动之以情、晓之以“利”,说得曾国藩颇为之动容。曾当时的考虑主要是援沪可以开辟东方战线,最终达到东西夹击南京的目的。另外,上海方面开出的条件也很诱人。我们知道,湘军成立后由于不是国家军队而一直面临着“饷绌”的困境,如果湘军出兵上海,那么其在军费上就可以得到上海方面的很大支持,足以保证军队的日常供给。

经过慎重考虑,曾国藩决心援沪,但谁来担此重任又成为一个难题。湘军虽然实力很强,但要同时应付江南四省的战局,再去援沪实在有点力不从心。曾国藩最先考虑的是其九弟曾国荃,让他率兵1万援沪,但曾国荃一直认为攻下天京才是平定太平天国的首功,就以“恐归他人节制,不能尽合机宜,从违两难”为借口不愿出兵。曾又欲用左宗棠和鲍超,但皆因二人军务繁忙无法抽身而放弃。他又想起了素以稳健著称的湘军将领陈士杰,不料陈士杰却以“母老为辞”。无奈之下,曾国藩最后决定让李鸿章担此重任,回家乡招募新勇。李鸿章重新崛起的机会就这样降临了。

李鸿章回到庐州,用最快的速度组建了一支以其旧有团练为主的地方武装。到次年3月,这支新建的队伍已初具规模,达到13个营,共计5 600余人,其中有张树声、张树珊兄弟的"树"字营，刘铭传的"铭"字营，潘鼎新的"鼎"字营，吴长庆的"庆"字营和张遇春的"春"字营。由于这支队伍主要是从淮河流域招募的，所以叫"淮勇"，也称淮军。同治元年(1862 年)3 月 4 日，曾国藩在李鸿章的陪同下在安庆北门外军营检阅了这支部队。它标志着淮军正式成立，走上历史舞台，开始了它近 40 年的风雨历程。

1862 年 4 月 8 日，上海官绅雇用英国的火轮船，将淮军分 7 批运抵上海。淮军抵沪后，一切都听从李鸿章的部署和调任。初至上海时，淮军将士们一个个土里土气、衣衫不整还满口粗话，一度被讥为"叫花子兵"。李鸿章对此满不在乎，曰："兵贵能战，非徒饰观，迨吾一试，笑未晚也。"此时淮军还在通过各种方式积极扩充队伍，因为仅靠这些团练武装想要保住上海显然是不够的。李鸿章还亲自上阵，加紧"练兵练器"，狠抓纪律作风以全面提高作战能力，因为他深知上海的富豪官绅们花 18 万两白银的大价钱不是请他们来装点门面的，接下来等待他们的将是真枪实战。

1862 年的虹桥之战是淮军援沪的第一场战役。对于李鸿章来说，这一仗只能赢不能输！当时李亲自上阵督战，鼓舞士气。首战告捷后，淮军军威大震，

淮军进入上海

连李鸿章自己也得意洋洋地说:“有此胜仗,我军可以自立,洋人可以慑威,吾师可稍放心,鸿章亦敢学战。”接下来又是两场恶战,淮军不负众望,都以胜利告终。那些洋人也对李鸿章大为叹服,皆“以拇指示之”。四江口战役后,上海之围彻底解除。李鸿章稍后被授为江苏巡抚,集军政大权于一身,成为“封疆大吏”。从此,一个属于李鸿章和他的淮军时代真正开始了。

解除上海之围后,来自太平军的忧患并未完全消除。随后,李鸿章与英、法以及美国华尔洋枪队联手对付太平军。其间李目睹了洋枪洋炮的巨大威力,感触良多。回去后他不惜重金购买洋枪洋炮武装淮军,还聘请一些外国教练指导淮军训练,这些措施确实起了一定的作用。李鸿章在参观完英国海军旗舰后,曾大发感慨:“大炮之精纯,子药之细巧,器械之鲜明,队伍之雄整,实非中国所能及。”此后淮军的装备也很快变得精良起来,战斗力大为提高。而曾国藩对那些很不以为然,他认为“制胜之道实在人而不在器”,这也是后来湘军落后于淮军的一个重要因素,在武器装备与训练方法上它都跟不上的时代步伐了。

1863 年春,淮军从上海向苏南推进,李鸿章采取了“用沪平吴”的战略来镇压太平军。11 月下旬,淮军又在戈登“常胜军”的配合下围攻苏州,之后又及时遣散了越来越不听话的“常胜军”。此时的淮军已今非昔比,清政府于是下令李鸿章火速率部同湘军一起围攻天京。1864 年 7 月,湘军攻破天京,这标志着轰轰烈烈的太平天国农民起义的彻底失败。清政府终于松了口气,但曾国藩却犯难了,功高震主乃为官一大忌讳,此时的他选择了明哲保身。他决定遣散湘军主力,只保留一小部分,用李鸿章的淮军作为北上“剿捻”的主力。

淮军当年以 13 营的兵力进驻上海,至此已发展成为一支近 120 营、六七万人的强大武装。曾国藩的 8 万“剿捻”大军中有近四分之三是配有洋枪洋炮、装备精良的淮军。由于淮军一直

淮军炮队和洋枪队

听命于李鸿章，以致曾国藩调动指挥起来不如湘军那么得心应手。同治五年(1866年)，曾国藩因"剿捻"无功自请病假而重任两江总督，同时清政府改授李鸿章为钦差大臣，专办"剿捻"。淮军是他一手带出来的，指挥起来那简直是呼风唤雨、游刃有余。他借鉴曾国藩的"剿捻"经验，实行"划河圈地"、"以静制动"的作战方针。自1866年底李鸿章接替曾国藩任"剿捻"主帅以来，在不到两年的时间里，他率领淮军各个击破，彻底清剿了捻军。

此时，淮军达到鼎盛时期，拥有30多支部队，8万余名将士。根据清朝制度和惯例，一旦战争任务完成，八旗必须遣返防地，绿营必须遣返汛地，团练武装则须解散归农，统兵将帅则各归建制。然而，自僧格林沁战死后，清廷已派遣不出领兵大将，国家正规军又不足依靠，因此，淮军在"剿捻"后虽然有所裁撤，但仍是保卫国家的重要力量。1870年李鸿章就任直隶总督兼北洋大臣后，淮军更是长期驻守北疆的门户，担负国防重任。直到保卫国家的重任被袁世凯的新式陆军所取代，淮军的历史使命才宣告结束。

在40年里，清政府正是依靠淮军这样一支武装安内攘外，防患固本。而李鸿章也正是凭借自己掌握的兵权成为中国近代史上举足轻重的人物，"凡内政外交，枢府常倚为主，在汉臣中权势最巨"。随着李鸿章的权势日趋显赫，淮军已从军事武装演变成为势力强大的政治集团。"坐拥重兵，挟淮军以揽权"的李鸿章，积极扶植自己的政治势力，巩固淮系集团的政治地位。但他"任人唯亲，重用亲属，提拔部属乡里，淮军将校，果有能者，无不用也"，这也为他以后的失败埋下了伏笔。当时，其兄李瀚章官至湖广总督，部下张树声曾为两广总督，并在李鸿章丁忧(古代官员父母去世，官员必须停职守制的制度)期间署理直隶总督兼北洋大臣，刘铭传为台湾第一任巡抚，刘秉璋官至四川总督，潘鼎新为云南、广西巡抚。最明显的是李鸿章启用老乡丁汝昌任北洋海军提督，而丁汝昌本为陆将，对军舰、海战并不熟知，这不能不说是后来导致甲午中日战争北洋舰队全军覆没的一个重要原因。李鸿章还想方设法笼络当时有名望、有影响力的人士，不断扩展淮系集团的政治影响。当时，淮系集团的影响力已经渗透到晚清的外交、文化、教育、工业、经济等许多领域。

李鸿章和他的淮军崛起并活跃在晚清阶级矛盾和民族矛盾都十分尖锐的历史时期，从军事、政治、经济、外交和文化等方面，维系着清政府堪忧的命运。

以李鸿章为代表的淮系集团从根本上动摇了满汉畛域之见，真正确立了汉人在晚清的政治地位。后来，同样是淮系出身的袁世凯凭借手中掌握的北洋军镇压资产阶级革命，维护北洋政府的统治。从某种意义上说，北洋军阀若上溯其渊源，仍可视为淮军的继承。

## 二、李鸿章与洋务运动

洋务运动是19世纪60年代清政府在镇压太平天国起义的过程中和第二次鸦片战争结束后兴起的。当时，民族矛盾与阶级矛盾交织在一起，内忧外患一起冲击着摇摇欲坠的清王朝。面对中国"数千年未有之变局"，为挽救清政府的统治危机，封建统治阶层中的部分成员如奕䜣、曾国藩、李鸿章、左宗棠、张之洞等思想开明人士，主张学习西方先进的科学技术与武器装备，以"自强"、"求富"为目标，积极兴办"洋务"，这些官员也被称为"洋务派"。

对洋务派兴办洋务的指导思想最早作出比较完整表述的是冯桂芬，他曾说："以中国之伦常名教为原本，辅以诸国富强之术。"这一思想后被概括为"中学为体，西学为用"。这里所谓的"中体西用"即以中国封建伦理纲常所维护的统治秩序为主体，以西方的先进技术和工业为辅助，并以前者支配后者。

在洋务派诸位人物中，论地位最高或兴办洋务时间最久，都非李鸿章莫属。那时，李鸿章军功显赫，又于1870年继曾国藩出任直隶总督，后又兼任北洋通商事务大臣，筹办洋务长达25年之久。同时他又手握兵权，统领一方，颇有"坐镇北洋，遥执朝政"的架势。

江南制造总局

李鸿章作为一位与洋务运动相始终的核心人物，在兴办洋务中所取得的成效大致有以下几点：

1. 兴办近代军事工业，建立近代海军

洋务派首先兴办的便是军事工业，其首要目的自然是为了镇压太平天国起义，但客观上也加强了中国的海防、边防，一定程度上抵御了外国

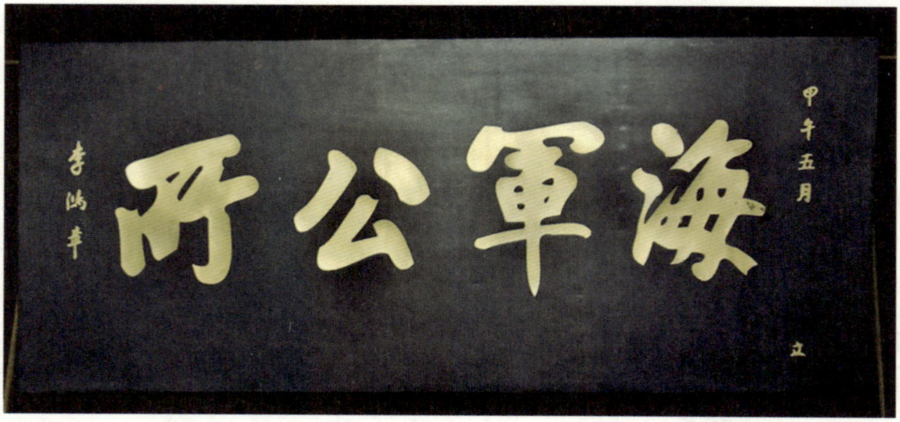


李鸿章手书“海军公所”

的侵略。从 19 世纪 60 年代起，李鸿章等人以“自强”为口号，积极筹建新式军事工业，兴办兵工厂，仿造外国机械舰炮。其中规模较大的有 1865 年曾国藩支持、李鸿章筹备的上海江南制造总局（当时全国最大的兵工厂），同年李鸿章在南京设立的金陵机器局，左宗棠在福州创办的马尾船政局（当时国内最大的造船厂），崇厚创办的天津机器局和后来张之洞在汉阳创办的湖北枪炮厂。这些军事工业都是官办的，采用封建官僚制度进行经营管理。1874 年日本派兵入侵中国台湾，清政府筹办海防、建设海军之议随之兴起。1875 年，清廷任命沈葆桢、李鸿章分别督办南、北洋海防事宜。从 19 世纪 70 年代到 90 年代，洋务派分别建成福建水师、广东水师、南洋水师和北洋水师，舰船共八九十艘。其中北洋水师是清政府的海军主力，1888 年正式建成，包括大小兵舰 20 多艘，有从德国购买的两艘巨型铁甲舰“定远”、“镇远”，排水量达 7 335 吨。另外，还有从英国购置的“致远”、“靖远”快速舰，整个舰队基本配套完整。这支舰队也一直由李鸿章管辖。

开平矿务局

2. 兴办近代民用工业

从 19 世纪 70 年代开始，洋务派除了继续兴办军事工业外，还开始兴办民用企业，以辅助军事工业。从 19 世纪 70 年代到 90 年代，洋务派共创办民用企业 20 多个，重点在采矿、冶炼、纺织等工矿业和航运、铁路、电讯等事业。这些民用企业除少数采取官办或官商合办外，多数为官督商办。其中比较有名的有轮船招商局、开平矿务局、天津电报局和上海机器织布局，而且都由李鸿章筹办或控制，基本上属于资本主义性质的近代企业。它们进一步瓦解了中国自给自足的封建自然经济，客观上促进了近代资本主义在中国的发展。

首批留美幼童图片

3. 开办新式学堂，派遣留学生

兴办洋务，首先需要的是懂得西方先进技术的专业人才。以李鸿章为首的洋务派深刻地认识到这一点，他们为此创办了许多新式学堂。一是翻译学堂，主要培养翻译人才。1863 年，李鸿章在上海创办了广方言馆，培养外语和科学人才，后并入江南制造总局。二是工艺学堂，主要培养铁路、矿物、电报等人才。三是军事学堂，如福州船政学堂等，培养了大批军事人才。至于“留美幼童”计划，还得提到容闳——中国第一个自费留学生，毕业于美国耶鲁大学，正是他倡导借“留美幼童”计划把西方先进的文明移植到中国大地。1870 年，李鸿章与恩师曾国藩联手上疏请求派遣 120 名幼童分 4 批赴美留学，出乎意料地得到清廷首肯。两年后，首批幼童得旨出行。这批幼童年龄最小的 10 岁，最大的也不过 16 岁。他们中的大多数人学习刻苦，并陆续升入美国各高校深造。但由于朝中保守派势力过于强大，一些人疾呼“他日纵能学成回国，非特无益于国家，亦且有害于社会”。在一片反对声浪中，“留美幼童”计划于 1881 年夭折，所有学生分 3 批黯然回国。但他们中也不乏学成归来者，如毕业于耶鲁大学的中国铁路之父——詹天佑。

总之，洋务运动在客观上促进了中国早期工业和民族资本主义的发展，传播了新知识，开阔了国人的眼界，一定程度上引起了社会风气和价值观念的变化。洋务运动中，一批近代化企业相继开办，还建立起了近代海军，然而中国却既未富有也未强大起来。1894 年爆发的甲午中日战争标志着以“自强”、“求富”为目标的洋务运动失败。这是由于李鸿章等人兴办洋务运动的主要目的是为了维护清王朝的封建统治，且存在许多深层次的体制性缺陷。所以，它的失败是不可避免的。

李鸿章从 19 世纪 60 年代开始兴办洋务，直至甲午战争结束。正如梁启超所说：“为李鸿章传，则不得不以洋务二字总括其中世二十余年之事业。”[1]作为与洋务运动相始终的核心人物之一，他在洋务运动中的所作所为皆可视为中国近代化的拓荒之举。



从某种程度上可以说李鸿章的人生是晚清，尤其是 19 世纪 60 至 90 年代中国封建统治的一个缩影。甲午中日一战，北洋舰队全军覆没，淮军元气大伤，李鸿章多年苦心经营洋务而成的局面从此付诸东流。这场战争打碎了套在李鸿章头上的所有光环，他一下子从权力的顶峰跌至谷底，他一手打造的号称“中兴之师”的淮军也从此一蹶不振。

当时，日本在东北势力的急剧膨胀，引起俄国的警惕和担忧。俄国政府借 1896 年 5 月沙皇尼古拉二世加冕的机会向清政府发出邀请，希望清政府能派员参加，借机讨论如何限制日本在中国东北的利益。李鸿章当时赋闲在家，又主张亲俄，自然是出使的不二人选。清廷决定派使团赴俄，顺访英、法、德、美等国。当时李已是 73 岁高龄的老人，据说临行前家人恐其不测，专门准备一副楠木棺材随行。不久，李鸿章与俄国政府秘密签订条约，史称《中俄密约》。1900 年 7 月，已近八旬的李鸿章又以全权大臣的身份代表清政府与“八国联军”谈判，最终于 1901 年 9 月 7 日与侵略者签订了又一个丧权辱国的不平等条约——《辛丑条约》。他也因此而饱受诟病，招致一片辱骂。

1901 年 11 月 7 日，李鸿章病逝于北京贤良寺，终年 78 岁。直到他弥留之际，一直假托友好的俄国人还站在其床榻前逼他在割让东三省的协议上签字。也许在那一刻李鸿章才明白自己一直倡导的“和戎外交”是那么的愚昧可笑，只是为时已晚。去世前，李鸿章还口述诗一首：

---

〔1〕 梁启超：《李鸿章传》，上海古籍出版社 1981 年版。

劳劳车马未离鞍，临事方知一死难。
三百年来伤国步，八千里外吊民残。
秋风宝剑孤臣泪，落日旌旗大将坛。
海外尘氛犹未了，请君莫作等闲看。[1]

历史就是这样，一代权臣李鸿章竟如此凄凉地走到了人生的尽头。李鸿章逝世后，梁启超曾写下一幅挽联以寄哀思：

太息斯人去，萧条徐泗空，莽莽长淮，起陆龙蛇安在也；
回首山河非，只有夕阳好，哀哀浩劫，归辽神鹤竟何之。[2]

## 三、对李鸿章的评价

李鸿章死后一直被视为大奸臣、卖国贼。即便在当今不少历史教材中，李鸿章也被"脸谱化"为反面人物的典型。当年北京伶界名丑杨三病故时，就有人作了一副对联：

杨三已死无苏丑，
李二先生是汉奸。

如今看来这种简单的定论是有失偏颇的。梁启超曾曰："中国俗儒骂李鸿章为秦桧者最多焉。法越中日两役间，此论极盛矣。出于市井野人之口，犹可言也，士君子而为此言，吾无以名之，名之曰狂吠而已。"[3]此言极是！

李鸿章晚年曾感慨："予少年科第，壮年戎马，中年封疆，晚年洋务。一路扶摇，遭遇不为不幸。自问亦未有何等陨越，乃无端发生中日交涉，至一生事业，扫地无余……"虽然李鸿章的某些行为主张确实存在问题，但他对中国历史尤其是近代化所作出的贡献是不可磨灭的。

---

[1] 赵尔巽等：《清史稿·李鸿章传》，中华书局 1977 年版。
[2][3] 梁启超：《李鸿章传》，上海古籍出版社 1981 年版。

《清史稿·李鸿章传》评价曰:“中兴名臣,与兵事相终始,其勋业往往为武功所掩。鸿章既平大难,独主国事数十年,内政外交,常以一身当其冲,国家倚为重轻,名满全球,中外震仰,近世所未有也。生平以天下为己任,忍辱负重,庶不愧社稷之臣;惟才气自喜,好以利禄驱众,志节之士多不乐为用,缓急莫恃,卒致败误。疑谤之起,抑岂无因哉?”〔1〕

梁启超在他的《李鸿章传》中开篇即说:“吾敬李鸿章之才,吾惜李鸿章之识,吾悲李鸿章之遇。”“吾欲以两言论之,曰:不学无术、不敢破格,是其所短也;不避劳苦、不畏谤言,是其所长也。”

李鸿章对自己的一生也曾做出以下总结:“我办了一辈子的事,练兵也,海军也,都是纸糊的老虎,何尝能实在放手办理,不过勉强涂饰,虚有其表,不揭破犹可敷衍一时。如一间破屋,由裱糊匠东补西贴,居然成一间净室,明知为纸片糊裱,然究竟不定里面是何等材料。即有小小风雨,打成几个窟窿,随时补葺,亦可支吾应付。乃必欲爽手扯破,又未预备何种修葺材料,何种改造方式,自然真相破露,不可收拾,但裱糊匠又何术能负其责?”一个“裱糊匠”里饱含着多少心酸,恐怕也只有李鸿章自己知道了。确实,一个人的力量怎能独自承担历史的重负呢,更何况是百孔千疮、气数将尽的清王朝!

李鸿章

如今,在合肥繁华的淮河路步行街北侧,坐落着李鸿章的故居——李府。陈列馆馆长向我们介绍,目前学术界和民间对李鸿章的看法大都朝着越来越客观的方向发展,不再用单纯的好或坏来评价他。人们正在挖掘李鸿章的历史价值,并试图从历史的角度去解读李鸿章,而不是单纯的排斥或褒奖他。

〔1〕 赵尔巽等:《清史稿·李鸿章传》,中华书局 1977 年版。

“滚滚长江东逝水，浪花淘尽英雄。是非成败转头空，青山依旧在，几度夕阳红……古今多少事，都付笑谈中。”[1]历史的长河仍在奔腾不息地前行，关于李鸿章的功过是非的争论还在继续……我们唯有感慨：“往事已成空，还如一梦中。”

## 第三节 段祺瑞与北洋政府

段祺瑞

段祺瑞(1865—1936)，原名启瑞，字芝泉，晚号正道老人，安徽合肥人。1865 年 3 月 6 日(清同治四年二月初九)出生于安徽六安太平集一个地道的农民家庭，数年后随父母迁至合肥乡间。后来，人们把以段为首的一帮北洋系军人、政客称为皖系，一个主要原因就是段祺瑞为安徽人。

段祺瑞的祖父段佩曾参加淮军，因作战“有功”，一直升迁至淮军统领。段祺瑞在正式投军之前，曾跟随祖父和家族的一些长辈们在军营中生活，他的尚武精神和从政意识可能就是在那个时候打下的基础。由于祖父去世，段家家道中落。1881 年，段祺瑞从合肥徒步到山东威海卫军营投奔堂叔段从德。那一年，他年仅 16 岁。

1885 年，李鸿章创办的天津武备学堂成立，段祺瑞从山东驻地考进了炮兵科，并遇到了他人生中的第一位“恩人”——李鸿章。在校学习期间，他成绩优异。在李鸿章的一次视察中，他演练表现精彩出众，再加上和李又是同乡，自然得到了李鸿章的重视。1889 年段祺瑞被李鸿章选送德国柏林大学深造，两年后李鸿章又特批他留在德国克虏伯炮厂实习。在当时世界上最先进的火炮厂学习了半年后，段祺瑞进一步掌握了先进火炮的制造技术和使用技术，这对他以后的军事生涯和思想意识产生了很大的影响。

---

〔1〕 杨慎：《临江仙·滚滚长江东逝水》。

## 一、段祺瑞与北洋军

段祺瑞回国后，在山东威海武备学堂担任算学和炮学的教习工作。甲午中日战争失败后，清政府处于内忧外患之中。在朝野上下的压力下，同时也为了巩固和延续统治，清政府进行军事制度改革并决定建立新式陆军。1896 年 11 月张之洞在南京创建南洋新军不久，位于天津和大沽之间的小站，另一支新式陆军正式成立，为有别于南洋新军，这个新建的陆军被称作北洋军。北洋军的建立是中国近代史上的一个重要事件。北洋军在中国历史上进行了长达 17 年的统治，从军事方面来说，它的建立是中国军队走向近代化的一个标志，激起了中国人建立新式军队、自强自立的愿望。对于段祺瑞来说，北洋军的建立给他带来了一个重要机会。当时任陆军大臣的荫昌将他引荐给正在小站编练新式陆军的袁世凯，段深得袁的赏识。在段祺瑞的一生中，袁世凯可以说是一个对他发生重要作用的人物，他们之间的交往也始于小站练兵的时候。

段祺瑞戎装照

段祺瑞到小站后便开始平步青云，当年即被任命为炮兵营统带兼随营炮兵学堂监督，还先后出任过一系列高级重要军职，成为袁世凯的心腹。段祺瑞长期主管新建陆军炮兵学堂，对日后形成以他为首的皖系势力不无影响，靳云鹏、吴光新、傅良佐、曲同丰、贾德耀、陈文运、马良、张树元、郑士琦、何丰林等皖系将领，当年都是新建陆军炮兵学堂学员。1899 年，段祺瑞随袁世凯入山东镇压义和团运动，因“军功”升补用知府，兼充武卫右军各学堂总办。1901 年底，袁世凯由山东巡抚升任直隶总督，段祺瑞又随袁世凯返回直隶，专司编练北洋常备军。这批军官被袁世凯视为嫡系，其中不少人后来成为北洋系统中的高级将领，而这些人论起渊源皆出自段祺瑞门下，这也是段在北洋系统中颇具号召力的一个重要原因。1902 年 5 月，段祺瑞率领刚刚编成的北洋军残酷镇压直隶广宗县景廷宾起义。因杀戮农民“有功”，他被赏顶戴花翎并加“勇”号。6 月，段祺瑞升任北洋军政司参谋处总办。1903 年 12 月，清廷设立练兵处，段又当上了练兵处军令司正使。1904 年，袁世凯借日俄战争之机编成北洋陆军第三镇，段祺瑞以副都统衔充当翼长。次年，北洋陆军改制，段调任第四镇统制。1906 年，又调署第三镇统制，兼督理北洋武备各学堂。后来他又任著名的保定军官学堂总办、陆军各学堂督理、会考陆军留学生主试大臣。因段多次主持各类陆军军官学堂，后来很多北洋中高级军官都要尊称其为“老师”。1908 年末，袁世凯被罢官后，段祺瑞一度署理北洋军第六镇统制。1910 年他调任江北提督，成为统兵一方的大员。

袁世凯自小站练兵起，就在自己控制的军队中竭力培植私人班底，至清末主要靠他拔擢而起的统兵大员(官至总兵或提督以上者)已有数人。其中既干练而又有声望的段祺瑞、冯国璋和王士珍三人，人们把他们并称为“北洋三杰”，后来，更形象化地称他们为“王龙、段虎、冯狗”，段祺瑞因而有“北洋之虎”的美誉。

段祺瑞等人被称为“北洋三杰”，并非仅因他们在袁的拔擢下获得高官要位，而与他们自身具备一定的军事才能和政治头脑也有相当的关系。特别是段祺瑞的政治嗅觉尤为敏锐。辛亥革命期间，他一面甘冒风险鼎力助袁迫清帝退位，一面又以北洋军武力助袁逼迫孙中山和革命党人让权，为袁世凯窃国立下第一“大功”。在袁世凯势力膨胀的过程中，段祺端也悄悄地培植起一定的个人势力。

1911 年辛亥革命后，袁世凯在段祺瑞等人的帮助下篡夺了胜利果实，当上了中华民国临时大总统，段祺瑞因此有了“一造共和”的美誉。为了酬报段祺瑞长期以来的追随和效命，袁世凯任命段祺瑞担任陆军总长，并代理国务总理一职，掌握军政大权。此后相当一段时期内，袁世凯为建立和巩固自己独裁统治的一系列重大举措:如裁撤南方革命军、胁迫副总统黎元洪进京就职、镇压“二次革命”与白朗起义军，都由段祺瑞直接指挥或参与策划，段可谓袁手下第一得力之人。袁此时也对其信任有加，举凡重大活动均交由段领导的陆军部或总统府军事处办理。段也借把持陆军部的时机培植党羽，建立自己的班底。当时列在段氏门下者，武有靳云鹏、徐树铮、傅良佐、曲同丰、吴光新等，文有曾毓隽、张志潭等，其中靳云鹏、徐树铮、傅良佐、曲同丰号称“四大金刚”。但段氏麾下的几员大将靳云鹏、徐树铮等彼此间很不融洽，经常因邀宠发生矛盾。其中段最信任的徐树铮，为人骄横异常，令其他几位皖系大将无法忍受，这也是后来皖系集团内部始终不稳定的原因之一。

## 二、段祺瑞与黎元洪



在新任总统的人选问题上，是让现任副总统黎元洪继任总统之位还是推选段祺瑞为总统，南北军阀曾有过激烈的争论，黎、段二人也各打自己的算盘。段祺瑞心里明白，如果自己当总统，一方面南方军阀会持反对意见，局势也会动荡不安；另一方面，北洋派在袁世凯死后逐渐分裂，直、皖两大派系力量开始形成，如果这时候推翻黎元洪，会引起更大的分裂，但如果让黎元洪当总统，以上两点就都可以避免，而且实行责任内阁制，实权可以掌握在自己手里，成为真正的总统。经过反复考虑，段祺瑞决定推选黎元洪担任总统。1916 年 6 月 7 日，黎元洪在东厂宣誓就任总统一职，当天段祺瑞被任命为国务总理，并负责组织责任内阁。

袁世凯逝世以后，军事、政治和经济各方面的危机较为严重，因此段祺瑞一上任就处在复杂的矛盾斗争之中，主张维护《临时约法》、实行民主共和的护国战争的爆发就是其突出表现。为了平息与西南军阀的纷争，1916 年 6 月 29 日，段祺瑞同意恢复《临时约法》和召开国会，于是轰轰烈烈的护国战争稀里糊涂地以“和平”方式告终，南北融合，“气象一新”。此时段祺瑞大权独揽，一切大政方针均由其决定，皖系军阀的实力因此更上一层楼。然而，很快他和总统黎元洪的矛盾就日益凸显，“府院之争”的爆发是其矛盾发展的必然结果。

段祺瑞根本不把黎元洪放在眼里，不仅自己态度骄横，连徐树铮及手下人也对黎元洪十分无礼。黎元洪尽管不满意段却又非常畏惧他，自从当选总统后，他的幕僚和国会中的一些反段力量开始积极策划倒段事宜。黎依靠这股力量的支持，不再甘心逆来顺受，企图掌握军政大权。“府院之争”摩擦不断，一波未平，一波又起，孙洪伊、徐树铮、丁世峄纷纷辞职，然而真正导致两人彻底决裂的是关于对德问题的冲突，这个问题有着非常复杂的国际背景。段主张对德宣战，黎却拒绝盖章，这与帝国主义的利益纷争不无关系。皖系军阀能够连年对南方军阀发动战争，其庞大的军政费用开支，主要依赖新交通系所经手的对日借款。而黎元洪走的却是亲美路线。美、日帝国主义都希望促使中国参战以取得在中国的霸权，但美国发现中国参战对日本的好处远大于自己，于是马上改变态度，不再支持中国参战。段为实现自己的目的，指使各省督军联名赞成宣战，并制造所谓的“民意”。1917 年 5 月 1 日，他召开国务会议，讨论对德宣战问题，在督军倪嗣冲、张怀芝、李厚基、孟恩远等人的胁迫下，阁员们匆匆表决通过。5 月 6 日，段祺瑞率阁员前往公府，强迫黎在参战案上盖印。5 月 7 日，对德宣战案提交国会表决。5 月 10 日下午，在段的幕僚傅良佐的授意下，成群的“自发公民”包围众议院大楼，引起众议员的义愤，集体罢会以示抗议，于是宣战案中途告吹。可是段决定坚持下去，企图重开议会。而此时段祺瑞内阁一件丑闻的揭露使黎有了反败为胜的机会。5 月 23 日，黎凭借英文《京报》披露的中日秘密签订的 1 亿元的军事借款与段所做的承诺不符，下令罢免段国务总理和陆军总长的职务，段鼻子气歪了。段祺瑞有个特点，就是一生气鼻子就会歪，气得越厉害，鼻子就歪得越厉害，因此有“段歪鼻”之称。他气急败坏地离开北京前往天津，并通电表示不承认黎的罢免令。

黎元洪的腰杆突然直了不仅是因为得到美帝国主义的授意，更是因为得到了实力派“辫子大帅”张勋的支持，不过他却没想到张勋会反咬一口。6 月 7 日，在接到总统令后张勋亲率 6 000 名辫子军向北京进发，一场政治预谋即将降临。张对黎的支持当然不是真心，他一心想做的就是复辟清王室。张入京经过天津时，段曾不止一次劝他不要搞复辟，并且郑重表示：“你如复辟，我一定打你。”张勋依然我行我素，到达北京后立即勒令在黎 3 天内解散国会，黎搬来的救星竟成了灾星。7 月 1 日，北京大街小巷飘起大清国的龙旗。7 月 2 日，黎无奈重新任命段为国务总理，准现任

张勋复辟

总理李经羲去职,并签发了请副总统冯国璋代行大总统职务的电报。段走马上任后偕梁启超等人共赴马厂,在第八师师长李长泰府邸主持召开讨逆会议。讨逆军对北京城的辫子军逐渐形成合围态势,复辟派纷纷逃离北京。7月12日,讨逆军大炮猛轰张宅,辫子兵作鸟兽散,张勋逃入荷兰使馆避难,复辟闹剧至此落下帷幕。段因此赢得"三造共和"的美名。届时,他联合冯国璋、梁启超等人成功驱走黎元洪。国学大师王国维对此有深刻的认识,他在函告罗振玉时称:"此次之变,段、冯、梁三人实为元恶,冯思为总统,段则欲趁此机恢复其已失之势力,梁为幕中画策之人。然其结果已可逆睹,首则必为国会与冯、段之争,而国会与民党必败;继则为冯、段之争,为军人与进步党之争,此种局面不能支持一年可预决也。"〔1〕



## 三、段冯"斗法"

正如王国维所预料的那样,冯国璋在南京等地安插好自己的亲信后,前往北京继任总统。从段祺瑞心底讲,让冯国璋做总统是他所不希望看到的。段和冯在袁世凯时代就开始互争高低,袁世凯死后,两人一南一北,相互对峙,段执政期间,冯在南京经常唱一些"不合时宜"的调子,使段很不愉快。然而,段又不能不让冯当总统:其一,冯本来就是副总统;其二,段希望北洋派团结起来,武力统一全国,而这必须得到冯的支持;其三,为促使冯离开大本营南京前往北京以便控制其势力的发展,他只好把总统这块肥肉给了冯。

段的确不同常人,他与冯也有很大的不同。譬如说,冯嗜财,而段却不爱财。如果有人给他送礼,他要把礼物细细地看上一阵,然后只选一两样不值钱的留下,其余一概璧还。有一次,江苏督军齐燮元送他一套镶嵌着各种宝石的围屏,段的家人都喜欢得睡不着觉,可他只轻轻一挥手,就叫人把东西抬出去了。张作霖送来一大堆东北特产,段不能不顾他的面子,只好破例收下两条江鱼。唯有冯玉祥送过他一个大南瓜他收下了,因为实在没办法把南瓜切一半再还给冯玉祥。段祺瑞的个人生活,在当时的军阀当中算相当简朴的。他不抽不喝不嫖不赌不贪不占,人称"六不总理"。除了在书房里下棋、打牌,他没有

〔1〕 袁英光、刘寅生:《王国维年谱长编》,天津人民出版社1996年版。

别的任何嗜好。面对灯红酒绿、黄金白银，世间俗人哪个敢说自己不动心？段祺瑞可能是天性寡欲，再加上后天修炼成的自制力，从而能在那样的乱世里做到“出淤泥而不染”。

冯担任总统后，府院之间出现了短暂的和平景象，对德宣战案以总统令顺利发布。然而好景不长，冯、段之间的分歧日益明显，虎犬开始斗法，问题出在段的武力统一问题上。此时西南军阀由于国会和约法问题拒不承认冯、段政府，孙中山先生首先揭起了“护法”旗帜，西南各省纷纷响应。段主张对西南军阀用兵，实行武力统一，冯断然反对。袁世凯死后，北洋系统分化为三块：以段祺瑞为首的皖系，以冯国璋为首的直系和以张作霖为首的奉系。张作霖远在东北，一时与中原无争，而冯、段二人却明争暗斗、互不相让。段希望借武力统一中国和扩大皖系力量，既消灭南方异己，又打击直系势力。冯明白这点，自然反对段对西南军阀动用武力。

正当总统和总理相持不下时，“长江三督”及靠近直系的湘南各军也联名通电停战，段腹背受敌，于1917年11月15日提出辞呈，在幕后操纵大局。冯也左右为难，一方面他找不到可以代替段担任总理的人选，另一方面直隶督军曹锟突然成了主战先锋，使他被迫下了对西南军阀的讨伐令。曹锟的突然背叛据说是徐树铮许诺给他一个看得见、摸不着的副总统职位。这时湖南前线的北洋军也节节胜利，冯国璋只好通电辞职。在段的授意下，各省主战派纷纷来电挽留冯国璋，并要求段祺瑞出山。3月23日，段祺瑞出山就任内阁总理。这位在野4个月零几天的“北洋之虎”终于压倒了“北洋之狗”，再次荣登总理宝座，势力达到鼎盛。

段祺瑞重新上台后，冯国璋已无用处，于是他决定“合法倒冯”。为达到目的，由皖系一手操纵的安福俱乐部开始发挥功用。安福俱乐部是皖系军阀的御用团体。1917年3月，段祺瑞为抵制孙中山在广州召开国会非常会议和操纵当年9月的总统大选，指使王揖唐、唐毓隽等在北京安福胡同梁式堂住宅组织俱乐部，3月8日正式成立，因在安福胡同开会，且本部设于此，故取名安福俱乐部。俱乐部的组织具有一个国家全部官制的雏形，下设干事部，主任王揖唐；评议会，会长田应璜；政务研究会，会长李盛铎。以安福俱乐部为组织形式而形成的一个派系，称为安福系，是皖系军阀政治上的中坚和核心力量，其首领为徐树铮、王揖唐等。

1918 年 8 月 12 日,皖系一手操办的安福国会开幕,“合法倒冯”的时机已经成熟。冯自知无力抵抗,但又心有不甘,因此提出以段祺瑞同时下台为他下野的条件。最终,由于各方压力,段与冯同时下野,徐世昌当选为总统。冯回到河南老家,从此不问政事。冯晚年与段和好如初,他去世时,段赶到冯府失声痛哭,深切悼念。

1919 年 12 月,曹锟成为直系首领,其手下大将吴佩孚更是异常活跃,对皖系和安福系不断发起挑战。曹锟于保定、吴佩孚于湖南,一北一南,互相呼应。与此同时,直系还利用皖、奉两系之间的矛盾,积极争取张作霖,把矛头共同指向皖系段祺瑞。



1920 年 7 月,酝酿已久的直皖战争爆发了。皖军初战告捷,但不久西路皖军全线溃败,段祺瑞失败已成定局。直皖战争一结束,北京政府立即下令:撤销对曹锟、吴佩孚等人的处分;免去段祺瑞本兼各职,撤销督办边防事务处及西北边防军名义;通缉祸首徐树铮、曾毓隽、段芝贵、王揖唐、丁士源、梁鸿志、王郅隆、张宣等人;夺曲同丰、陈文运等人官职;解散安福俱乐部。皖系势力从此衰弱下去。段祺瑞虽被解职,但他毕竟是历经磨炼的“北洋之虎”,不可能完全沉湎于琴棋书画,更不可能放浪于声色犬马。他静观事态,运筹帷幄,力图东山再起。

直皖战争以皖系失败而告终。在这次战争中,除直系迅速崛起等因素外,奉系的介入起到了决定性作用。直、奉两系共同把持的北京政府,实际上是英、美、日三国共同侵略中国的工具。由于帝国主义之间的矛盾,又迅速导致了直、奉两系的矛盾和斗争。

1921 年 4 月 14 日,第一次直奉战争爆发,奉军大败,吴佩孚控制了北京政权,他主张的武力统一再次引起西南军阀的不满。1921 年,孙中山联络段祺瑞、张作霖,形成“反直三角联盟”。1924 年 9 月 4 日,第二次直奉战争爆发,由于冯玉祥发动北京政变等原因,直系大败,段祺瑞出山的时机又到了。11 月 10 日,冯玉祥、张作霖、段祺瑞在天津段公馆召开了著名的天津会议,决定推举段祺瑞为“中华民国”临时总执政,该职集总统、总理职务于一身。11 月 24 日,段宣誓就任“中华民国”临时总执政。这样,段祺瑞在任国务总理三上三下之后,又一次成为北京政府的最高领导者,这也是他一生中担任的最为显赫的职位。

## 四、段祺瑞与“三一八”惨案

尽管段祺瑞以总统兼总理又组织了一个以安福系为中心的政府，但是当时中国政坛的主角已不是段祺瑞或安福系，而是手握兵权的国民军首领冯玉祥和奉系军阀张作霖等。

段祺瑞担任临时执政后，首先考虑的是扩大自己的权力，提高自己的地位，重振皖系雄风。他提出召开一次全国性的善后会议，参加人员只限于大军阀、大官僚们。孙中山认为善后会议只是一个代表军阀、官僚利益的会议，国民党做出不参加善后会议的决定。1925年1月31日，孙中山带病入京，联系李大钊等人召开国民会议，共同抵制善后会议。1925年2月1日，在国民党宣布不参加会议的情况下，段祺瑞主持的善后会议在北京开幕，段致开幕词，并发表建设宣言，阐述了与孙中山和中国共产党人截然不同的主张。段祺瑞后又临会，要求会议着重解决财政和军事两大问题，并且以临时执政身份向会议提交了《整理军事大纲案》、《拟定中央概算案》等25个议案。

这时的段祺瑞如同坐在火山口上，中国人民反帝反封建反军阀的运动已进入高潮，这座火山随时都有可能爆发。1926年3月18日，北京各界群众5 000余人在中国共产党的领导下，为反对日本帝国主义侵犯中国主权的强盗行为，在天安门前集会抗议，会后结队赴段祺瑞执政府请愿。执政府卫队开枪射击，造成47人死亡、200余人受伤的血腥惨案。国立北京女师大学生刘和珍、杨德群在惨案中牺牲。虽然到底是谁下令开枪至今仍不为人知，或许永远是个谜，但执政府罪责难逃。这一天，被鲁迅称为“民国以来最黑暗的一天”。

1926年3月23日，北京各界人士、各社会团体、各学校师生齐聚北京大学大操场，为亡灵举行万人公祭大会。强大的民意压力惊动了半死的国会，曾被讥为“花瓶”的国会也破天荒地召开非常会议，通过了屠杀首犯“应听候国民处分”的决议。段祺瑞在知道政府卫队打死徒手请愿的学生之后，随即赶到现场，面对死者长跪不起，之后又处罚了凶手，并从此终身食素，以示忏悔。

尽管如此，段祺瑞也没有最终保住民心尽失的执政府政权。1926年，奉系联合其他军阀向国民军发起进攻，因段氏及其党羽做奉军内应的阴谋败露，他被国民军赶下台，退至天津寓所。“三一八”惨案、军阀大混战，段疲于应付各种突发事件，陷入了难以自拔的政治漩涡内，四面楚歌、精疲力竭，于4月20日通电下野，彻底退出宦海生涯。

### 五、段祺瑞的民族气节

段祺瑞下野后，住在日租界须磨街魏宗翰公馆。段祺瑞生性不爱财，因而没有什么家底，连合肥老家也无房产和地产，北京的公馆还是当年袁世凯赠送给他的。为了节省开支，段祺瑞一改不管家的习惯，亲自过问每日的账目。公馆的规模缩小了，厨房里只剩下八九个人，当差、打杂、看门的加起来不过十几个人，原来太太、小姐们每人屋里三四个老妈子也压缩到一两个。



原配夫人过世后，段祺瑞娶了袁世凯的养女张氏为继妻，此外，他还有5位姨太太。大姨太病死于1914年，三姨太、四姨太也先后被遣回家。

1930年2月，冯玉祥和阎锡山联合反蒋，日本人认为有机可乘，密谋策动“北洋派大同盟”，拥戴段祺瑞和吴佩孚为领袖，试图在华北制造混乱。在日本人土肥原贤二的安排下，段曾在天津与溥仪会晤。当然，日本人的这些举动引起了蒋介石的不安，段祺瑞及其皖系势力虽然已经衰落，但他在华北一带还是有很大影响力的，因此自从北伐之后，蒋介石就极力笼络段祺瑞。在这期间，蒋介石多次派人拜望，自称是段的学生，以师相尊。“九一八”事变后，日本帝国主义在华北扶持亲日势力，也曾一度瞩目于段祺瑞，但段祺瑞都采取了不合作态度，表现出一定的民族气节。他在接受《申报》记者采访时说：“日本暴横行为，已到情不能感、理不可喻之地步。我国唯有上下一心一德，努力自求。语云：求人不如求己。全国积极准备，合力应付，则虽有十日本，何足畏哉？”“爱国朝野一致，救国唯有自救耳。”

1933年1月19日，蒋介石派钱永铭持亲笔信邀请段“南下颐养”。他接受了蒋的邀请，22日抵达南京，蒋介石命令南京少将以上的军人戎装过江至浦口车站迎接，蒋介石本人也亲临下关码头恭迎。第二天，段在蒋介石、孙科、何应钦等人的陪同下拜谒了中山陵。但他拒绝了蒋介石提出拥护段当总统、蒋担任副总统的“好意”，于24日乘快车抵达上海。

到了上海，段祺瑞住在法租界霞飞路1487号的陈调元公馆里，由蒋介石每月赠送1万元供生活之用。段祺瑞在寓居期间每日下一盘围棋，然后静坐诵经或阅读旧书。1934 年春,他由于胃溃疡引起胃部出血住院治疗。出院之后,由于年事已高,身体日益衰弱,医生和友人都劝他开荤以增加营养,但他执意不肯,回答说:“人可死,荤不可开。”

1936 年 11 月 1 日,段祺瑞的胃病又一次发作,出血不止,于次日晚去世,享年 72 岁。11 月 5 日举行大殓,林森、居正、于右任、吴忠信、张治中均亲临吊唁。12 月 7 日,移灵北京,暂厝西山卧佛寺后殿。1963 年移葬于香山附近万安公墓。章士钊等反复斟酌,提笔为其写了墓碑:“合肥段公芝泉之墓。”

段祺瑞临终遗言有“八勿”,即:

勿因我见而轻起政争,
勿尚空谈而不顾实践,
勿兴不急之务而浪用民财,
勿信过激言行之说而自摇邦本。
讲外交者,勿忘巩固国防;
司教育者,勿忘保存国粹;
治家者,勿弃国有之礼教;
求学者,勿骛时尚之纷华。

在遗言中,他感悟了时政,感悟了国家,也感悟了自己的一生。千秋功罪,只能留给后人去评说了。

## 第四节　刘铭传与台湾建省

刘铭传(1836—1896),字省三,安徽合肥人,清末著名淮军将领。刘铭传一生事业最辉煌的时期是在台湾。他领导中国军民取得了抗击法军侵略、保卫台湾战争的胜利,维护了祖国领土的完整,留下名垂青史的赫赫战功。台湾建省,他作为台湾第一任巡抚,进行了一系列大刀阔斧的改革和建设,为台湾的近代化发展作出了卓越贡献。可以说,他的名字既是与御侮图强、保卫台湾紧密相连的，也是与台湾的近代化开发和建设联系在一起的。百余年来，他一直活在台湾人民的心中。

## 一、刘铭传与台湾保卫战

1. 刘铭传临危受命：督办台务

1884年6月26日，清廷诏任刘铭传以巡抚衔督办台湾防务，全台镇道各官均归其节制。刘铭传深知局势危急，一方面，台湾作为中国东南七省的门户，战略地位极其重要，加之物产、矿产资源丰富，一旦被敌占领便可攫取巨大的经济利益；另一方面，台湾岛孤悬海外，距离大陆较远，中国内地驰援比较困难，且当时台湾境内军政腐败，防务松弛，军队素质较差，种种因素使法国茹费里内阁政府早已对中国台湾垂涎三尺，虎视眈眈。1884年1月到4月，气氛骤然紧张，法国先后派全副武装的8艘军舰闯到闽台海岸，在我国领海内横冲直撞，肆意挑衅，滋生事端。当时的南洋大臣左宗棠、福州将军穆国善、驻英法意比大使曾纪泽等都纷纷上书力陈加强战备的必要，清朝皇帝也下谕旨饬令沿海各省督抚严密戒备，战争一触即发。国家危难时刻，既是对个人爱国情感的考验，也是对国家前途命运的考验，责任重大。故刘铭传入京接受命令后，便到天津拜谒李鸿章，筹备军饷、招募士兵，并购买军火。然后率旧部130人赶赴台湾，7月16日抵达基隆后立即着手筹划海防。第二天巡视要塞炮台，并召集驻防各将领研讨军务。19日进入府城台北，宣布到职任事。

刘铭传

刘铭传在离开天津前夕上奏说，“臣临渡台，孤身无助，既不克妥筹防务，且恐难控台军”。而事实正如他所担心的，当时台湾的情况确实很混乱。

军备方面：“台湾驻防之兵为数不下二万，而器械不精，操练不力”，“其时基隆已泊敌船四艘，台南之安平、棋后各口，均有法舰游弋窥伺，陆营兵单，水师无船，枪械未齐，海口未塞，军情万分紧急”。[1] 而作为主要防御工事的基隆

[1] 张振鹍：《中法战争》，中华书局1996年版。

炮台，仅有5尊洋炮，而且只能守前面，不能应付敌人侧面的进攻。

军队素质方面：据前任主持政务的台湾道员刘璈说，当时的驻台军队，“不知纪律，只知要钱”，“虚冒疲滥”，[1]仗着官势欺压百姓，还经常嫖赌，抽食鸦片。

军政关系方面：湘军老将、台湾道员刘璈与原任台湾镇总兵、粤籍将领吴光亮“镇道不和，势同水火”，存在所谓的湘系、粤系斗争。刘铭传率其淮军旧部来台以后，刘璈又采取凡事掣肘的不合作态度，久已存在的湘淮两系矛盾又在台湾地区的新环境下尖锐起来。此外，虽然清政府多次下谕严催各省火速拨械、拨舰、拨款援台，但各省官员却斤斤计较于保存自己的实力，并不尽力援助台湾。在国家危难之际，面对形势的严峻和条件的恶劣却能竭力为保卫国家而备战，表现出了时刻以国家、人民利益为重的爱国英雄刘铭传的爱国情怀。

军心涣散、军纪不严、军政关系不和等战前诸方面的现状，都成为严重制约抗法战争取得胜利的不利因素。可以说，这也是对刘铭传的巨大挑战和艰难考验。真正的英雄就是能在危急时刻经受住考验。刘铭传领导军民英勇抗击侵略者，不受列强欺凌。历史证明，他成功了。

2. 基隆初战挫败法军：意义重大

在刘铭传受命督办台湾防务的同时，法国政府下令将驻越南的东京舰队和中国舰队临时编组成远东舰队，委任海军中将孤拔为司令长官，全面负责指挥侵台战争。1884年8月5日凌晨，在清政府拒绝法国不合理条款的前提下，法将孤拔下令由他的副司令利士比率领舰队炮轰基隆炮台。守军数处炮垒和营房被毁，刘铭传亲往督战。他意识到基隆炮台无力防守，中国军队的枪炮射程又短，火力较弱，难以在海岸边与有军舰强大炮火支持下的法军对峙，于是他命令海滨各军撤出阵地，退居山后。

刘铭传与湘军将领、陆军提督孙开华共同指挥，分令各营在山后各要隘构筑防御工事，准备打持久战，且当夜调动部队分别潜入敌军炮垒和敌军后方，形成分割包围之势。法军顺利占领基隆炮台后，认为中国军队不堪一击、不敢应战。第二天他们便向基隆市区侦察推进，企图一举消灭中国驻台军队主力，

---

〔1〕 伯琴：《法军侵台档》，文海出版社有限公司1980年版。

建立陆上据点。法军登陆后未受到猛烈还击，于是越山而进。可是刚抵达山后，立即遭到中国军队的三路狙击：总兵曹志忠率本部人马在小山坡后发出猛烈炮火，总兵章高元、苏得胜突袭法军东翼，已革游击邓长安率领亲军猛攻西侧。而此时法舰的远程炮火无法隔山遥击，在失去火力优势的情况下，上岸法军发现自己处在中国军队的包围之中，四面受敌，伤亡惨重，最终狼狈而逃。

在刘铭传的有力领导下，中国军民取得了台湾保卫战的首场胜利，虽然规模不大，但意义却很重大。法国侵略者妄想轻易占领基隆，并以此为"抵押品"，"据地为质"，作为与清政府谈判时攫取利益的筹码。然而中国军队首战胜利，粉碎了法军的如意算盘，打破了他们"据地为质"的尝试，并且极大地挫伤了法军不可一世的嚣张气焰，沉重打击了法军的自信心。




3. 着眼全局战略部署：撤基保沪

1884 年 10 月 1 日，在马尾海战之后，法军再次侵犯台湾，战争升级。在敌我力量悬殊的情况下，战争打响后，刘铭传立即做出撤出基隆的安排，并指定营官杨洪督拆除基隆煤矿的机器，将之疏散到山后内陆，并将煤矿存煤、房屋等一并烧毁，以免资敌；饬令前线各营分别转移到指定的新阵地。但是，刘铭传的此种战略思想考虑只得到少数部将和部分社会舆论的理解，却遭到朝廷的申斥、重臣的弹劾抨击和大多数部将及台湾人民的反对。台湾人民对于这种主动撤退的行为十分愤慨，曾当众将刘铭传揪下轿来殴打，并且骂他"为汉奸，为懦夫"〔1〕。

初战以后，由于基隆受毁的防御工事还未得到恢复，防卫力量明显弱化。基于这种现状和作战经验，刘铭传早就进行了战略性思考和部署，在 1886 年 9 月 23 日的《行军用款截请立案以凭复销折》中可以体现："当臣奉命驰抵台北，法兵即旋踵而来，兵勇疲残，炮台颓敝，港门未塞，水师无船，外洋枪炮水雷，毫无备置，全台危迫，草木皆兵……当法船之骈集也，基隆炮台既为敌毁，臣深见敌人船坚炮利，巨炮环布铁船，非避开船炮，纵得基隆，终难拒守。不得不退居沪尾，添筑炮台，另筑土墙，深挖濠窟，隔山坚守，以老敌师。隔山则巨炮不克移

〔1〕引自淡水关税务司法来格呈送给总税务司赫德，经赫德转呈清廷的报告，"刘爵帅退至板加(艋甲)地方，该地人民怒而围之；捉爵帅发，由轿中拽出肆殴，且诟之为汉奸、为懦夫"。

攻，登岸则坚船已归无用。非若死守基隆，胜算可自操也。沪营既定，复购外洋枪炮、水雷、浮桩，分投密布，一面沉船载石，填塞口门，然后坚保沪防，拥护台北府城，固全根本。"〔1〕

他认为，要坚决避开法军在近海作战能依靠舰队猛烈炮火支援的优势，诱其上岸作战，以发挥中国军队熟悉地势，擅长近身作战的长处；针对法军"远涉重洋，利在速战"的特点，选择有利阵地，和它持久对峙；并且为改变中国军队处处设防、兵力分散、战防空虚、兵勇疲惫的状况，大胆地做出从保卫台湾全局考虑，以取得最后胜利为出发点的战略调整，争取一个必要的军事整顿和加强战斗力的时间。在具体部署上就是坚决退出基隆，退守山后阵地，在沪尾（淡水）一带构筑强固工事，借以屏障台北，伺机决战，刘铭传曾经屡次将这种战略考虑向朝廷奏陈。由此可见，撤出基隆是从保卫府城台北，保卫台湾出发，从中国军队在战争中的长远利益出发而主动采取的行动，并非"临阵脱逃"。刘铭传顶住了来自各方面的压力，棋出险招，是需要惊人的胆识和魄力的。

4. 诱敌深入合围痛击：淡水大捷

1884年10月2日凌晨，孤拔命令被围困在基隆海滩的法军向山后的中国军队发出猛烈炮火，当即遭到中国军队的坚决还击。其实，这是孤拔故意发动的为吸引中国军队兵力的佯攻行为。与此同时，他命令在其统辖下的13艘军舰中抽出8艘主力，满载兵员和弹药急驶到北部的沪尾海岸，企图一举轰毁沪尾炮台，突破中方防线，借以威胁台北府城，并减轻被围困在基隆一隅的法军压力。法舰施其故伎，企图用突然袭击基隆的战术以攻沪尾，即首先用重炮炸毁炮台，继而派兵上岸作战。但时隔两月，情况已经发生了巨大的变化。法方发炮后，立即遭到中方的猛烈还击。在这场炮战中，中国方面明显占据优势。不仅压制了法舰的炮火，还击伤其主力舰只。10月8日是沪尾战役的高潮。当日拂晓，法军发起登陆攻势，挥军

淡水大捷（画）

〔1〕刘铭传：《刘壮肃公奏议》卷七《行军用款截请立案以凭复销折》。

上岸，企图攻占以沪尾炮台为主的中方阵地。而中国方面临战准备充分，对法军的战略意图和战术策略都有准确的判断，并针对性地做了周密的军事部署，预设了四路埋伏。法军登陆后，刘铭传采取麻痹敌军的战术，派老兵残卒且战且退，诱敌深入包围圈，结果“法人四路上岸，经我军拦头迎击，四面拴擒，炮枪兼施，弹子如雨。至午刻，法人始行败北，我师又复尾追，斩将搴旗，毁船夺炮，斩首甚多”。我军大获全胜，取得了历史上著名的“沪尾大捷”，即“淡水大捷”。

基隆、淡水之役虽时隔两月，但前者是坐听炸毁，后者则有力反击，结果完全不同。这显然与刘铭传当初主动撤出基隆的战略部署是有着密切联系的，中国军队在主动撤出基隆以后，已经赢得了必要的时间。在此期间，刘铭传将撤出基隆的军队重新调整、训练、部署，构建坚固的防御工事，架设刚购置并运到台湾的大炮。除了围困盘踞在基隆的敌军外，还着重在淡水地区布防。经过整顿后的中国军队，战斗意志和作战能力明显增强。



5. 台湾保卫战的胜利对中法战争的影响巨大

1884 年 10 月 9 日至 1885 年 4 月 7 日，法国海军一面封锁台湾海峡，切断大陆与台湾的联系；一面以基隆为据点，不断增兵添舰，向南推进，企图侵占台北府城。刘铭传凭借有利的地形优势，据山设险，与法军相持达半年之久。中国军队的斗志越战越强，局势日益稳定。法军则始终未能突破中国防线，内外交困，进退两难。台湾军民在刘铭传的有力领导下，有效地扼制了法国侵略者的疯狂进攻，粉碎了敌军占领台北府城的企图，取得了台湾保卫战的胜利。

刘铭传领导指挥的基隆、沪尾两役和反封锁斗争取得的重大胜利，对正在进行的中法战争产生了重要影响。一方面，它既重挫了法国侵略者的嚣张气焰，又打乱了法军入侵中国的“全盘计划”；同时，由于法国政府的侵华野心太大，侵犯了英、美、德等国的在华利益，也遭到了其他列强的谴责和反对。法国政府进退维谷，陷入困境，导致法国茹费里内阁政府的垮台。另一方面，台湾保卫战的胜利显示了中国人民不可侮的英勇气概。它有力地支持了正在抗击法国侵略者的陆路友军，鼓舞了全国人民的信心和斗志，粉碎了清王朝统治集团内部投降派的流言飞语，一度增强了清政府统治集团抗战的决心。

## 二、刘铭传与台湾建省

历时8个月的中法战争，中国军民守土抗战，虽“兵单饷绌”、“勉支危局”，但在刘铭传杰出的领导指挥和台湾军民的协同作战下，最终取得了台湾保卫战的胜利。可这一局势却难以从根本上解除法国海军对中国沿海诸省的威胁，特别是台湾。马尾海战后，台湾海峡一度被法国海军舰队封锁，导致台湾因大陆的支援无法顺利到达而陷入被动局面。为此，刘铭传上奏指出，“台湾为七省门户，各国无不垂涎，每有事端，咸思吞噬，前车可鉴，来轸方遒”[1]，并且奏请派专员督办台湾事务，改变原先由福建巡抚于冬春、夏秋往返于台湾、福建之间的这种对处理台湾事务不利的局面。

台湾巡抚衙门

台湾自古以来就是西方列强虎视眈眈的“肥肉”，清政府也充分意识到台湾海防的薄弱，只有加强海防建设，才能改变被动挨打的局面。光绪十一年五月初九，上谕：“现在和局虽定，海防不可稍弛，亟宜切实筹办善后，为久远可恃之计。著各抒所见，确切筹议，迅速具奏。”七八月间，“内外臣工条陈台湾善后者，凡数十起”。10月12日，慈禧太后懿旨：“台湾为南洋门户，关系紧要，自应因时变通，以资控制。著将福建巡抚改为台湾巡抚，常川驻扎，福建巡抚事务，

〔1〕连横：《台湾通史·刘铭传传》。

即著闽浙总督兼管。所有一切改设事宜，该督抚详细筹议，奏明办理。”清廷决定正式在台湾设立行省，将台湾府改为台湾省，刘铭传为第一任巡抚。

然而，在接到将台湾改设行省的懿旨后，刘铭传根据自身在台湾的实际考察，于12月3日上了《台湾暂难改省折》，提出“台澎善后，练兵、设防、抚番、清赋诸策兴，台湾建省之宜缓图”的看法，认为台湾历来“全恃闽疆为根本，声气相联，痛痒相关”，战后的台湾“非闽省协饷无能自给”。〔1〕刘铭传所考虑的一是台湾战后的具体形势，二是财政问题，这是台湾分省存在的主要问题。台湾财政入不敷出，百废待兴，如果与福建分开治理，财源断竭，就不能够自主。

对于刘铭传提出的财政不足问题，清政府在次年1月10日的谕旨中，指令厦门海关每年拨银36万两，而对暂缓改省的意见，则态度十分坚决，“著毋庸议”，催办建省事宜。刘铭传仍未采取积极的举动，2月起因目疾乞假养疾。在清廷的一再督促下，福建巡抚杨昌浚到台湾，借探病为由与刘铭传相商。“两帅甚欢”，杨昌浚对台分治事宜给予大力支持，初步协商了分省事宜。5月，刘铭传起赴福建，多次与杨昌浚会商分省事宜，最终协定闽省每年协饷44万两，五海关协饷36万两，计80万两，5年为限。落实了台湾分省后的财政来源，刘铭传也就无所顾虑了，积极筹办建省事宜。6月13日，他奏报《遵议台湾建省事宜折》。随后的巡抚在任期间，刘铭传在台湾“为国家建远大之谟”。

## 三、刘铭传与台湾的近代化建设

行省初设，万端草创。刘铭传奏言：“台湾海外孤岛耳，坐安简陋，何以自强，拘守例章，何以自强。”〔2〕表明台湾需要进行改革，施行新政。在巡抚任职期间，他进行了大刀阔斧的改革和建设，为台湾的近代化事业作出了重大贡献。

1. 强化统治，稳定台湾局势

(1)行政建置

在充分了解台湾各地实际情况和需要解决的问题后，刘铭传提出了新的台湾行政区划方案。根据这一方案：确定台中的彰化地区为全省的政治中心，

〔1〕刘铭传：《刘壮肃公奏议》卷三《台湾暂难改省折》。
〔2〕刘铭传：《密保陈鸿志署台道片》。

建立省城；台东地区原无地方行政机构，现增设台东直隶州，另将基隆、澎湖、埔里社各海防重地，一律设置为厅，以重事权。官吏设置与大陆相同，对原设各级地方机构，也做了调整，多则裁，少则增，未设者设。台湾政区因此由2府3厅8县扩大到1州（台东直隶州）3府（台湾、台南、台北）4厅（埔里社、澎湖、基隆、花莲港）11县（台湾、彰化、云林、苗栗、安平、凤山、嘉义、恒春、淡水、新竹、宜兰），奠定了今天台湾省行政区划的基础。

（2）整顿吏治

刘铭传用人主张赏罚分明，“惟是有功立赏，有罪立罚，不怀成见，不徇偏私”。他提拔奖赏，不分派系；贬罚惩处，不讲亲疏。嘉义知县罗建祥、彰化知县李嘉棠二人，原为刘铭传看重并专折保举，但在清赋丈田中，他们贪功虚报，办事敷衍，民怨沸腾。刘铭传得知后，毫不留情地将其一并革职。对于为台湾防务建设事业尽心尽力、作出贡献的官员，刘铭传则不计前嫌，予以重用。如对于湘军将领孙开华、曹志忠，不仅在台湾保卫战中让其独当一面，战后还多次为他们请功。对有才干但受过朝廷处分的沈应奎、李彤恩等人，刘铭传也多次向清廷保荐留用，甚至不惜用自己的乌纱帽担保，使他们在后来台湾的经济建设中发挥了应有的作用。

（3）加强防务

刘铭传奏请清政府大力加强台湾的海防建设，拨“次等稍快兵船”两艘，再购大小鱼雷艇数艘，以作巡防台湾各海口之用。刘铭传又自筹资金，在澎湖、基隆等5处构筑了多座“铁水泥”结构的炮台，添购英国制造的新式后膛炮几十尊，在港湾内暗埋沉雷、碰雷多具，并派遣英勇善战、熟悉新式武器的吴宏洛驻守澎湖赶建炮台。为解决军队的弹药问题，他在台北设机械局、军械所、火药局等，制造子弹和炮弹。他还对全台军队进

台湾炮台旧址

行了整编，聘请洋教习，以新式操典训练军队，重在提高战斗力。经过刘铭传的积极努力，台湾的防御能力得到了加强。

(4)颁行保甲

为加强行政治理，1886 年刘铭传颁发法令，“饬属先办保甲，查造户口”[1]，统计全台户口。在台北设立保甲总局，各厅、县皆设分局。以十户为牌，设牌长；十牌为甲，设甲长；十甲为保，设保长，均隶属于保甲局。“按季汇报”，“登其民于户部，以知户口之盈虚”。[2]次年造报全台户口，“计有男女三百二十余万人”[3]，这也为查田清赋工作的顺利进行奠定了基础。

(5)开山抚番

“番族”是台湾的土著民族，即后来的“高山族”，主要分布在中央山脉和东南部沿海地区。由于历代统治者采取歧视和隔离等不甚妥当的政策，以致“生番”(即未经招抚的番人)与地方政府、迁移去的汉人矛盾尖锐，严重影响对番族的安抚工作，成为台湾民族团结统一的不利因素。

刘铭传在总结前人“理番”经验和教训的基础上，形成了自己的“抚番”政策。“番事在示威怀德”、“如果悔罪输诚，仍当协从罔治”、“民番皆朝廷赤子”、“一视同仁”[4]等原则，为抚番工作制定出了一个比较正确的民族政策。

1885 年秋，彰化、新竹交界处兰庄一带和淡水屈尺庄拳山堡大溪一带发生“生番”数次出山杀害垦民事件，刘铭传决定由此着手进行“开山抚番”。11 月底，“通饬各县驻防统兵将领会同地方官，界邻生番察度情势，就近相机剿抚”，抚番工作全面开始。到 1886 年 4 月，“半岁之间招抚四百余社，剃头归化逾 7 万人，前山旧垦田地两万亩，畏番弃置，灌莽塞途，现已重新垦熟”。到 1887 年 4 月，“后山各路凡二百一十八社，番丁五万余人，咸奉约以归。前山各路亦续抚二百六十余社，剃发者三万八千余人”。而且“水尾、花莲港、东势角、云林等处，可垦田园数十万亩”[5]，基本实现“各路生番归化”，而对于招抚不成的番社则采取“剿抚”政策。1889 年 2 月，刘铭传终于取得“全台生番一律归化”的

---

[1][2] 连横:《台湾通史》卷二十一《手治表》。
[3] 连横:《台湾通史》卷七《户役志》。
[4] 刘铭传:《刘壮肃公奏议》卷四《抚番略》。
[5] 朱孔彰:《中华将帅别传》。

成效，扩大了清政府在台湾的有效统治地域，稳定了社会秩序。

2. 开辟财源，增加财政收入

刘铭传在建省期间就明确强调，要保证台湾的建设顺利进行必须要有充裕的财政支持，“宜使台地之财，足供台地之用，而后可以处常，可以处变”，“财堪自立，处常处变乃可自全”。[1] 围绕如何扩大财政收入，他采取了一些有效的举措，显著地增加了财政收入，从而改变了台湾善后事务财政紧张的局面。

(1)查田清赋

台湾土地肥沃，物产丰富，但赋税征收情况却极为混乱。

①土地开辟日多，田赋征收反而减少。据《台湾通史》记载：自道光以后，“至今已数十年，垦熟田园较前多至数倍，统计全台之额，仅征额银 15 746 两，洋银 18 669 元，谷 198 057 石，久无报丈开科”。原因“或由业户变迁无定，粮额向下催收，故遇逃亡，莫从究诘；或由田园籍册失毁，户无确名，疆界混淆，土豪得以隐匿霸占，奸民从中包揽控争”。

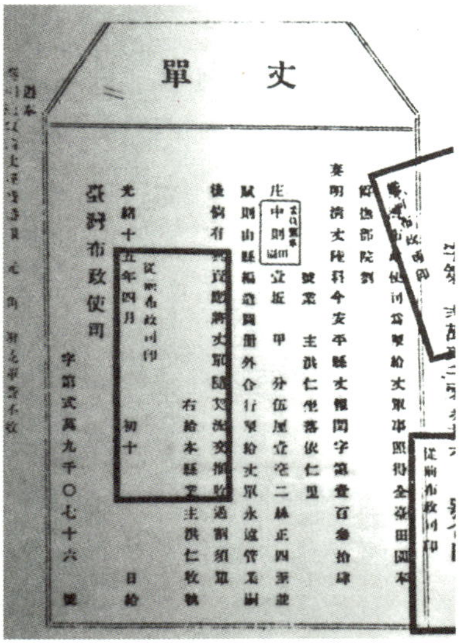
丈單
臺灣布政使司
光緒十五年四月 初十 日給
字第弍萬九千〇七十六號

清朝土地凭证

②赋课名目繁多，且南北赋率不尽相同。征赋上还存在着不合理的现象，“强者有田无赋，弱者有赋无田。更有近溪田园，水冲沙庄，小民无以报豁，田去粮存”。

1886 年 5 月，刘铭传“奏请丈量台湾田亩，改定赋则，实行清赋”。6 月诏可，即命台湾府知府程起鹗、台北府知府雷其达设南北清赋总局，各厅县设分局，调动官员开始清查，这项工作是建立在办理保甲、清查户口的基础之上的。然后堪丈田园，酌定田赋，发给丈单。3 年后，全台田赋计征 674 468 两，实增 491 102 两。台湾的财政状况有了很大改善，为近代化事业的建设提供了一定的资金。

---

〔1〕 刘铭传：《法兵已退请开抚缺专办台防折》。

(2)整顿厘金

同治四年(1865年)开办船货厘金,规定:无论何项货物,每石抽收洋银2元4角。然而厘金一向由地方绅商包办,弊端百出,“全台各口收数每年仅两万余元”。1887年,刘铭传将厘金收归官办,在台北设立厘金总局,对各种厘金进行稽查清理。他提高鸦片进口厘金,将船货厘金改为百货厘金,统一税收,按成本百之抽厘5元;只收出口,不许重收,进口货物除鸦片一项照旧抽收外,其余百货和陆路贩运,概不抽厘。1891年,仅征收的鸦片厘金就达44余万两。

(3)官办“脑、黄”

台湾盛产樟脑、硫黄,每年都有大量出口,而过去樟脑、硫黄一直由民间私熬私售,官府收入甚少。刘铭传逐一设局管理,收归官办。1886年在台北设立樟脑、硫黄总局,在各地设立分局,由官府统一收买出售。并且,刘铭传采用新式方法熬制樟脑、硫黄,提高了产品质量。“脑、黄”收归官办后,其实际收入比刘铭传预计的要高出数十倍,每年约有白银40万两。



(4)整顿盐务

“台湾滨海之地,煮水为盐,其利甚溥”,盐务收入每年在13万两内外。1886年,刘铭传初步整顿盐务,厘剔陋规,“以节虚縻,每年多盈余五万余元”。1888年,他又对盐务进行大整顿,在台北设全台盐务总局,台南设立分局,南归兵备部,北归布政使。当时台湾每年产盐30万担至50万担,经整顿后,盐务收入成为岁入的一大宗,计有20余万两。

3.兴办工商,发展近代经济

1889年3月29日,刘铭传上奏清廷,“商即民也,商务即民业也……故欲自强必先致富,欲致富必先经商”。要求清政府改弦易辙、发愤图强,“亟宜讲求商政”。他在任台湾巡抚期间大力兴办和整顿各种实业,为台湾近代化经济的发展奠定了基础。

(1)电线电报通讯

中法战争以后,鉴于台湾“往来文报,屡阻风涛,每至匝月兼旬,不通音信”[1],加上“南北电报未通,不足以辅戎机”,刘铭传积极架设贯通台湾南北

〔1〕 刘铭传:《购办水陆电线折》。

的陆路电线和敷设台湾、福建间的海底电缆。1886 年 6 月，在台北设电报总局，各地设分局，委任张维卿为总办。同时派商务委员李彤恩赴上海，与泰来洋行代表李德订立合同，由泰来洋行承办基隆、淡水至台北和台北至安平 880 里陆路电线，价银 3 万两。随后，他又派李彤恩与上海怡和洋行签订承办台湾水路电线的合同，敷设由厦门经澎湖达安平约 500 里水线，连同修理电线的机器、轮船等，总计价银 22 万两。1888 年 6 月，奏报“台湾水陆电线告成”。电报通讯的开设，以及加强台湾和大陆间的交流与联系，对于台湾商民经营对外贸易都起到了有利的作用。

基隆火车站





(2)创办新式邮政

由于先前台湾“铺递迟缓”，1888 年 3 月，刘铭传在台北设邮政总局，相对于当时殖民主义者把持的海关邮政，这是我国自立的邮政机构。他对旧的邮驿制度进行了改革，颁布邮政章程，发行邮票，从而首创了我国独立自主的近代新式邮政。刘铭传以台湾原有的“站制”为基础，参考当时海关邮政的办法，在 11 月颁布了《邮政条目十二条》和《台湾邮政票章程》，创立新的邮政组织。改旧驿站为邮站，直接隶属于邮政局，不再附属于衙门机构；所有递送文件公文一律粘贴邮局发行的邮票，即使有衙门印封的物件亦不例外；商民私函，也凭邮票代为传递，以信件重量、道路远近收取邮资。从此，邮政局不再是官方公文的代递机构，而是官民合用的近代邮政机关。《台湾通史》记载：自刘铭传实行邮政改革，“本省邮政事业至此已初具现代化之规模”。

(3)完善近代交通

刘铭传出任台湾巡抚提议修筑铁路时，不仅指出“台疆千里，四面滨海，防不胜防，铁路一成，则骨节灵通，首尾呼应”[1]，而且台湾分省初期“贸易未开，内山货物，难以运出，非造铁路不足以繁兴商务，鼓舞新机”，强调修筑铁路对

〔1〕 刘铭传：《复陈津通铁路利害折》。

于台湾商务贸易的意义。1887年4月，刘铭传奏请修筑铁路，以内阁学士林维源总办铁路商务事宜。该路以"逐段竣工，逐段营业"的方式进行，台北至基隆线全长28.6公里。后来，台北至新竹线，全长78.1公里，至1891年完成。台湾铁路的修建，不仅巩固了台湾的边防，便利了交通，而且有利于台湾经济的发展，尤其是台湾北部地区经济的发展。

在台湾修筑铁路的同时，针对台湾四面环海的地理特点，刘铭传还积极兴办近代航运业。以往，台湾的航运受英国公司控制。刘铭传上任后，1886年在新加坡设立招商局，向侨商募集资金，投资者踊跃。他用募集到的资金购得两艘汽船，分别命名为"驾时"、"斯美"，船身各长250英尺，以钢质铁板造成，载客运货非常便捷。两船航行于上海、香港，远至新加坡、西贡、吕宋，推动了台湾的商贸发展。据统计，1876年时台湾淡水港入口的轮船仅为44艘，而在刘铭传就任5年后的1880年，淡水港入口船舰增加到126艘，增幅为两倍半还多。水上运输的发展，进一步加强了台湾省和内地及海外各国的联系，大大有利于台湾商品经济的发展。同时，"以航运所得，贴补筑路不足之经费"，使水上运输成为铁路交通的重要财政支柱。



(4)设招商局

1886年，刘铭传设招商局于新加坡，派张鸿禄、李彤恩赴南洋考察商务，招徕华侨商人至台湾投资。同年，将台北城外之大稻埕辟为商埠。次年，在台北和台南分设通商总局。大力引进和利用外资，使台湾的各项事业步入了近代化的轨道。

(5)恢复基隆煤矿

基隆煤矿是我国最早的国有新式机器煤矿，也是当时仅次于直隶开平煤矿的第二大煤矿。1878年煤矿投产以后，由于经营不善、采煤量少、运输不畅、销售困难等，弊端频出，煤矿长期亏损。中法战争时，为防备法军利用被迫自毁，损失很大。战后，刘铭传筹划重建矿山，恢复生产。1886年，他将煤矿交商人张学熙承办，一则由于台湾官府资金短缺，二则为改变官办企业弊端严重的局面。但开办几个月后，由于矿井积水过深，张学熙私人资本有限，无力购置新式抽水机器，仅以人工排水，开采面大为减少，经营亏损，力不能支，被迫禀请退办。次年，刘铭传又采取了官商合办的方法，由台湾、南洋、福州船政局各出股银 2 万两，合成官股 6 万两，另外再招商股 6 万两。初期良好，但终因运费太高，“毫无利息”，1888 年 1 月再改为官办。1889 年 7 月商议交由英国商人范嘉士承办，未经朝廷允准。1890 年 7 月，又拟交商办，规定官商共同经营，但矿务全由商人主持，“官不过问”。9 月，清廷以“招商承办章程种种纰缪”，“可疑者三，必不可行者五”，[1]饬令将刘铭传交部议处。

4. 倡办教育，培养实用人才

(1)兴办传统教育

到台湾任职以后，刘铭传发现在台湾靠科举考试成就功名的人少之又少，他认为如果在台湾兴科举一定能够选拔大量人才，遂开科举以兴文风。光绪十三年春，刘铭传以学政身份主持台湾省首次科举考试。光绪十六年，刘铭传专门拟订了各府县添设增改文武生童及廪生名额和出贡条件，并缮写清单进呈御览。在此鼓励下，“各属应试文童，多至逾千，少亦数百，不少于内地大中学也”。




(2)倡导西式教育

“当是时，百事俱兴，农工路矿次第举办，而多借才异国。”[2]为了培养一批掌握西方近代科学技术知识的人才，刘铭传还大力发展近代教育，除“番学堂”外，又先后在全台各地开办了几十所书院、义学、官塾。1887 年，他又在台北大稻埕创办“西学堂”，设立外语、史地、物理、化学、测量、制造、算学等科目。请中国留学生张尔诚任总监，并请丹麦人辖治臣和英国人普茂林任教习，首批招中国学生 20 余人。1890 年，他又创办电报学堂，培养收发报和修理通讯设备的技术人员。这些新式学堂培养出来的学生，既为台湾的经济建设输送了人才，同时又促进了台湾文化教育事业的发展。刘铭传被迫离开台湾以后，把朝廷历年来给他的养廉银和超出

铭传大学

[1] 刘铭传:《刘壮肃公奏议》卷八《理财略》。
[2] 连横:《台湾通史·教育志》。

刘铭传路

俸禄以外的赏银都留在了台湾的西学堂和番学堂，留给了台湾的教育事业。他对教育事业的重视和发展，使得数年后“人才之盛，勃勃蓬蓬”，“台湾教育为之一新”。[1]

台湾历史学家连横在《台湾通史》中这样称赞：“台湾三百年间，吏才不少，而能立长治久策者，厥惟两人：曰陈参军永华，曰刘巡抚铭传。”他十分中肯地评价了刘铭传在台湾所作的贡献。在台期间，刘铭传成功地保卫了台湾，维护了国家领土的完整统一；任职期间，他又为台湾的社会、经济、国防、教育的近代化竭尽全力，呕心沥血，做出了不可磨灭的历史功绩。刘铭传进行台湾建设的结果，增强了台湾的防务力量，促进了台湾的近代化进程，大大密切了祖国大陆与台湾的联系，成为谱写台湾历史新篇章的划时代人物。台湾人民尊称他为“台湾近代化之父”，也正基于他的确是“有大勋劳于国家者也”。



## 第五节　杨振宁与当代科技

杨振宁

杨振宁（1922—　），美籍华人，理论物理学家，1922 年 10 月 1 日出生于安徽省合肥县（今合肥市肥西县）。1938—1944 年在西南联合大学物理系读书，先后获学士、硕士学位。当时，吴大猷是他的老师。1945 年赴美求学，1948 年获芝加哥大学哲学博士学位。1948—1949 年任芝加哥大学教员。1949—1955 年任普林斯顿高级研究所研究员。1955—1966 年任普林斯顿大学教授。1966 年起任纽约州立大学石溪分校艾伯特·爱因斯坦讲座教授兼理论

---

〔1〕 刘铭传：《台设西学堂招选生徒延聘西师立案折》。

物理研究所所长。1970—1976 年任洛克菲勒大学评议员。1964 年加入美国国籍，曾任全美华人协会会长。美国总统授予他 1985 年国家科学技术奖章。1986 年获美国"国家科学技术奖章"，同年获纽约市长颁赠的"自由奖章"。1992 年当选英国皇家学会的外籍会员。1994 年，他获得了美国费城富兰克林研究所 1994—1995 年度美国鲍威尔科学成就奖(25 万美元奖金和一座 2.25 英尺高的金质奖牌)。1999 年他被纽约州立大学石溪分校授予一等荣誉博士学位，同年 5 月 21 日正式退休，石溪分校同日将理论物理研究所命名为"杨振宁理论物理研究所"。

## 一、杨振宁的科研成就与国际影响

1951 年杨振宁与李政道教授合作，于 1956 年共同提出弱相互作用中宇称不守恒原理，因而与李政道共同获得 1957 年诺贝尔物理学奖。这一原理彻底改变了人类对对称性的认识，促成了此后几十年物理学界对对称性的关注。1954 年，杨振宁同米尔斯博士创立了"杨一米尔斯规范场"论(研究凝聚原子核的力的精深理论)。杨振宁还与巴克斯特教授共同提出了"杨一巴克斯特方程"。

杨振宁对理论物理学的贡献范围很广，包括基本粒子、统计力学和凝聚态物理学等领域，对理论结构和唯象分析他都有多方面的贡献。他的工作有特殊的风格：独立性与创建性强，眼光深远。

1. 在粒子物理学方面，他最杰出的贡献是 1954 年与 R. L. 米尔斯共同提出杨一米尔斯场理论，开辟了非阿贝耳规范场的新研究领域，为现代规范场理论(包括电弱统一理论、量子色动力学理论、大统一理论、引力场的规范理论等)打下了基础。杨一米尔斯场方程最近被数学家 S. 唐纳森引用，获得了拓扑学上的重大突破。

杨振宁在粒子物理学方面的另一项杰出贡献：1956 年他与李政道合作，深入研究了当时令人困惑的 $\theta-\tau$ 之谜，即后来所谓的 K 介子有两种不同的衰变方式。一种衰变成偶宇称态，一种衰变成奇宇称态；如果弱衰变过程宇称守恒，则它们必定是两种宇称状态不同的 K 介子。但从质量和寿命来看，它们又应是同一种介子。杨振宁和李政道通过分析认识到，很可能在弱相互作用中宇称不守恒。他们仔细检查了过去的所有实验，确认这些实验并未证明弱相互作用中宇称守恒。在此基础上他们进一步提出了几种检验弱相互作用中宇称不守恒的实验途径。次年，这一理论预见得到吴健雄小组的实验证实。因此，杨振宁和李政道的工作迅速得到了学术界的承认，并获得1957年诺贝尔物理学奖。一项科学工作，在发表的第二年就获得诺贝尔奖，这是第一次。

在粒子物理学方面，杨振宁的其他贡献包括：费米一杨模型（1949年）；与李政道合作的二分量中微子理论（1957年）；与李政道和R.奥赫梅合作的关于C（电荷共轭变换）和T（时间反演变换）不守恒的分析（1957年）；与李政道合作的高能中微子实验分析（1959年）和关于W粒子的研究（1960—1962年）；与吴大峻合作的CP（宇称）不守恒分析（1964年）；规范场的积分形式理论（1974年）；与吴大峻合作的规范场与纤维丛的关系（1975年）；与邹祖德合作的高能碰撞理论（1967—1985年）等。



2.在统计力学方面，杨振宁的贡献包括：二维伊辛模型的自发磁化强度（1952年）；与李政道合作的关于相变的理论（1952年）；与杨振平合作的关于数种模型的严格解（1966—1985年）等。

3.在凝聚态物理方面，杨振宁的贡献包括：与N.拜尔斯合作的对磁通量量子化的解释（1961年）；非对角长程序观念（1962年）等。

杨振宁发表过约200篇科学论文和报告。

## 二、杨振宁对当代中国科技发展的贡献

1957年，杨振宁和李政道合作推翻了爱因斯坦的“宇称守恒定律”，获得诺贝尔物理学奖。他们的这项贡献得到极高评价，被认为是物理学上的里程碑之一。消息传来，中国人无不引以为傲。杨氏也以曾经接受中国文化的熏陶为自豪。那年他们在接受诺贝尔奖金的时候，由他发表感言，在最后一段，他说：“我深深察觉到一桩事实，这就是：在广义上说，我是中华文化和西方文化的产物，既是双方和谐的产物，又是双方冲突的产物，我愿意说，我既以我的中国传统为骄傲，同样的，我又专心致力于现代科学。”

杨振宁谨记父亲杨武之的遗训：“有生应记国恩隆。”杨振宁于1971年夏访问中华人民共和国，是美籍知名学者访问新中国的第一人。他说：“作为一名中

国血统的美国科学家，我有责任帮助这两个与我休戚相关的国家建立起一座了解和友谊的桥梁。我也感觉到，在中国科技发展的道途中，我应该贡献一些力量。”杨振宁是这样说，也是这样做的。30 多年来，他频繁穿梭往来于中美之间，做了许多卓有成效的学术联系工作。他写过这样两句诗："云水风雷变幻急，物竞天存争朝夕。”他回美国以后，对促进中美建交、促进两国人民的相互了解、促进中美科学技术教育交流都做了大量工作。杨振宁受聘为北京大学、复旦大学、中国科学技术大学、南开大学、中山大学、云南工学院、山西大学、东北师范大学等院校的名誉教授，中国科学院高能物理研究所学术委员会委员。杨振宁对中国的科技政策提出许多很有建设性的重要建议，在促进中美科技交流和合作中起了重要作用，又努力帮助中国学者和留学生在美进行科研和学习。1994 年 6 月，他被选为中国科学院首批外籍院士。1995 年 6 月 9 日，在中国武汉华中理工大学访问谈到他 1957 年领取诺贝尔奖的情况时，他说，当时他是以一个中国公民的身份前往斯德哥尔摩领取诺贝尔奖的。在领奖仪式上，他用中国普通话说："我虽然是献身于现代科学，我对我所承受的中国传统和背景，引以为自豪。”1995 年 7 月 22 日，他受聘为上海大学名誉教授。1998 年 6 月 14 日，清华大学授予杨振宁博士清华大学名誉教授称号。

20 世纪初的一位作家，也是杨振宁父亲的好朋友朱自清，把 9 世纪的一位中国诗人李商隐的诗句“夕阳无限好，只是近黄昏”改为“但得夕阳无限好，何须惆怅近黄昏”。在历经一生对神秘的自然的思考以后，杨振宁认为这一改写更准确地描述了他晚年的想法。

# 第六章　合肥名门望族与宗族文化



## 第一节　合肥名门望族述略

与世界其他国家不同，传统中国是一个宗法社会，宗族制度在中国社会有着长期、广泛而又深远的影响，宗法性也是中国文化本身所具有的鲜明特点。传统中国实行的是“国”与“家”的双重统治。在广袤的领土上，中央集权制行政的实际状态极为粗放，国家对基层的有效管理在很大程度上是依靠宗族自治来实现的。一些强宗大族，因自身所掌握的政治、经济或文化优势，成为名门望族。这些名门望族，其子弟或以科名显，或以勋绩著，不仅对所在地域的社会有着举足轻重的影响，有的甚至能影响整个国家的前途和命运。

与中国其他地区一样，历史上的合肥也是一个宗族势力极强的地区。宗族往往聚族而居，建有祠堂，拥有族产，有专门的宗族祭祀活动、宗族管理组织和严格的族规家法。《合肥风俗记》记载：“四乡之民，多聚族而居，故宗法极重。每族各设一祠堂，族大者多至四五处，祠内供历代祖先牌位。每届清明、冬至二节，族人群赴祠中祭祀。或族中有重要事件发生，亦于祠中开会决之。祠有田房等不动产，每岁由族中年高有德者管理之，其所得之利息，则存放以谋合族之公益。每族均有一宗谱，族人少者则只一挂谱，将族中存殁人名，各依其宗支，作一表式，悬诸祠中。族大者宗谱多至数十册，谱约每三十年一修，修时须预先调查此三十年内存殁人名，及其生年月日时，修谱时最重要者，为承嗣问题，盖乡人重视谱牒，以为一登于书，则永不能变，而官中亦认为听讼时证据之一种，故无后者若有财产，则有承嗣之资格，及本支中之刁猾而希冀承继者，必力争之，往往至于涉讼。族中规例极严重，颇具自治之雏形。举凡族人争吵沟洫等事，均取决于族中之贤者长者。必重大案件，为族人调解不开者，始诉之于官，官之判断，仍须参合族绅之意见，族中有不法而败坏一族之名誉者，族人得召集会议，于宗祠中处分之，或罚之以金钱酒席，或责以杖，重且至于绞死。光复时，官吏失其中心力，人民无听羁束，不法之徒，乘机而起，驯至抢劫时闻，闾阎不能安堵，而合肥独能匕鬯不惊、商民安谧者，即赖合族各自约束族人，不准为非作歹。有逾法轨者，则执行宗法以铲除之。是故宵小敛迹，外盗莫侵，补官法之不足，作良民之保障。”[1]光绪《续修庐州府志》亦记云："肥多大姓。”[2]“其间忠义、节烈、硕辅、耆儒者尤指不胜屈”[3]，更特纂《世系表》一卷，专记合肥历史上的名门望族。兹据该志《世系表》所记，并结合其他材料概述如下。

## 一、李氏

李氏在合肥的分布较广，但并非皆出同源，各宗力量大小亦迥异。在合肥历史上，影响较大的有以下数宗。其一：先世居河南永城，明初，其后裔以军功世袭庐州卫指挥佥事，遂定居合肥，我们姑且称之为“河南李”。[4]该宗强盛于清朝前期。顺治时，族人李天馥中戊戌科(1658 年)进士，入翰林院，由检讨仕至武英殿大学士，族始大。天馥子李孚青，康熙乙未(1715 年)进士，授编修；李孚苍，康熙乙卯(1675 年)顺天榜举人，官至内阁中书。其孙李昉楙，康熙己丑(1709 年)进士。祖孙三代递相传承，此为合肥以科举功名兴族的代表。其

---

〔1〕《中华全国风俗志·下编》卷五，中州古籍出版社 1990 年版，第 3—5 页。
〔2〕(清)黄云等修，林之望等纂：光绪《续修庐州府志》卷五十八《世族表》，清光绪十一年(1885 年)刊本，台湾成文出版有限公司 1970 年版。
〔3〕光绪《续修庐州府志》卷九十五《庐郡应修各工查估修建经费银数清折》。
〔4〕赵尔巽：《清史稿》卷二百六十七《李天馥传》，中华书局 1977 年版。

二:“许氏李”。该宗本姓许,元朝末年,有名叫李福三的人因避兵自江西湖口迁至安徽潜山,其曾孙胜芬于宣德年间再迁至合肥,原居于合肥县东乡之李家冈,后迁于近数里之李老家。子孙繁衍,其十世孙名慎所,出继李心庄为嗣子,始改姓为“李”,世以耕读为业,至李鸿章之父李文安,已历七世[1],但一直寂寂无闻。直至道光十八年(1838年),李文安中进士后,该族的发展才出现转机。其后“登贤书、膺明经者”相望,“族日昌大”。[2] 李文安次子李鸿章,主持清政府内政外交达40年之久,梁启超评:“自李鸿章之名出现于世界以来,五洲万国人士,几乎见有李鸿章,不见有中国。一言蔽之,则以李鸿章为中国独一无二之代表人也。”[3]《清史稿·李鸿章传》评其“中外系望声出政府上,政府亦倚以为重。其所经画,皆防海交邻大计”[4]。这些都形象地描述了李鸿章在当时的中国乃至世界上的巨大影响力。而这样一位权倾一世的人物就出自于合肥的“许氏李”,该宗也因此成为合肥历史上影响最大的名门望族。



## 二、张氏

合肥名门望族中的张氏有两支,其一以张树声家族为代表。先世自江西迁合肥之南乡,明末有张鳌者由南乡始迁肥西,该宗兴盛于清末咸丰、同治时期。张树声“兄弟多以武功显”[5],族大兴。另一支张氏由安徽青阳迁来,定居于合肥东北乡之中兴里,后人“擢武科第者不可概举”[6],代表人物为张绍棠,记名提督,诰授光禄大夫、振威将军。以上两支张氏虽非同源,但总体而言,皆以军功起家,是为军功类的名门望族。

## 三、梁氏

该族世居桃园,兴盛于清朝道光时期。代表人物为梁恩照,举道光癸未科

---

〔1〕 张昌柱等:《李鸿章家族碑碣》,黄山书社1994年版,第18页;李国松纂修:《合肥李氏宗谱》卷十五《王考季荃府君行状》,民国十四年(1925年)岁次乙丑第五修本,民国十七年(1928年)铅印本。

〔2〕 光绪《续修庐州府志》卷五十八《世族表》。

〔3〕 梁启超:《李鸿章传》,海南出版社1993年版,第2页。

〔4〕 《清史稿》卷四百一十八《李鸿章传》。

〔5〕〔6〕 光绪《续修庐州府志》卷五十八《世族表》。

进士，官至刑部主事，迁广东盐运使司盐运使。其子梁阅馨，道光癸卯科举人，江苏知府，署通州直隶州知州。父子皆以科第出仕，故该族亦因其显赫的科举成就而跻身于合肥名门望族之列。

### 四、龚氏

该族由江右临川迁居合肥。代表人物为清初龚鼎孳，官至刑部尚书。其人“文才风雅，辉映一时”，为清初继钱谦益之后的又一位文坛泰斗。顺治帝读其文章，亦叹服道：“真才子也！”〔1〕鼎孳之后，该族亦“多以政绩武功显著”〔2〕。如乾隆时的龚朝聘，中乾隆辛卯科进士，官至甘肃阶州知州、成县知县，累赠朝议大夫；嘉庆时的龚善思，中嘉庆己卯科进士，官至海州直隶州知州；嘉庆时的龚照琪，嘉庆癸酉副贡出身，积官至江苏通州知州；光绪时的龚良举，中光绪壬午科举人。此外，获太学生或郡邑庠生功名者更是不胜枚举，龚氏因之亦名列望族。

### 五、蒯氏

该族世居合肥东北乡，名人有蒯德标、蒯德模、蒯光典三人。蒯德标，清朝道光甲辰恩科举人，官至湖北布政使司布政使。蒯德模，以副贡生出身，官至四川夔州府知府，为官清廉，执法公允，深得民心，事入《清史稿·循吏传》；其子蒯光典，光绪癸未科进士，选翰林院庶吉士，官至淮扬海道，加按察使衔，为政颇有乃父之风，直言敢谏，事迹亦入《清史稿》。

### 六、刘氏

明初，由江西紫溪村迁居合肥西乡。清朝康熙年间，族人刘显谟中康熙庚辰科进士。至清朝后期，族人刘铭传由军功起家，积官至台湾巡抚（也是台湾建省后的首任巡抚）。他在台湾巡抚任内，加强海防，整顿吏治，清理田赋，增加财政收入，修筑铁路，开办煤矿，发展商业，创办新式学堂，对台湾的开发建设

---

〔1〕《清史稿》卷四百八十四《文苑一》。
〔2〕光绪《续修庐州府志》卷五十八《世族表》。

作出了重要贡献。其所创建的铭军系统，为李鸿章淮系集团武装的重要组成部分。而跟随刘铭传出征的许多刘氏族人，在战场上亦屡立功勋，刘氏宗族也因此走向繁盛，名列望族。

### 七、周氏

由江西迁居合肥，定居于紫蓬山下，后人卜居于肥西雷麻店。子孙繁衍，聚族而居，绵历200年之久。“世尚义行”，清末“以武功冠绝一时”。代表人物是周盛波、周盛传兄弟。周氏兄弟以团练出身，积军功入仕途。兄周盛波官至记名提督、甘肃凉州镇总兵，署湖南提督；弟周盛传，湖南提督，死谥武壮。[1]兄弟二人也是淮军盛军系统的创建者和主要领导人。

### 八、段氏

段氏祖籍江西饶州，明末清初迁入安徽，道光年间移居合肥。代表人物为段祺瑞。段祺瑞是皖系军阀的首领，该派于1916—1920年间控制着北京政府和北方一些省区的军政实权，成为左右当时中国政局的一个封建军事政治集团，而合肥的段氏亦因此当之无愧地成了当时的名门望族。

〔1〕光绪《续修庐州府志》卷五十八《世族表》。

# 第二节　合肥名门望族的代表人物

## 一、李氏宗族

宗族世系[1]:

| | | |
|---|---|---|
| 李文安(道光戊戌科进士,刑部督捕司郎中,记名御史) | 瀚章(道光己酉拔贡,湖广总督) | 经畬<br>经楚<br>经滇<br>经湘<br>经沅<br>经澧<br>经江<br>经湖<br>经淮<br>经粤<br>经淦 |
| | 鸿章(道光丁未科进士,翰林院编修,文华殿大学士,直隶总督,钦差北洋大臣) | 经方(系胞弟昭庆之长子)<br>经述(光绪乙酉举人,刑部员外郎)<br>经迈(工部员外郎) |
| | 鹤章(廪贡生,甘肃甘凉兵备道) | 经楞(同治癸酉拔贡,分发补用道,按察使衔)<br>经羲(光绪己卯拔贡)<br>经鄂(分部学习,郎中) |

〔1〕本表据《合肥李氏宗谱》卷七《世系表》和光绪《续修庐州府志》卷五十八《世族表》等资料制成。

| | | |
|---|---|---|
| | 蕴章(补用道) | 经世(光绪庚辰进士,翰林院编修)<br>经邦(光绪丙子优贡,内阁中书)<br>经钰(郡廪生)<br>经达(候选同知) |
| | 凤章(花翎候选道,加按察使衔) | 经藩(系堂兄章启公第四子过继)<br>经祜(早卒)<br>经翊(系胞弟昭庆公第四子过继) |
| | 昭庆(花翎记名盐运使) | 经方(出嗣鸿章)<br>经榘(荫生,候选知州)<br>经叙(郡廪生)<br>经翊(出嗣凤章) |

如果说李鸿章是李氏家族的杰出代表人物,那么李鸿章之父李文安就是李氏家族发展史上具有转折性的关键人物。许氏自易姓为李后,家族成员在科场中一直毫无斩获,而在以科考功名作为衡量家族盛衰标尺的传统社会,这样的家族自然一直寂寂无闻,无法跻身于名门望族之列。李文安考中进士后,这一现象才得到根本改变。李鸿章在为其父所作的墓志铭中亦称:"我李氏系出于许,自更姓以来,无人与于科目之列,至是(指李文安中进士——作者注)乃创获焉。"[1]李文安之后,李鸿章等多名宗族子弟或以科第显,或以功军著,李氏家族也因此跃居合肥地区乃至全国有名的名门望族。

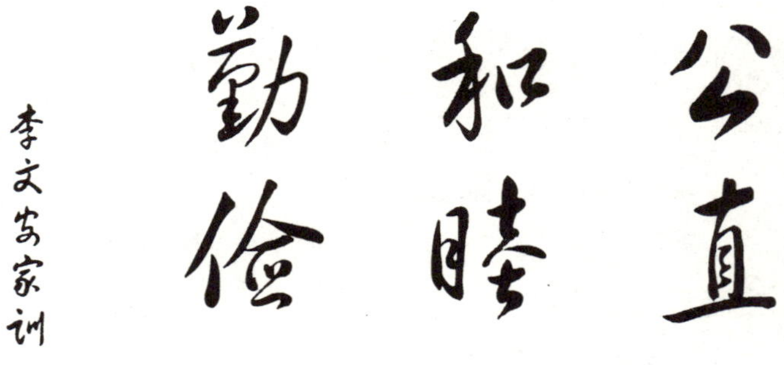


李文安家训

李文安(1802—1855),榜名文轩,号玉泉,别号愚荃,道光甲午科江南乡试

〔1〕 李鸿章:《清故中宪大夫晋赠光禄大夫李府君暨元配李太夫人墓志》,见张昌柱、奚治泉等编《李鸿章家族碑碣》,黄山书社 1994 年版,第16—18页。

第16名举人，道光戊戌科第112名进士，官至刑部督捕司郎中、记名御史、记名知府。李文安少年聪慧，倾心致力向学。家贫，以课徒为生，35岁始以优廪生举于乡，4年后中进士，长期任职刑部。每谳狱，必仔细衡量，折中求是，多所平反，人比之于包老爷再世。掌管刑部提牢厅期间，宅心仁厚，严禁手下胥吏虐囚，并亲自捐献衣被、药物、食物等物资，以改善囚徒恶劣的生存环境，惠名远播。咸丰三年(1853年)，太平军攻陷庐州城，安徽巡抚江忠源投水自杀，清廷震恐。这年11月初十，侍郎王茂荫上疏称："刑部郎中、记名御史李文安，即在籍督带练勇、翰林院编修李鸿章之父，老成练达，为守兼优，籍隶合肥，情形甚为熟悉，乡里素所推重。庐郡练勇整齐，皆由其寄信回里，劝谕乡人先为思患预防之计，若令其回籍督带练勇，呼应必灵。吁恳饬令刑部郎中李文安迅速回籍带勇协剿。"[1]于是李文安受朝廷委命，束装南返，在安徽组织团练武装，帮助官军对抗太平军。他曾带领合肥的团练武装在巢湖等地与陈玉成领导的太平军作战，于咸丰五年(1855年)5月23日卒于军中，终年55岁。临终前，他致书李鸿章道："贼势猖獗，民不聊生，吾父子世受国恩，此贼不灭，何以家为！汝辈当努力以成吾志。"由此可见，李文安本人是清王朝的坚定支持者，他在弥留之际仍不忘谆谆告诫李氏子弟要以剿灭太平军为己任，以报答朝廷的知遇之恩。这一临终遗言亦被李氏后人铭记在心，李鸿章在李文安的墓志铭中专门记载了此事，并感慨道："临终遗言至此。呜呼，可哀也已！"[2]由此可知，李文安的这一遗言对李氏后人影响很大，李鸿章兄弟等人坚定的反对太平军的立场，在某种意义上，可能也与李文安的临终遗言有关。更为重要的是，李文安在合肥地区组织起来的团练武装，后来成为淮军的重要来源。《清故中宪大夫晋赠光禄大夫李府君暨元配李太夫人墓志》中记道："而旧部练长各于其乡筑寨杀贼自卫，卒成劲旅，以从鸿章兄弟勘定吴越，肃清中原，即今所称淮军也。"光绪《续修庐州府志》亦云："文安卒后，皖中兵事益亟，淮南郡县多沦陷，而所部绅士为练长者各于其乡筑堡杀贼以自卫，厥后鸿章兄弟以大学士曾国藩荐举，

[1] 光绪《续修庐州府志》卷三十四《宦绩二》。
[2] 李鸿章：《清故中宪大夫晋赠光禄大夫李府君暨元配李太夫人墓志》，见张昌柱、奚治泉等编《李鸿章家族碑碣》，黄山书社1994年版，第16—18页。

竟因此军蔚成劲旅，戡平吴越，奠定中原，淮军之名震天下，由此始也。"〔1〕众所周知，李鸿章本人正是依靠淮军力量镇压了太平天国和捻军起义而得以踏上亨通的仕途。安徽巡抚沈秉成亦于奏疏中称："今大学士、直隶总督李鸿章倡立淮军，戡定吴越，奠安齐豫，战伐之勋灿于天下，兵法实本于庭训。"〔2〕上述诸书的论著者皆将李鸿章的显赫战功归因于李文安的庭训之功，由此亦可见，李文安在李氏家族发展史上作出的卓越贡献。

李瀚章

李文安育有六子。长子李瀚章(1821—1899)，字敏斿，号小泉，又号筱泉，晚号钝叟。道光己酉科拔贡生，出为湖南知县，先后历署永定、益阳、善化等知县，调江西吉南赣宁道，迁广东督粮道、按察使、布政使，又平步青云，三任巡抚(湖南、江苏、浙江三地巡抚)，四任总督(湖广、四川、漕运、两广四任总督)，成为掌握一方军政大权的封疆大吏。在重视科举功名出身的清代官场，由优贡出身而得以跻身封疆大吏，殊为罕见。这一方面固然体现了朝廷对李氏家族的优宠；另一方面，它与李瀚章突出的个人才能也不无关系。李瀚章早年曾跟随曾国藩，帮助曾氏处理军务，在此期间，即展现出非同一般的才干，被曾氏倚为左肱右臂，曾氏"数称公能……江西牙厘，广东榷饷，皆军中重任……一倚办"〔3〕，并委以筹集军饷的重任。

随着其胞弟李鸿章在朝中势力日盛，李瀚章又成为李鸿章的重要依靠力量。兄弟二人共进退、同荣辱，默契呼应，互为奥援，而清廷出于对李鸿章及李氏家族的优宠，也默认了这一事实的存在。如李鸿章官拜湖广总督后，因剿捻任重，无法亲往履任，清廷便委派李瀚章前往，暂代李鸿章署理湖广总督；捻军起义平息后，李鸿章正式履湖广总督任，于是清廷将李瀚章调任浙江巡抚；两年之后，李鸿章被委派前往镇压贵州苗民起义和陕西回民起义，于是清廷再次

〔1〕光绪《续修庐州府志》卷三十四《宦绩二》。
〔2〕《安徽巡抚沈秉成原奏》，见张昌柱、奚治泉等编《李鸿章家族碑碣》，黄山书社 1994 年版，第 125—126 页。
〔3〕李鸿章：《清故光禄大夫太子少保两广总督李勤恪公墓志》，见张昌柱、奚治泉等编《李鸿章家族碑碣》，黄山书社 1994 年版，第 34—35 页。

委派李瀚章来署理湖广总督；事后，李鸿章直接迁任直隶总督，于是清廷又将李瀚章正式调任为湖广总督。“兄弟更代累年，太夫人不移武昌官所。”[1]这种兄弟递相更代的任职方式，既可免除老母迁转奔波之苦，更重要的是，它可以保证同一地区政策的稳定性和延续性。在任两广总督期间，李瀚章又“倾资以济海防”，积极帮助李鸿章筹备海防。《马关条约》签订后，举国大哗，矛头直指条约签字人李鸿章，李瀚章亦因其为李鸿章胞兄这一特殊身份，遭到攻击弹劾，被迫辞职还乡。对其最终遭遇，李鸿章在其所作乃兄的墓志铭中自责道：“公(为人)一出以和，不甚为时怨妒，其亦往往见诋者，则由鸿章非才而久负重，有以牵累而中伤之也。”[2]事实上，早在《马关条约》签订之前，李瀚章就曾致书李鸿章，“约事已共告归”，从中可以窥见兄弟二人在官场中共进退、同荣辱的手足深情。

李文安次子李鸿章(1823—1901)，其事迹详见本书第五章第二节，此不赘述。

李文安三子李鹤章(1825—1881)，字仙侪，号继泉，又号季荃，别号浮槎山人。廪贡生，积军功累官至甘肃甘凉兵备道。鹤章年少时即博通经史，文名远播。但屡应乡试皆名落孙山，于是留心经世之学，不再以科第为意。咸丰初年，太平军由武汉顺江东下，皖北捻军乘势起义，安徽大乱。清政府为稳定局势，剿灭太平军和捻军，下令各地组织团练武装。李鹤章积极响应清政府号召，在合肥东北乡组织起团练组织——“保和团”，并在乡间增立团防，招募降众，奉旨褒嘉。咸丰三年(1853 年)，他亲率练勇数百人奔至临淮，跟随其父李文安，积极参加了许多镇压太平军和捻军的军事行动。咸丰十年(1860 年)之后，他跟随长兄李瀚章至江西，统领赣南防勇，屡立战功。同治元年(1862 年)，他又在家乡招募亲兵，携带辎重绕淮扬里下河至上海，增援李鸿章。因淮军初建，“前敌各营无所统摄，咸愿归鹤章调遣，乃奏派督办前敌，为淮湘各营总统，苦战松沪间”[3]。李鹤章为清军收复苏南作出了重大贡献。清军攻占南京城后不久，他即告病归家，自号浮槎山人，徜徉山水间，并以营商积资巨万。光绪六年(1880 年)卒，终年 56 岁。生平著有《平吴纪实》四卷，《广名将谱笺注引证》

---

[1][2] 李鸿章：《清故光禄大夫太子少保两广总督李勤恪公墓志》，见张昌柱、奚治泉等编《李鸿章家族碑碣》，黄山书社 1994 年版，第 34—35 页。

[3] 光绪《续修庐州府志》卷四十八《武功传二》。

四卷，《浮槎山人文集》一卷，《半仙居草》四卷，《平吴竹枝词》一卷。

李文安四子蕴章(1829—1886)，字秉旃，一字和甫，号抚泉，国学生。12岁时因眼疾致盲，“光禄公因畀以家政”[1]，被李文安安排专治家事，以解李瀚章、李鸿章等兄弟的后顾之忧，让他们专心从政。光绪《续修庐州府志》记载：“兄弟六人，多从公在外，蕴章独留皖治家事，俾无内顾忧，弟昭庆、兄鹤章相继殁，抚诸孤，教以成立，无异己出。”[2]蕴章用这种独特的方式，为李氏家族的兴盛贡献着力量。然而，这并不意味着李蕴章的人生就完全被排除在军政事务之外，由于众多兄长都为朝中重臣，这就为李蕴章的参政、议政提供了很多契机。据李蕴章墓志铭的资料记载，李蕴章“方弱冠，即随尚书公官湖南，助理湖北粮台。及分巡赣南，以筹饷为曾文正公所知。皖省既复，善后诸务悉以委之”。李鸿章任两江总督时，淮河在清水潭附近决口，清政府命令李鸿章立即组织力量堵塞，但当时筹款无门，计无所出。值此之际，李蕴章谏言：“令两淮盐商捐银，改票为春秋营运，商皆踊跃，不数日得银七十余万，埠口告成。”[3]此外，长期乡处的李蕴章还积极营商，并因此积累起巨额财富。

李凤章和女儿

李文安五子凤章(1833—1890)，字桂山，号稺荃。早年也曾投身军营，帮助父兄办团练，并参加了清军在皖南一带镇压太平军的军事行动。同治年间，又在江南制总造局任职，累功擢道员。后告归返乡，侨居芜湖，以营商致巨资。[4]

李文安之六子昭庆(1835—1873)，字子明，一字眉叔，号幼荃。早年曾追随兄长瀚章、鸿章在曾国藩幕府中讲求兵法。同治元年(1862年)，太平军攻打淮南，受曾氏之命，统帅新募的淮军铭、庆、盛、树、鼎

---

〔1〕〔3〕 刘秉璋：《清故中宪大夫候选道李公墓志铭》，见张昌柱、奚治泉等编《李鸿章家族碑碣》，黄山书社1994年版，第89—90页。

〔2〕 光绪《续修庐州府志》卷末《续补遗》，第1994—1995页。

〔4〕 张子万：《诰授光禄大夫一品封典按察使衔候选道李府君墓志铭》，见张昌柱、奚治泉等编《李鸿章家族碑碣》，黄山书社1994年版，第99—100页。

五营，负责防守庐江、无为等地。次年 5 月，又增募护军三营驰赴上海增援李鸿章，并在李鸿章麾下积极参加苏南一带镇压太平军的军事行动，屡立战功。后又追随李鸿章在皖北一带剿捻，“在军严而有恩，战守有法，与士卒同甘共苦，故能得士心，每战辄胜”〔1〕。积军功擢盐运使。后因病归乡，于同治十二年(1873 年)卒于李鸿章在天津的行署，年仅 39 岁。著有《从戎日记》五卷，《小瑯环馆试帖诗》二卷。

李经方



从李文安及其六子的传记中，我们可以清晰地看到，这些家族成员间以血缘、亲情为纽带，结成了一个关系紧密、利益高度一致的整体，彼此间一损俱损、一荣俱荣。成员间互相帮助，彼此奥援，或经商，或入仕，争先立功显名，从而推动了家族整体的兴盛。

事实上，继李鸿章之后，李氏家族后辈中也涌现出不少名人，如李鸿章长子李经方(生父李昭庆，因李鸿章年过 40 岁无子，于是将李经方过继为子)，光绪八年(1882 年)举人，曾任中国出使日本国大臣；李鹤章三子李经羲，官至云贵总督。此处皆不赘述。

## 二、张氏宗族

宗族世系：

| | | |
|---|---|---|
| 张荫谷(郡庠生，晋赠光禄大夫) | 树声(廪生，两广总督，谥靖达) | 华奎(光绪壬午科举人，户部员外郎)<br>云霖(邑庠生)<br>云鹄 |
| | 树珊(记名提督，广西右江镇总兵，谥勇烈) | |
| | 树欀(花翎江苏即补道) | 云路(附贡生，户部郎中)<br>云锦(邑庠生) |
| | 树棠 | 云森 |
| | 树屏(调补大同镇总兵，提督) | 云官 |
| | 树玉(附贡生，候选郎中) | 云翔 |
| | 树琮(庠生) | |

〔1〕光绪《续修庐州府志》卷三十八《武功传三》。

张树声，号振轩，在张氏家族中官职最高，因此也是该家族的代表性人物，同时他还是淮系集团中的重要人物。张树声起家于团练。咸丰初年，太平军入皖，张树声兄弟跟随其父张荫谷在庐州办团练武装，对抗太平军，并逐渐壮大，成为肥西团练的领军性人物。这支队伍后被李鸿章招致麾下，组建成淮军“树字营”。张树声作为“树字营”首领，跟随同乡李鸿章转战各地，参加了清军平吴、平捻的战斗，并累积军功，于同治十年(1871 年)被擢升为漕运总督，成为一员封疆大吏。次年，转署江苏巡抚，旋升署两江总督兼南洋通商事务大臣。光绪五年(1879 年)，调贵州巡抚，再调广西巡抚，晋升两广总督。光绪八年(1882 年)，李鸿章在直隶总督任上以丧母归葬，于是清廷将张树声调署直隶总督兼北洋大臣。同年，朝鲜发生“壬午兵变”，日本驻朝鲜使者花房义质企图借机全面控制朝鲜，积极谋求对朝鲜派兵。时任直隶总督的张树声得报后立即飞檄广东水师提督“庆字军”首领吴长庆，商量对策，最终议定调“庆字军”抢先在朝登陆，从而挫败了日本的阴谋。次年，复回两广总督任。当时，中法战事迫在眉睫，张树声积极筹备海防，派人在广东沿海要地构筑新式炮台，并从国外订购军械〔1〕，“殚心筹画，常终日见客，夜治文书”〔2〕。因操劳过度，数月后病情加重，卒于广州行馆，终年 61 岁。赐谥靖达，事迹宣付史馆立传。光绪十一年(1885 年)，经直隶总督李鸿章奏请，奉旨于直隶、江苏建专祠。

张树声之弟张树珊和张树屏，自在肥西办团练时起便一直追随兄长，转战苏、浙一带，屡立军功，积官分别至广西右江镇总兵和大同镇总兵。

## 第三节　合肥名门望族的联姻

封建时代缺乏现代交通、通讯技术，绝大多数人的交往范围主要局限在一府乃至一县之内。加之同乡之人，有着共同的生活空间、民间信仰、语言习俗等，便于沟通交流，这一切都造成在传统社会中，人们的乡土认同感极强，重乡

〔1〕 马昌华:《淮系人物传》，黄山书社 1995 年版，第 264 页。
〔2〕 光绪《续修庐州府志》卷三十四《宦绩传二》。

情、讲乡谊成为社会普遍风尚，来自同一地区，也就意味着彼此之间天然地具有紧密的地缘联系。而传统婚姻讲求门当户对，这就使得生活在同一地域的名门望族往往倾向于互相联姻，形成较为稳定的地域婚姻圈，合肥地区的望族也不例外。

以李鸿章家族和张绍棠家族为例。前文已述，张绍棠出自合肥张氏，该族由安徽青阳迁居合肥，定居于合肥东北乡之中兴里。李氏与张氏世代联姻，现存的记载可追溯到李鸿章和张绍棠的祖父一辈。李鸿章的祖父和张绍棠的祖母为亲兄妹，张绍棠是李鸿章的二从姑表弟，张绍棠娶李鸿章的妹妹李玉英为妻，又成为李鸿章的妹夫。此后，张、李两家亲上加亲，继续联姻。张绍棠长子席珍与次子士瑜分别娶李蕴章、李鹤章的女儿为妻；张绍棠的三个孙女（长子席珍女、次子士瑜三女与三子士珩女）又成为李鸿章、李昭庆的孙媳（李国焘、李国燕和李国栋之妻）。如此，累世联姻将张、李两家紧密地联系在一起。

此外，李氏家族还积极地同合肥地区其他的名门望族联姻，而其他的名门望族之间也积极联姻。下表〔1〕所示，即为合肥地区各名门望族之间的婚姻关系情况：

<table>
<tr><td colspan="2">李鸿章家族与合肥地区其他名门望族姻亲关系示例〔2〕：</td><td rowspan="5">李玉英<br>（妹妹）</td><td>本人嫁张绍棠</td></tr>
<tr><td rowspan="2">李文安<br>（父）</td><td>娶合肥李鸿谟之女</td><td rowspan="3">长子席珍娶李蕴章女</td></tr>
<tr><td>长女嫁张绍棠</td></tr>
<tr><td rowspan="2">李瀚章<br>（大哥）</td><td>三子经滇之子国炽娶刘秉璋五子刘体智之女</td></tr>
<tr><td>九子经淮娶潘鼎新女</td><td>次子士瑜娶李鹤章女</td></tr>
</table>

〔1〕此表主要内容引自毛立平《十九世纪中期安徽基层社会的宗族势力——以捻军、淮军为中心》，《清史研究》2001 年第 4 期，第 21—22 页。

〔2〕本表据《肥西淮军人物》、《淮系人物列传》、《李氏大同族谱》、《朱卷集成》、《李鸿章家族碑碣》、《合肥李氏宗谱》、《李氏五修宗谱摘钞》等制成。另：此处“合肥”是指清代庐州府所辖区域，包括今天的合肥市和巢湖部分地区。

| | |
|---|---|
| 李鸿章 | 长子经方娶刘秉璋长女 |
| | 经方子国焘娶张绍棠长子张席珍之女 |
| | 经方女嫁潘鼎新之孙潘定谟 |
| | 次子经述之子国燕娶张绍棠三子张士珩之女 |
| 李鹤章（三弟） | 元配李景法之女 |
| | 继室周沛霖长女、周世臣之妹周世宜 |
| | 女嫁张绍棠次子张世瑜 |
| 李蕴章（四弟） | 四子经钰娶吴长庆次女 |
| | 五子经达娶刘秉钧六女 |
| | 经达子从衍娶刘体蕃长女 |
| | 长女嫁张绍棠长子张席珍 |
| | 次女嫁刘秉璋长子刘诒生 |
| | 三女嫁张树声次子张华珍 |
| 李凤章 | 女一适吴鼎业 |
| | 女二适张士璜 |
| 李昭庆（六弟） | 次子经榘之子国栋娶张绍棠次子张士瑜之女 |
| | 三子经翊娶李鸿谟之重孙女 |
| | 二女嫁蒯光典 |
| | 四女嫁刘秉璋次子刘体乾 |

| 合肥地区名门望族之间姻亲关系示例：〔1〕 | |
|---|---|
| 刘铭传 | 长女嫁张树珊长子云逵 |
| 刘盛藻 | 长孙刘朝仰娶唐定奎四女 |
| 刘盛休 | 长子朝班娶唐定奎长女 |
| | 次子朝端娶唐定奎三女 |
| 刘秉璋 | 三子体仁娶张树声女 |
| | 四子体信娶吴长庆女 |
| 潘鼎声 | 子潘永龄娶唐定奎次女 |
| 吴秉权 | 长女嫁周盛传长子 |
| | 次女嫁周家熙 |
| | 三女嫁吴宏洛之孙 |
| | 四女嫁黄瑞兰子 |

〔1〕 据《肥西淮军人物》、《淮系人物列传》等制成。

赵小莲

上表中出现的李氏、刘氏、潘氏、张氏、周氏、吴氏、唐氏、黄氏、蒯氏等，皆是当时合肥地区的名门望族。上表清晰地表明，名门望族间保持着密切的联姻关系，有的望族间世代婚媾，亲上加亲。当然，随着家族力量的发展，一些名门望族也会谋求向域外拓展自己的联姻范围，同外地的名门望族联姻。如李鸿章的继室赵小莲，即出自安徽太湖地区的望族赵氏，为赵畇之次女。此后，赵、李两家继续联姻，李鹤章三子经义娶赵畇孙女、经义之子国筠则娶赵畇曾孙女。李鹤章的三子经馥之妻则为曾国藩的孙女，曾、李两家也因此成为姻家〔1〕；李鹤章长子经楞娶桐城姚骧之六女，姚氏也是桐城望族〔2〕。名门望族通过彼此间的世代联姻，以婚姻为纽带结成牢固的家族联盟利益集团，一损俱损，一荣俱荣，休戚与共。如同宗族内部一样，利益高度一致的各名门望族彼此间常互为奥援、相互扶持，积极寻求在地方乃至国家事务中的话语权，建立起地方权力体系，以最大限度地攫取、维护或巩固本族的利益。具体到合肥地区来说，晚清合肥的许多名门望族团结在以李鸿章为核心的李氏宗族周围，结成以合肥地区的名门望族为核心的淮系政治利益集团，他们控制着国家的内政、外交，在国家和地方事务中具有巨大的影响力。而许多名门望族本身也因此获得千载难逢的振宗兴族的机会，由此出现了晚清合肥地区名门望族大量涌现的兴盛局面。

## 第四节　合肥名门望族与国家政权及地域社会

### 一、合肥名门望族与国家政权

晚清合肥的名门望族在国家层面的影响力，主要是通过淮系集团来实现

〔1〕《李鸿章家族碑碣》。
〔2〕马昌华：《淮系人物列传——李鸿章家族成员·武职》，黄山书社1995年版，第77页。

的。该集团是以李鸿章为首领，以出生于合肥地区（指清代庐州府）的淮军将领、官员为基本依靠力量的全国性政治集团，其成员主要包括军事将领、官员和幕僚三大子系统。19世纪60年代末，淮系集团以令人瞩目的姿态登上历史舞台后，便一直全面控制着中国的内政、外交，把持中央朝政达40年之久，对中国近代历史的进程产生了重大影响。而合肥地区的名门望族，也通过淮系集团的政治活动，影响着朝廷政治，在国家政治层面上发挥着自身的影响力。

淮军是淮系集团的武装力量。这支以团练起家、在镇压太平天国运动和捻军起义中不断壮大起来的武装集团，在19世纪70年代后期，随着清政府固有军事力量严重不足和国家海防形势的日趋严峻，逐渐承担起了国防军的职责，清政府“北洋筹防，全倚淮军”[1]。在近代众多的对内、对外战争中，都活跃着这支军队的身影，“迨粤匪、捻匪、回匪之祸，藉楚勇、淮勇之力以平之”[2]。众所周知，许多淮军将领就出自合肥地区的名门望族。据《淮系人物列传》一书所附《淮系集团武职人员表》[3]统计可知：该表共收录武职记名总兵以上官职者496人，除籍贯不详90人外，已知籍贯的406人中，来自合肥地区的有182人，占总数的44.8%，这意味着近半数的淮军高级将领来自于合肥地区，由此可见淮军本身所具有的鲜明的地域性特征；它同时也说明，合肥地区的名门望族在淮军中有着举足轻重的影响力。事实上，淮军的组成方式本身就具有家族性特征，许多将领或出自合肥地区的名门望族，或因自身腾达的仕途使得本族得以顺利跻身于名门望族行列，其所率之兵也往往都是同宗族乡党子弟。刘铭传曾回忆道：“咸丰年间，烽火连天，蒿莱满目，吾乡巨富大族家破人亡，不可胜数。惟吾族僻处山隅，得余筑圩守卫，受灾甚浅。子弟有随军从事者，多名成业就，家室一新。”[4]而淮军的实际领导者和最高统帅，就是出身合肥望族的李鸿章。因此，在晚清的军界，以李鸿章为首的合肥名门望族有着举足轻重的影响力。

晚清合肥的名门望族在中央层面的政治影响力亦不可小视。据《淮系人

---

〔1〕赵尔巽：《清史稿》卷四百一十六。

〔2〕薛福成：《叙团练大臣》，见盛康辑《皇朝经世文续编》卷八十一。

〔3〕马昌华：《淮系人物列传——李鸿章家族成员·武职》，黄山书社1995年版，第333—389页。

〔4〕刘铭传：《诗文辑存》，见《刘铭传文集》，黄山书社1997年版，第475—476页。

物列传》一书所附《淮系集团文职人员表》统计可知：该表共收录文职府道以上官职者375人，除籍贯不详者74人外，已知籍贯的301人中，来自合肥地区的有63人，占总数的20.9%，达1/5强。〔1〕由此可见，合肥地区的名门望族成员亦是淮系文职官僚集团的重要组成部分。淮系集团首领李鸿章，长期担任直隶总督兼北洋大臣，执掌朝政，被列强视为清王朝的代表。列强眼睛中甚至只见李鸿章，不见清朝皇帝。近代历史上的一系列重大对外交涉事件，如天津教案，中法战争，签订中日《天津条约》、中日《马关条约》、《中俄密约》、《中法新约》等，都是由李鸿章经办的。借助李鸿章强大的政治影响力和淮系集团的政治活动，晚清合肥的名门望族也在中央朝政中发挥了重要作用。

另外，晚清合肥的名门望族在国家经济建设上也有过重大影响。李鸿章本人便是晚清洋务运动最积极的推行者，他在上海创立外国语言文字学馆，并选派学生出国学习，以培养洋务人才；同时，他还积极兴办了许多军工企业，早期四大军工企业中他一人就创办了三个——江南制造总局、金陵机器局、天津机器局；此外，他还创设轮船招商局、开平矿务局、天津电报总局、漠河金矿、上海机器织布局等民用企业，并设立公司开展对英贸易等。由于李鸿章本人出身于合肥望族，是淮系集团的首领，因此，李鸿章在经济领域内的影响力，也是合肥的名门望族在国家经济领域内巨大影响的反映。



## 二、合肥名门望族与地域社会

名门望族因其自身的政治、经济、文化优势在地域社会中有着重要影响力，他们也希望借助于对地方公共事务的积极参与，来赢得地域社会的尊重，争取对地域社会的支配权，从而更好地巩固自己在政治、经济、文化等领域的优势地位。总体而言，合肥的名门望族在以下领域都发挥着极其重要的作用。

1. 地方治安

名门望族在地域基层社会的稳定中发挥着积极作用。《合肥风俗记》记载：“族中规例极严重，颇具自治之雏形。举凡族人争吵沟洫（构衅，作者注）等

〔1〕马昌华：《淮系人物列传——文职·北洋海军·洋员》，黄山书社1995年版，第232—269页。

事，均取决于族中之贤者长者。必重大案件，为族人调解不开者，始诉之于官，官之判断，仍须参合族绅之意见，族中有不法而败坏一族之名誉者，族人得召集会议，于宗祠中处分之，或罚之以金钱酒席，或责以杖，重且至于绞死。光复时，官吏失其中心力，人民无所羁束，不法之徒，乘机而起，驯至抢劫时闻，闾阎不能安堵，而合肥独能匕鬯不惊、商民安谧者，即赖合族各自约束族人，不准为非作歹。有逾法轨者，则执行宗法以铲除之。是故宵小敛迹，外盗莫侵，补官法之不足，作良民之保障。"[1]宗族具有很强的自治性质，一般性的纠纷往往由族中贤能者直接调节仲裁，只有当案情严重时才诉诸官府。而官府在断案时，也会参考宗族的意见。此种方式可以及时消弭矛盾，保持社会稳定。这一点在社会动荡时期表现得尤为突出。

现以晚清合肥地区的圩寨为例，来介绍望族面对动荡社会危机时的反应机制及其影响。

1853 年，太平天国势力直达长江中下游地区，合肥的望族纷纷团练自保。张树声、唐殿魁等人招集义勇，构筑土寨，兴修防御工事，这些防御工事乡人称之为"圩寨"，合肥乡间由此出现了"堡寨棋置"的新局面。

团练源于保甲，是以保甲为基础，以守望相助、武装自保为目的的地方武装。团练作为基层社会的自卫组织由来已久，作为保甲制的衍生功能之一，它是随着保甲制的不断完善而逐步发展起来的。晚清时期的团练势力影响最大，嘉庆年间的白莲教起义为团练势力的迅猛发展提供了良好的契机。

嘉庆二年(1797 年)，德楞泰等为剿灭白莲教起义军，进呈《筹令民筑堡御贼疏》，谏言："为今之计，欲筹恤难民而困贼匪，莫若饬近贼州县于大市镇处所，劝民修筑土堡，环以深壕，其余散处村落，酌量户口多寡，以一堡集居民三四万为率，因地之宜，就民之便，或十余村联为一堡，或数十村联为一堡，更有山村僻远，不能合并作堡者，即移入附近堡内。所有粮食牛豕什物，一并收入。被难民人，即于其中安置，搭盖草棚。贼近则更番守御，贼远则出入耕作。该庄丁各保身家，巡防自必奋勇。壮丁不足，更于难民中择其骁健者，充当乡勇，酌给口粮，即以代赈。每堡派文武干员二三人，绅耆数人，为之董率弹压。"[2]即采用

〔1〕《中华全国风俗志·下编》卷五，第 3—5 页。
〔2〕贺长龄：《皇朝经世文编》卷八十九《剿匪》。

于市镇乡村广筑土堡、组织训练乡兵、坚壁清野等方法来对付起义军。但这一提议起初并未得到足够重视，龚景瀚续后又上《坚壁清野议》，提出："为今之计，必先坚壁清野之法。责成地方官，巡行乡邑，晓谕居民，团练壮丁，建立堡寨，使百姓自相保聚。自小村入大村，移平处就险处，深沟高垒，积谷练兵。移百姓所有积聚，实于其中。贼未至，则力农贸易，各安其生。贼既至，则闭栅登陴，相与为守。民有所恃而无恐，自不至于逃亡。"[1]比较龚景瀚和德楞泰两人的奏疏可知，他们都主张通过建立堡寨，利用基层团练力量来镇压起义军。此方案后来成为清廷剿灭白莲教起义的行动纲领，且成效显著。在这一方针的指导下，白莲教起义得以迅速被平息。而朝廷也因此充分认识到团练的巨大作用，之后多次下发谕旨，要求各地积极清理保甲，筹办团练事宜。[2]

1851年1月11日，广西爆发太平天国起义。在镇压起义军的过程中，朝廷深感正规军兵力不足、捉襟见肘，于是更加积极地敦促各地筹办团练。"自咸丰三年以后，迭奉朝旨举行乡团，已至再至三，各省官绅士民，未尝不遵旨办理。"[3]"(同治七年秋七月)戊戌，谕苏、皖、豫、鲁各属修圩寨。"[4]早在1851年4月，安徽巡抚蒋文庆就曾专折奏报保甲及酌议团练章程情形。[5]1853年，太平军势力抵达安徽，省城安庆陷落，巡抚蒋文庆战死。此后，太平军以摧枯拉朽之势，攻下望江、池州、铜陵、芜湖、当涂、和州等地，官军望风奔逃，民无所依。朝廷震恐，正月，命工部侍郎吕贤基赴安徽会办防剿事宜，并令其会同安徽巡抚周天爵、安徽学政李嘉端"练兵团勇，晓谕绅民殄除土匪"[6]。吕贤基奏带编修李鸿章等帮同办理，得旨谕允。

合肥地处皖中，宋隶淮南西路，元属淮西江北道，明初"以庐州为直隶庐州府，领州二县五，合肥、舒城、庐江、无为、巢湖、六安、英山……孝宗弘治七年甲寅，仍为庐州府。领州二县六，遂为定县、舒城县、庐江县、无为州、巢县、六安州、英山县、霍山县，隶江南布政使司。……雍正二年甲辰，庐州府辖州一县四，

---

〔1〕龚景瀚：《坚壁清野议》，见贺长龄《清经世文编》卷八十九。
〔2〕〔3〕赵尔巽：《清史稿》卷一百三十三《乡兵志》。
〔4〕赵尔巽：《清史稿》卷二十二《本纪·穆宗二》。
〔5〕《清文宗实录》卷三十二。
〔6〕光绪《庐州府志》卷二十二《兵事志二》。

合肥县、舒城县、庐江县、无为州、巢县。升六安直隶州，以英山、霍山二县属之。"[1]可见，历史上很长时期内，在行政区划上，合肥与隶属北方文化圈的六安、英山、霍山等地同属一府，联系密切。既有的研究成果表明，历史上同一府治范围内，其民风、民俗往往趋于一致。合肥长期与六安等地隶属一府，这导致在民风民俗上，两地人之间有着更多的同一性。光绪《续修庐州府志》记载："合肥八至，其北界迤东实至濠州，淮北、淮西取义由此，东肥入淮，以淮为界，土壤所接，风气亦往往相近云。"[2]《隋书·地理志》载合肥地区风俗云："人性躁劲，风气果决。"[3]元代揭傒斯亦记"俗淳讼简，民勇而好义"[4]。元代淮南行省右丞余阙评："其民质直而无二心，其俗勤生而无外慕之好，其材强悍而无孱弱可乘之气。"[5]明王章则记"其俗朴茂，刚健而少文"[6]。嘉庆《庐州府志·风俗》亦记"其俗朴茂刚健"，其"人性躁劲，风气果决"[7]。可见，传统的合肥人性格坚毅刚直，质朴勇武。合肥地区在传统上贵农贱商，农业为经济支柱，商业欠发达，嘉庆《庐州府志》记"其俗勤于稼穑，不喜商旅"[8]。而该地又土地贫瘠，"地处高阜，灌溉为难，以故不耐旱潦田畴之利……民居其间者，多无盖藏，一遇祲岁，辄不能支"[9]。也就是说，由于地理条件恶劣，合肥地区农业生产中的防灾、抗灾能力都较差，故传统合肥的经济基础脆弱且极易受到冲击；而质朴勇武的民风，又使得合肥人在大的社会骚动中，往往更倾向于诉诸武力来保全自身利益。故在清政府的支持下，合肥的团练势力迅猛发展起来。《清史稿》载："(咸丰)八年，安徽巡抚翁同书疏言皖省定远、寿州、合肥等县举办团练，旬日之间，远近响应。"[10]且战斗力很强，"时有撼官军易，撼练军难之谚"[11]。合肥的团练力量之强由此可见一斑。



---

〔1〕 光绪《续修庐州府志》卷四《沿革志》，第83页。
〔2〕 (清)黄云等修，林之望等纂：光绪《续修庐州府志》卷二《合肥县境图说》。
〔3〕《中华全国风土志·上编》，第22页。
〔4〕〔6〕《中华全国风土志·上编》，第23页。
〔5〕 嘉庆《合肥县志》卷七《风土志》，第85页。
〔7〕〔8〕 嘉庆《庐州府志》卷一《风俗》，《中国地方志集成·安徽府县志辑》第1册第31页。
〔9〕 嘉庆《合肥县志序》，第2页。
〔10〕《清史稿》卷一百三十三《兵四·乡兵》。
〔11〕《李氏五修宗谱摘钞》附录《慎诒堂先世录·赠资政大夫晋荣禄大夫李公行略前序》。

当时合肥人的传记中也留有一些与团练相关的信息，如《李鹤章传》记载："会广西寇起，江淮俶扰，因部勒丁壮，为乡团自捍卫，屡战有绩。"〔1〕合肥人王汝贵："咸丰三年春正月，安庆陷，巡抚李嘉端驻庐州，檄办团练。汝贵受命招流民，练壮丁，编保甲，储米粟。"〔2〕周盛波之母栗氏，"咸丰初，发逆窜扰，江北诸郡练团御贼，夫人谕第三子盛华集壮丁捍卫乡里，锄耰棘矜，数错凶锋，军食不继，脱簪珥以助之"〔3〕。张绍棠之母吴氏，"咸丰间，肥城陷，氏命子辈集团保乡里，亲故相依者百数十家，慨出囷米分饩亲，置饩以饷丁壮，而长子绍堪竟以殉难。氏复命次子绍棠终其事"〔4〕。从这些材料来看，咸丰初年太平军入皖后，合肥地区一时团练大兴。团练力量的迅猛发展，直接推动了圩寨的大量修建。

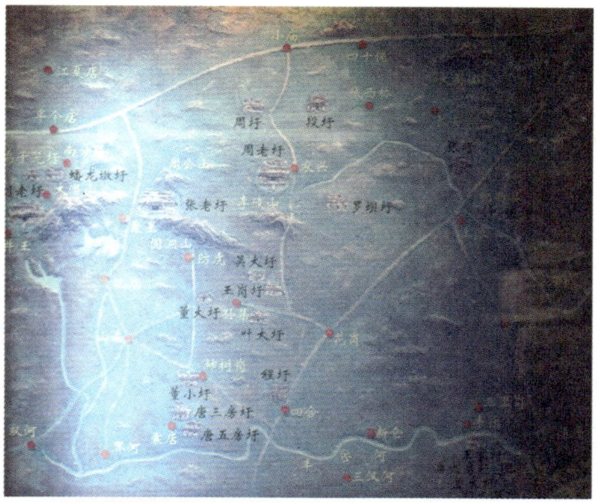

圩子图

在合肥一带，"圩"有两层意思，一是由人工筑起用于阻挡洪水的大堤；二是指四周环水，内外以吊桥连通，攻守兼宜，具有军事防御工事性质的房舍建筑，其主要功用是防匪备盗。长江中游统称这类建筑为"圩垸"，而合肥一带则称之为"圩"，或"圩寨"。

《张树珊传》中的一则材料，详细记录了合肥团练势力及圩寨的发展概况，详录如下：

"咸丰癸丑(1853年)，太平军入皖，树珊父子兄弟奉县檄团练乡兵。刑部郎中李文安回籍办团，树珊等往从之。乙卯(1855年)，击敌巢湖。以亲兵二十人为军锋，破贼千，树珊遂以善战闻。从李元华克无为、潜山、太湖。……庐州陷，巡抚翁同书退保定远，树珊兄弟谋曰：'练勇散处，可遏小寇，不足御大敌。'

〔1〕金天翮：《李瀚章鹤章传》，见《广清碑传集》卷十四，苏州大学出版社1999年版，第919页。
〔2〕光绪《续修庐州府志》卷三十六《忠义二》，第655页。
〔3〕光绪《续修庐州府志》卷末《贤德》，第1987页。
〔4〕光绪《续修庐州府志》卷末《贤德》，第1988页。

乃筑堡殷家畈，阻河环山以为险。陈玉成两围堡，皆败之，远近归者万计。于是邑人刘铭传、潘鼎新、周盛波、周盛传及董凤高等均相率筑堡坞，峙糗粮储械，百余里相望不绝。历四五年，耕战守御得相资，叙功以都司用。是时，李鸿章以淮勇东征，檄树珊兄弟与俱。凡前与共患难，捍卫乡里者皆从。"〔1〕

材料显示，张树珊父子是合肥团练最早的创办人。张树珊在1853年太平军入皖后便着手创办团练，训练乡兵。在李文安奉命回籍办理团练后，他又跟随李氏，在巢湖一带参加了清军对太平军的战斗。当太平军势力高涨，攻陷庐州城后，张氏认识到团练乡勇兵弱，难御强敌，于是在殷家畈筑堡，依靠地理形势，转攻为守，等待时机，并两次打败了陈玉成的进攻，由此势力渐长，远近归附者达万人。在他的带动下，刘铭传、潘鼎新、周盛波、周盛传、董凤高等人相率修筑堡寨，储粮备械，合肥的团练势力因此大盛，"堡寨林立，百余里相望不绝"。这些团练力量后来被李鸿章征召，随同东征。此外，张树珊也是合肥团练势力发展史上的关键性人物之一。他依靠地理形势，修筑堡寨，并击败了太平军的两次围攻，从而起到了某种示范作用。刘铭传、潘鼎新、周盛波、周盛传、董凤高等人正是在他的影响下才走上了筑堡修寨以自保的道路的。因此，张氏的传文评道："始诸将初起，皆散出田野。树珊独以寇来无方，不据形要，不足自完。于是创设堡坞，阻河山为险，尝据此击却悍寇陈玉成，由是诸团先后仿依为堡，百数十里间，连屯相望，淮甸以是得保半壁。"〔2〕

圩寨具有军事防御工事性质，寨主或招募流民，或部勒壮丁，或组织亲友，利用乡兵团勇，武装自卫。圩寨内储备有粮食军械，一旦遭到外敌进攻，寨内之人可据堡抵抗。前文中张树珊两次击败陈玉成领导的太平军就是很好的例子。

圩寨的政治立场完全取决于寨主个人的政治态度——或支持清政府，或支持太平军；或首鼠两端，抑或保持中立，武装自卫，结寨自保。前文中张树珊、周盛波等人的圩寨是支持清政府的，但也有部分圩寨站在了清政府的对立面。同治二年（1863年），统兵大臣僧格林沁上疏言："各省练团筑寨，本以助守望而御寇盗，为权宜补救之法。乃各团每以有寨可据，辄藐视官长，擅理词讼，或聚

〔1〕金天翮：《程学启张树珊传》，见《广清碑传集》卷十四，第949页。
〔2〕金天翮：《张树声刘铭传传》，见《广清碑传集》卷十四，第915页。

众抗粮，或挟仇械斗，甚至谋为不轨，踞城戕官。”[1]潘祖荫亦在奏疏中指出：“近来东省、皖、豫，圩寨皆成，其显据为贼巢者，固无论已。至如江苏徐属境内，圩寨头目类多恣睢自专，通贼藐官，截遏行旅，骄蹇跋扈，无所不为。”[2]可见，部分圩寨寨主恰恰利用了社会动荡和清政府既有统治秩序混乱的时机，凭借构建的军事防御工事圩寨和组织起来的武装力量，走向了朝廷的对立面。那些愿意支持清政府的圩寨，自然会得到清政府的支持，但也会因此成为太平军打击的对象。周盛波等人的圩寨就曾于1855年被人攻破，周氏家族多人因此死难。据周盛波之母的传记文记载：“(咸丰)乙卯春，贼大至，盛华(周母第三子)以众寡不敌，力战死。贼遂夺土堡入，阖室殉者过半。”[3]上文中太平军围攻的张树珊的圩寨亦属此类。同样，那些站在清朝对立面的圩寨自然会成为政府军队打击的目标。如咸丰年间，安徽巡抚周天爵就曾派兵攻破了合肥梁园谢家大户的圩寨，光绪《庐州府志》载：“合肥梁园西北有谢家大户招纳亡命，联络十余村庄，以谢四老虎为首，周天爵派兵捕之。”[4]



事实上，在很多情况下，圩寨寨主的政治态度也并非一成不变，他们骑墙观望，其政治立场往往随着太平军和清军势力对比消长的变化而发生改变。当太平军力量强大时，他们或站在太平军一边，或至少不主动与太平军为敌；当形势对清军有利时，他们又转而站到了清军一边。前文中的张树珊，早期曾积极派乡兵配合清军作战，待太平军势力大盛时转而筑寨自保，后又带兵追随李鸿章东征。据说太平军盛时，张树珊、刘铭传、周盛波、唐定奎等诸寨寨主曾集体商议准备投靠太平军，碰巧在歃血会盟时大风吹断了旗杆，又惊闻太平天国内讧，这才打消了投靠念头。而一些力量较弱的寨主只能在太平军和清军的夹缝中委曲求全，甚至采取以钱贿买的方式图谋保全。曾国藩曾在给朋友的信件中写道：“圩寨间有赂贼求免之事，大抵迫于无可如何。”[5]曾氏对这部分身不由己的寨主深表同情，并建议清政府审时度势，免于追究，尽力拉拢。

各圩寨寨主之间也会因为利益纠纷而互相抢掠、互为雄长。刘铭传的传

---

〔1〕《清史稿》卷一百三十三《乡兵志》。
〔2〕潘祖荫：《请添设徐州四界重镇疏》，见盛康《皇朝经世文续编》。
〔3〕光绪《续修庐州府志》卷末《贤德》，第1987页。
〔4〕光绪《续修庐州府志》卷二十二《兵事志二》，第367页。
〔5〕曾国藩：《覆王筱泉廉访书》，见盛康《皇朝经世文续编》卷三十一《户政三·理财下》。

文记载:“会天下大乱,淮淝居民争筑堡自卫,各相雄长。铭传亦纠闾里壮士为一军,别堡有来攻者,力却之。会枪药尽,铭传妻陈氏躬自造药,尤不给,老媪发其家所窖以进,堡乃得完。西乡豪杰由是惮铭传矣。”[1]张树声的传文亦记载:“先是,诸将以武节相侈,快恩仇,务兼并,互为长雄。而树声周旋其间,独用儒雅逊让为义。”[2]可见,在太平军的冲击下,当时的中央政府已经失去了对基层社会的有效控制,民间基层统治秩序濒于崩溃,故各寨寨主敢于互相攻讦,啸聚争雄。当是,张树声的居间调停,化解了冲突,消弭了矛盾,为各圩寨减少纷争、走向团结作出了贡献。由此可见,合肥的名门望族在地域基层社会稳定中发挥了重要作用。



2. 地方文教

传统社会士、农、工、商四民之业,士居其首。故对家族来说,子弟登科入仕者数量的多寡是衡量该族是否为望族最重要的标准之一。众所周知,科举的繁荣必依赖于教育的兴盛,故各地的名门望族多致力于地方的文教事务,积极兴教办学,培养科举人才,合肥地区自然也不例外。

筹办教育机构是名门望族致力于地方文教事务最直接的表现,咸丰年间庐州府学的恢复重建就凝聚着合肥多家名门望族的心血。同治四年(1865年),为修复兵燹中被毁的庐州府学,李鹤章等淮军文武官员率先捐资18 000两白银。同年冬,其兄署两江总督李鸿章又致书当时的署庐州府知府唐景皋、候选道李蕴章、合肥县知县戴昌言、试用教谕徐桂森、候选教谕许宜世等,命督修重建。值得注意的是,从行政区划上来说,当时的庐州府隶属两江总督辖区,故身为两江总督的李鸿章动用国家行政资源,直接命令下属官员修复重建庐州府学,而这种直接借用国家行政资源的运作

庐州府学

〔1〕 金天翮:《张树声刘铭传传》,见《广清碑传集》卷十四,第916页。
〔2〕 金天翮:《张树声刘铭传传》,见《广清碑传集》卷十四,第915页。

模式极易达到事半功倍的效果。在民间和政府的双重运作下，庐州府学得以即时恢复重建。“所有大成殿两庑戟门、泮池、棂星门一律遵照旧式，逾年修竣，并建……东西学署。又于学署东首临街造屋三重，由知府谕绅士经理，招租得息，拨归府学岁修工费。”〔1〕他们甚至建造起三重市面房屋，招租收息，用作府学日后维修经费，谋虑可谓深远。然而此时的府学虽建，但府学祭祀所用之礼乐尚未完备，原有的所有祭器、乐器在战火中荡然无存。光绪三年(1877年)，唐氏家族的唐定奎“独立捐办祭器、乐器，照额设原数备齐，共需银二千六百两。四年，复行捐资延请素谙音律教师设局教习，由府考取乐舞生童送往就学，以次告成，共用银三千七百八十两。六年，续捐善后银五千两，置产生息，以充每年春秋丁祭招集乐舞演习执事之费，计前后共捐湘平银一万一千三百八十两，折实库平银一万九百二十余两，为数甚巨”。〔2〕先后捐献巨款——库平银10 920余两，置办祭器、乐器，并选聘教师，选拔生童，教习乐舞，培养和组建起一支专业的乐舞生队伍，庐州府学的礼乐祭祀仪式因此得以恢复。同治六年(1867年)，李鸿章再次致书唐景皋、李蕴章、李鹤章等，责令其用重建府学所剩余资修复被毁的合肥县学。于是，李鹤章择精通堪舆者，重新选址前街南首龙门巷内，重建合肥县学。“所有大成殿两庑戟门、泮池、棂星门、崇圣祠、乡贤祠、名宦祠均照旧式重建，至光绪四年，李蕴章以亩捐余资续建，又以修东西学署及宫墙、照壁、云路街，款不敷，自捐资令参将浦英旺监修完工。”〔3〕至此，在合肥名门望族的积极筹建下，兵燹中被毁的府、县学皆得以重建。

书院也是名门望族捐资的另一热点。李鸿章曾向庐阳书院捐银一万两，委托刘步青、戴昌言等人添置土地房产，出租取利，以备书院生童奖赏之需。〔4〕肥西书院则是由刘铭传首倡并会同淮军将领张树声、周盛波、丁寿昌、唐定奎等人于同治十年(1871年)共同捐银献田建成，书院经费开支亦由周、刘、唐、丁、张、董等大族富户捐献的市房和学田681石(3 000多亩)收取租粮解决。李鸿章还为书院亲题“聚星堂”匾额。〔5〕此外，名门望族还利用自己的社

---

〔1〕光绪《续修庐州府志》卷十七《学校志》，第253页。
〔2〕光绪《续修庐州府志》卷十七《学校志》，第260页。
〔3〕光绪《续修庐州府志》卷十七《学校志》，第272页。
〔4〕光绪《续修庐州府志》卷十七《学校志》，第294页。
〔5〕《肥西县志》第28章《教育》，第532页。

会资源，积极奔走，为书院筹谋经费。光绪五年（1879 年），李鹤章等人积极运作，成功地将原属广益局育婴堂的 1 500 石田租拨归庐阳书院，以济膏火。[1]李蕴章长子李经世接管省城敬敷书院后，“严核度支，涓滴归公，节有余资，复为之添产生息，扩充膏火”[2]。

会馆是明清时期城市中由同乡或同业者组成的封建性团体。北京的大多数会馆，主要是为同乡官僚、缙绅或进京赶考的士子们提供聚会之所，故这样的会馆又称为试馆。明清时期，士子们进京赶考，会馆是他们最主要的落脚点。他们在会馆内饮食起居，谈文赋诗，联络乡情，交流信息，对于那些背井离乡、人地生疏的贫寒士子们来说，会馆是他们参加科举考试的后方基地，可以帮助他们解决后顾之忧。因此，京师是否建有本地会馆对科举考试影响很大。正因如此，会馆也理所当然地成为各地名门望族捐资建设的重点。早在清代顺治、康熙年间，合肥籍官员李天馥就曾于京师构建庐州会馆，后因年久失修，逐渐湮没。道光十九年（1839 年），李文安选址京师西珠市口驿马市大街，集资重建。此后，“乡人士之应京兆试者始得栖息焉”。同治年间，其子李瀚章、李鸿章复捐巨款扩充之，“并存公项以资岁修之费，用成先志”。在李氏父子前赴后继的努力下，庐州会馆终成规模，“计屋一百数十余间”[3]。李鸿章、李瀚章等又选址京师内城贡院之东，共同出资建起百余间房屋，命名为

北京安徽会馆



〔1〕光绪《续修庐州府志》卷十七《学校志》，第 260 页。
〔2〕《合肥李氏宗谱》卷十五《先考丹崖府君行述》。
〔3〕光绪《续修庐州府志》卷十七《学校志》，第 292 页。

庐州试馆，专供庐州籍士子赴京赶考旅居之用。[1] 同治庚午年（1870 年），刘铭传等人又出资在安徽乡试的指定考点江宁城内建起大小两所、拥有三百余间房屋的合肥试馆。[2]在他们的悉心安排下，合肥籍的士子们无论是在江宁乡试还是赴京师会试，都有了稳定的落脚点。

科举时代，国家对府、州县学录取的学生名额有明确限制，称为学额。如明洪武二年（1369 年），诏天下府、州、县皆立学校，“府学四十人，州学三十人，县学二十人，日给廪膳”[3]。清代顺治四年（1647 年），“定各省儒学视人文多寡分大、中、小学取进文童。大学四十名，中学二十五名，小学十二名。武童科岁并试，额取府学二十名，大学十五名，中学十二名，小学八名。又定直省各学廪膳生员，府学四十名，州学三十名，县学二十名，卫学十名，增广生员名数同”[4]。雍正二年（1724 年）议准，安徽所属合肥、无为改为大学，各二十名。[5]此后直至咸丰期间，各地学额数字虽间有调整，但总体而言，幅度都不甚大。[6]如雍正十三年（1735 年），庐、六分治，由庐州府析出部分地区设置直隶六安州，因此也酌情从庐州府学学额中拨出文童三名、武童二名划归六安州。[7]学额的调整有两种。一种是广永远学额，即学额数字一旦增加，此后历科都有效。如咸丰六年（1856 年），合肥地方以捐输团练有功，由督抚、学臣奏请诏广文、武学定额，获准合肥县加文、武永远学额各三名。[8]即此后合肥每科都增加文、武学额各三名。但一般来说，广永远学额的机会是很少的，更多出现的是广一次学额，即只增加当年录取的学额数。如乾隆十六年（1751 年），“奉特旨安徽、江苏、浙江本年岁试文童府学及州县大学增取五名，中学四名，小学三名，举行一次”[9]。嘉庆四年（1799 年），“升配礼成，恩诏广学额，大学七名，中学五名，小学三名，举行一次，不著为例”[10]。学额数的多少直接决定着本地入第的人数，因此受到名门望族的高度重视，它们利用自己的影响力，通过各种途径，积极推动朝廷增加庐州府或合肥县的学额数，李鸿章本人就曾数次成功奏请增加了庐州学额。如同治三年（1864 年），李鸿章奏“皖省各府州县捐输银一百四十二万八千两，请加安省文、武乡试永远中额四名，广一次中

[1][2] 光绪《续修庐州府志》卷十七《学校志》，第 292 页。
[3][4][5][6][7][8][9][10] 光绪《续修庐州府志》卷十七《学校志》，第 289 页。

额四名，并加学额。奉旨准加广合肥县文、武学定额十名，广一次额各十一名”[1]。同治五年(1866年)，署两江总督李鸿章奏，“淮军统领总兵张绍棠、郑国魁等报效军饷银三十万八千八百两，请加安省文、武乡试永远中额各一名并请广学额。奉旨准加广一次文、武学额各四名”[2]。三年以后，时任湖广总督的李鸿章再次奏称，淮军统领刘铭传报效军饷三十一万四千五百两，请加安省文、武乡试永远中额各一名，并请加广学额。奉旨准加广一次合肥县文、武学额各三名。[3]同治十年(1871年)，已调任直隶总督的李鸿章又奏称，淮军统领周盛波、周盛传等报效军饷三十二万两，请广安省乡试中额三名，并请加广学额。奉旨准加一次，合肥县文、武学额各二名。[4]可见，在李鸿章、刘铭传等合肥名门望族代表人物的积极运作下，合肥的学额得到了不同程度的增加。特别是同治三年(1864年)，一次性成功增加合肥县文、武学广一次学额11名，广永远学额10名。与朝廷额定的合肥县学文童20人、武童25名的学额相比，文童学额增加了50%，武童学额增加了40%，成效相当显著。[5]



六朝以来，风水之说渐趋流行。一般而言，风水常和坟墓或住宅选址等活动紧密相连。但在科举兴盛的明清两朝，风水却逐渐同科举联系起来。许多人认为某地域科举的兴衰是由该地风水的好坏决定的，并由此积极投入到改造地域风水的活动中，晚清合肥地区的名门望族在这方面的表现也颇为突出。

合肥的名门望族改造地域风水的活动主要集中在文昌宫和文昌阁的重建上。明清两代，全国许多地区都建起了文昌阁或文昌宫，祭祀传说中主管文运的文昌帝君或魁星。在当时人的观念中，文昌阁或文昌宫的兴废直接关系着地域文运的兴衰。李瀚章在《重修庐州府文昌阁碑记》中详细分析了文昌阁和地域文运间的关系，详引如下：

“古称地灵人杰，人得地之灵气，磅礴郁积，发为文章，足以鼓吹休明，润色鸿业，山川钟毓，顾不伟欤？吾庐自道光丁未成进士、入词林者凡五人，吾弟鸿章由翰苑荐跻首辅。军兴以来，郡中勋名鼎盛而科甲乃益稀，癸亥而后，遂无

---

[1][2][3][4] 光绪《续修庐州府志》卷十七《学校志》，第290—291页。

[5] 光绪《续修庐州府志》卷十七《学校志》载：“合肥县学，原额二十名，咸丰六年加额三名，同治四年加额十名。廪生、增生各二十名。二年一贡，武学二十五名。原额十二名，咸丰六年加额三名，同治四年加额十名。”此处记学额调整的时间为同治四年，与上则材料所记的同治三年略有出入，然所记增加的学额数则完全相同。

一人与馆选者，何地之灵前而不灵于后耶？或曰爵位丰则科名啬，岂其然耶？淝水、施水汇于郡东门外，南行二里，合流后第一曲也。昔太守王公宬建闸于是，去闸百步旧有小阁，当水之冲道。道光己亥，乡先贤戴君鸿勋等扩而大之，为楼三层，倚城关临河澝，蔚然雄峙，祀文昌、魁星于其间。礼典既肃，川岳效灵，瑰奇磊落之士应，间气而杰出者相接也。粤逆肆扰，郡陷于贼，阁焚闸亦就圮，二十余年未遑修葺。方今海内承平，百废据举，江南北名胜之地，无不次第修复，矧以接地势毓人才，有关于全郡之盛衰者顾可坐视其颓废乎！光绪丁丑，余与刘君秉璋、潘君鼎新、蒯君德模、德标昆季积赀重修，命邑人浦英旺董其事，经始于光绪三年某月某日，迄五年六月某日工竣。余虽久持楚节，未获登临，然故乡风景犹存在目前，想见高阁摩云，飞檐拂水，推窗四望，则桑麻鸡犬、城郭人民历历如旧，举五属之灵秀蔚焉荟焉，庶几乎杰人辈出，绵绵延延于勿替焉。"〔1〕

在李瀚章看来，合肥籍士子科场的成败几乎完全取决于合肥文昌阁的兴废。太平天国起义前，文昌阁建成，庐郡风水大旺，在"文昌帝君"和"魁星"的庇佑下，道光年间的庐州籍士子也因此联翩及第，入词林者达5人，其弟李鸿章更是由翰林跻身首辅。太平军起义之后，文昌阁在兵燹中被毁，庐郡虽勋名鼎盛，但科甲及第者日稀，至同治二年(1863年)而后，竟"遂无一人与馆选者"。可见，文昌阁的兴废直接关系着合肥文运的兴衰。于是，他和刘秉璋、潘鼎新、蒯德模、蒯德标等望族代表人物积巨资重建文昌阁，并殷切希望此举能够重新唤起文昌帝君和魁星对庐州籍士子的眷顾，庐州文运能重新走向昌盛。

光绪年间，合肥知县张湘、范彦瀛等人对此也有相似的看法，他们在《重修文昌宫碑记》中指出：

"吾庐旧有文昌宫，殿宇崇隆，香烟繁盛，上扶文运，下束人心，固合郡所瞻仰者也。乃两遭兵燹，一片坵墟，暂成茅草数椽，粗列土垣，四面萧条在望，废堕堪虞。爰集同人用商重建，承捐廉于先达，蒙集腋于群公，就原基而恪守无违，视旧规而变通，略用卅六间森严之屋，且喜观成五千两敷用之资，谨详自出，庙模复整，神貌凭依，祀典聿隆。人叨庇荫，自此鹏程大启，端资福曜之照临。将

〔1〕光绪《续修庐州府志》卷十八《祠祀上》，第304页。

来凤哕同歌，永庆吉人之钟毓。"[1]

在上则材料中，张湘、范彦瀛等人回顾了合肥文昌宫的兴废和重建历程，同样寄望于能借助此次重修来带动合肥文风的昌炽，说明他们也相信文昌宫的兴废对合肥的文运兴衰有着重要影响。

文昌阁和文昌宫既然直接关系着合肥文运的兴衰，因此，在求利动机的驱使下，合肥的名门望族和地方官联手，积极筹谋重建兵燹中被毁的文昌阁和文昌宫，上文中李瀚章等重建文昌阁和张湘重建文昌宫即是此例。

事实上，原来的合肥文昌阁就是道光年间知府在李瀚章之父李文安的帮助下建立起来的。早期的文昌阁较为简陋，只有三楹平阁，咸丰年间毁于战火。光绪四年(1878年)，在时任湖广总督李瀚章的牵头组织下，出身合肥名门望族的刘秉璋、潘鼎新、蒯德模、蒯德标等人积极协助，募集起万两白银，重建文昌阁。光绪《续修庐州府志》记载："文昌阁……道光年间知府栗煊督绅刑部郎中李文安建，平阁三楹。咸丰八年，城复陷，毁于贼，嗣是旧基为水冲刷。光绪四年，湖广总督李瀚章率合郡绅士捐款万金，移建大王庙基，候选道李蕴章董其役。临河甃石，上建阁高三层，规模较昔宏敞，阁外添围墙，内另建官厅三间，看守人住屋三间，参将浦英旺督工，阅年工竣，并捐置祭器，立有碑记。"[2]重建后的文昌阁阁高三层，外设围墙，规模较以往宏阔许多，且备有祭器，安排看守人员，管理也比以前完备。

咸丰年间，与合肥文运休戚相关的文昌宫亦毁于战火。出于同样的利益动机，光绪元年(1875年)，李瀚章、刘铭传、张树声、唐定奎、蒯德模等人筹资重建。光绪《续修庐州府志》记载："文昌宫……咸丰癸丑，城陷，尽成瓦砾。光绪元年，湖广总督李瀚章、大学士直隶总督肃毅伯李鸿章、直隶提督一等男刘铭传、直隶总督张树声、福建陆路提督唐定奎、按察使衔大名道刘盛藻、湖北按察使蒯德标、四川夔州府知府蒯德模、江苏徐州镇总兵董凤高、记名提督吴宏洛等倡捐巨款，合之本邑城乡绅耆士庶与舒庐绅士捐助等共得银四千九百三十六两一钱五分，制钱五十千文，候选训导沈用熙、同知衔江苏即补县谭庆余、拣选知县范彦瀛、候选训导范彦绪、江苏候补府刘盛谷、霍邱教谕殷锡恩、候选营

[1][2] 光绪《续修庐州府志》卷十八《祠祀上》，第303页。

千总李金杰、监生吴余庆等经手，修建成殿宇四重，走廊合面，客厅四间，道士房四间，共计三十余间。三年工竣，余钱五十千文，生息为岁修费。”〔1〕此次文昌宫恢复重建活动中，直接领导者是庐州籍官员，他们和在籍乡绅、地方官一起，献计捐款，群策群力，直接推动了文昌宫重建工作的顺利进行。事实上，随着望族希望通过改变风水来追求科举成功的心情日渐急切，任何关乎庐州文运的风水建筑都会吸引他们的注意，如咸丰年间被毁的奎星楼，就是在潘鼎新的资助下重建的。光绪《庐州府志》载：“奎星楼……咸丰间毁于贼，同治七年邑绅潘鼎新重建。”〔2〕

总之，晚清合肥的名门望族利用自己的人力、物力、财力等优势资源，通过各种途径积极投身于地域文教活动中。他们或亲自倡导、或捐款捐物、或董事监工，积极兴办教育机构、图谋增加学额、重建与科举有关的风水建筑，成为地方兴学活动中一支不可或缺的重要力量。教育的兴盛离不开资金的支持，望族的慷慨捐输，为合肥教育的兴办提供了雄厚的资金保障，而拥有较高文化素养的望族名人们对地方教育的积极参与和领导，又为合肥教育的兴办提供了人才保证。

3. 地域工程建设

合肥其他各类地域工程建设中也活跃着名门望族的身影。咸丰年间被毁的庐州府衙门，就是在望族的帮助下才得以重建的。光绪《续修庐州府志》记载：(庐州府署)“咸丰八年，遭粤寇之难，鞠为茂草。莅兹土者率赁屋以居。光绪四年，冰臣观察来守是邦，慨然以修举废坠为己任，检查案牍，前守李君炳涛具牒重修，已如所请，寻以忧去官。因循未果，会前任湖广总督李公今大学士太傅肃毅伯直隶总督李公贤昆仲垂念桑梓长官靡所栖止，为之提倡，致书当道前安徽巡抚长白裕公，因于淮北厘金拨银二万二千两，檄观察董其事，鸠工庀材……经始于五年四月，落成于六年十二月。为门者二，为堂者三，为楼者一，为东西厅事者二，他如福神之祠、经历之署、官吏之厮、幕宾之寮与夫庖厨厩，无乎不备。凡屋二百二十四楹，其东厅仍额曰悬鱼堂，往哲也。厅后隙地迤左

〔1〕光绪《续修庐州府志》卷十八《祠祀上》，第 303 页。
〔2〕光绪《续修庐州府志》卷十八《祠祀上》，第 316 页。

起侍月轩……"[1]材料显示，咸丰年间，庐州府署被毁，以后数任庐州地方官员虽孜孜谋求重建，但都未能成功，最终由身为湖广总督的李瀚章出面直接致书庐州府的上层主管官员安徽巡抚裕禄，事情才得以顺利解决。这一事实表明，李瀚章的湖广总督身份及其与裕禄个人的私交在推动庐州府衙的重建中起到了不可忽视的作用。

传统中国是官本位社会，只要身为官员，无论是现任在职，抑或致仕归乡，他们的手中都集中着常人无法企及的各项优势社会资源，在地域事务中也就能起到别人无法替代的重要作用，这已成为当时官场的共识。一些地方官在处理地域事务中甚至会主动借用出身本籍人士的力量，寻求他们的帮助，以促成地域建设事务的顺利解决。如随着淮系集团势力的扩大，李氏家族的李瀚章和李鸿章兄弟都平步青云，前者位至封疆，后者身任宰辅，他们也就很自然地成为庐州地方官解决地域事务时的重要依靠力量。在光绪年间庐州府大规模地域设施的重建过程中，时任庐州知府的黄云[2]就曾致书李瀚章兄弟，请求帮助。这些书信和奏折都被光绪《续修庐州府志》保存下来，书信和奏折全名为《郡守黄云论庐郡兴革事宜上李伯相制军昆仲书并折》，详录如下：

"蜀山秀起，肥水源长，岳降崧生，名世间出，良以镇淮楼高临城内，姥山塔矗立郡东，惟从前培补之得宜，故当日科名之蔚起。所贵经营楼阁，建三层壮丽之观，修砌塔尖，复七宝庄严之象，庶得一气相生之势，用成三台鼎峙之雄。至于城郭周连、谯楼环建，非特戍卒栖止之所，抑亦城中灵秀所关，统拟兴修，以期完密。若夫内河汇注、水道萦回，惟淤塞既甚于今，兹斯富庶难同于往日，拟令河通内外、闸建东西，俾商船之辐辏可期，庶民气之丰盈可复至。若庐阳讲院，弦歌储棫朴之英，孝肃崇祀，俎豆列苹蘩之祀，均梓乡之名胜，待伟业之主持。……惟是百废之待举，恐非一木所能支，急愿图成，实难谋始，思捐鹤俸，窃虞涓滴之难敷，欲事鸠工，又虑编氓之易扰，筹思至再，兴办无从。伏维匡时伟抱，命世宏才，虽绩懋金瓯，造福无区于寰宇；而堂开画锦，推恩更笃于家邦。爰综诸务以胪陈，谨代苍生而请命。倘蒙俯加训诲，曲鉴庸愚，或统全局以运筹，酌闲款以资拨给；或分要工而缮造，令各营量力认修，俱候钧批，俾资遵守。

〔1〕光绪《续修庐州府志》卷末《续补遗》，第1993—1994页。

〔2〕黄云，清泉人，监生，光绪四年(1878年)任庐州知府。

并请委员承办，来庐监修，庶度支各有责成，似款项无虞靡费，卑府夙蒙高厚，当竭涓埃，仰答仁风，敢辞沐雨，自应就近会办，常川督工，矢慎矢勤，任劳任怨，庶率作以兴事，稍宽旷职之衍，俾立政以因时，克竟前任之绪，则仰星云之照耀高，偕金斗俱辉，荷雨露之涵濡长，与淝流并润，谨就管窥所及，伏求椠训之颁敬献愚诚，莫名惶悚。"[1]

在《郡守黄云论庐郡兴革事宜上李伯相制军昆仲书并折》中，黄云首先指出镇淮楼、谯楼、城内河道、庐阳讲院等设施对庐州府的重要意义，表明自己虽"急愿图成"，然"筹思至再，兴办无从"，因此致书李氏兄弟，希望他们能念在乡梓之情上，或统筹全局，或拨给款项，或分工缮造，或指派淮军各营量力认修，或委派专人来庐督工，将上述设施次第修成。书后另附有《庐郡应修各工查估修建经费银数清折》，详细罗列了庐州府拟建的各项设施及经费支出项目，如续修《庐郡府志》，重建或扩建镇淮楼、姥山古塔、大东门、大西门、将军庙、包孝肃公祠，兴建北门（拱辰门）、南门（南薰门）、小东门（时雍门）、水西门、德胜门五门城楼，疏通城内河道，创建庐阳书院等。[2] 从中可以看到，地方官员在处理地方公共事务中是主动寻求本地望族支持的。随着淮军的崛起，大量庐州籍人士得以跻身官僚队伍，部分人官职显赫，甚至身为宰辅。他们虽为官异乡，但情系桑梓，关心家乡的各项建设事业，并积极利用其手中的优势社会资源，为合肥的各项地域建设事业奔走效力。他们和庐州籍地方官员联手，使得许多兵燹中被毁的建筑设施得以顺利重建。从目前掌握的材料来看，黄云拟建的各项公共事务中，续修《庐州府志》[3]和重新创建庐阳书院[4]都是在名门望族的支持下顺利完成的。

历史上，合肥的名门望族还积极致力于许多其他地域工程建设，以下仅据光绪《续修庐州府志》所记，详列之。

---

〔1〕光绪《续修庐州府志》卷九十五《郡守黄云论庐郡兴革事宜上李伯相制军昆仲书并折》，第 1852 页。

〔2〕光绪《续修庐州府志》卷九十五《庐郡应修各工查估修建经费银数清折》，第 1853 页。

〔3〕现存光绪十一年（1885 年）刊本的《续修庐州府志》就是在李鹤章等人的帮助下纂成的。

〔4〕光绪《续修庐州府志》卷十七《学校志》，第 294 页。

| 建筑名称 | 被毁时间 | 重建经过 |
|---|---|---|
| 关帝庙 | 咸丰年间庙毁于兵燹 | 旧基狭隘，署庐州府王积懋变价购地移于河平桥北岸，经邑绅甘凉道李鹤章倡劝绅捐，委参将浦英旺重建，经费不敷，自复捐垫完工，立有碑记。[1] |
| 包公祠 | 咸丰初年祠毁于兵燹 | 同治二年，浙江提督一等子鲍超捐建正殿，停工。光绪八年，大学士一等肃毅伯李鸿章、湖广总督李瀚章捐资委候选府张文燕重建。[2] |
| 江公祠 | — | 同治二年，署知府唐景皋函劝今福建巡抚一等男刘铭传、记名提督广西右江镇总兵周盛波、今湖南提督周盛传、福建提督唐定奎、候选府张尔荩等捐费。[3] |
| 崇圣祠 | 咸丰年间两被兵燹，仅存瓦砾 | 同治六年，署两江总督李鸿章札署庐州知府唐景皋，邑绅李蕴章、刘步青、戴昌言、徐规森等，以合肥收缴府学修费尚有余赀接修县学，经前甘凉道李鹤章访延精于风鉴者，戡定移建于前街南首龙门巷旧系试院地基。所有大成殿、两庑、戟门、泮池、棂星门、崇圣祠、乡贤祠、名宦祠均照旧式重建。至光绪四年，李蕴章以亩捐余款续建，又以修东西学署及宫墙照壁云路街。款不敷，自捐赀令参将浦英旺监修完工，其节孝、忠义、孝悌、福神等祠经福建陆路提督唐定奎捐赀延举人范彦瀛、张卉等修建。[4] |

材料显示，由望族代表牵头，晚清合肥地区掀起了重建兵燹中被毁建筑的小高潮，望族李氏、唐氏、周氏、张氏的代表人物争相介入其中，说明合肥的名门望族在地域工程设施建设中起了不可或缺的重要作用。



[1] 光绪《续修庐州府志》卷十八《祠祀上》，第302页。
[2] 光绪《续修庐州府志》卷十八《祠祀上》，第306页。
[3] 光绪《庐州府志》卷十八《祠祀上》，第314页。
[4] 光绪《续修庐州府志》卷十七《学校志》，第272页。

4. 地方备灾赈荒或慈善事务

事实上，在上述各项活动中——无论是修建圩堡，抑或重学兴教，乃至积极参与地域工程建设，名门望族的着眼点都是地域或基层社会的稳定，维持或重建旧有的统治秩序是他们各项工作的重心。只有这样才能继续保持望族在政治、经济、文化方面的优势地位，以及他们在既有秩序下的既得利益。但大的灾荒发生后，饿殍遍野，民众流离失所，当老百姓最基本的生存权利受到威胁，社会秩序的稳定也必然会受到严峻的考验。因此，赈灾备荒自然成为望族活动的重要内容之一，翻检史料，这样的事例俯拾皆是。光绪《续修庐州府志》记载：光绪八年夏，霪雨连月，全皖大水，庐郡所属濒江临湖之圩存在危险。郡守黄云驰往查勘，禀筹护救，抚院裕禄拨银四千两，俾资赈济。而无为下九连诸圩因和州裕溪口对岸胡家庄等处堤溃被淹，郡守黄云再禀筹款，经前湖督李瀚章、今大学士李鸿章倡捐万金，仍以无和交界应建横堤，工程浩大，复函致同省绅宦，广为集资，计十五万，时署直督张树声闻警亦率属捐助巨款，并委直隶候补道周金章解赴灾区筹放，皖抚裕禄复委安徽候补道孙振铨与郡守黄云会办其事。自是秋至次夏，庐、和七属江坝、民圩同时修复，并收当耕牛，招集流亡，工赈兼施，大苏民困，其创建无和分界之赖蒲滩新堤，计长十二里，所费尤巨，自是可免波及之累，允为要工。

光绪八年（1882 年）夏天，连月霪雨，安徽全省水患成灾，庐州府境内许多圩坝险情频发，知府黄云首次向安徽巡抚裕禄筹款，仅得银 4 000 两赈资，可谓杯水车薪。和县裕溪口对岸的胡家庄堤坝决口后，导致无为下九连等圩皆被洪水淹没，灾民嗷嗷待哺，黄云再次向李瀚章、李鸿章兄弟求助。李氏兄弟自捐万金为倡，并积极致书皖籍在外绅宦，寻求帮助，广为集资，共筹得 15 万两白银。时署直隶总督的张树声闻讯，亦率僚属捐助巨款，并委派下属直隶候补道周金章携款赴灾区直接发放。面对灾情，来自望族的李鸿章等人居然能迅速筹集到 15 万两白银，而身为安徽巡抚的裕禄仅筹得 4 000 两。如果再将张树声筹得的巨款计算入内，其实际款额当远远不止此数。这一数字有力地说明了望族在地方赈灾事务中所发挥的极为重要的作用。而张树声直接委派下属来皖的事例则表明，人力支援也是望族赈灾活动的表现形式之一。有了资金和人力的保障，灾后赈济工作得以顺利进行。从光绪八年（1882 年）秋至光绪九年(1883 年)夏,庐州、和县等七属的江坝、民圩同时修复,工赈兼施,民困大苏,并建起了长达 12 里的赖蒲滩新堤。这一切都和李氏、张氏等合肥的名门望族的积极支持是分不开的。

在许多出身名门望族的合肥籍人士的个人传记中,我们也经常可以看到传主热心地方公共事务的记载。周盛波、周盛传之母栗氏,“生平喜施予,闻人患苦如在己身。军士之从盛波、盛传攻剿死亡者,其遗孀、弱媳皆赒恤之。复令盛波兄弟撙节历年薪费,并捐产,搆敬节堂四十余楹,以处死事之妇及族邻孀妇之不能自存者……另置育婴堂、牛痘局,共捐田四千亩。同治十二年、光绪三、四、九等年,直省屡告灾歉,夫人将历年储积蓄悉捐赈。八年,皖省水灾,复捐助巨款”[1]。李鸿章之妻太湖赵氏,“自奉俭约,如寒素人有缓急,周以多金,不少吝。三党贫者赖以举火。桑梓及邻省有灾,必与大父酌筹赈济,虽倾囊弗顾也。天津向设诸善堂,养孤寡废疾人,大母常捐巨款济之。粥米絮衣,终年施予”[2]。李鸿章之弟蕴章,“其居乡党,则见义勇为,凡修谱、建祠、蠲租、赡族诸务,首先倡办。他如府县文庙、考棚、书院及武庙、文昌阁等役,皆不辞劳怨,次第修举。最后,踵其兄鹤章修郡志,犹旦夕扶病,率子经世等鸠工不辍,书成而遂不起,卒年五十有八”[3]。李鸿章之孙李经述,“丙申,庐州大水,以大母遗资二千金施赈。太湖水灾,又益以千金。丁酉,湖北水灾,又以大母遗命施赈千金。辛丑,安徽大水,请大父拨银十万两赈济,又自倡捐万金,复募集同乡二万余金。无为州堤工得以告成。民返其宅”[4]。

翻检史料,这样的事例俯拾皆是,不胜枚举。实际上,也正是这些热心地方公益事业的望族的积极参与,才使得其群体得以在地域公共事务中占据举足轻重的重要地位。望族本身亦因其对地域公共事务的积极参与而赢得地域社会的普遍尊重,成为地方官在地域社会治理中的重要依靠力量,望族亦因此得以将自己的势力渗透入基层社会和地方政权,并借此维持、巩固或扩张他们在既有秩序下的各种既得利益。

---

〔1〕 光绪《续修庐州府志》卷末《贤德》,第 1987 页。
〔2〕〔4〕 《合肥李氏宗谱》卷十五《先考仲彭府君行状》。
〔3〕 光绪《续修庐州府志》卷末《续补遗》,第 1994—1995 页。

## 第五节　合肥名门望族与宗族制度建设

名门望族通过积极介入地域公共事务来赢得地域社会的普遍尊重，并借此积极改善宗族发展的外部生存环境，维护或巩固现存秩序下宗族的既得利益。此外，它们还积极致力于宗族自身建设，通过修族谱、建祠堂、定族规、筑祖茔、设义学、加强族内赈济等多种手段来强化对宗族内部秩序的调整和控制，以加强族人的血亲认同感、增强宗族自身的内部凝聚力、改善宗族内部的生存环境，最终达到强宗兴族的总目标。



### 一、修族谱

作为以血缘为纽带的人群共同体，同一祖先、共同的血缘是宗族存在的重要标志。宗族一般通过修谱的方式来不断强化族人的血亲认同感，以增强向心力和凝聚力、收族睦族。《刘氏宗谱》记道："宗谱之修，其义主于萃既涣之人心，其法本于考世次之先后。"[1]许多宗族都明确强调了修谱的重大意义。如《刘氏宗谱》转引朱熹的话说："昔朱子云，三世不修谱，即为不孝，谱之有益于宗綦重也。"[2]又记道："家之有谱，犹国之有史，诚哉是言也。"[3]前者将修族谱和孝道相联系，指责子孙不能续修宗谱即为不孝；后者则将族谱与国史并举，指明族谱之于宗族，就如同国史之于国家，意义十分重大。《合肥李氏宗谱》记云："论敬宗、收族之谊，孰有大于谱者。"[4]《李氏五修宗谱摘钞》亦云："承先莫大于尊祖，启后莫重乎收族，盖萃数十世于一堂，非谱牒何由征信。"[5]强调了族谱的敬宗、收族功能。下文的《刘氏宗谱》对族谱的各项功能有着详细说明：

"家乘之修，不独为纪名之簿，正所以明族属、别长少、避名讳、辨异同，以著

---

〔1〕（清）刘思渠纂修：《刘氏宗谱》卷首《刘氏宗谱原序》，光绪三十三年（1907年）木活字本。

〔2〕《刘氏宗谱》卷首《谱例》。

〔3〕《刘氏宗谱》卷首《重修宗谱序》。

〔4〕李鹤章：《壬申四修谱序》，见《合肥李氏宗谱》卷一。

〔5〕（清）李正荣纂修：《李氏五修宗谱摘钞·凡例引》，光绪五年（1879年）木活字本。

李氏宗谱

收族、敬宗之道，免后嗣失序之患，而为正身、正家之标本也，亟不重哉！且凡系一本总支，详明派属，上以追祖宗之系，中以联族人之情，下以延子孙千百世之绪，遂使涣者以萃，疏者以亲，微者以显，遗者以续，子孙无失序之忧，兄弟笃孔怀之谊……张子有言曰：'管摄天下之人心以厚风俗在明世族与宗法，宗法明则人知统系所从来而恩义自立。'谱牒之作，此物此志也。其光前裕后之功如此，自有大其报于无穷也。"[1]



刘氏宗族认为，族谱详细记录了家族的世系，因此具有明族属、别少长、避名讳、辨异同之功，可以起到敬宗、收族之效，为正身、正家之第一要务。又谱牒载明族人皆为一本所出，族人间具有血缘联系，有助于唤起族人间的血亲认同感，可使"涣者以萃，疏者以亲，微者以显，遗者以续，子孙无失序之忧，兄弟笃孔怀之谊"。无独有偶，合肥的李氏宗族对此也有着近乎一致的看法，并于"家范"中特设"修宗谱"，反复强调修谱的重大意义。[2]

谱牒具有敬宗收族、加强族人血亲认同感、统合族人等多方面的功能，为正身、正家之第一要务，因此修谱也自然成为许多宗族强宗兴族的希望所在。《刘氏宗谱·刘氏宗谱原序》中明确指出："是谱既成，上可绍祖宗之箕裘，下可垂子孙之燕翼，亲其亲而长其长，推而广之，更可以励风俗、维教化，厚人伦于无穷也。"[3]民国年间的李经方在《合肥李氏宗谱·五修宗谱序》中回顾了前四次修谱的历程及咸同年间家门鼎盛的往景，慨叹辛亥之后家道中落的现状，呼吁族人要以族谱为重，谨遵先人遗教，继承先人遗德，保持孝悌、礼让、仁厚之家风，殷切寄望于借助第五次修谱，能使本宗再次走向昌盛，他在为《合肥李氏宗谱》所作的序言中写道："谱之为用，所以敬宗、收族，而使人崇本返始，不忘其初也。吾宗之人能以谱为重，由是而进求其本、而益思先世之所以兴，追维旧德遗教于累代，相传孝弟之道、礼让仁厚之风，共为保持，更相缵续，根柢牢

---

〔1〕〔3〕《刘氏宗谱》卷首《刘氏宗谱原序》。
〔2〕《李氏五修宗谱摘钞·家范·修宗谱》。

结而不为一时风会所摇，则祖宗之泽之留贻于后者，庶几绵延其勿替乎！此经方夙夜所兢兢而愿与吾宗人共勉焉者矣。”[1]

此外，在中国人的观念中，死去的祖先仍可以某种特殊的方式荫庇着子孙，故从食德报恩的角度来说，子孙也应将续修族谱视为己任。《刘氏宗谱·创修原序》记云："我东分之先祖诒谋燕翼，启佑后人垂四百年，为子孙者有以诗书为本，有以农贾为基，皆食祖宗之余德也。食其德而不报其本可乎？是以旁搜旧简，沿考碑记，理宗支，追遗落，校坟墓，谘方所，一一溯其本原。凡昔所略者详之，遗者续之，是吾族者虽微必录，非吾族者虽显不书，极力赞襄，踵事非懈，越两载而告厥成功。则我分之尊者、卑者、存者、亡者、亲者、疏者、星散而异处者皆得明其本末，悉其源委，而无贻神羞，无滋隐憾。由是……览谱者忻然伸仁孝之诚，岂不远胜乎传信而传疑者哉！兹因帙成之日，谨叙以冠诸首，俾后起者有志重修，于此实嘉赖之，以垂不朽也。”[2]在刘氏族人看来，子孙四百年来之所以能各得其所、安居乐业，皆因先祖荫佑之故，子孙理当知恩图报，续修家谱，以收敬宗、睦族之效。并殷切寄望于后人观此序文能再生续修宗谱之志，如此薪火相传，保证本族宗谱能不断地被续修下去。无独有偶，刘氏族人刘铭传对续修宗谱也有着近乎一致的看法。光绪十年(1884 年)，他在为续修刘氏宗谱所作的序言中写道："吾族自江右迁于肥西，历数十世，五百余年。先代遭明末流寇之乱，此次复遭发捻之乱，其中不少流亡，查阅丁数，犹为肥西望族。其皆先人积累之厚，非吾辈维持之力。惟阅家谱，自元至正年间迁肥，至今可考者，仅二十余代，其明季十余代竟无从查考，负罪良深……惟前次修谱，当乱后仓猝之际，颇有流亡未归者，谱中失载。本年复议重修，以补阙疑。惟愿后世子孙永守先人之成法，务耕务读，惟勤惟俭，以保家门之盛，是铭传之所望焉。”[3]刘铭传认为，刘氏之所以能历经浩劫，犹为望族，全赖祖宗厚德所致。而子孙却不能食德报恩，竟至宗谱失修，实在愧对列祖列宗，负罪良多。因此积极筹划此次续修活动，并寄望于后人能谨遵先人遗训，克勤克俭，勤于耕读，永葆家门昌盛。

---

[1] 李经方:《合肥李氏宗谱》卷一《五修宗谱序》。
[2] 《刘氏宗谱》卷首《创修原序》。
[3] 刘铭传:《诗文辑存·续修宗谱序》。

上文中的刘氏宗族是从食德报恩的角度来谆谆劝诫后人能秉承先人之志，将续修宗谱的传统继承下去。而部分宗族则直接采用族规家法的形式，明确规定了宗谱30年一修的制度。合肥李氏宗族（李鸿章外祖父之宗族）于“家范”中特设“修宗谱”条，明确规定“自今以往吾族宗谱率以三十年一修，俾生有书，殁有载，喜相庆，忧相吊”[1]。李鸿章本人之家谱《合肥李氏宗谱·旧谱凡例》亦记云：“宗谱酌定三十年一修。”具体办法是：“族长力率各派户长及族间贤能之士，总其五年一会之纪略，一一详明照原谱书法汇帖重镌，以示永远，则光启无穷，有志者其善体焉。倘有惜财不遵，从中挠阻，以致衍期，必于其名下书丁费未出字样，若户长徇私亦必有罚。”[2]李氏宗族所规定的续修办法是由族长率各派户长和族中贤能之士以五年一会之纪略为依据，并参照旧谱书法凡例来编纂族谱。条例对那些因爱惜钱财而从中作梗、竟致宗谱续修衍期之人，亦明确规定了惩罚措施，即在族谱中于其名下注明“丁费未出”字样，以示惩罚。为保证宗谱续修工作的顺利开展，该谱还明确规定了宗谱五年一会的制度。其详情为：“宗谱五年一会，以清明为定。凡藏谱之家届期将谱本派后裔缮一清单，系于谱内，携之公所，彼此会合。年及十岁者则列其派名生庚，十六岁者则注其字号，娶配已亡者则详其卒年坟墓，至男子有清风亮节可为子孙楷式、妇无嫡庶苦操贞节可为闺阃模范者，必详记其实行以表彰之，既免遗漏之差，复杜重修之舛误也。”[3]即约定族谱每五年一会，以清明为期，届时藏谱之家将谱牒中所系之本派后裔情况列一清单，系于谱内，将其与谱牒一起带至公所，统一汇总。且统一了纪略的书法，注意及时搜集整理清风亮节和苦操贞节者之资料，以备修谱之用。《合肥李氏宗谱·李氏宗祠条规》还规定了每年祠祭祀日族人及时报告添丁死殁人员资料的制度。其详情为：“合族每年冬至后一日祭祠，有新殁应入祠者本家敬奉神主上位，并将殁之年月日时报明首事记簿，每年族人所添丁口，其生年月日时亦于是日报明首事记簿，存备修谱时查考。”[4]由此逐步为以后族谱的续修积累起丰富翔实的第一手资料，减少续修谱牒中的舛误或遗漏，为保证续修族谱的质量提供了制度上的保障。

---

[1]《李氏五修宗谱摘钞·家范·修宗谱》。
[2][3]《合肥李氏宗谱》卷一《旧谱凡例》。
[4]《合肥李氏宗谱》卷二《李氏宗祠条规》。

现有材料充分表明，通过一代代族人递相传承、持续不断的努力，合肥许多宗族的宗谱续修活动的确能够在实践中被付诸实施。《合肥风俗记》记载："每族均有一宗谱，族人少者则只一挂谱，将族中存殁人名，各依其宗支，作一表式，悬诸祠中。族大者宗谱多至数十册。谱约每三十年一修，修时须预先调查此三十年内存殁人名，及其生年月日时，修谱时最重要者，为承嗣问题，盖乡人重视谱牒，以为一登于书，则永不能变，而官中亦认为听讼时证据之一种。"[1]由此可见各族对族谱的重视程度。民国乙丑年(1925年)五修《合肥李氏宗谱》记载该族历次修谱的经过："吾李氏之先本许氏也。自慎所公以父命出后，心庄公遂承李姓，传历五世，当嘉庆初发荣公乃始论定谱法，越十年己巳而朝珍公始率族人创为宗谱。其后，道光之世再修于己丑，三修于甲辰，皆先曾王父庆庵公主之。及同治四修之役，则先考文忠公暨伯父勤恪公、叔父兵备公实共成之。……今距壬申之岁，甲子未及一周，而世运迁流，日新月异……"[2]材料清晰显示，自嘉庆己巳至民国乙丑，李氏的宗谱续修活动未曾间断过，曾先后五次续修宗谱，时间分别为嘉庆己巳(1809年)、道光己丑(1829年)、道光甲辰(1844年)、同治壬申(1872年)、民国乙丑(1925年)，时间间隔分别为20年、15年、28年和53年。间隔最长的为53年，最短的为15年，平均每隔29年续修一次。

同治四年(1865年)续修的《刘氏宗谱》记道，该族"乾隆八年已创有谱稿，其后一修于嘉庆五年，复修于道光二十五年，承承继继，可谓详且尽矣。不意于咸丰八年秋七月顿遭兵燹之变。斯时也，烽火连天，干戈遍野，怅室家之安在，使我心伤，痛谱牒之云亡，令人泪下。自是秋霜春露百感交侵，常以谱之失坠为虑。予叔祖万巨公、叔怀桂公、国佐公、本起公及学林、广训诸兄弟亦勤勤恳恳，慨然有悯于斯时，欲起而修之。特修之而未得所资，意甚歉然，兹于二房分叔理亭公寻得旧谱，始悉世系源委，嘱予握管以记之，以待剞劂"。[3]表明自乾隆八年至同治四年，刘氏曾四次续修宗谱，时间分别为乾隆八年(1743年)、嘉庆五年(1800年)、道光二十五年(1845

[1]《中华全国风俗志·下编》卷五，第3—5页。
[2] 李经方：《合肥李氏宗谱》卷一《五修宗谱序》。
[3]《刘氏宗谱》卷首《续修宗谱序》。

年)和同治四年(1865 年),时间间隔分别为 57 年、45 年和 20 年。间隔最长的为 57 年,最短的为 20 年,平均每隔 40.7 年续修一次。概言之,刘氏续修宗谱的时间间隔虽较李氏长,但总体来说,在长达 121 多年的时间内,其续修宗谱的传统还是一直保持着。特别是咸丰八年(1858 年)之后虽屡遭兵燹,烽火连天,但许多族人仍时时以谱牒失修为念,极力促成宗谱的续修,其良苦用心,至今读来仍令人感念不已。

光绪年间李正荣记述李氏〔1〕历次修谱的经过道:“吾族自江西迁无锡,再迁句容,至实公于前明景泰、天顺间迁居合肥东乡白公池侧,其后子姓繁衍,为十三支。传至国朝雍正丙午十世太学生蓄璋公始修宗谱。乾隆壬辰,再修于十二世上舍鹏飞公。嘉庆甲子三修于十二世邦文公。而道光己酉思修时,则吾王考荣禄大夫振威将军腾霄公及吾显考荣禄大夫舜徽公,笃志其事,距今垂三十年矣。……旋因公赴豫,道过里门……念昔日范文正公守钱塘,过姑苏与族人高会,遍阅家集,续为宗谱,然后范氏之世系可考。吾谱之修,自己酉四修而后中遭兵燹,散佚良多,亟商之族人,悉心讨论,一遵旧法……总为三十册,修于戊寅,告成于己卯,是为光绪五年定本。”〔2〕材料显示,李氏自雍正丙午始,其续修宗谱的传统就一直未曾中断过,该族曾先后五次续修宗谱,分别为雍正丙午(1726 年)、乾隆壬辰(1772 年)、嘉庆甲子(1804 年)、道光己酉(1849 年)和光绪己卯(1879 年),时间间隔分别为 46 年、32 年、45 年、30 年。间隔最长的为 46 年,最短的为 30 年,平均每隔 38.2 年续修一次。

综合来看,合肥的许多宗族虽未能严格遵守宗谱 30 年一修的制度,但从长时段来看,续修宗谱的传统一直未曾中断。上述随机抽取的三大宗族,其续修宗谱的平均时间间隔分别为 29 年、40.7 年和 38.2 年,平均每 35.1 年续修一次,这一数字可以大致反映出清代合肥大部分宗族续修宗谱的时间间隔周期。

宗族的续修宗谱活动为何能在不同代际间持续不断地被传承下去,其根本原因固然在于前文所述宗谱有助于唤起族人间的血亲认同感,增强宗族的凝聚力,对宗族兴衰具有重大意义,但若没有那些热心宗族事务、积极奔忙的族人们的共同努力,宗谱的续修也只能是宗族自身的美好愿景罢了。翻检史

〔1〕此李氏和李鸿章所属之“许姓李”并非同宗,李鸿章之母即来自该族。

〔2〕《李氏五修宗谱摘钞·五修宗谱序》。

料不难发现，在每次宗谱续修活动的背后，都活跃着这样一个族人群体，他们积极筹划续修事宜，视续修宗谱为己任。正是他们的努力，才使得宗族的宗谱续修活动得以在漫长的岁月中能克服重重困难，不断地被延续下来。《合肥李氏续修宗谱公启》记载："我李氏宗谱自同治壬申四修刊竣，迄今癸亥，已历五十有二年，在昔光绪癸卯，从兄巽之先生曾有续修之举，倡率宗人增订凡例，调查半年草稿粗具，因事中辍，未及成书，赍志以殁。自后经方等多宦游在外，散处四方，莫由聚谋，以竟前绪。继遭世变，播越流离，益复未遑赓续。回溯癸卯调查之时，今又忽忽二十年矣。谨接宗谱旧例，三十年一修，自嘉庆己巳家乘创立以后，迭次增辑，率皆不逾定期，未有旷隔岁年悬远如此，日月积久，丁口滋蕃，派衍流分，枝别益散难纪，又况中更兵乱，转徙靡常，及今不图，后将无从考索，吾宗今日急务，盖莫有先于此者。近年里中族人来书，亦多以谱事为请，经方等今春在沪集议，佥以续修不可再缓，伏查道光己丑、甲辰两次增修，皆我曾祖庆庵府君躬主其事。壬申之役，又勤恪、文忠、甘凉公同任领修。踵袭前规，继述志事，责在吾辈，不敢不勉。爰以本年孟秋初吉成立修谱事务所于沪，经方等公同领办续修之事，遴派族中子弟分任编辑调查，上接壬申，讫于癸亥，纂为五修之谱，期以三载告成。凡我宗人，当共赞助。"[1]

这是李氏民国年间筹划续修宗谱时，以李经方、李经翊、李经羲、李经畲、李经榘、李经迈等发起人的名义向全体族人发出的公启。公启回顾了李氏前几次续修宗谱的经历，从中可以看到在每次续修活动的背后，都有族人的辛勤付出。此外，公启还淋漓尽致地展现了李氏后人急于促成五修谱纂成的急迫心情，他们将续修宗谱视为宗族目前最重要之急务，群聚上海，商量续修事宜，广咨族众，增订义例，选择子弟分任编查校录事务，并最终促成了民国十四年五修本的纂成。[2] 合肥刘氏道光年间修谱时，"合分人等踊跃争先，共襄厥事"[3]。同治年间刘氏谱续修，族人刘怀忠是本次续修活动的发起人，他记道："先考与先师邦、兄恂、兄及诸老成曾修东分总谱，兵乱散佚。命(刘怀)忠手录支谱数帙，发捻频遭，记载未备，生卒亦须添补。今年远馆北地，稍得闲暇，

〔1〕 李经方撰：《合肥李氏续修宗谱公启》，民国十二年(1923年)铅印本。
〔2〕《合肥李氏宗谱》。
〔3〕《刘氏宗谱》卷首《重修宗谱序》。

茂、煦、全三侄与余议曰：'宗谱虽未修，各支谱能详，将来合之尚易，失此不图，后其无望也。夫且东分为四分之长，而我大房又长房之长也，宗子之实意虽亡，宗子之虚名宜系，礼不责人，道先自尽。'遂各搜采辑录，嘱予总其成，以卒前业。"[1]材料显示，刘怀忠之父亦很热心于族谱的编纂，曾编成东分宗谱，又命其子刘怀忠抄录支谱。刘怀忠秉承父命，教书之余，稍得闲暇，便与侄辈们一起搜集资料，筹谋续修支谱事宜。

从上述各族修谱的经历可以看出，事实上，在清代合肥地区，修谱已成为族人的群体自觉行为。族人视宗谱续修为己任，并积极主动参与修谱活动。他们既是编纂活动的发起者，也是直接承担者。《合肥李氏宗谱·历次修谱任事人名》条下，记录了历次宗谱编纂活动中编纂者的姓名及其所承担的具体工作，如"清嘉庆己巳年纂修"条下，载明"领修：六世孙大志，六世孙超千。编辑：五世孙朝珍，六世孙许刚，六世孙占鳌。典文：七世孙文恺，七世孙文煜，七世孙文炳。校字：七世孙文静，七世孙文江。征费：六世孙海，六世孙达"。其后的"清道光己丑年重修"、"清道光甲辰年三修"、"清同治壬申年四修"、"民国丙寅年五修"条下，与上文类似，分成领修、编辑、典文、校字、征费、调查等部分，分别记载了具体承担者的姓名。[2]材料中所记历次修谱活动中各项事务承担人的名字前，都无一例外地冠以几世孙字样，表明他们全部都是族人子弟。事实上，如前文所述，也正是他们的辛勤劳动才使得各族宗谱在相当长的时间内得以持续不断地被续修下来。李氏宗族于族谱中设专节记载他们的名字，是对他们热心修谱事务这一行为的表彰。而李氏宗族亦可采用这样的方式激励更多的后来者热心修谱事务，从而保持本族宗谱续修不断。

编修族谱需要经费，从目前掌握的资料来看，修谱的经费来源有以下几种：族众分摊、族人捐献或宗族公产支付。上文李氏族谱《历次修谱任事人名》中，前三次修谱活动任事者人名中，都有"征费"条。如"清嘉庆己巳年纂修"条下载，"征费：六世孙海，六世孙达"。"清道光己丑年重修"条下载，"征费：六世孙赓同，六世孙万盈，六世孙祐"。"清道光甲辰年三修"条

〔1〕《刘氏宗谱》卷首《东分大房支谱序》。
〔2〕《合肥李氏宗谱》卷一《历次修谱任事人名》。

下载，“征费：七世孙文斐，七世孙文煌，七世孙文渊”。[1]可见，前三次修谱经费都来自于众人集资，因此才需要专人负责征收。而“清同治壬申年四修”、“民国甲寅年五修”条下则未见“征费”人员记载。事实上，李氏四修族谱的经费来自李鹤章兄弟们的捐献。李鹤章在为四修谱所作的序言中写道：“愚兄弟忝叨祖荫，薄立功名，致身通显。论敬宗收族之谊，孰有大于谱者。适予平吴归隐，伯、仲两兄责以领修，不征族中一费。遂偕诸兄弟子侄分任其役，越二年而告成。”[2]李鹤章兄弟等人因感谢祖宗庇佑、家门大盛之恩，思图回报，又念修谱关系着敬宗收族，意义重大，因此主动承担了此次宗谱续修的所有花销，不征族中一费。李鸿章的外祖父李氏家族在光绪年间修谱时，经费亦由其族人“（李）正荣捐俸为之，不征族中一钱”[3]。而李鸿章宗族五修家谱的纂修经费，则直接来源于宗族公产。《合肥李氏续修宗谱公启》中明确写道：“所需经费，即由毓秀堂公仓余项动支，不足，则归福寿堂公仓拨款补助。”[4]因此，上述第四、第五次续修宗谱任事者人名条目下未出现“征费”项，也就可以理解了。

族谱纂成后，宗族为保证族谱的妥善保管、合理使用和长期流传，还不断地完善宗谱的收藏、管理、使用制度。《刘氏宗谱》中记道：“玉之美也，韫诸椟；剑之宝也，韬诸匣。一物之细，尚加珍惜。矧谱为传家宝箓，世纪之所关，伦常之所系，礼乐教化之所基，迩之为齐家之本，推之即王化之原，顾可轻易置之乎。”[5]刘氏将家谱类比为良剑美玉，强调其为伦常所系、教化所关、治国齐家之本，故不可轻慢对待，而应妥善收藏。

但在现实中，由于各种原因，族谱散佚的风险也大量存在。光绪年间合肥人李正荣记道：“先是，吾族历修宗谱仅印二部，一部散分十三房，一部总存公所，遭乱颇多散失。”[6]李氏光绪以前历次修谱，都只印两部，一部散分十三房支，另一部存放公所。如此，则宗谱的存世量过少，极易散佚。

---

〔1〕《合肥李氏宗谱》卷一《历次修谱任事人名》。

〔2〕李鹤章：《壬申四修谱序》，见《合肥李氏宗谱》卷一。

〔3〕《李氏五修宗谱摘钞·五修宗谱序》。

〔4〕《合肥李氏续修宗谱公启》。

〔5〕《刘氏宗谱》卷首《字号引》。

〔6〕《李氏五修宗谱摘钞·五修宗谱序》。

光绪年间续修时，该族改革收藏管理制度，详情为：“己卯之冬，谱既成，凡印十五部，每部十七卷，三十册，盛以楠木匣，非特装潢雅致，且避鼠蠹毁蛀之患。除正荣收存一部不计外，所有十四部，一存于祠，余分存十三支。首事惟族大人，蕃类非一二，若不编立收谱字号，恐有遗紊争诿等事故，撰一联于左云：‘福禄善庆家声远，代有书香世泽长’十四字为收谱之号，以福字起为宗祠存谱之号，禄字为贯公支下收谱之号，余循字照收，庶某号归某支某人收，各有专责，庸有遗与紊之争、争与诿之咎耶。然收藏宜置高阁，勿许污秽残缺，如名字生卒及一切有误刻者须另纸签记于旁，俟续修更正。不得在谱帙涂改，违者议罚。亦不得鬻于他族及私自密束，不以晓谕子孙、布告族众，致令后人不知先世所由来，尊卑所由定，亲疏所由别，家范所由遵，格言所由法，仪节所由讲，四礼所由行，里墓所由考，传赞所由美，契约所由守。是宜岁时宣讲，令聚观，明白诰诫，俾长幼通行而易晓，相率而为善，不诚收谱之要哉。”〔1〕



李氏为完善族谱的收藏管理，进行了如下改革：一、增加宗谱的存世量。由原来的 2 部增加至 15 部。二、族谱存放谱箱。以楠木制作谱箱，存放族谱，以防鼠毁虫蛀之患。三、编定字号，确定收藏人，明确责任。将族谱依照“福禄善庆家声远，代有书香世泽长”这 14 字编定字号，确保每部族谱都有专人收藏，明晰责任。四、严禁涂污损毁。规定族谱应存放于高阁之中，即便发现谱中有误，也只能另取纸张于旁标记，绝不允许在谱牒上直接涂改。五、禁止私自鬻卖。六、严格宣讲制度。禁止将族谱深藏不露，秘不示人。主张应按时宣讲族谱，布告族众，以实施教化、规范族众行为，引导子孙争相向善。

上述诸项制度可归结为三点，即增加族谱的存世量、严格族谱的收藏管理制度、提高族谱的使用效率。综合看来，这些措施的实施，的确有助于减少族谱的散佚风险。

在将上述规定记入族谱的同时，《李氏五修宗谱摘钞·收谱字号引》中，还专门记载了每部族谱的具体收藏者，如：“福字号谱，宗祠收存；禄字号谱，贯公支下收存；善字号谱，本公支下收存；庆字号谱，信公支下收存；家字号谱，和公支下收存；声字号谱，僖公支下收存；远字号谱，晨公支下收存；代字号谱，继公

---

〔1〕《李氏五修宗谱摘钞·收谱字号引》。

支下收存；有字号谱，顺公支下收存；书字号谱，銮公支下收存；香字号谱，钥公支下收存；世字号谱，铃公支下收存；泽字号谱，银公支下收存；长字号谱，时清公支下收存。”[1]宗族为何如此不厌其烦地将每部族谱的收藏者记入族谱？事实上，这也是宗族对族谱收藏管理的一种监督措施。若族谱不慎遗失或损毁，宗族即可依照宗谱规定追究当事者的责任。因有族谱记录在案，即便当事者想抵赖推诿也无法逃避。

合肥刘氏宗族对族谱的收藏管理也有类似的规定。《刘氏宗谱·字号引》记载：“我族于光绪三十三年丁未合修宗谱，正谱四十部，草谱二部，每部二十卷，编订千字文四十字，为字号。装以谱箱，倩工油漆。凡收藏之家务须珍重护惜，每年六月一曝，冬至会对，如有虫伤鼠耗、秽亵漏湿等弊，除罚修外，仍作不孝论。”并详细记录了各字号宗谱收藏者的具体姓名，如“天字号，宗祠收藏。地字号，思立收执”[2]。材料显示，刘氏除规定族谱存放谱箱、编定字号收藏外，还确立每年六月晒谱、冬至会谱、违规者罚修等制度。总体来看，刘氏的宗谱存世量和收藏管理制度都较上文中的李氏更为严格。

由上述可知，清代合肥的宗族已充分认识到族谱在增强族人的血亲认同感、增强宗族凝聚力、合族收族等方面的重大意义，并采取多种切实可行的措施，确保本宗族谱能够尽可能地按时续修、妥善保管下去。在宗族的大力劝诫下，修谱、藏谱已成为族人普遍的群体自觉行为。得益于宗族和族人的共同努力，清代合肥地区的族谱大体上还是能被按时续修、妥善保管的，这也是时值今日我们尚且有机会看到多部合肥地区清代族谱的重要原因。

## 二、建祠堂

祖先崇拜也是宗族不断强化族人的血亲认同感、增强宗族向心力和凝聚力的重要手段之一。祠堂作为供奉历代先人神主，祭祀先祖、宣扬祖先崇拜观念的重要场所，也理所当然地受到宗族的重视。《李氏五修宗谱摘钞》中写道：“奉先莫大乎宗祠。”[3]该谱的《祭祠墓》又云：“祠乃祖宗神灵所依，墓乃祖宗

[1]《李氏五修宗谱摘钞·收谱字号引》。
[2]《刘氏宗谱》卷首《字号引》。
[3]《李氏五修宗谱摘钞·重修宗祠记》。该李氏为李鸿章之外祖父家，和李鸿章并非同宗。

体魄所藏，子孙思祖宗不可见，见其所依、所藏处，即如见祖宗。时而祠祭，时而墓祭，必加敬谨，非徒醴牲果帛具观，视之美已也……古人云，事死如事生，事亡如事存，宗人岂可忽乎！"[1]李氏宗族认为，祖先亡故，灵魂归依祠堂，肉身葬诸墓穴，子孙思念先祖不可见，乃于祠堂、墓穴处追念之，或祠祭，或墓祭。并要求子孙祭祀时须态度敬谨，事死如事生，事亡如事存。由此可见，李氏宗族对祠堂祭祀活动的重视程度。《合肥李氏宗谱·家范》"谨祭祀"条亦云："万物本乎天，人本乎祖，祖宗者，子孙之根本也。故礼莫大于祭，所以报本追远，昭子孙之诚敬，岂徒牺牲酒果具观视之美已哉！"[2]强调了祭祀活动中所蕴含的报本追远等重大意义。而祠祭的场所为祠堂，故祠堂建筑也就成为宗族必不可少的重要设施。

清代合肥地区，宗族普遍建有祠堂，拥有祭田，并定期举行祠祭活动，以达到睦族收族的目的。《合肥风俗记》记载："四乡之民，多聚族而居，故宗法极重。每族各设一祠堂，族大者多至四五处，祠内供历代祖先牌位。每届清明、冬至几节，族人群赴祠中祭祀。或族中有重要事件发生，亦于祠中开会决之。祠有田房等不动产，每岁由族中年高有德者管理之，其所得之利息，则存放以谋合族之公益。"[3]

现以李氏宗族（李鸿章外祖父之宗族）为例，来详细说明相关问题。李氏于明代中叶由江苏句容迁居合肥，子孙繁衍，分为十三支，其中的一支为僖公，卜宅定居李家湾，与其他十二支合作建起本宗宗祠。《李氏五修宗谱摘钞·重修宗祠记》记道："僖公一支嗣又卜宅于池之东北隅李家湾村，始与阖族建立宗祠于庐东……背坎面离，地势塏爽，近萦清溪，远屏翠巘，奉祀先主，以妥以虔。"[4]这是李氏迁肥后建立起来的最早的宗祠，这类合族统一建立起来的宗祠称为统宗祠。李氏以虔诚之心，选址住宅之东，营建宗祠，妥善安放先人神主。宗祠近萦清溪，远屏翠山，选址非常考究。嘉庆、道光年间，族人"腾霄公因族众人繁，岁时祭祀觉有庳隘，乃与族人议扩旧址，为前后堂各五楹"[5]。此

---

〔1〕《李氏五修宗谱摘钞·家范引·祭祠墓》。
〔2〕《合肥李氏宗谱》卷二《家范》。
〔3〕《中华全国风俗志·下编》卷五，第3—5页。
〔4〕〔5〕《李氏五修宗谱摘钞·重修宗祠记》。

为李氏宗祠第二次扩建之始末。此“腾霄公”即李鸿章之外祖父李鸿谟，李鸿章之父李文安在为李鸿谟所作的传记中亦记录了此次修祠的经过：“道光戊子重建家庙，公（李鸿谟）督工兴造，越三载告竣。合族重公为人，群诣公家以管领祠务属之。公掌理不下数年，增置祭田百余亩，以备春秋祀费。”〔1〕可见，李氏第二次建祠后不久，在李鸿谟的主持下，增置了百余亩祭田，为春秋祭祀活动提供经费，从而为祠祭活动的顺利进行提供了必要的经济保障。光绪年间，祠宇破败，族众筹划再建，然无力筹款，于是写信给在外为官的族人李正荣，请求援助。后在李正荣的慷慨捐输和族人的共同努力下，祠堂终于再次得以重建，且规制较往昔更为完备。续增了堂阶，完善祭祀仪节，并添置房屋，供守祠人居住，且制定了统一的祭祀规则。族人李正荣记载此次续修的经过道：“正荣从戎有年……去春族人来书，告以祠堂就圮……将议举修，力有难顾。正荣悚然兴起久之，夫奉先莫大乎宗祠……祠宇重新，亦愿借众力，以崇祀礼。于是诹吉，于五年三月二十二日鸠工庀材，仍其旧制，惟续增堂阶五级，东西两庑门墙正向壬丙兼亥巳，均如礼典。祠西旧有隙地，添置余屋，为守祠人栖所，越九月而告成。凡祭器仪节均详考古礼，酌以今制，立为规则……诗有之：‘为酒为醴，烝畀祖妣，以洽百礼，降福孔偕。’兹者祠宇重新，规模式焕，于以荐时食，陈宗器，吾祖有灵，庶几来格来歆，世世其永昌乎！”〔2〕

材料表明，光绪年间李氏宗祠的修建经费来自于族人李正荣和族众的共同捐资。上文的最后一句话表明，李正荣希望能借助此次的宗祠重修以达到子孙世世永昌的目的，它从另一个侧面揭示了宗族致力于修祠的利益动机。

李氏祠堂内，先祖神主的排列方式为：“享堂五间，每间为一龛，五间五龛，每龛七层。中龛上祀始祖主位，至三世祖昆从十有三公衍为十三支，递序分祀左右四龛，世次昭穆秩然不紊。”〔3〕可见，这些神主在祠堂内的空间布局不是杂乱无章的，而是参照了宗谱的世系，由此做到“世次昭穆秩然不紊”。此种排列方式让身处祠堂的子弟可以非常明晰地找到自己在这一谱系中的位置，从而更直观地感受到自己和族人间的血缘联系，并增强个体对宗族的归属感。

---

〔1〕《李氏五修宗谱摘钞》附录《慎诒堂先世录·驰封承德郎岳父腾霄公序》。
〔2〕《李氏五修宗谱摘钞·重修宗祠记》。
〔3〕《李氏五修宗谱摘钞·祠制仪节考》。

此外，该族还对祠祭的祭品、祭期、祭祀礼仪、组织方式等作了非常细致的规定。《李氏五修宗谱摘钞·祠制仪节考》记载："今定吾祠祭品以五簋香烛、酒馔为度。岁凡二祭，春于清明，冬于冬至。首事先期会集祠内，议备祭器、祭品，择长支宗子有德望者主祭，仿家礼以重宗法也。如宗子夷于氓隶，支子有贵显者，亦可主祭，遵通礼祭用生者之禄也。又须择子弟明干四人，一赞礼，一读祝，一奉香，一司爵。主祭者先期三日斋戒，前一日与司事四人至祠演礼。"[1]材料显示，李氏的祠祭每年两次，时间分别为清明和冬至。祭前，首事之人应会集祠内，商量祠祭相关事宜，且明确要求应该"择长支宗子有德望者"或"支子有贵显者"为主祭。主祭之人应提前斋戒三日，祭前一日会同司事人员一起至祠堂演习祭祀礼仪等。这些都是祭前的准备工作，透过这些细琐的准备活动，我们可以看出李氏宗族对祠祭的重视。又规定，祠祭当日，全体族人盛服入祠，在指定的方位站立好，并在主祭和司事人员的带领下，按照既定的程序呈献祭品、上香、读祝、唱赞、行跪拜礼等。[2]最后，宗族还会安排聚餐。李氏宗族早期财力有限，会餐规模较小，只有司祠事人员参加。光绪年间重修宗祠后，重新规定："自今以往，如有捐置公产，祭费有余，须备祭席，由司祠事先期知会十三支首事愿与祭者，开名以便备饭。毕，依次更衣入席，以两荤两素为定，酒随量饮，不得喧哗无度，饭毕，各揖而散。庶……祖宗侑于上，子孙馂于下，亦敦本反始之要。"[3]将十三支首事之人会集在祠堂内聚餐，从而营造出一幅"祖宗侑于上，子孙馂于下"，族人欢聚、其乐融融的幸福场景。李氏宗族之所以不厌其烦地对祠祭的相关礼仪和制度作出如此详尽的规定，目的是为了保证祠祭活动能够在庄严肃穆的氛围中有条不紊地进行。而宗族则通过定期、频繁地举行祠祭活动，使族中生者在祖先神灵的感召下经常聚集在一起缅怀共同的先祖，深切体会彼此间的血缘亲情，从而加强自身对宗族的归属感，增强宗族的向心力和凝聚力，最终实现敬宗收族。

合肥另一支以李鸿章为代表的李氏宗族也建有宗族祠堂。《合肥李氏宗谱》卷二十一《祠宇记》记道："祠在县治东北二十五里李家冈之南地名熊砖井，为合族公建。"可见，这也是一所合族共建的统宗祠。前文已述，此支李氏由许

〔1〕〔2〕〔3〕《李氏五修宗谱摘钞·祠制仪节考》。

氏易姓而来，该族逝去的先祖原本祔祀于许氏宗祠供奉。“同治庚午，八世瀚章公兄弟追原受姓之由，遂倡议与许分祠，公商以承受文安公熊砖井老家住宅捐归，合族改建李氏宗祠。公推蕴章公董其事，辛未祠成，议定祠规，奉主入祠，至是乃尊心庄公为始祖，慎所公后裔各序支派而从祀焉。”〔1〕此次由李瀚章兄弟发起、李蕴章经手的修祠活动，不仅成功建起了统宗祠，还拟定了祠规。宗祠的地基亦来自于李氏兄弟的捐献。事实上，族人捐献是宗祠筹募资金的重要来源之一。《合肥李氏宗谱》中还留有一份李瀚章兄弟为宗祠捐献门面房的契据，详录如下：

> 立捐市房契人裔孙瀚章等今将兄弟六人公买店埠郭绍基市房壹所，计贰拾柒间所有基界、门窗、户扇悉照原卖契公议捐与宗祠永远执业收租，以为修理祭祀之费，此据。
>
> 凭族人同证
>
> 同治十一年九月十一日捐市房，裔孙瀚章、鸿章、鹤章、蕴章、凤章、昭庆。〔2〕

此契据表明，同治十一年(1872 年)，李瀚章兄弟六人还曾为宗祠捐献出一所门面房，以获取租金供宗祠修理、祭祀之用。上文中李鸿章外祖父宗族修祠时，其族人李正荣也曾慷慨捐款。这些捐款都属于自愿性质。

然而，完全依靠族人自觉捐献筹集的资金毕竟有限，宗族为多方筹集宗祠经费，还利用祠规家法强制族人为宗祠捐款。《合肥李氏宗谱·李氏宗祠条规》中规定：“族人出仕者应酌捐喜资银两存祠，凡文京官一品捐银二百两，二品捐银一百两，三品捐银八十两，四品捐银五十两，学政每任捐银一百两，乡会试总裁主考每次捐银五十两，外任官一品捐银五百两，二品捐银四百两，三品捐银三百两，道府捐银二百两，直隶州暨州县捐银一百两，武职提镇捐银二百两，副将捐银八十两，自定章后凡有得实缺者，按品捐资。”〔3〕此处，宗族以喜

〔1〕《合肥李氏宗谱》卷二十一《祠宇记·熊砖井宗祠记》。
〔2〕《合肥李氏宗谱》卷二十二《附录·瀚章等公捐宗祠市房契》。
〔3〕《中华全国风俗志·下编》卷五，第 3—5 页。

资的名目，明确要求入仕子弟必须向祠堂捐献钱物，并根据事主官阶之高低，统一规定了具体的捐款数额。这是宗祠经费的另一项来源。此外，该祠规还规定："族人有红白故，若借祠内坐客，应令每次捐洋钱二元。""宗祠公项银钱交与族间殷实之家存放生息，归款时现银现钱照偿。"[1]这些都属于宗祠既有产业本身的增值，它们也是宗祠经费的重要补充。

该祠地基的大致范围为："西以大门前小沟为界，东以享堂后檐滴水为界，南以包厢迎面包垣墙为界，北以享堂北山墙为界，对弓取直，作为宗祠基址。"[2]这些都被详细记录于李氏族谱中。事实上，将宗祠地基范围详细载入族谱也是宗族防止祠堂地基被非法侵占的保护措施之一。"盖乡人重视谱牒，以为一登于书，则永不能变，而官中亦认为听讼时证据之一种。"[3]族谱是为官方承认、具有很强证据效力的资料。一旦因宗祠地基纠纷涉讼，宗族便可将族谱作为证据资料呈送官府。这些细微之处亦体现出宗族保护宗祠的良苦用心。



李氏祠堂的规模和先祖神主排列方式为："祠屋凡一宅三重，第一重大门五楹；第二重穿堂三楹，左右贯以廊；第三重享堂殿五楹。"[4]"李氏自二世君字辈分支，宗祠享堂五间，每间一龛，中三龛专祀大宗，自始祖以次递序长房君辅公支系至章字辈，皆以正中一龛按昭穆设位，嗣后字辈凡系汉明公、汉申公支下，皆按昭穆设位于中。左一龛，凡系汉卿公、汉宜公支下，皆按昭穆设位于中。右一龛，其左梢间一龛专为君祥公支下子孙设位，右梢间一龛专为各支成人而无后者设位，嗣后族人送主入祠，务各遵照安设，不得紊乱。"[5]总体看来，李氏宗祠规模宏大，祠内的神主也是依照宗谱世系排列，井然有序。与大多数宗族不同，李氏祠祭的时间为每年冬至后一日，原因是李氏由许氏易姓而来，"许氏宗祠向于每年冬至祭祀，族人仍应照旧会祭，示不忘本。但两祠不能同日并到，今酌定李氏宗祠每年冬至后一日会祭"[6]。祭祀前五日，首事者也要会聚祠内，商量祭品、祭器，选定主祭之人及司事人员，并先期知会相关当事

---

〔1〕〔3〕《中华全国风俗志·下编》卷五，第3—5页。
〔2〕〔5〕〔6〕《合肥李氏宗谱》卷二《李氏宗祠条规》。
〔4〕《合肥李氏宗谱》卷二十一《祠宇记·熊砖井宗祠记》。

人，提前斋戒三日，并于祭前一日至祠内演习礼仪。[1] 祭毕会餐，亦严禁子孙酗酒喧哗，以始终保持祠祭时庄严肃穆的气氛。“祠内备饭一荤两素为定，勿许酗酒争斗滋事，犯者立即逐出。”[2] 此外，李氏亦雇有专人守护宗祠，并“责成守祠之人，常行将门关锁，不准存留闲人在祠住歇，夏日不准族人借祠内乘凉，祠内门窗槅扇以及一切器物等件如或被人损伤搬去，应令守祠者指实何人，以凭查究，如不指实，即惟守祠之人是问”[3]。从而为祠堂的日常维护和管理提供了人力保证。

民国年间，该祠的享堂为风雨所侵，行将颓废，于是族人合议重建。重建后的宗祠，“祠屋规制稍加变更，由三重而增为四重。第一重大门五楹仍旧；第二重废穿堂而为看墙，中辟圆门三，左右均缭以通廊；第三重享殿五楹仍旧；第四重增修正屋五楹。享殿内设龛亦仍照旧制，惟因代数递衍，神位增多，议改两代书列一位以期画一”[4]。规模较往时更为宏阔，并因时制宜地改革了神主的排列方式，但依照宗谱世系排列的总原则仍被遵循着。此外，该祠亦设有厨房、守祠人住宅、祭田等配套设施：“祠南垣墙外有厨屋三间，再南为守祠人住宅一所，前后两重，厢正屋九楹……再北有草庄屋两宅，为承种祭田之佃户所居。其附近属于宗祠之祭田，公计实秧十二石七斗五升，春额麦租十六石四斗，秋额稻租二百一十石五斗，契载谱内附录，永禁子孙变卖。”[5] 祭田的存在及永禁子孙变卖祭田的制度规定，为宗祠维护和祠祭活动的顺利进行提供了资金保证。

时至今日，合肥还留存着部分祠堂建筑。如坐落于长江路上的高家祠堂和丰乐镇董家湾的董氏祠堂等。

许多宗族还立有祠规、家法，强制族人遵守。如《合肥李氏宗谱·李氏宗祠条规》就规定：“族间子弟倘有违犯父

位于长江路上的高家祠堂




〔1〕〔2〕〔3〕《合肥李氏宗谱》卷二《李氏宗祠条规》。
〔4〕〔5〕《合肥李氏宗谱》卷二十一《祠宇记·熊砖井宗祠记》。

兄教令不孝不悌，或任性妄为，唆讼搭台，讹诈强夺，以及窝引匪类，偷窃行凶，谋害家庭等事，该父兄伯叔以理处治。倘不悛改，即投鸣首事，会同各近分公正尊长，扭入祠内，处以家法，情罪轻者酌予责罚，令立悔过字据存案。情罪重者应即从严公同处死，免其送官，有伤颜面。倘敢恃符逞刁，或栽诬捏讼，该首事等即邀同合族绅衿扭送禀官究治。"[1]李氏宗族要求族中依据祠规家法管理子弟，方法是根据子弟罪行的轻重程度，进行相应的惩罚。罪轻者酌予责罚，罪重者公同处死。可见祠规家法的强制力度。宗祠又具有仲裁族内纠纷的法庭性质。

《合肥李氏宗谱·李氏宗祠条规》共 18 条，内容涉及族务管理、祠祭规章、宗祠经费管理及日常维护、同宗不婚、禁从贱役、禁止偷盗、族内互助、族内旌表等。[2]该族的家范共 10 条，分别为劝孝、劝悌、教子弟、慎宗祧、谨祭祀、择墓地、正名分、修德、慎择业、恤贫、俭约、严举行（严格执行族规家法）等 12 条。[3] 合肥刘氏宗族的祠规共 10 条，分别为敦孝弟、敬尊长、和乡邻、饬妇女、务读书、勤本业、崇节俭、急官粮、禁赌博、戒充役。[4] 这些祠规、家法规范调整了族内、族外的各种关系，涉及宗族事务的各方面，非常全面。宗族一般据此管理族众，具有很强的自治性质。《中华全国风俗志》记载合肥地区的风俗道："族中规例极严重，颇具自治之雏形。举凡族人争吵沟洫（构衅）等事，均取决于族中之贤者长者。必重大案件，为族人调解不开者，始诉之于官，官之判断，仍须参合族绅之意见，族中有不法而败坏一族之名誉者，族人得召集会议，于宗祠中处分之，或罚之以金钱酒席，或责以杖，重且至于绞死。"[5]

在封建法律体系下，宗族子弟个人的作奸犯科行为亦有可能给全体族人带来灾祸。为避免此类悲剧的发生，宗族往往于祠规家法中明确规定禁止子弟作奸犯科、触犯国家法律，以免因子弟个人的不法行为，株连全族。《合肥李氏宗谱·家范》规定，禁止子弟"游荡无节，博弈饮酒，朋比为奸，忤逆亲长，干犯

[1][2]《合肥李氏宗谱》卷二《李氏宗祠条规》。
[3]《合肥李氏宗谱》卷二《家范》。
[4]《刘氏宗谱》卷首《祠堂规范》。
[5]《中华全国风俗志·下编》卷五，第 3—5 页。

法禁”，以免“丧家亡身，累及族戚”。[1] 事实上，这也是宗族减少与国家政权冲突、图全自保的一种方式。

## 三、筑坟茔

“《论语》论孝谓：生事之以礼，死葬之以礼、祭之以礼。”[2]“夫孝为八德之首，而追远为孝之一端。苟祭扫之礼不修，无以伸追远之情。”[3]儒家的孝道，落实到日常生活层面，即对待先祖的生事死葬，都应该尽之以礼，以礼致祭是子弟对先人的应尽义务。祭祀先人的方式主要有两种，即祠祭和墓祭。因此，作为墓祭场所的先人墓地理所当然地受到各宗族的重视。《李氏宗谱后附对勘坟图・李氏创修坟图序》载：“一族之间，谱牒兴修，所以敦敬宗睦族之谊。坟茔记载，所以尽追远报本之情。”[4]将墓地与族谱并举，强调其所蕴含的追远报本内涵。《李氏五修宗谱摘钞・家范引・祭祠墓》亦云：“祠乃祖宗神灵所依，墓乃祖宗体魄所藏，子孙思祖宗不可见，见其所依、所藏处，即如见祖宗。时而祠祭，时而墓祭，必加敬谨，非徒醴牲果帛具观，视之美已也。……古人云，事死如事生，事亡如事存，宗人岂可忽乎！”[5]又将墓地与祠堂、墓祭与祠祭并列，要求族人墓祭时应态度敬谨、不可轻慢。

弄清本族先人坟茔的具体方位是办好墓祭活动的第一步。一般而言，宗族常将本族先人的葬地分布状况或坟图载入族谱，以避免因先人墓地年久失修、湮没无考而墓祭无门。“修谱牒者既详载葬地，且有刊图以防年久湮没者，殆非是无以备祭扫而致孝思也。”[6]清末李氏族人李正荣记载本族坟图情况道：“前江村为我王考腾霄府君与叔祖永烈公两房公茔，计塚有五，前后江村为我显妣崔太夫人与诸伯叔暨叔曾祖彤封公各房公茔，计塚有六。具载正荣所为墓图记。”[7]可见，李氏宗族曾绘制出坟图，记载先人坟墓的具体位置。民国年间，李鸿章宗族绘制全族坟图的努力，亦是其中一例。其时，李氏 19 世裔

---

[1] 《合肥李氏宗谱》卷二《家范》。

[2] 《李氏五修宗谱摘钞・家范引・慎丧葬》。

[3][4][6] 李廼琼：《李氏创修坟图序》，见《李氏宗谱后附对勘坟图》，中华民国三十二年(1943 年)石印本。

[5] 《李氏五修宗谱摘钞・家范引・祭祠墓》。

[7] 《李氏五修宗谱摘钞・永禁前后两江村再行祔葬约》。

孙李国栋,有感于族谱中缺失本族坟图的相关资料,于是在全体族人的支持下,历尽艰辛,不避寒暑,实地考察,“将各支坟墓逐一亲临草绘成图,随缮清稿,付之印刷。……乃就我李氏各先人坟上实地所有者绘之坟冈或方或圆,坟田地或圆、或方、或长、或尖、或不规则等形以及尺丈升合,逐一附记,形势不一,照原有之方位排列,务使持图验地不致两歧”〔1〕。详细绘制出全族坟图。这一坟图资料后被附录入族谱,保存下来。

此外,李氏宗族还采用多种手段来加强对先人祖坟的管理。制定族内保墓公约便是其中一例。道光年间,李鸿章宗族为保护先茔,曾共同立定《李家冈保墓公约》,详录如下:

“立议字人承光、瑞廷、觐廷、于廷、化云、登廷、建廷、化凤、桂廷、俊廷、在荣等,今因二世祖君辅公坟在李家冈宅旁,向有在坟旁堆粪挖窖、纵放猪牛践踏。我等均系墓下裔苗,视之不安。今当清明祭扫,合族会议,丈量阔窄,坟上东西过度九丈四尺,坟下东西过度十二丈,南北过度十四丈,立有界石。倘有仍蹈前弊,一经查出,即以不孝论,公议罚钱二千四百文存公,以济公费。如抗不遵,公同执字禀公求究。此系公议,并非一人之私凭,恐后无凭,立此存照。道光十三年三月十三日立议字人承光等公议。”〔2〕

李氏为保护李家冈祖茔,不仅为祖坟之四至设立了界石,且立定合族公约,禁止子弟在坟旁堆粪挖窖、放牧猪牛。并规定,违约者以不孝论处,收取罚金。可见,李氏宗族希望借助公约来约束族人破坏祖坟的行为,以保护祖坟。此外,李氏又将这份保墓公约作为证据资料,精心地收录在族谱中,以备不时之需,这一事实本身也体现了宗族保护祖茔的良苦用心。

清末,李鸿章外祖父之宗族为保护祖茔,也曾做过类似的努力。其时,该族族人李正荣见前江村、后江村两块祖茔墓地,因祔葬者众多,日渐拥挤,导致先人灵魂不安,为防止此种局势进一步恶化,曾呼吁族人共同签订公约,禁止祔葬。此举得到族人的积极拥护,“群从兄弟无不首肯,咸愿立约永禁添葬,刊之家乘,以昭世守”。于是共同立定《永禁前后两江村再行祔葬约》,共同约定:

---

〔1〕李廼琼:《李氏创修坟图序》,见《李氏宗谱后附对勘坟图》,中华民国三十二年(1943年)石印本。

〔2〕《合肥李氏宗谱》卷二十二《附录·李家冈保墓公约》。

"自禁以后凡正字派以下各宜懔知，已葬之塚固不能减，未来之棺材切不可增设。"[1]从而制止了族人随意祔葬行为，有效加强了对坟地的管理。

在家谱中设立相关条例也是宗族加强祖坟管理的有效措施。《合肥李氏宗谱·旧谱凡例》中特设专条，规定："祖坟与宅相近，原赖后裔培植。倘视为牧场，纵放畜生，践踏伤毁，锄烧草根，剥去坟土者，户长与分尊议罚，以为祭坟之资，以警不敬不孝之罪，余坟统比。坟有祭田、护坟旱地、树木，每年随坟轮流管执，以为祭坟之资。倘有不肖子孙借言与己有分，强占耕锄，斩伐树木，甚至将田地典当，一经查出，该户长率众勒令赎回归坟，宜以不肖之罪惩之，典卖者重责。"[2]

该规条明确禁止子弟在祖坟上放牧牲畜、锄烧草根、破坏祖坟。坟上的祭田、树木，也和祖坟一起被列入保护范围。材料显示，李氏还为祖坟设有专门的祭田，并规定，祭田轮管，收入用作祭坟之资。从而为宗族墓祭的顺利进行提供了必要的经济保障。

祖茔内墓穴的空间布局和祠堂一样，也遵循着谱系的昭穆关系排列，井然有序。为加强茔地管理，防止族人违反昭穆顺序，随意乱葬，宗族还采用族规家法的形式，予以规范。《合肥李氏宗谱·家范》明载："至坟墓之尊卑昭穆，自有定位，犯者公勘迁移。……倘恃强不遵，户长会合族众即持家规呈到公庭，如此则各分凛然，讼端绝矣。"[3]可见，李氏祖墓的空间布局也是遵循着昭穆的顺序，禁止随意乱葬。违规者被责令迁出，如敢恃强不遵，族众可持家规直接禀告官府，借助国家政权的力量予以制止。

此外，为祖茔筹备坟田也是宗族保护祖墓的重要措施。从目前掌握的材料来看，族人的捐款购买是祖茔坟田的重要来源之一。以李氏宗族为例，同治五年(1866年)，族人李瀚章曾"买族弟来章田六斗，价银一百二十两整，充于我两公坟下，永为祭扫之费。即派支下子孙轮年经理，以垂不朽"[4]。同治十年(1871年)和十一年(1872年)，其弟李昭庆、李鹤章又分别为熊砖井祖坟捐献了

[1]《李氏五修宗谱摘钞·永禁前后两江村再行祔葬约》。
[2]《合肥李氏宗谱》卷一《旧谱凡例》。
[3]《合肥李氏宗谱》卷二《家范》。
[4]《合肥李氏宗谱》卷二十二《附录·熊砖井护坟田管理规条》。

坟田。[1]

祖茔的坟田，部分被直接佃出，以收取租金来维持墓祭开支。上文李瀚章捐献的坟田即属此例。同治十年(1871年)，李昭庆捐献的坟田中，其水田部分，亦“召外人承佃户，交租计麦……每年租利除完纳国课外，其余以备祭扫之费”[2]。另有部分坟田，因其位置直接关系着祖墓风水，宗族反而明确规定任其抛荒，禁止垦殖，以保护祖茔风水。同治十年(1871年)的《昭庆公捐熊砖井护坟地契》记载：“立捐田塘旱地契人元孙昭庆情因先高祖妣王太孺人卜葬塘下茔地、驰赠奉直大夫伯曾祖恒益大公、诰赠光禄大夫曾祖凤益二公均先后祔葬，数十年来茔下两支人丁旺盛，莫非仰承福荫所致。查弯塘系茔地来龙入首结束过峡处，所宜禁挑动以培地脉。此塘于同治七年六月间经昭庆置买执业，今将弯塘一口并在塘使水之田大小共十一坵半，共计实种九斗五升，粮十二里册，弓一石整，约同茔下两支族人踹看明白，悉数捐充茔下以为祭田，立丁名曰同益堂，永远不准子孙变卖。旱地归荒，不准开垦……嗣后弯塘年久淤垫浅涸，不准挑挖寸土，致有妨碍违者以不孝论，公同禀官惩办。”[3]

在这份由李昭庆亲笔书写的地契中，李昭庆认为，李氏宗族当前人丁两旺的现状都是因祖茔风水荫佑所致。因此，保护祖茔意义重大。而其捐出的塘田，位置独特，直接关系着祖茔的风水。因此明确规定，禁止挑动或垦殖田塘，主张任其湮没或抛荒，以培植祖茔地气。李鹤章捐献的坟田地契中亦写道：“立捐购坟地字人元孙鹤章情因高祖士俊公坟上有孙姓熟田一坵，曾祖凤益公坟北有本族熟田一坵，坟东旱地一块，坟南旱地半节，历年兴种，有碍风水，于同治四年十二月、五年三月次第契买捐归坟上作护坟田地，永荒不准兴种。”[4]将祖坟周边的数处熟田全部捐为祖茔坟田，并规定禁止兴种，以保护祖茔风水。此外，宗族还精心保存着与坟田有关的各类契据，或将其录入族谱，或勒石垂示，以保留证据，保护坟田不被侵占。《昭庆公捐熊砖井护坟地契》中写道：“相应书契立禁勒石垂示，以期后世子孙遵守勿替，此据。”[5]《鹤章公

---

〔1〕《合肥李氏宗谱》卷二十二《附录·熊砖井护坟田管理规条》;《合肥李氏宗谱》卷二十二《附录·昭庆公捐熊砖井护坟地契》。

〔2〕〔3〕〔5〕《合肥李氏宗谱》卷二十二《附录·昭庆公捐熊砖井护坟地契》。

〔4〕《合肥李氏宗谱》卷二十二《附录·鹤章公捐熊砖井护坟地契》。

捐熊砖井护坟地契》中亦写道:“将买契议字刊入族谱,合书捐契永远为据。愚族众同证。”〔1〕这些都是宗族保护祖茔地的重要措施。

以上绘坟图、设坟田、立家规、订族约等措施,主要规范的是族内子弟,禁止本族人破坏先人坟茔。但是,若涉及他族成员破坏本族祖茔类行径时,上述措施则显得苍白无力,缺乏有效的强制力。因此,在保护祖茔的活动中,寻求其他力量的支持也就显得尤为必要。一般而言,作为拥有国家强制力、且对宗族祖坟持保护态度的封建国家政权机关是宗族寻求祖坟保护力量的首选。以李鸿章宗族为例,光绪年间,该族为保护祖坟曾发动本族有功名者 35 人,共同呈请庐州府,请求发给禁碑,禁止在本族的李家冈、许漕坊、大松树冈、小松树冈等多处祖茔地各来脉处挑塘、掘井、挖窖、烧窑,以保护先人祖茔的风水。《合肥李氏宗谱·李家冈等处先茔禁碑》记载:“钦加道衔特授江南安徽庐州府正堂加十级记录十次黄为给示勒碑以保坟茔事,据合肥县绅士按察使衔补用道李凤章、五品衔补用县虹乡学训导李承志、五品衔升用知县江苏候补县丞李福年、记名提督李章顺、五品衔国学生李�章、军功七品衔李傅章、翰林院编修李经世、候选内阁中书李经邦、四品衔兵部员外郎李经畬、郎中衔刑部员外郎李经述、按察使衔候选道李经楞、四川永宁道李经羲、候补知府李经方、候选直隶州知州李经榘、候选同知李荣世、五品衔江苏补用知县李经粹、提举衔江苏知县李经笙、候选训导李经藩、候选主簿李经泽、副将衔寿春中营游击李经纶、记名副将李经业、花翎副将李经衡、候选都司李经镕、郎中衔国学生李桂森、光禄寺署正衔李桂馨、邑廪生李铭常、邑廪生李可权、郡廪生李经钰、邑庠生李经谟、邑庠生李经枏、郡庠生李经楚、郡庠生李经翊、国学生李经元、候选直隶州州判李襄国、县丞衔国学生李匡国等遣抱家人李福呈称,窃身有祖茔在合肥李家冈、许漕坊、大松树冈、小松树冈、熊砖井、葛珍湾、大童冈、靳庄、王仙户、小塘梢、蔡天埠、蔡家冈、欢骨堆、许贵村、余家庙、大刘村、张家洼、梁宇店、胡老均、刘家坎、城隍地、郑小河、十三里庙、田中、分小、汪村等处,均经派有佃户看守。但恐日久懈生,致有玩忽,附近居民暨亲族人等于各茔来脉处挑塘、掘井、挖窖、烧窑,种种作践,为害匪浅,为此恳恩立案给予禁碑等情到府。”〔2〕

〔1〕《合肥李氏宗谱》卷二十二《附录·鹤章公捐熊砖井护坟地契》。

〔2〕《合肥李氏宗谱》卷二十二《附录·李家冈等处先茔禁碑》。

最终如其所愿，庐州府知府同意了他们的请求，于光绪十四年（1888年）为李氏祖坟发放了禁碑，禁碑明示：

“除批据呈已悉候分别给示，就各该茔地勒石墓道，永远遵行，合行严禁，为此示仰各该处居民地保人等知悉，勿许在于李家冈茔地等处左右附近地方谋葬坟茔，起造房屋，牧放牲畜，砍伐树木，挑塘掘井，挖窖烧窑，任意作践，如敢故违，许看坟佃户投鸣地保知会，李宦亲诣验实禀官提究。如看坟佃户知而不举，地保循隐不报，准李宦遣抱赴官禀候严惩，决不宽贷，各易遵勿违，特示。”[1]

禁碑载明，禁止谋葬坟茔、起造房屋、放牧牲畜、砍伐树木、挑塘掘井、挖窖烧窑等一切有损李氏祖坟的行为，否则，当“禀官提究”。若“坟佃户知而不举”或“地保循隐不报”，也在被惩之列。又准许将载明上述禁令条款的禁碑列于李氏祖茔之墓道，通告周边人员知晓。可见，此处的庐州府衙门，已成为李氏祖坟最强有力的保护者，而李氏宗族亦成功地借用了国家政权的力量，加强了对本族各茔地的保护。



光绪二十六年（1900年），合肥的蒯氏、黄氏、李氏、张氏四大望族曾共同上书庐州府，请求发给禁碑，以保护本族的祠堂或祖坟。庐州府知府亦批准了四姓的请求，同意发放禁碑，禁碑中载明：“尔等须知黄姚村一带为熊砖井地方坟墓、祠堂来脉所关，不得再图利妄挖。自示之后，如敢肆意挖取，只图自利，罔顾害人，一经访实，或被指控，定即重惩不贷，其各凛遵，切切，特示。”[2]此为宗族成功寻求国家政权力量保护本族祖茔地的又一例证。

## 四、族内赈济

宗族是社会的缩影，宗族内部不可避免地存在着贫富分化，而过大的贫富差异必然会影响到族人间的团结友爱，并最终损害宗族的整体合力。因此，强调宗族内部族人间的相互扶持、团结互助是加强族内团结，增强宗族向心力与凝聚力，保护或扩大宗族整体实力的重要措施。有些宗族甚至在族规家法中明文规定，族人间有相互扶持的义务。《合肥李氏宗谱·家范》中特设“恤贫”

---

〔1〕《合肥李氏宗谱》卷二十二《附录·李家冈等处先茔禁碑》。

〔2〕《合肥李氏宗谱》卷二十二《附录·熊砖井祠墓禁碑》。

专条：

“根本原(源)同，苦乐互异，向隅之泣，能无恻然！或男长而不能婚，或女大而不能嫁，或亲老而不能养，俱当因人义助，丰约随缘。庶吾族老有晨昏之奉，少无鳏旷之悲。又或儿女俱殁，年过桑榆，或夫子早亡，柏舟矢志，如其贫乏，周给宜优。即使家温，遣问无缺。或孤儿无依，至鬻姓于他人，或残喘将捐，无戢身之受具，一则捐资以赎还其券，一则佐费以代恤其亡。以上种种抱慈心、负高义者，当于兹致意焉。抑又有说，倘其人平素不务正业，慵懒奢纵，赌荡为营，此自作之孽，不必矜怜。”[1]

李氏于族规中首先强调，族人间“根本源同”，出自共同的祖先，有着天然的血缘联系，因此也天然地存在着相互扶持的情感需求。可见，族人间天然的血缘联系是族内赈济行为产生的基础。接下来，族规中又具体规定，族中若有男大不能娶、女大不能嫁、老来不能养等状况时，其他族人“俱当因人义助”，以保证本族族人皆能老有所养、幼有所依、嫁娶以时。此外，又特别提出，对于那些游手好闲、自甘堕落的族内流氓无产者，则不必矜怜。此处，宗族直接采用族规家法的形式，明确规定了族人间有相互扶持的义务，并制定了相关制度，以避免族人间出现苦乐不均、贫富分化悬殊等现象。

宗族的“恤贫”呼吁在族人中得到了强烈的回应。李鸿章在致其兄李瀚章的信中写道：“接鹤弟(指其弟李鹤章——作者注)来信，言周济亲戚事，弟极赞成。”[2]刘铭传亦勉励族人道：“吾侪于乡党宗族之间，凡有裨益之事，即当勉力做去，以尽吾心。”[3]

筹办义庄是宗族办理赡赈、周济宗亲的常见措施。晚清，随着淮系集团在军事、政治上的成功，大量的庐州籍人士跻身官僚队伍，他们虽身在外地，仍情系桑梓，慷慨捐输，在家乡建设宗族义庄。同治年间的李鸿章兄弟曾共同捐献田租 1 300 石，建立起合肥李氏义庄。[4] 同治十年(1871 年)，刘铭传亦“建义庄。由保卿公报捐田千石，子务捐银万两”[5]。在族人的慷慨捐输下，晚清合

---

〔1〕《合肥李氏宗谱》卷二《家范》。

〔2〕虞山襟霞阁主编：《李鸿章家书·致瀚章兄》，民国东亚书局铅印本，第 17 页。

〔3〕刘铭传：《诗文辑存》，见《刘铭传文集》，第 475—476 页。

〔4〕光绪《续修庐州府志》卷十六《食货志》，第 245 页。

〔5〕刘铭传：《诗文辑存·续修宗谱序》，见《刘铭传文集》，第 475 页。

肥地区的多家名门望族如刘氏、李氏、周氏和庐江的吴氏等皆建立起本族的义庄。周氏和吴氏的义庄，还办有族塾，供本族贫寒子弟免费读书。〔1〕义庄的设立，使得族内贫寒者可以从义庄中得到常规的赈济，从而为族内赈济活动的顺利开展提供了常规的制度保障。

此外，由族中富贵者直接为贫寒者捐资也是族内赈济的常见措施，此种现象在大的饥荒出现时表现得尤为鲜明。李鸿章之妻太湖赵氏，"自奉俭约，如寒素人有缓急，周以多金，不少吝。三党贫者赖以举火"〔2〕。李鸿章之三弟鹤章，"稍营商业自给，遇歉岁辄输谷赡族"〔3〕。其五弟凤章，"光绪二年，庐郡饥，公购谷五千石，分给族戚邻里，后凡三遇歉岁，均如前。十四年，旱荒尤甚……复捐米二千石，分给族戚"〔4〕。在灾害面前，单个家庭的抗灾、救灾能力极其有限，而作为血缘共同体的宗族则有能力以集体的名义，通过族人间的团结互助来整合宗族整体的合力，从而成功地担负起防灾、救灾的职责。值得注意的是，在社会保障体系极不健全的封建社会，宗族内部的自救措施显得尤为必要。在大的灾荒中，它们是保护族人生命安全的一道极为重要的防线。

从上面的论述中，我们可以清晰地看到，作为有着很强自治性质的血缘集合体，合肥地区的名门望族全面控制着基层社会的方方面面，在地域社会乃至国家政治层面都有着举足轻重的影响力。



〔1〕光绪《续修庐州府志》卷十六《食货志》，第245页。
〔2〕《合肥李氏宗谱》卷十五《先考仲彭府君行状》。
〔3〕《合肥李氏宗谱》卷十五《王考季荃府君行状》。
〔4〕《合肥李氏宗谱》卷十五《李稚荃光禄公家传》。

# 第七章　合肥地区民俗文化与文艺创作





## 第一节　合肥地区的风尚习俗

古语云“十里一风，百里一俗”，以此来说明因地理位置不同而造成的习俗差异。人们往往将由自然条件不同而造成的行为规范的差异，称之为“风”；而将由社会文化的差异所造成的行为规则之不同，称之为“俗”。风俗由于历史而形成，它是社会道德与法律的基础和相辅部分，对社会成员有着一种非常强烈的行为约束作用。皖中独特的地缘环境造就了相应的习俗风尚。本节就合肥独特的风土民情和习俗风尚作简要介绍。

### 一、节庆习俗

1. 春节

(1)过小年。合肥民间在腊月二十三过小年，主要是祭祀“灶神”，故小年这天又称“祭灶日”。普遍的做法是：取若干稻草秸，剪成约寸长的秸秆，再拌以少许炒熟的黄豆作马料，供灶神坐骑之马食用。祭灶活动开始时，家主于灶神位点烛焚香，供上麦芽糖，然后自灶间至大门外，向空中抛撒“马料”，口中不停地念叨"上天言好事，下界保平安"等话语，谓之送灶老爷（也有称灶爷奶奶）上西天。祭灶时供上麦芽糖，俗传以此可粘住灶神的口，使其见了玉皇大帝不能说坏话。在祭灶日，合肥民间几乎家家户户都自制炒米糖。其做法是：将米入锅炒至焦黄香脆，然后加适量事先熬制好的麦芽糖稀，拌和均匀后，再将其捏搓成椭圆状糖米团，小孩尤喜吃。小年一过，春节的序幕就拉开了，接下来就是置办年货，特别是做豆腐、蒸粑粑、杀猪宰鹅等。女人们则洗刷打扫，一派繁忙景象。腊月二十六这天，大人小孩都要洗澡，所谓"二十六（合肥音'录'），洗洪福"。腊月二十九晚上要把各种腌制食品煮熟（合肥人喜欢将肉食腌制），以备待客之用。



（2）过年。合肥民间历来重视过年，俗话称："有钱无钱，回家过年，父子相会，夫妻团圆。"故将年三十视为全家人大团聚的节日。过年的一系列活动安排大致如下：

①贴春联。春联俗称门对子，内容多取辞旧迎新、大吉大利之意。店家商铺贴春联，则于打烊收市前进行。春联贴毕，即宣告过年，债主则不能上门讨债，唯有等到元宵节后方可来。家有丧事未逾三年的，可按丧事发生的时间，依序第一年用紫色纸、第二年用蓝色纸、第三年用黄色纸写成门对子，俗称"挽联"。对联通常为"守孝难还礼，思亲免贺年"等。这样，拜年的亲朋见到门上的对联，便知这家有丧事发生，仍处于守孝祭悼期，便不再登门。除了大门、房门要贴对联外，厨房、柜门、猪圈、鸡笼等处皆要贴。菜柜门上贴"柜内样样有，盘中色色鲜"或"虽无山海味，常有鸡鱼香"；灶台上贴"上天言好事，下界保平安"；粮仓、鸡笼、猪圈等处贴"五谷丰登，六畜兴旺"等；秤杆上贴"黄金万两"；门前的树上贴"八面来财"、"抬头见喜"等。此外还时兴贴"福"字，家有老者尤甚，多贴则多"福"。"福"字用方形大红纸写成，贴于门头上方、窗户或大门左右墙壁等处。贴时要将"福"字倒过来，意即福到了。"福"字也可采用将"福、禄、寿"三字组合的形式写成，寓多福、多寿、多财。

②祭神拜祖。此活动在吃年饭前进行。做法：先于堂屋香案（俗称上宴）置一牌位，上书"天地祖宗师之神位"或"天地君亲师之神位"。祭拜开始时，由家主于牌位前点烛焚香，上贡香茶一杯，米饭一盏，上加红枣两粒，然后向"神位"虔诚三拜。礼毕，再于灶间、门外、路口、井坛等处，各置香一炷，分别祭拜"灶

神”、“门神”、“土地神”和“井神”，以表达人们在欢度新年时，不忘对先祖和神灵护佑的恭敬之心。

③吃年饭。又称年夜饭，是一年中家人最齐聚、菜肴最丰盛、气氛最热烈的晚餐。就餐前，先鸣放爆竹、燃放烟花，以营造普天同庆、共度佳节的热烈气氛。然后举家围坐，共品美味佳肴，共贺家人团圆，共享节日之快乐。年饭一定要多煮，过去农村大铁锅要煮满满一锅，吃年饭时每人不能把碗里饭吃完，剩一点，意为年年有余。吃饭时忌讳上汤，因为汤泡饭预示来年打场时会遇下雨。桌上的鱼这一道菜不能吃。

④辞岁。吃罢年夜饭，晚辈要向长辈辞岁，祝愿长辈快乐、健康、长寿。长辈则要给晚辈压岁钱，祝愿晚辈茁壮成长、成龙成凤，早成栋梁之才。也有人家习惯于在孩子入睡后，将压岁钱置于次日孩子早起时要穿的新衣或新鞋内，有时还另加放方片糕，祝愿孩子来日步步高升。

⑤守岁。年三十晚，经过一段时间的欢愉后，家人渐相洗漱入睡。此时，家主再次点烛焚香，向“神灵”和“先祖”辞岁，然后在门内侧贴上“关门大吉、开门大发”的红联，向“门神”三揖。拜毕，关上大门，开始守岁，以迎接新的一年的到来。

⑥开大门。农历正月初一，俗称大年初一。当日凌晨，鸡鸣而起，家主点烛焚香，再一次祭拜“神灵”和“先祖”，然后向大门（门神）虔诚三拜，方开启大门，即为新年的首次“开大门”。开大门后，家主照例要在门外、路口、井坛等处置香，供奉各路神灵。此后，开始燃放爆竹，迎接新年到来，一般有“开门炮”、“双响炮”等。其声音清脆，响亮异常，兆示开门吉顺，新年必交好运。

⑦拿元宝。年初一早起洗漱毕，就食早茶，称“拿元宝”。早茶通常是四只欢团（爆米花和麦芽糖制成的食品），外加两到四只煮鸡蛋，另加红糖，经沸水冲泡后品食，寓新年伊始就高高兴兴地得“元宝”、交好运。

⑧拜年。这天早晨，人们衣新冠整，走街坊，访亲戚，互致问候，互祝吉顺，行拱手礼，称为“拜年”。通过拜年活动，表达问候，增进友谊，加深感情。年老者，往往进寺庙烧香敬佛，有的还抽签，预卜当年时运。旧时拜年晚辈要给长辈磕头，长辈要给磕头的人吃欢团。所谓“壳膝头（合肥话，膝盖）一跪，欢团一对”。

⑨新年早餐。年初一开始新年的首次早餐。昔日合肥民间新年早餐，俗尚吃元宵、下挂面，谓之“元宵下挂面，光蛋有拉扯”，寓意穷人可以得到帮扶。

(3)送年和元宵节。正月初四为送年日。这天早晨，家家户户早起，点烛焚香，祭拜“神灵”、“先祖”，然后点放爆竹送年，表示新年假期已过。店家开始营业，作坊开始务工，又重新恢复了平常的生活秩序。但走亲访友照旧，直到元宵节方止。合肥民间欢度元宵佳节，通常从正月十四日晚上半夜就开始，俗称“早过十五晚过年”。这天家家户户在大门两旁悬挂大红灯笼，万家灯火通明。家家户户兴吃糯米面制作的饼子，俗称“试灯粑粑”。在农村，又有圩区和岗区之分。圩区忌涝，故兴吃糯米面粑粑；岗区忌旱，故兴吃糯米面元宵。入夜，街市上有舞狮子、玩龙灯、踩高跷、划旱船等活动，处处是锣鼓，处处是花灯，处处是观灯的人流，气氛热烈，盛况空前，较之过年有过之而无不及。元宵节一过，人们又开始了紧张忙碌的生活。民间有歌谣云：“一年十二月，月月受巴结(合肥话指生活艰辛)；到了初四、五，肚子吃得像拨浪鼓；过了下十五，又打回头苦。”

2. 媳妇节

时在农历正月十七日，因合肥方言习称妇女为“奶奶们”，故又称“奶奶们节”。旧时民间传统习俗，自春节到正月十五日都为年期。此间，洗涮烧煮等诸多家务活都由媳妇们承担。过了正月十五，便是过了年期，一直忙忙碌碌的媳妇们此时应当歇一歇、松口气，故在媳妇节这天，家庭烧煮一类的炊事都由男人们承担。民谚曰：“正月十七，老的们煮(合肥方言‘老的们’即为‘男人们’)，奶奶们吃。”

3. 龙头节

时在农历二月初二日，是传统的龙头节，俗称“龙抬头”。合肥民间习俗视此日为新年春耕生产的起始日，故有“二月二龙抬头，大家小户使耕牛”之说。旧时，合肥城乡在龙头节这天俗兴举行“龙踩水”活动。清晨，人们将龙王神像从庙中抬出，沿着河

舞狮子

堤上下跑动，谓之“请龙王神察水情”。一旦抬着龙王神像的轿子落地停下，其位置即被视为当年水位。水位高则主涝，水位低则主旱。在举行这一活动时，常伴着敲锣鼓、踩高跷等活动，甚为热闹。“龙王察水”虽无准头，却从侧面反映了人民群众对水情的关注和对农业生产的重视。从祭祀祈福的角度出发，这个节日还是有一定的积极意义的。

4. 立春节

时在每年的阳历2月3日、4日或5日。在乡村，立春日通常要举行“打春牛”活动。这天，由老人装扮成“芒神”（即植物神），手持春条（柳枝上加缠彩色纸的枝条），不断地击打赶在场地上的耕牛，边打边唱道：“春交六九头，春条打春牛；打得春牛下田去，今年丰收不用愁。”俗称此法可以打掉老牛身上的懒气，鼓舞牛劲。在打春牛时，尚有锣鼓伴和，甚是热闹。合肥民间老百姓最盼望春打五九尾（即立春的这一天恰好是冬至后第五个数九日的最后一天），最忌讳春打六九头（即立春的这一天恰好是冬至后第六个数九日的第一天）。民谚称：“春打五九尾，家家啃猪腿（预示当年年景好）；春打六九头，家家卖耕牛（预示当年年景差）。”

5. 上祀节

时在农历三月初三日。合肥民间亦将此日称作“荠菜节”。民谚曰：“三月三，荠菜赛灵丹。”儿歌则唱道：“三月三，荠菜开花上高山。”这天，青年男女相约结伴，或漫步于绿地，或穿行于林间，边嬉戏逗乐，边挑挖荠菜、马兰头等，待打道回府后，再将挑挖的野菜加工成饺子、凉菜，既为应时食品，又得品尝大自然奉献的珍美野味之趣。

6. 清明节

时在阳历4月4日、5日或6日。在清明节这天，合肥家家户户习惯在门头上方悬插柳枝。清明节悬插柳枝的习俗由来已久，传说可避邪御灾。民谚曰：“清明不插柳，死后变黄狗。”上坟活动在清明节前三天或后三天均可。上坟祭祀前，先给坟冢培土、加固、挑高，并在坟头上加盖碗状土块，共两块，小的一头相对放置，放在坟头上，谓之“坟帽子”。其间压一红纸条，谓之“阴联”。然后在坟冢前摆放祭品，通常为酒和死者生前爱吃的菜肴、果品等。比较富有的家庭，还以猪、羊、整鸡、整鱼等物作祭品，但多数以纸扎品代替。祭祀开始时，焚烧“纸钱”、纸扎祭物，鸣放鞭炮，祭者按辈分先后向亡灵磕拜。动情者，常失声恸哭，悲情难止。南宋诗人高翥《清明日对酒》诗曰：“南北山头多墓田，清明祭扫各纷然。纸灰飞作白蝴蝶，泪血染成红杜鹃。”此诗描写的就是人们在清明扫墓时的悲凉情景。

7.端午节

时在农历五月初五日。合肥民间在过端午节时，早餐兴吃粽子、花糕等食品。午餐则喜食凉拌黄瓜、大蒜烧黄鳝，饮雄黄酒，谓之“三黄”。苋菜也是不可缺少的应时菜。俗谓饮雄黄酒可防生疥疮，吃苋菜可净腹。这天，合肥民间家家户户还兴打“香禅”、贴“五符”、悬挂钟馗图。此外，还习惯给幼童身上围着印有“八卦图”或“长命百岁图”的菱形红肚兜，其打扮与神话传说中的哪吒相似。这天，父母还会将雄黄酒涂抹在小孩的脖子和臀部上，谓此可祛五毒，免害虫叮咬。在淝河，还常见有举行龙舟竞渡活动，锣鼓声、呼喊声相杂，观者甚众，热闹非常。另兴悬艾枝于门头，以祛瘟毒。而今，端午节仍为普遍流行的一个传统节日，吃粽子、悬艾枝等习俗仍相沿盛行。



8.夏至节

时在阳历6月21日或22日。合肥四乡农村，俗将此日称作“牧童节”。夏至日多兴吃饺子。谚曰：“夏至饺子冬至面，顺顺当当无挂念。”合肥民间从夏至日起兴数夏九，词曰：“一九加二九，扇子不离手；三九二十七，井水甜如蜜；四九三十六，汗将衣湿透；五九四十五，草帽把头捂；六九五十四，乘凉入佛寺；七九六十三，床头寻被单；八九七十二，早晚穿夹褂；九九八十一，粮草要备足。”夏天扇子重要，老百姓常说：“六月天气热，扇子借不得，虽说我俩好，你热我也热。”

9.晒霉节

时在农历六月初六日，又称“曝书节”或“天贶节”。相传，这天是龙王晒龙袍的日子，故忌雨。合肥地区民间传说：农历五月十三这一天，关老爷要磨大刀，所以要下雨；六月初六这一天，龙王爷要晒龙袍，因此要晴。如果五月十三不下雨，那么六月初六定下雨，因为关老爷发火了，发誓“你不给我磨刀水，我就不让你晒龙袍”。另一种传说：若是当天天气阴雨，龙王就要怪罪于月神，便会在中秋赏月时兴云布雨，叫做“你闹我的节，我就闹你的月”。这天，家家户户多将箱柜内的衣物、被子等，尽搬户外让烈日曝晒，以出霉气、防蛀虫，便于保管。读书人则将藏书搬于户外曝晒,作用同为出霉防蛀。

10. 乞巧节

时在农历七月初七日,又称"七夕节"、"姑娘节"等。合肥民间传说:这天人间的喜鹊都飞往天河架鹊桥,以便让牛郎、织女在天河相会,故人间在这天是看不到喜鹊的,而翌日看到的喜鹊,其颈部都在架鹊桥时被衔掉一撮毛。因有此传说,故每逢乞巧节时,很多人都很留意观察喜鹊的变化,并习惯于傍晚时察天观云,希望能捕捉到神话传说中有关牛郎、织女在天河相会的踪影。到了晚上,一些好奇心强的姑娘、少妇,常静躲于林边树下,竖耳聆听,谓此可偷听到牛郎、织女的悄悄话。另有人家习惯在院中焚香置果,举行"贺双星"(牛郎星和织女星)活动。家人围桌而坐,一边祭拜牛郎、织女,观星赏月,细心观察牛郎星和织女星的变化,一边谈论着牛郎、织女的神话传说故事。还有不少姑娘、少妇,习惯在这天晚上取七根针、五彩线,望月穿针,看谁穿得快即为谁乞得巧多,会被夸赞为"巧手"、"巧姐"、"巧媳妇"等,颇有一番情趣。

11. 中元节

时在农历七月十五日,又称"鬼节"、"七月半"。旧时候,合肥民间习惯在这天上祖坟、烧纸钱、祭亡灵。

12. 中秋节

时在农历八月十五日,又称团圆节。合肥民间历来视中秋节为大节,这一天家家户户除吃月饼、鸭子外,还在夜晚举行赏月和"摸秋"等活动。合肥人过中秋节时,尤兴吃鸭子。据说在元朝时,当权的统治者对汉人很残暴,规定汉人每十户供养一个"鞑子",每十户合用一把菜刀。菜刀则用铁链锁在井坛上。那时汉民族复兴运动者为发起统一暴动,便利用汉族中秋节吃月饼的习俗,将"八月十五杀鞑子"的信条夹在月饼之中,提前分发到各地,于是汉人在这天举行了统一的"杀鞑子"大暴动,终于推翻了元朝的统治。后人为纪念此举,便每逢中秋节这天以杀鸭子代作"杀鞑子",相延成俗。至今,合肥民间百姓在中秋节杀鸭子时,仍常风趣地说是"杀鞑子",而不说是杀鸭子。合肥四乡农村在欢度中秋节时,还时兴举行"摸秋"活动。夜晚,明月当空,一些青年男女拿着用葵秆或高粱秸秆做成的火把,结伴串田过埂,喜庆金秋丰收。嬉闹之余,乘兴入田,或摘取瓜果,或挖取山芋,然后在田埂边就地品食。更有甚者,还将"摸"来的南瓜、扁豆(娥眉豆)赠送给那些期盼生男育女的青年夫妇。因“南”字与“男”字谐音,“娥眉”为古代美女的代称,故有此俗。此时,棉花已结棉桃,摸秋时千万记住要摘新棉桃揉眼,据说这样可以不害眼(合肥人把患眼疾称为害眼)。因“摸秋”纯为一种民俗娱乐活动,故被“摸”的庄户人家,一般都不介意、不干涉,所谓“八月摸秋不为偷”。

13. 重阳节

时在农历九月初九日,又称老人节。这天,士民并出,登高举野餐,佩戴茱萸(一种黄色野花),饮菊花酒,以祈长寿。旧时候,合肥四乡农村俗尚在这天推选出乡间九名年纪最大、德高望重的老人,聚会一起,称“九老会”。待九老聚齐后,先请老人漫步登高,然后再恭请老人依年纪大小为序坐定,奉献寿面、菊花酒,祝愿老人身骨硬朗、健康长寿。餐饮为庄户家捐赠,以此表达敬老、爱老之心。自此日后,乡民若有纠纷,当尊九老劝解。



14. 冬至节

时在阳历 12 月 22 日前后。合肥民间在过冬至节时,时兴吃南瓜糊。因冬至日是一年中黑夜最长、白昼最短的一天,此日后便逐渐昼长夜短,故合肥民间有“吃了冬至面,一天长一线”之谚。旧时候,合肥民间习惯在冬至日进行葬坟活动。一种做法是将尚未落葬的“浮厝”,挖坑下埋;另一种做法是将朽棺中的尸骨残骸拣出(俗称“拣精”),装于瓦罐或坛子中,然后深埋地下。此外,还进行烧纸等祭悼活动。合肥地区民间素有自此日开始“数九”的习俗。从冬至日起,历九九八十一天,谚曰:“一九二九懒伸手;三九四九冰上走;五九和六九,河边看杨柳;七九河冻开,八九燕归来;九九加一九,遍地耕牛走。”

15. 腊八节

时在农历十二月初八日,俗称“腊月八”。这天,合肥民间兴食腊八粥。此外,合肥民间还时兴在腊八节前后腌制腊货,如腊肉、咸鸡、咸鱼、咸鸭、咸鹅等。此俗的形成与气候有关,因腊八节前后,气温渐低,蝇蛹绝迹,正是腌制肉质食品的最佳时期;再者,腊八节一过,即近春节,合肥民间习惯自此开始着手备办年货,而腌制食品又素为合肥人所喜食的佳肴。

## 二、婚礼习俗

旧时候合肥地区的婚姻之事取决于“父母之命，媒妁之言”，一般须经过以下程序：(红爷［音“业”］)提婚，又称“提媒”；“看门头”；订婚，又称“过书子”或“下书子”、“下期单”；结婚，也称“完婚”。完婚当天，男方备花轿、新衣、礼物，由媒人率迎亲队伍至女方家。新娘早起“哭嫁”，吃“分家饭”，后由亲人背至轿上，嫁妆前行，花轿随后。绕至男家，新娘由人搀扶从红色布袋上至堂前行拜堂大礼，后入洞房，饮圆房酒，闹新房。为烘托喜庆气氛，有“赞喜句”之风俗，一人唱贺，众人道好，宾客也可对新婚夫妇进行适度嬉戏逗乐，谓“新婚三日无大小”。完婚后，还有回门、会亲等事。从介绍到完婚的整个过程，身为介绍人的红爷要吃十桌饭，俗称百大碗。此外，旧时候合肥地区还盛行箩窝亲(合肥方言称摇篮为箩窝)、娃娃亲、童养媳等婚姻风俗，为的是老亲做亲、亲上加亲。现作简单介绍：

1. 访亲：又叫“看门头”，即男女双方经人介绍后，女方亲友去男方家查访其财产、人缘、为人处世等。女方亲友一般为20人左右，一般都是女性亲戚。查访过后，如果同意这门亲事的话，女方亲友则留在男方家吃饭，不同意则不吃不喝走人。一般情况下，都是双方协商以后才访亲，基本上都会同意。

2. 初订：即女方父母、亲友觉得双方联姻合适，进行订婚。内容为女方同意与男方订婚，男方送来彩礼，亲事就算订下来了。(彩礼内容：几套订婚衣、四匹土布、订婚金。订婚金一般会根据家庭情况而定，也叫彩礼。)

3. 代允饭：也叫过小球，或拉亲过门。即女方派两个亲友(这两个亲友一定要在三代至亲以内，要两代人，一代派一个，一定要是男性)到男方家先吃饭，然后从男方家拉两个亲友到女方家，这就叫拉亲过门。男方亲友一定要带彩礼，彩礼是衣服、礼金、礼包、肉和酒。所有的东西一定要是双数。

4. 起媒：即男方派老红(媒人)带礼品去女方家起媒，也就是约定结婚日期，日期由女方父母决定。女方父母要通过老红证实男方所承诺的房产、家具等是否齐全。如果条件具备，女方就同意结婚，并定下婚期。男女双方父母不见面。

5. 结婚：结婚一般为三天。婚礼前一天晚上男方要陪老红(媒人)，即男方亲友陪老红吃饭，一是委托老红在第二天能协助婚礼顺利进行，二是感谢老红促成一段好姻缘。婚礼当天一早，老红带香烛、米、衣裳、鞋、红伞、两刀连着的肉、一对猪腿、两把粉丝、一对鱼、一筛体谅饼(饼里有棉籽、花生、枣子、糖果,饼上放着艾和蒜。体谅饼的意思是男方要女方体谅他办事不周,有不到之处不要见怪。艾表示两家因为爱情而结亲;蒜表示男家谦虚,表示我太会算了、太小气了。女方回男家体谅饼时,只需要从中间切出一个方块,然后把艾和蒜拿掉,放上葱,表示男家准备的充足有余,“葱”和“充”谐音)、爆竹、烟酒、双喜、火柴、礼金等到女方家,还要带上搀亲的两个女性,一个光脸(已婚),一个毛脸(未婚)。老红先给女方家门口贴上双喜,然后放炮,女方家听到爆竹声后关门。老红要用烟酒和红包哄里面的人开门,这叫“开门封”。开门以后女方家开始放席,姑娘则开始化妆,穿上老红带来的新衣和新鞋。帮助姑娘穿衣打扮的女眷必须是儿女双全、家庭美满的十全人。堂上要点上老红带来的香烛。女家也要准备好火篮、子孙桶(马桶)和两个门帘。等到吉时,女儿出阁,走之前姑娘要和兄弟们吃分家饭。分家饭表示姑娘嫁出去后再不是娘家的人,正式与娘家分家。吃完分家饭,姑娘还要踩上轿米。上轿米是在地上铺一块红布,红布上放着斗,斗里装满米,兄弟把姑娘背到米上站着,姑娘用脚往外铲米,铲到外面的算是婆家的,斗里剩的是娘家的。踩完上轿米后,老红用红布包好姑娘铲出来的米带到男方家。姑娘上轿前,男方的老红要与女方的老红一起拽男方老红带来的那个两刀连着的肉,直至撕开,然后一人一半,男方老红要带一刀肉回去。此外,女方还要将男方带来的酒全部倒掉,然后装上红色的水由男方老红带回。最后,姑娘由兄弟背上轿(车),放炮,轿(车)开始走。之后到了男方家,新娘到时鞭炮响,新郎抱新娘下轿(车),但之前必须给下轿(车)费,给少了新娘不下轿(车)。同时,还要有一对童男童女执红烛迎亲。新娘打红伞、盖红盖头一直走到离新郎家门口不远处,男家给了收伞费,新娘收伞,然后准备传袋。传袋,也称“传代”,作为婚礼习俗由来已久。唐代顾张思《风土录》云:“今新妇到家,则传席以人,弗令履地。”南宋孟元老的《东京梦华录》、吴自牧的《梦粱录》中均有记载。“袋”与“代”谐音,有“传宗接代”之意。因此有“娶新娘,传口袋,一代胜一代;传口袋,入洞房,一代要比一代强”的说法。传袋时,准备两条染红的麻袋,随新娘的脚步轮流往前传。通常由新郎的表兄弟传,这时表兄弟往往会戏弄新娘,趁她没站稳就拽,而搀亲的则要稳稳地搀住新娘,新娘自己也要小心。传袋时,礼师会唱赞喜句:“传一代龙门开铺沾结彩,二月里赛嫦娥降下凡来；传二代新夫妻情深似海，龙戏水凤朝阳西去东来；传三代缘分天定人不求，招驸马嫁白马二马同来；传四代文曲星知书千载，孔子曰吉音黄道天开；传五代生五子名扬四海，生而子子而孙生坐八抬；传六代灯芯烛结光结彩，张景瑞跳城墙被迷醒来；传七代轱辘星七星八拐，淑美女张四姐前下凡来；传八代顺睦重重绕命来，结二世祖汗尊印宿八怀；传九代郭子仪震惊四海，王武臣都来朝拜；传十代千而万万而千传万代，由天地自然存在。"

挑盖头。礼师用秤杆挑盖头，并唱赞喜句："小小秤杆乌油油，生在高山那里头。张木匠砍鲁班修，柴王推车推到六安州。秤口本是老君做，一路星星洒到头。今个儿拿在我手里，我帮新姑娘挑盖头。"之后新娘被送入新房。送亲的人坐下开席吃饭，席间到第三碗菜(圆子)时，礼师开始喊礼："喜东家遇杯席，喜宴菜候乐师驾到。两桌一礼诸位亲友，男女老少尊辈长幼。上下还要屈座，倒酒的累手。遥遥路远，护送姑娘。虽有车辆，是一路颠簸。招待不周是多多原谅，喜东家鞠躬一礼(新郎父亲行礼)，喜东家礼毕。诸位亲友，新婚之喜你送来凤凰，姑娘出阁常来常往，一门姑娘娘家满堂，小登科脚踩莲花再一礼，登科礼毕。诸位请坐，无菜喜酒多饮一时，饮罢喜酒不要走，晚上床铺不好，休觉一宿。"请新娘拜堂的赞喜句："喜迎迎闹迎迎，站在华堂御龙庭。今天府上喝喜酒，欢聚一堂老少们。我受众人来委托，叫我到洞房请新人。转身来到洞房门……"

基于宗法、血缘意义上的婚姻习俗，旧时盛行箩窝亲、娃娃亲等习俗，叫两家爱好结亲；再就是在原有亲戚关系上亲上加亲，老亲做亲。也有家境贫寒的，将女儿早早送人做童养媳。合肥地区重男轻女、多子多福的观念很重，早婚早育为的是早生儿子早得劳动力。子女以五男二女最为理想，因此在闹洞房时，要在新房的窗户纸上戳七个洞，意思是将来要生五男二女。孩子出生要洗三，亲戚朋友要吃喜面，送红鸡蛋。洗三，即婴儿生下来的第三天要洗洗澡、消消毒。吃喜蛋：即小孩生下来的第九天，亲友们来看望产妇和新生儿。新生儿的姥姥则要给新生儿送来摇篮、新衣、包被等。亲友们要上情，并留下来吃红鸡蛋，俗称吃喜蛋。看新生儿的亲友还要给红包，并为新生儿与产妇送上祝福。过百岁：新生儿降下一百天后，要剃掉胎毛，并吃老鸭头或老鹅头，叫开荤。寓意新生儿长大后会说话。抓周：婴儿一周岁时，亲友前来祝贺，姥姥家的人要送衣服、食品、礼物等。中午大家吃完饭后，在桌子上放上钱、书、笔等有寓意的物品，让婴儿自己去抓，抓到的东西则表示婴儿长大以后的方向与优势，其中祝福成分更多。民间若是骂那种特别顽皮不守规矩的小孩，就骂“你没抓过周吧”。由此可见，抓周对小孩而言是某种“成人”礼。

## 三、丧葬习俗

“生老病死”是人之常情，也是世界上万物的必然规律。世界上不同民族、不同地区对于死亡有着不同的见解和处理方式，由此产生了风格各异的丧葬风俗。丧葬仪式是民族观念和社会意识的反映与体现，也是对生命终极意义的思考和诠释。合肥地区的丧葬礼仪一般进行三天：第一天是老人断气当天的准备活动，主要是围绕死者做准备工作：背光、穿老衣、打狗扇、打狗蛋、安置死者、烧纸、倒头饭、点香油灯、设灵堂、披麻戴孝等。第二天喝斋酒，主要是亲友前来祭拜，吃斋酒，也叫吃斋粑。祭拜、来抬子、举重（八位与死者异姓的抬棺材的人）、进材。第三天出棺下葬，活动主要有三叩九拜、出棺、浪白、下葬等。从下葬那天晚上开始要连续三晚送灯，并用草编草辫，死者多大年龄就编多少轮，送灯的时候烧一节，连续烧三晚烧完。之后逢七上坟，直到七七四十九天为止。满五七要烧灵。其他：送灯，讨脚步，讨眼光，准备寿材、寿衣，满五七。对联：家有死者，第一年贴紫色对联，第二年贴蓝色对联，第三年贴黄色对联。几个重要环节有：

1. 烧铺：合肥地区气候比较湿润，居民习惯在木床上铺一层厚厚的草，再加上棉絮，这样既增加了被子的松软度又可以起到隔潮的效果。一般在家正常老死的人在死之前会被家人扶到椅子上，为其穿上平时最体面的衣物，且一定要换上新鞋子，表示其要走上一段崭新的路途，等其在椅子上吐完最后一口气时，家属就围跪在其身旁，而亲属此时则把死者生前睡过的床草抱到门外，再向床草中倒入一升三角稻，然后点燃，一方面表示死者再也不会睡人间的床、吃人间的米饭了；另一方面是让死者安心地走，不要再留念人间的事物了。此时鞭炮轰响，一则表示对死者的哀悼，二则向亲属通知死讯。当然也有特殊情况，死者来不及被家人扶上椅子，就死在床上了，这被称为“倒头死”，说明家人没能给其正常送终，是一种不祥的死法。但等把死者移离床铺时，还得烧床铺草，程序和正常死亡时一样。

2. 出棺：一般是在早上。出棺时礼师喊："呜炮奏乐，双龙出水。"送灯：照亡灯由道士做好，由女儿去请照亡灯，然后将照亡灯交给孝子孝孙们。孝子执照亡灯，其他孝子孝孙们捧着烧纸盆，又叫老盆。举重往外抬棺材时，孝子要举着照亡灯在旁边喊"亡者别怕"。浪白：举重抬着棺材要绕着村庄走一周，尤其要经过子女的家门口，但是不能走回头路。在抬棺材的过程中，棺材不能落地，即使举重累了要休息，也只能在棺材下面放上板凳支撑。在抬棺过程中，举重还要喊号子，不喊的话死者超生后会变成哑巴。在抬棺绕庄的过程中，另一班人要先去一个僻静的地方准备，放好祭祀用的物品和香坛，等抬棺绕庄完毕后就停留在此处，烧纸，祭拜，然后把老盆打碎，有时还包括死者生前用过的其他东西。

3. 下葬：浪白过后，就直接将棺材抬到墓地。下葬时要注意把墓穴里的土铲平，因为哪头高就意味着死者保佑哪家发财，为了不引起矛盾纠纷，坑底一定要铲平。然后把棺材放进去，孝子、媳妇、女儿、女婿要用褂襟兜土给坟培土，有钱的也可以撒钱（谁撒谁发财，一般大家都会抢着撒），然后掩埋。埋好后，再按顺序祭拜。一切结束后，女眷会抢着往家跑，抢着回家梳头，据说第一个回家先梳头的人会有好运。据猜测，在办丧事期间，孝子孝孙们蓬头垢面、仪容不整，先人是为他们着想才留下这种说法吧。其他如送灯，下葬过后孝子要连送三天灯；烧草辫；第三天打倒照亡灯。

4. 讨脚步、讨眼光：下葬之后，亡者家人要请道士算亡者有没有"罪"，然后定下一个日子，亡者会在这天回来讨脚步、讨眼光，即去看看以前他（她）走过的地方，留下的脚步和留下的眼光。讨眼光那天晚上，家里只能点蜡烛，所有的至亲在家等待亡者回来。还要在门口放一个罐子，里面放一个鸡蛋、一根筷子。目的是让看管鬼魂的小鬼在偷吃鸡蛋时能费点事，好让亡者的灵魂在家多停留一刻。

5. 满五七：即第五个星期时，家人要给亡者上坟，有的还烧灵，把用纸糊的家具、房产等烧给死者。烧的时候，要三个嫡亲的成年男子围着火堆转，正转三圈，反转三圈，一个人把端着的饭往外捡，一个人在后面倒酒，另一个人在后面拖一个大扫帚。三人围着火堆转，一个撵着一个。

### 四、合肥地区的民风习俗与文化心性

合肥人素以吃苦耐劳著称，民风质朴。文献记载，昔庐州青阳山房（在今肥东县）余忠宣公（余阙）称："（合肥）其民质直而无二心，其俗勤生而无外慕之好，其材强悍而无孱弱可乘之气。"故而"盗不能欺，利不能诱，兵不能怵"〔1〕。合肥人崇尚俭朴，重名务学，民间有俗语云："三代不念书，不如一圈（读 juàn）猪。"因此特别重视对子女的文化教育，旧时春节贴对联时，只要家里有孩子在上学，一定要写一副"忠厚传家远，诗书继世长"的对联，以示厚望。昔《图经》文称："（合肥）民风淳朴，事耕桑，崇俭，重名，务学，贤才汇兴。"朱镛文称："（合肥）衣冠文物之懿，视昔有加"，"弦诵之声，接于四境"。〔2〕

合肥人恪守忠信，崇尚古风，有正气，守正义，故有"风气果决"之称。隋《地理志》称："（合肥）人性躁劲，风气果决。"合肥旧志载："当王师之取江南，所至诸郡望风降附，独合肥始终守至国亡乃出降。"又据《庐州府志》载：昔合肥人赵广，"尤工作马，几能乱真。建炎中陷贼闻其善画，使图所掠妇人，广毅然辞以不能画，胁以白刃不从，断右手拇指遣去"〔3〕。于此可见合肥人文化心性之一斑。

## 第二节　合肥地区的民间文艺

### 一、庐剧

庐剧原名"倒七戏"，是安徽省主要的地方声腔剧种之一。较有影响的庐剧剧目包括《秦雪梅观画》、《休丁香》、《借罗衣》、《药茶记》、《柴斧记》、《打芦花》、《讨

庐剧剧本

〔1〕〔2〕（清）左辅纂修：《合肥县志·修城碑》，黄山书社 2006 年版。

〔3〕关于赵广的记载最早见于陆游的《老学庵笔记》："赵广，合肥人，本李伯时家僮。伯时作画，每使侍左右，久之遂善画，尤工作马，几能乱真。建炎中陷城，贼闻其善画，使图所掳妇人，广毅然辞以实不能画。胁以白刃，不从，遂断右手拇指遣去。而广平生实用左手。乱定，惟画观音大士而已。又数年，乃死。今士大夫所藏伯时观音，多广笔也。"

学钱》、《放鹦哥》、《卖线纱》等。上世纪六七十年代是庐剧发展的高峰，1957 年安徽省庐剧团赴京演出了传统剧目《休丁香》、《借罗衣》、《讨学钱》等，赢得首都各界的好评，并受到毛泽东、周恩来、刘少奇等中央领导的接见。早期名演员有王本银、丁玉兰、孙邦栋、董少轩、张金桂、刘正元等。现今活跃在舞台上的有民间艺术家周小五、朱德顺、孙晓云、魏小波、盛小五、汪莉、夏巧云等。

庐剧是起源于皖中地区，以门歌为基础，糅合了秧歌、茶歌、民歌、大别山歌等各种民歌小调，并广泛流行于皖中、皖西、沿江等大片山区以及江南一部分地区的安徽地方戏曲。它自诞生至今已有近 200 年的历史，在漫长的发展、演变过程中，它将自身的艺术精髓同当地的人文风俗不断融合，形成其独特的地方性艺术特色，并于 2006 年 5 月 20 日被列入第一批国家级非物质文化遗产名录。

庐剧能够表达较为复杂的戏剧冲突和人物思想情感，其主调叙述性强，具有浓厚的抒情性。庐剧的主调为皖中地区流行的门歌及带有哭腔的“寒腔”唱法，因此其流行区域以皖中地区为主。门歌是指站在民居大门口唱的歌，目的是为乞讨，艺人们迫于生计不得不借助门歌乞讨，久而久之，门歌及其“寒腔”就成了庐剧的主调唱腔。“寒腔”是指庐剧如泣如诉、哀怨悲苦的唱腔，听起来让人颇感寒意，其实“寒腔”便是哭腔，是为博得主人同情而采用的腔调。庐剧的主调包括“二凉”、“三七”、“寒腔”，“二凉”包括“正二凉”、“花二凉”、“寒二凉”，“三七”分“花三七”、“硬三七”、“小生三七”、“寒三七”，“寒腔”则分为“慢寒腔”、“快寒腔”。这三种主调唱腔中，都带有“寒意”，这一深具地方性特色的主调唱腔一直延续至今。虽然在后来的发展过程中，庐剧曾广泛吸收了湖北花鼓戏、湖南花鼓戏、江西采茶戏、淮南端公戏、皖西北嗨子戏、皖南花鼓戏、徽剧、京剧等的唱法与表演形式，但庐剧及其哀怨悲怆的“寒腔”唱法始终未变，这也成为庐剧唱腔的最大特色。以唱表悲、以演表喜的特点也是庐剧地方性特色的一部分。以唱表悲，是指庐剧以唱为主的剧目都是表现悲苦的情绪，如庐剧《秦雪梅》、《孟姜女哭长城》、《小辞店》等。庐剧中人物命运的塑造大部分表现的是小人物的悲苦与不幸，人物的命运大多表现为对悲苦遭遇的无奈。庐剧在其

“哀怨悲苦”的艺术主基调下，仍不乏幽默的艺术特色。具体表现为风趣幽默的人物语言、滑稽可笑的人物装扮、令人捧腹的舞台动作，这也是庐剧地方性艺术特色的一个重要方面。悲苦的主基调和幽默滑稽的艺术表现形式，这两个看似对立的元素却被庐剧紧密地联系在一起，形成“微笑的眼泪”。这既增强了庐剧表现艺术的复杂性和丰富多彩性，提升了庐剧的艺术魅力，又成为庐剧创作者吸引观众眼球、赢得观众青睐的一种手段，同时它也从一个侧面反映出庐剧流行区域内广大劳动人民群众开朗豁达的性格特征。

《休丁香》剧照

庐剧地方性艺术特色的形成离不开本地域内独特的文化积淀。庐剧的流行区域主要是在皖中、皖西和皖东地区，皖中地区是其产生和流行的核心区域。皖中地区常年遭灾，以合肥等地为主的江淮分水岭地区，是长江和淮河两大水系的末流，非涝即旱，这对于视耕田为生命的农民来说是致命的打击。凤阳地区的《凤阳花鼓》很能说明当时江淮分水岭地区农民生活的困苦：“说凤阳……道凤阳，十年倒有九年荒。”而巢湖地区所在的巢湖流域也常年遭受水灾，人民生活十分困苦。可以说，以合肥与巢湖为主的皖中地区，当地人民生存环境的恶劣程度要远远超过皖西与皖东地区。皖中地区是庐剧诞生和发展的核心地区，其恶劣的生存环境所带来的独特文化积淀对庐剧地方性艺术特色的形成具有极为关键的作用。极为恶劣的生存条件，一方面使皖中地区的农民感叹自身命运的悲苦，另一方面也使他们在艰苦环境下求生存的长期过程中磨炼出了坚韧不拔的意志和乐观豁达的性格，使他们形成了本地域独特的人文性格。而庐剧艺人都是土生土长的当地农民，他们一方面通过自身掌握的艺术手法表达对命运悲苦的无奈与感慨，另一方面也将自身坚忍不拔的意志和乐观豁达的性格融入庐剧的创作和表演中，因此就形成了庐剧虽然讲的故事悲苦、人物命运悲苦，但其表现形式有时却采用幽默、戏谑的方式。庐剧的主要观众是该剧流行区域内的本地观众，他们大多是世俗平民，这一群体所接受的文化教育有限，这决定了他们的消费品位和审美需求层次较低的特点，他们对于典雅、深层次艺术美的领悟能力并不敏锐。同时，由于女性天生感情较为细腻，容易被庐剧悲苦的唱腔所感动，因此庐剧的观众群体也有女性比例增大的倾向。




## 二、赞喜句

赞喜：语出《周礼·秋官·大行人》："归脤以交诸侯之福，贺庆以赞诸侯之喜。"宋朝洪适《回陆全州启》："朽质叨荣，已佩五羊之印；高情赞喜，复贻双鲤之书。"宋朝范成大《岁旱邑人祷第五罗汉得雨乐先生有诗次韵》："风骚老将亦赞喜，笔阵独扫诗坛空。"吴敬梓《儒林外史》第二十七回有"进房撒帐，说四言八句，拜花烛，吃交杯盏，不必细说"的记载。民间文学都具有显著的地域特色，"赞喜句"也不例外。江淮地区的语言、文化和人们生活的某些特征在"赞喜句"中都有充分的体现。首先，体现在语言上是采用江淮民间民众所熟知的生活用语和习惯用语，贴近民众生活，明白易懂。例如：

香木门、枣木栓，
千金小姐把门关，
老者开门添福添寿，
少者开门子孙满堂，
姑娘开门挑花绣朵，
学生开门读书聪明。
脚搭喜门开，

麒麟送子来，
好男子养五个，
好女子养一双。

通过对开门者身份的不同描述，达到“只要有人开门，就会大吉大利”的效果，表达了对新人未来的美好祝愿。而“五男二女，多子多福”是江淮民间传统对幸福、兴旺的期望。这些祝愿都是用贴近民众日常生活的口头熟语来表现的，明白易懂。其他如“鞋口上面洒着花，鞋袢子上面锁着花，新娘子打三个转劲不想家”、“小小蜡烛往上游，我来看看新娘头”、“手拿秤杆乌溜溜，我帮新娘挑盖头”、“打三个转劲”、“往上游”都是民众的口头土语。又如赞美嫁妆的：

哪位师傅手艺巧，
打出嫁妆真排场，
左边又是黑漆柜，
右边又是黑漆箱，
黑漆柜里装宝贝，
黑漆箱里装花衣裳。

又如：

手拿蜡烛亮堂堂，
看看新娘好嫁妆，
高的柜，矮的箱，
不高不矮象牙床，
象牙床上卧鸳鸯，
鸳鸯成对凤凰成双。

运用民众的口语，充分发挥其表现和概括能力，展现了江淮民间语言的特色。

其次，文化上的体现反映了人们对美好幸福生活的向往，祈求风调雨顺、安居乐业、多子多福、健康富贵。例如："人寿年丰家业旺，子子代代状元郎"；"小小蜡烛往下拿，瞧瞧新娘脸上麻不麻，若是麻来生贵子，若要不麻中探花"；"小小厅堂四方方，请你夫妻二人来拜堂，一拜天地平安福，二拜公婆寿命长，三拜夫妻同到老，四拜儿女多成双"等。在婚庆说"好"时还有赞美新娘相貌的赞词：

手拿蜡烛喜洋洋，
我看新人可漂亮，
左边插金花，
右边插银花，
眉毛弯弯柳叶花，
一嘴白牙糯米花，
鼻子是通草花，
耳朵是坠子花，
……

通过极具审美情趣的艺术手法和质朴的语言，反映出民众对社会、生活和美好未来的理想和追求，既反映出江淮地区广大民众的社会理想，也反映出江淮民间的审美心理和文化心理。"赞喜句"常用"麒麟"、"送子娘娘"和古代模范夫妻等形象来达到祈求与祝愿的目的。"赞喜句"在这里侧重于对人丁兴旺的祈求和对夫妻未来美好生活的祝愿，注重对新人的赞颂和对多子多福的朴素祈求。另外，还有"一步二步到门楼，高挂红灯结灯球，彩球上面七个字：千金小姐配王侯"；"上面坐了三个长寿老，下面又坐两个福寿康"；"新郎好似杨宗保，新娘好比穆桂英"等。在不同场合，说"好"所烘托的喜庆气氛的侧重点也是不同的。通过不同的叙述方法和赞颂形式，达到不同的艺术效果，或烘托出浓厚的富贵气，或制造出绵柔的幸福气。

“文化的本质是地域性的，文化的核心是地缘位置。一定的地域，在地理位置、自然环境、经济文化等因素上有着显著的特点，从而使其人文景观也具有极强的独特性。”[1]“赞喜句”恰恰是审视合肥地区人文特征的一个重要标尺。合肥，地处江淮之间，处在长江与淮河的分水岭位置，有着独特的过渡性地理环境，地形多样化、土壤的特性和人口众多等原因，造就了该地区民众生活的艰辛。据光绪《续修庐州府志》记载：“地瘠而俗朴，民非力田而无他治生”、“封略阔而土地瘠”。[2]

另外，江淮地区由于其特殊的地理位置，自然灾害频发。水灾就排在第一位。据《安徽省志》记载，近500年来江淮地区共发生大的水灾185起，多在春夏、夏秋之际[3]；《六安市志》记载，自1886年至1985年的100年间，六安市共发生水灾50余次，其中特大水灾13次，平均每7年一遇[4]；另据《舒城县志》记载，自清康熙九年(1670年)至1985年夏的300多年间，舒城县共发生洪灾53起，约6年一遇[5]。山洪暴发与洪水泛滥的频繁发生，严重影响了人们的生产与生活。旱灾也经常发生在江淮地区。《安徽省志》记载，新中国成立前500年，江淮地区的旱灾最为频繁，共发生190余次，约2.6年就发生一次；新中国成立后40年间，江淮地区大旱11次，平均每4年一遇。旱灾多发生在夏季[6]。《六安市志》记载，光绪十一年(1885年)至1985年的100年间，发生了大旱8年(8次)、中旱22年(23次)、偏旱25年(29次)，约两年一遇，其中大旱12年一遇，局部小旱几乎年年都有发生[7]；《舒城县志》记载，自1670年至1985年，共发生大旱45起，约7年一遇。加之风灾、雪灾等各类自然灾害的影响，民众的生活充满坎坷与磨难，这使得江淮民众对平安、和顺、富贵、幸福的生活充满了向往。生活的不幸与生产的艰辛，使人们极度渴望幸福的生活，进而通过说“好”表现出来。

---

[1] 钟敬文主编：《民俗学概论》，上海文艺出版社1998年版，第209页。
[2] 光绪《续修庐州府志》卷八《风土志》。
[3] 《安徽省志·简本》“自然灾害”一节有相关记录，第867—931页。
[4] 《六安市志》“自然灾害”一节有相关记录。
[5] 《舒城县志》第一章“地理”第七节“自然灾害”有相关记录。
[6] 《安徽省志·简本》“自然灾害”记录的灾害中，旱灾最为严重，第867—931页。
[7] 《六安市志》“自然灾害”一节中记录得很详细。

## 三、门歌

殷光兰

门歌是安徽土生土长的曲种，是一种古老的艺术，源于凤阳花鼓，唱腔的基调是秧歌，表演和伴奏形式均为花鼓小锣，因“唱门子”而得名。早在明朝初期，门歌在江淮地区就流行着很多种唱法，后来经过发展融合，逐渐形成了一种“一声高一声低”的吟唱曲调，名曰“高低调”，这种曲调很受农民欢迎。明朝末年，江淮地区战乱多灾，农民被迫离开土地与家园，外出乞讨。在乞讨时，有人用“高低调”挨门挨户演唱，收到了很好的效果，后来很多人跟着模仿。因为是穷人演唱的，所以说唱词声声含泪、字字带血，音调低沉忧郁。“门歌流行于江淮地区，特别是在皖中和皖西地区，是一种具有浓厚地方特色的民歌风味的说唱，由于过去演唱者是挨门挨户站在门旁演唱，故被人称为门歌。门歌数百年来，一直扎根在江淮之间的大地上，深受肥西、舒城、无为、定远、滁州、巢湖、肥东、六安、寿县一带广大群众的喜爱。”〔1〕新中国成立后，因逃荒现象和逃荒习俗不复存在，这一生存方式及演唱活动也销声匿迹，群众利用门歌的形式来赞颂伟大的共产党，歌唱社会主义的幸福生活，表彰新人新事，特别是在婚嫁和大上梁等喜庆场合运用得十分广泛。为了适应表达欢快情感的需要，歌唱的音调也渐渐由低沉转为高亢、由忧郁变为奔放，门歌也完成了向“赞喜”、“说好”的方向转变。

门歌本是安徽传统的民间小调，因著名歌手殷光兰的演唱而闻名全国。1958 年 7 月初，全国举行曲艺会演，殷光兰参加安徽省代表团赴京演出，她演唱的门歌《歌唱总路线》获得一致赞扬，殷光兰也因此在京城红极一时。她曾将门歌 8 次唱到人民大会堂、唱进中南海，也因此 4 次被毛主席接见。周恩来总理在国宴上曾握着她的手亲切地称她为“我们的农民女歌手”。1956 年夏，新华社记者于明撰写的长篇通讯《农民女歌手——殷光兰》刊发于《人民日报》

〔1〕《安徽省志·简本》中《民俗·方言》卷，第 928 页。

等全国各大报纸,"女歌手"的称号从此诞生。此后,门歌被正式列为全国曲艺曲种之一。1972 年 4 月,郭沫若在给殷光兰的回信中鼓励殷光兰继续创作,把门歌这种民间艺术传承下去。郭沫若随信还给殷光兰的歌集题写了书名:《放声歌唱红太阳》。1972 年 5 月,安徽人民出版社出版殷光兰的歌集时,郭沫若先生欣然为其作序,该歌集发行了 80 万册。

## 四、大鼓

"安徽大鼓"作为一种民间曲艺演唱形式,相传为清前期由山东传入安徽,流传于皖中南地区近 400 年。安徽大鼓起源于安徽泗县一带,原名泗州大鼓,相传是在清代中期受北方的河间大鼓影响发展而成。后来借淮上交通之便流行到淮河两岸,又名淮河大鼓。以后逐渐遍及安徽全省,形成南口、北口、花口三种唱腔。南口流行于长江两岸及合肥、六安地区,以淮北调为基础,吸收了门歌和庐剧唱腔。北口流行于淮河两岸和淮北平原,吸收了渔鼓和安徽琴书的唱腔。花口是跑码头的流动艺人的曲调,兼用南、北口唱腔,并吸收了很多地方戏曲如泗州戏、黄梅戏的唱腔,适于皖南、皖北观众欣赏。安徽大鼓在唱法上形成了音色刚健的"卧嗓"和音质柔润的"立嗓"两派,没有丝弦伴奏,只以大鼓、简板或犁铧片击节。鼓点儿有开场用的"凤凰三点头"和在演唱中变化运用的"长流水"、"倒卷帘"以及板点儿"珍珠串"。曲调简单,通俗易懂。过去都是坐唱,很少表演。20 世纪 50 年代后期人们对表演形式进行了改革,改为站唱,增加了刻画人物等表演成分。安徽大鼓的传统书目有长篇《杨家将》、《南北宋》、《岳家兵》、《响马传》等。现代题材的长篇书目有《敌后武工队》和一些短篇、小段如《夸红旗》、《农机嫂》等。合肥大鼓书属北派,音调高遏行

庐州大鼓演出剧照

云，常使听的人壮怀激烈、血脉贲张。说大鼓书的人都穿中山装，很旧，有的已经洗得发白了。合肥大鼓书的伴奏乐器只有一面鼓，说是大鼓其实不大，跟最小号的脸盆差不多。鼓架子是用三根小棍叉起来的，像个叉马，可以收起来随手拎着走，到了要说书的地方一支就行。在农村，无论农忙农闲还是炎夏寒冬，来自远方的艺人只需选个场地，借个方桌，摆上大鼓、醒木等，然后左手执两块竹制的快板，右手拿着一根弯弯的鼓槌，说一段唱一段，称之为大鼓书。“锣鼓响，脚板痒。”鼓声一响，一家老少就兴冲冲地端着板凳寻声而来，人数差不多了，说书人把大鼓重重地擂几下，摇头晃脑地说些开场白：“安徽大鼓，会打打九百六，不会打打六百九，时间不早了，人也不少了，列位听众，大家安静了，书要开始了。”有说有笑的热闹场面就一下子安静下来。一般来说，艺人在一个村庄要把一部书完整地从头到尾说完，这要不少时间，而每次都在最精彩处或关键时刻停顿下来，使得听众念念不忘，第二天非来不可。大鼓书属曲艺类民间文艺，它有历代传承下来的一支曲艺队伍。在肥西，1953 年登记的鼓书艺人为 41 人，1984 年登记为 60 人。较有影响的鼓书艺人有倪志泉、李松山、窦长胜、蒋树人等。20 世纪三四十年代，李松山在三河街以说大鼓书而走红；新中国成立后蒋树人在三河、上派两镇设书场、坐馆，以说唱娴熟、声情并茂赢得了广大听众；当今有窦长胜，因《酒书记》影响很大。此外，说书艺人还有梁越银、马云成等。

### 五、传说

合肥地区的传说很多，这些传说曲折地反映出合肥人的文化心性和道德价值取向。现列举几例说明之。

1. 迴龙桥：今合肥城西有处地名叫“迴龙桥”，桥虽已不存，然地名未废。据说当年东吴孙权率兵进犯合肥，曹操率军突然杀出，孙权疑曹有诈，便强打笑脸对曹操拱手说：“别来无恙，想不到汝来如此神速。”曹操以礼答曰：“老夫在日，东吴休存妄想，望将军珍重。”孙权见攻战无功，不得以转而退兵。由此，此桥得名“迴龙桥”。《庐州府志 · 迴龙桥》记载：“相传曹操与孙权相持于此回节故云。”

2. 三孝口：据《合肥县志》记载：“张梅、祝、松兄弟三人亲丧，殡于室，邻火卒

三孝口碑记

起，棺不及移，三人号恸伏棺上，誓与俱焚，三人皆死，棺独完好。初，母病疮甚重，梅吮之得愈。”

3. 一里三公：合肥东郊大兴镇的西南侧，有块风水宝地，在前后不到一华里的范围内，长眠着三位名噪一时的历史人物——包孝肃公、蔡文毅公、李文忠公，人称“一里三公”。相传最早看中这块风水宝地的是包拯。他的大儿子包意青年夭折，他选择了这块干暖朝阳的坟茔地安葬了包意，同时也给自己留下了一个合适的位置，以便将来落叶归根。他还特地写了一则家训：有贪污受贿行为的不肖子孙，不得在这里安葬。包拯 63 岁时在开封去世，他的夫人、女婿千里迢迢将他的灵柩护送回合肥，在这里修了一座地宫，隆重安葬。于是，包公成为这块墓地的真正主人。到了明代，包公墓旁添了一位邻居，一位名叫蔡悉的合肥人。关于蔡悉，据清嘉庆《合肥县志》和合肥《蔡氏家谱》中“文毅公文献资料汇编”记载，蔡悉，字士备，号肖谦，又号符卿，谥号文毅公。累任明朝湖广、两江、山东、福建、河南等地的地方官，最后任至南京尚宝司卿和国子监祭酒，位列九卿之中，正史为其列传以彰其功德。其人一身正气，为官清廉，对宋明理学有精到研究。有“开大学讲堂”、“不徇私举荐”、“庐州论学”、“劝郡守开仓赈灾”等事迹流芳后世。到了清代，晚清第一重臣李鸿章也赶来与包公做伴。李鸿章自小就受到包公思想的熏陶，生平

御制碑

敬爱包公，现在的包公祠就是李鸿章慷慨解囊，花费 2 800 两白银重新修建的。据说，李鸿章生前亲自交代，死后一定要与包公葬在一起，方才称心如意。李鸿章的墓比包公墓、文毅公墓更为富丽堂皇，有慈禧太后、光绪皇帝给他立的巨大的龟驮碑，有 99 间雕梁画栋的享堂，还有成片郁郁葱葱的广玉兰林木。三座名墓，交相辉映，“一里三公”，蜚声遐迩，给古城庐州增添了一大景观。一位游客在参观包公墓和李鸿章墓时，即景生情地作了一副对联：“大节堂堂包孝肃，小心翼翼李文忠。”由于历史原因，除包公的墓志和遗骨有幸保存下来以外，其他两人的墓葬已荡然无存了。

廉　泉

4. 廉泉：在今合肥包公祠东侧，有一井名曰“廉泉”。传说此井乃当年包拯授意所掘，特意遗于后人，告诫后人立世做人务必要像此井水一般清澈明净。若有对自己行为不尽知详者，可面井水而视，当可照知。一日，一个姓臧的知府老爷听说廉泉井水清如明镜且味道绵甜，便叫随从汲来廉泉水，一来为解渴消暑，二来是要亲验传说的真伪。谁知知府老爷一口井水刚下肚，立刻头痛不止，肚痛难忍。后来人们才知道该知府乃一贪官。到了清朝咸丰年间，一个名叫李国蘅的举人游览至此，也乘兴品饮廉泉之水，喝后只觉清凉甘甜，并无不适之感，于是便写下了《香花墩井亭记》一文，称廉泉井水“不廉者，饮此头痛欤”。由此，“廉泉”之水，廉者饮可润肠解渴、贪者饮可致头痛的传说便传开了。

5. 洒金街：旧时，在今淮河路西段通向杏花村处有条小街，名曰“洒金街”。相传当年在城西土地祠内有一小和尚，一日偶闻在久已封闭的古金斗门内藏有宝物，便想一探究竟。他来到金斗门下，口中振振有词地念道：“石门石门快打开，吾奉师命送经来。”说来也怪，金斗石门竟真的缓缓开启，但里面除了一个装有黄豆的箩筐外，什么也没有，更别说什么宝物。小和尚便随手抓起一把黄豆，如捻数佛珠样，边走边将手中的黄豆丢洒于地，到庙门时，手中还剩下最后一粒。小和尚这才发觉这是一粒金豆。此事一传十、十传百，很快传遍全城，于是人们就把小和尚走过的这条路叫做洒金街了。

文峰塔

6. 文峰塔：旧时合肥乃一人杰地灵之邑，文官武将人才济济。到李鸿章时，其官至极品，更使人感觉到合肥这块风水宝地之灵气，非他乡可比。然合肥虽多文官武将，却没有出过状元，这使得李鸿章好不纳闷。却说李鸿章家乡有一姓吴的秀才，他费尽周折见到李鸿章说："大人操理国事，身边当多有家乡文人学士相侍才好。合肥面巢湖，对姥山，而姥山为吾庐州文运所系，无人润色，既是山灵之憾，亦吾邦人之耻也。姥山因其突兀，气势不足，故民谚曰：'姥山不尖势不足，合肥状元难得出。'大人何不于姥山建一塔，以壮其势。"李鸿章听后觉得很有道理，便萌生在姥山建塔之愿望。经过一番思虑后，李请来另一家乡老臣吴毓芳，向其言及在姥山建文峰塔之心愿。吴听后甚表赞同，并欣然按李的意思领命建塔。待塔建成后，吴又征得李的同意，恭请刘铭传为塔题匾，题曰"中流一柱"。关于巢湖姥山文峰塔的传说，合肥旧志中有这样的记载："姥山在巢湖中，一峰卓立，万顷茫然。郡守严公建浮屠其上，所费不赀。郡人云：'姥山尖一尖，庐州出状元。'"

7. 合肥大麻饼：合肥大麻饼久负盛名，在今合肥"四大名点"中位居榜首。传说元朝末年朱元璋起兵反元，在攻打裕溪口时，其先锋张德胜想到，士兵在水上作战若不解决好吃饭问题，定误战事。于是他便想到家乡曾有过一种糕点，号称"金钱饼"，遂下令军炊仿照"金钱饼"制作成"大麻饼"，以便士兵战时充饥。如此，既解决了士兵战时吃饭问题，又省却了生火造饭的时间，赢得了战机，一举打败元朝官军。朱元璋闻情，赞曰："此真得胜饼也。"到了晚清时，合肥人李鸿章在朝为官时，曾特地从家乡带上合肥大麻饼分送朝臣品尝，并特制部分奉献皇宫。谁知慈禧太后品尝后，竟大加赞赏，吩咐再送。为了确保送入宫中的麻饼质量上乘，李鸿章指派大管家刘东泰坐肥监制。由此，合肥大麻饼盛名远扬，刘东泰亦因合肥大麻饼而成为合肥城一位远近知名的糕点作坊大师爷。

8. 合肥烘糕：合肥烘糕为传统名点，被誉为合肥糕点族中的“四大名点”之一。相传北宋末年，在淝河之滨居住着一位翁氏人家，翁媳的男人从军在外，家里就剩下她和老婆婆相依为命。一日，翁媳突发奇想，将在外讨得的一点面粉和食糖放在一起加水拌和，做成薄饼，入锅煎烤，待焦黄酥脆后，盛起送到翁老太面前。翁老太闻此香味，胃口顿开，边品尝边问翁媳道：“这是哄个(合肥话，这是什么)?”翁媳为了让翁老太高兴，便随口附和了句：“这是烘糕。”从此，就有了“烘糕”。后来金兵被岳家军打败，岳家军将领刘琦领兵路经此地，翁老太以烘糕慰劳抗金将士，从此烘糕的名字就被传开了。



### 六、歌谣俚语及其他

江淮地区，民谣十分流行。这些民谣反映了生于斯、长于斯的江淮儿女的人生感受与感悟，内容十分丰富，且朗朗上口、十分押韵。很多时候，这种歌谣是祖母、母亲教育正在牙牙学语的子孙们的口语教材，闲暇时逗小孩取乐的亲情联络方式。如《豆虫歌》、《看大戏》、《请客歌》、《一年十二月》、《扇子歌》、《舅舅歌》、《孤儿星》、《哭丧》、《豆虫飞》等。

**骑 白 马**

小学生骑白马，一马二马骑到老丈人家。
丈人丈母娘不在家，我趴着窗户看到她。
粉白脸糯米牙，一双小脚在地下。
去家对我爹妈讲，卖田卖地要娶她。

**豆 虫 歌**

豆虫豆虫飞飞，
飞到草堆堆堆，
哥哥拿棍打打，
嫂嫂拈回来馇馇。

哥哥吃块肉，
嫂嫂啃骨头，
剩下一泡臭鸡屎，
留给你！

### 看　大　戏

扯大锯，闹大锯，
张家湾，看大戏，
我没花鞋我不去。
我在家，看小鸡，
小鸡生蛋是我的，
小鸡屙屎是你的。



### 一年十二月

一年十二月，
月月受巴结，
到了初四五，
肚子吃得拨浪鼓。
过了下十五，
又打回头苦。

### 扇　子　歌

七月天气热，
扇子借不得，
虽说我俩好，
你热我也热。

### 舅　舅　歌

舅舅家，看大戏，
小外外，你可去？

姥姥缝了个花褂子，
舅妈撵到山洼子；
舅舅给了个鸡腿子，
舅妈撵到山嘴子。

## 哭 丧

（老人死了）
儿子哭，
真心真意；
媳妇哭，
假仁假义；
女儿哭，
呼天抢地；
女婿哭，
叫驴放屁。

## 小 黄 鸡

小黄鸡黄又黄，哪家丫头不想娘？
想娘想娘心难过，关起房门哭一场。
房门开开事务多，烧锅扫地都是我。
缸里没水担三挑，锅门口没草抱三抱。
公斑鸠母斑鸠，大雨下小雨流。
哪家妈妈不想丫头？
妈妈听到丫头来，拄着拐棍捣出来。
大大听到丫头来，又打酒来又称菜。
哥哥听到妹妹来，伸手板凳端出来。
嫂子听到姑子来，倒在房中不起来。
左一拜右一拜，拜拜嫂子你起来。
不吃你饭不喝你酒，看看亲娘我就走。

妈妈送到大门边，拉拉噜噜哭半天。
大大送到柳树塘，抱着柳树哭一场。
哥哥送到大街上，妹妹好咱来？
鹅毛沉石磙飘，铁树开花我再来。

**到 婆 家**

到婆家，打金床，盖银被，挑花枕头都不睡；
在娘家，垫门板，盖破被，棒槌做枕头都能睡。



**背 小 孩**

背背驮驮，送给老婆婆。老婆婆不要，往大河一撂。

**看 手 相**

一螺穷，二螺富，三螺四螺当干部，
五螺六螺骑白马，七螺八螺干庄稼，
九螺十螺啃草灰。
（螺：一种手纹纹形）

合肥地区的人们善于将日常人生经验总结成俗语、俚语，以俏皮话的方式表达出来。既形象又直接，十分具有表现力，常常是入木三分，鞭辟入里。通常用语粗俗，但又话丑理端。比如形容小气，“抠屁眼，嗦指头”“一个小不咋（硬币）夹在屁眼沟，拿火钳都夹不出来”；形容快活，“快活的屁眼泛泡”；形容人伤心、生活不如意，“寒胃了”、“屄光蛋了”；形容后娘虐待，“正午日头晚娘的拳头”；形容女人拖儿带女事情多，啰唆麻烦，“请客不请女人客，请五十来一百。屎桶盖子像打镲（合肥话读‘册’音）。尿（合肥话读‘虽’音）缸涨，米缸折，床草拽了大半截”。其他如“在家饿得哭，在外不吃粥（合肥话粥读‘竹’音）”、“三里路赶个嘴，不如在家歇歇腿”、“家有三阴阳，没场定牛桩（场：地方）”、“吃东家，吃西家，吃到最后吃自家”等，也都说理透彻，深入肌理。此外，一些谜语也味道十足，如：“天长毛，地长包，水长骨头，路长腰。（打四物）”谜底：云、坟、冰、桥。

从合肥方言中可以较为直观地认识到合肥人的性格和心性，既爽直、坦诚、豁达、开朗与厚道，又不无匪气、霸气、流气和痞气，这与合肥久处水患兵燹之中不无关联。总之，合肥人的脾气习性在其独特的方言中表现得十分明显。

## 第三节　合肥地区的饮食文化

### 一、中国饮食文化的源流

俗话说，民以食为天。饮食文化在中国文化中表现得尤为突出。比如：发明熟食、善于烹调的先人，都被奉为圣人。传说中的燧人氏、伏羲氏、神农氏，莫不因为开辟食源或教民熟食的丰功伟绩，被后世尊为中华民族的始祖。第一个有年代可考的厨师，是 4 000 年前的夏代国王少康。商朝著名宰相伊尹因善于烹饪雁羹和鱼酱，被后世推为烹调之圣。周朝开国元勋姜尚从政前曾钓鱼、屠牛、卖饭，也被传为佳话。

在中国传统文化中，饮食不仅是满足口腹之欲的个人行为，也是礼制精神的实践。文人雅士在享受美味的同时，不吝笔墨著书立说。一部《论语》出现"食"与"吃"字就有 71 次之多，孔子不厌其详地讲授饮食之道，其频率仅次于"礼"。《周礼》、《礼记》、《仪礼》、《吕氏春秋》、《晏子春秋》、《淮南子》、《黄帝内经》等最具盛名的经典都有关于烹调的精辟论述。有关专著层出不穷，从西晋的《安平公食学》、南齐的《食珍录》、北齐的《食经》，一直到清代袁枚的《随园食单》、朱彝尊的《食宪神秘》，佳作迭出。这里有世界上最早的烹调专著、琳琅满目的食谱。有关烹饪的技法如烧、烤、煎、炙、爆、焙、炒、熏、烙、烹、煮、涮、脍、蒸、煨、熬达数十种之多，可谓世界之最。

以美食家自诩，甚或亲自执厨、附庸风雅的文人雅士不胜枚举。晋朝的怀太子有出色的刀工，随意切割一块肉，就能掂出分量，斤两不差。唐穆宗的宰相段文昌，自撰《食经》五十章，又称《邹平郡公食宪章》，厨房称为"炼珍堂"。卓文君当垆卖酒传为千古佳话，太和公炙鱼、东坡肉、谢玄的鱼酢、陆游的素馔、张瀚的莼鲈名盛一时。有关美酒佳肴的诗篇名作更是连篇累牍。

## 二、合肥的饮食文化

历史上合肥曾出现过佛照楼、万华(音花)楼、会宾楼、大雅楼等四大名楼和广寒宫、快活林、月宫、吴鸿发、五味斋、陶广盛、刘鸿盛、长胜元、华春元等特色名品店，还有冬菇鸡饺、鸡汤馄饨、马蹄酥、旱饺、油香、鸡血糊、小刀面、小花狮头、三河米饺、荠菜圆子、糯米圆子、挂面圆子、鲜肉麻球、鸡油蒸饺、小笼米粉肉、庐阳汤包等一大批传统风味小吃，以及李鸿章大杂烩、包公鱼、油淋鸡、御笔鳝丝、曹操鸡、虾包等传统菜肴。《合肥市志》上对合肥饮食是这样表述的："昔日，合肥百姓，家家户户习一日三餐，两稀一干，早晚为稀饭，午餐为干饭。贫富的区别主要在干饭的餐数和饭菜的多寡及质量上。清贫户通常在干饭中配搭山芋、青菜等，在稀饭中配搭山芋、南瓜等。遇上荒年或青黄不接时，则常以野菜充饥。合肥人素喜早茶，尤以店铺老板、手艺人和庄户家主最为普遍。茶叶最喜瓜片等绿茶。喝茶时多就食油炸狮子头、油条、锅巴等早点。"



合肥的饮食源远流长，是徽菜的重要组成部分，擅长烧、炖、炸、烩、炒、溜、酱、煎、蒸、煮等多种制作方法，讲究火功，善于保持菜点的原汁原味，尤重"色"、"香"、"味"，故味道醇厚、香气四溢。现简要介绍以下几道合肥特色菜。

1. 曹操鸡："曹操鸡"又称"逍遥鸡"，是始创于三国时期安徽合肥的传统名菜。相传三国时期，合肥因地处吴头楚尾，为兵家必争之地。汉献帝建安十三年(208年)，曹操统一北方后，率领大军南下征伐孙吴(即历史上著名的赤壁大战)，行至庐州(今安徽合肥)时，曾在教弩台前日夜操练人马。曹操因军政事务繁忙，操劳过度，头痛病发作，卧床不起。行军膳房厨师遵照医嘱，在鸡内添加中药，烹制成药膳鸡，曹操食后病情日趋好转，以后进餐常食此鸡。这道菜因此流传开来，被人们称为"曹操鸡"。

曹操鸡

2. 庐州烤鸭：庐州烤鸭原系宫廷御膳美食，明朝时流入民间，是中国食品博览会金奖得主。该产品选料严谨、加工考究、香气浓郁、皮酥肉嫩、咸淡适宜、肥而不腻、味道鲜美、脍炙人口。

庐州烤鸭

3. 包公鱼：包河所产鲫鱼背乌，人称"包公鱼”，包公鱼原名“红酥包河鲫鱼”。这是一道冷菜，鱼经醋等调味和小火长时间烧焖后，骨酥肉嫩，回味无穷。1958 年毛泽东主席视察安徽时，名厨梁玉刚为毛主席做了“红酥包河鲫鱼”这道菜，深得赞赏。

4. 李鸿章大杂烩：到合肥，不可不吃“李鸿章大杂烩”。李鸿章大杂烩是合肥名菜。相传李鸿章访问美国期间曾宴请美国宾客，因中国菜可口美味，深受外宾欢迎。李即命厨师加菜，但正菜已上完，厨师急中生智，将所剩海鲜等余料混合下锅，烧好上桌，外宾尝后赞不绝口，并询问菜名，李用合肥话说：“杂碎”。（即杂烩谐音）此后，“大杂烩”便在美国传开，合肥城乡也仿而效之，遂成名菜。由海参、鱼肚、鱿鱼、玉兰片、腐竹、鸡肉、火腿、蛋黄糕、鸽蛋、猪肝、干贝、冬菇、咸鸭蛋黄、菠菜、鸡汤等烧烩而成，具有醇香多味、鲜咸可口等特点。

李鸿章大杂烩

5. 吴山贡鹅：长丰县盛产吴山贡鹅。“该品种鹅原系朝廷贡品，其肉质较普通鹅细嫩，味美，烧、煮、炖、烤、腌食皆宜。”卤制的吴山贡鹅，卤制方法独特，传说其卤制秘方传自吴王夫人史氏的后代。经史氏秘方卤制的吴山贡鹅，色清正，香浓郁，味道鲜美。

吴山贡鹅

## 第四节　合肥地区方言

江淮方言，俗称下江官话，是现代汉语北方方言（官话）四大次方言之一，通行于安徽省、江苏省长江以北地区（徐州、蚌埠一带除外），镇江以西、九江以东的长江南岸沿江一带。江淮官话自东向西分为通泰片、洪巢片和黄孝片。其中，洪巢（洪泽湖—巢湖）片的分布范围最广，涵盖江苏省和安徽省的广大地区。洪巢片大体上按苏皖两省的省界分为淮东话（又叫淮扬方言，以扬州话为代表）和淮西话（即宁庐方言，以合肥话为代表）两种方言。因此，合肥话隶属江淮官话洪巢片的淮西话，流行于安徽省省会合肥市市区及肥东、肥西和舒城县全境，长丰、庐江等县与合肥方言区接壤的部分乡镇也说合肥话。

汉语方言自古就有南北之分。唐朝陆德明的《经典释文·叙录》："方言差异，固自不同，河北江南最为巨异。"江淮方言区在自然地理分布上属于江淮分水岭地区，地处南北方过渡地带，因而这一方言区恰好处在南方语系和北方语系相互对接与相互融合的地带。从方言分布上看，这一地带东南与吴方言接壤，正西偏南与以古楚方言为基础的西南官话连接，北面与属于中原官话的河南方言相延续。独特的地理环境，造就了江淮地区独特的语言特色。江淮官话虽然一直处于南北两大语音系统的交汇、碰撞和侵蚀之中，但由于这一方言区跨度较广，地域内部多河流和丘陵地带，地区间相对封闭，在语音、词汇、语法方面都具有自己鲜明的特点。也正因为上述原因，江淮官话内部各方言片差异较大。



## 一、合肥方言的语音与声调特点

江淮官话有 5 个声调：阴平、阳平、上声、去声、入声。与普通话及其他官话方言相比，保留入声是江淮方言的主要特点。与现代各方言一样，江淮官话入声字的今读都是由古入声字演变而来的。在合肥话所属的江淮官话洪巢片中，古入声字今读入声，不分阴阳，其入声音高而短，有喉塞尾。

江淮官话的发音，在舌位的前后、口腔的开合、唇形的圆展等各个方面都体现出南北两大语系交汇与对接的特点。从大的方面来看，北方语系的发音特点是舌位多半趋后，开口度较大，唇形大多趋圆，元音比较饱满，后鼻辅音比较到位，语调多数上扬，声音洪亮。南方语系的发音，舌位多半趋前，开口度很小，唇形大多平展，元音不够饱满，后鼻辅音几近脱落，语调多数下抑，吐字不够清晰，声音比较含糊。分布于淮河以南的江淮方言多具有北方语系的发音特点，而长江以北的江淮方言则具有很多南方语系的发音特点。江淮方言合肥片位于安徽省中部，地处长江、淮河之间，恰好处在江淮官话的中心地带，因此，合肥话是真正的"南腔北调"，它兼有南方语系和北方语系的发音特点，其发音与沿江、沿淮地区均有很大的差异：发音时舌位多半居中偏前，口腔开合不够明显，唇形不圆不展，鼻边音声母不分，零声母浊化，舌面音因舌位趋前而发成舌尖音，前后鼻音多处于中间位置，有很多音含糊不清，语调大多上扬，有少量降调。

作为江淮官话的重要分支，合肥话语音系统的主要特点是无全浊声母，不分尖团音，有鼻化元音韵母，声调有五个：阴平、阳平、上声、去声、入声，入声收喉塞尾。具体来讲，合肥话的语音特点如下：合肥话有21个声母，41个韵母，5个声调。声母方面，n、l不分，有[ts][ts‘][s]，[tʂ][tʂ‘][ʂ]两套声母。韵母方面，舌尖前元音很丰富，且带有摩擦，u的音质具有不稳定性，唇形不圆，零声母和口呼（u开头）的音节摩擦感很强。声调方面，阴平有老派和新派的区别，老派读成曲折调，调值212，新派读成降调，调值211。合肥方言本身在地域上有一定的差别，郊区保留较多的老派发音，市区逐渐接近普通话的发音。

1. 韵母：合肥话有41个韵母，其中包括11个单元音。韵母的主要特点：

（1）舌尖前元音很丰富，且带有摩擦，并可以和各种发音部位的声母配合。

舌面元音[i]和[y]舌尖化在皖中江淮官话中的表现非常丰富，合肥话是最典型的代表。普通话的[i]和[y]在合肥话中读[ɿ]和[ʮ]，[ɿ]和[ʮ]自成音节时，加z声母。普通话的舌尖前元音[ɿ]只能和同部位的舌尖前辅音z、c、s组合，但合肥话打破了这种声韵配合的限制，单元音韵母[i]和[y]在合肥话中大多读成舌尖前元音[ɿ]和[ʮ]。例如，普通话中双唇音b、p、m和舌面音j、q、x都不能与舌尖前元音[ɿ]相拼，而合肥话却可以这样组合。合肥方言[y]的舌尖化是受到[i]舌尖化的影响而发生的，因为[i]和[y]处于对立的地位，[i]演变成舌尖元音[ɿ]以后，为了保持语音系统的平衡性，[y]紧跟着也发生了相应的音变，演变成舌尖元音[ʮ]，其演变轨迹与[i]相同，首先擦化，紧接着舌尖化。这一语音现象具有一定的代表性，在合肥话中，当舌面辅音声母j、q、x，舌尖中音d、t与i、ü相拼时（古入声字除外），声母一律念舌尖前音z、c、s，同时i、ü的发音也相应地变为舌尖前元音[ɿ]和[ʮ]。

合肥方言的发音中，j、q、x和z、c、s不分是十分明显的一个特征。讲到合肥方言，一般人都会提到“肥西老母鸡”，这并非是因为肥西出产的老母鸡品种优良、美味可口、令人难忘，而是因为合肥方言把“老母鸡”念成“老抹（me）资（zi）”，被外地人引为笑谈。合肥方言中有个很经典的段子：“从肥东，到肥西（si），拎个老母（me）鸡（zi），拿到河（ho）里头洗（si）一洗（si），褪（te）掉一层皮。”“肥西老母鸡”的方言段子虽然有点粗俗，但却形象而直接地反映了合肥话的经典特色。

当然,语言是发展的,合肥方言也不例外。新合肥话和老合肥话有了一定的差异,合肥方言中“鸡”类字韵母老派合肥话、新派合肥话都读成舌尖前元音[ɿ],而“居”类字老派读成舌面元音[y],新派则读成舌尖前元音[ʮ]。

(2)合肥方言中有复合元音单元音化的趋势,具体表现在以下几个方面:

①高元音韵尾[i][u]脱落,复韵母变为单韵母。例如,“台开”、“快坏”的韵母[ai][uai]合肥话读[ɛ][uɛ]。

②舌尖音声母后韵头[u]丢失,复韵母变为单韵母。

合肥方言发[u]音时,唇形呈自然闭合状态,无收敛动作,舌位稍前略低。[u]的实际音质不稳定,[u]作为单韵母,与[p]组双唇音声母拼合时,唇形不圆。普通话以[u]作为韵头的合口呼韵母,在合肥话里大多韵头丢失,转化为开口呼韵母。例如:“堆、退、最、岁”等字的韵母 ui,合肥话的读音近似于 ei;“关、观、管”等的韵母 uan,合肥话读 an,其读音近似于ɷ̄。

③普通话复韵母为 ie[iɛ]的非入声字,在合肥方言中多变为单韵母 i[i]。例如,“姐、且、谢”分别读作 ji、qi、xi(i 读舌尖前元音[ɿ])。少数不变,如“界、届、蟹”等字的读音。

(3)前、后鼻音韵母不分。

合肥话在大部分情况下可以区分 an 和 ang,但 in、ing 完全不分,en、eng 仅在唇音 b、p、m、f 作为声母时区分前后鼻音,如区分“盆”和“朋”。in、ing 和 en、eng 与其他声母相拼时,韵尾均为前鼻音 n,例如,跟=庚、金=京。普通话中的舌根鼻韵母 ng 在合肥话中大多对应为鼻化元音或收 n 尾,因此,舌根鼻韵母在合肥话中出现的频率很低。

(4)没有卷舌元音,er 多读作 a。

2. 声母:合肥话有 21 个声母,其中 20 个辅音声母,1 个零声母。零声母字发音时,舌尖的摩擦性较强,合肥话中零声母开头的擦音与浊辅音[z]的发音相近。

(1)不分 n、l。

古“泥”、“来”两母相当于今普通话的 n-,l-。北方方言区绝大多数地方这两个音的区分都很明确,但江淮方言区很多地方完全相混,有些地方部分能分，完全能分的很少。古“泥”、“来”母字合肥话大都读来母，即只有声母 l，没有声母 n。例如，女＝旅、怒＝路。合肥方言还有一部分古“泥”“来”母字今读[z]声母，例如，“梨来[zɿ]”和“尼泥[zɿ]”同音。

(2)合肥话中的舌尖前音声母大大多于北京音。

①凡舌面音 j、q、x，舌尖中音 d、t，双唇音 b、p、m 与 i、ü 相拼时(古入声字除外)，声母一律念舌尖前音 z、c、s，同时 i、ü 的发音也相应地变为舌尖前元音[ɿ]和[ʮ]。因此，合肥方言不仅“鸡”、“资”不分，连“地”和“自”、“题”和“瓷”、“洗”和“死”也读音相似。有一则笑话，说的是两位合肥人到外地出差，住进一家旅社的同一房间。两人在晚上洗脸的时候相互谦让：“老兄先洗(si)”，“阁下先洗(si)”，“你先洗(si)，你洗(si)了我再洗(si)”，几句话中“洗”字都说成“死”字。他们的对话恰好被茶房听见，以为他俩要寻短见，吓得茶房破门而入，才发现原来是一场误会。

②来自普通话零声母的[i]和[y]在合肥话中自成音节时，音节前带有明显摩擦的舌尖前浊擦音 z。

③当舌尖后音 zh、ch、sh 与高元音 i、u 相拼时，大多读舌尖前音 z、c、s，例如：师(si)、事(si)、梳(su)、数(su)。

(3)有 zh、ch、sh 和 z、c、s 两套声母。

多数北方方言都有卷舌、不卷舌(平翘舌)声母的区别，江淮官话则一般没有这种区别，普通话的舌尖后声母 zh、ch、sh 和舌尖前声母 z、c、s 在江淮官话中一般都读不卷舌音。但是，作为江淮方言的一个主要分支方言，合肥话却有 zh、ch、sh 和 z、c、s 两套声母。合肥话大部分可以区分这两套声母，但当舌尖后音 zh、ch、sh 与高元音相拼或与韵母 eng 相拼时，读相应的舌尖前音 z、c、s。另外，和普通话的[tʂ][tʂʻ] [ʂ]发音相比，合肥话的卷舌声母的读音中带有浊化的摩擦音，语气相对较硬。

(4)普通话中由开口呼韵母构成的零声母音节，合肥话常常读成带有声母 r 的音节，如“安”读作[ran]，“爱”读作[rai]，藕读作[rou]。和普通话的 r 发音相比，合肥话的读音带有浊化的摩擦音。而合口呼韵母自成音节时，合肥话的读音常常在音节的开头加上浊辅音[v]，例如，舞读作[vu]。

3. 声调：合肥话有阴平、阳平、上声、去声、入声五个单字调(不包括轻声)，其调值一般描写为：

| 调　　类 | 调　　值 | 例　　字 |
| --- | --- | --- |
| 阴平〔1〕 | 212 | 高、天、山、花 |
| 阳平 | 55 | 唐、平、人、红 |
| 上声 | 24 | 古、比、手、老 |
| 去声 | 53 | 去、放、件、树 |
| 入声 | 4 | 急、竹、白、木 |

合肥由于地处江淮之间，地域上有非北非南的特征，因此，从听感和语调来看，合肥话的基本特点是南腔北调，既具有北方豪爽大气的腔调特色，又具有南方晦涩难懂的读音，但它既不像北方话那样刚劲洪亮，也不像南方话婉转悦耳。合肥话发音重浊，语调比较平直生硬。正由于上述特点，合肥话一直被认为是比较“土”的一种方言，地道的合肥人一张嘴，满嘴的呜哩哇啦，外地人听起来像天书，难听难懂。因此，讲合肥话的人常因口音重、发音模糊、嗓门大而受到外地人的讥笑。大多数中国城市，如北京、上海、广州、成都、青岛等，当地市民之间的沟通都喜欢用地方口音并引以为荣。合肥则不然，许多合肥当地人也在贬低和排斥合肥话，不仅在外地不讲合肥话，在本地也不讲合肥话。合肥话往往被看成一种难登大雅之堂的粗俗语言，好像只有没有文化、没有地位的人才讲合肥话。合肥人不讲合肥话，不管标准不标准，大家都在拼命地讲普通话，于是，“合普”在合肥方言片大行其道。普通话在合肥的流行值得玩味，这种现象应该是源于一种方言自卑心理吧。与“自信满满”的北京话、“自视甚高”的上海话、“财大气粗”的广东话等方言相比，合肥话确实是一种流行范围比较小、影响力非常有限的一种方言。但是，随着安徽省、合肥市的经济、文化的发展，也许在不久的将来，合肥话也会成为一种有足够影响力、号召力的方言，让合肥人能够非常自信、非常自豪地说着自己的家乡话走出安徽，走向全国，走向世界。

其实，合肥话也曾有过辉煌的历史。晚清重臣李鸿章率领的淮军将士，多半来自合肥。段祺瑞组建的皖系军阀政府，其各级骨干，甚至连当时国务院的

〔1〕 阴平的调值老合肥话读 212 低降升调，新合肥话大都读 211 低降调。

公役、段公馆的门房，也都用的是合肥人。当时，曾有民谣讽刺说："会讲合肥话，就把洋刀挎"，"总理哄（什么）东西，小兵老抹资（母鸡）"。这首民谣是用来嘲讽段祺瑞"任人唯乡"的，但它也从另一个侧面反映出当时的合肥话在北京等地各级官府的"走俏"程度。在相当长的时期内，合肥的乡音、俚语也因李鸿章、段祺瑞的影响力而传遍全国各地，这无形中也提高了合肥话在全国的地位和影响。即使在今天，各地的乡音也像一种磁石，把在异乡漂泊的人们凝聚在一起，相互慰藉那颗同样思乡的心。对于合肥人来讲，在异国他乡听到合肥话，也无疑会认为自己的乡音是世界上最悦耳、最动听的语言了。

另一方面，语言是不断发展的，合肥话当然也不例外。随着大量外来人口的迁入、普通话的推广使用，今天的合肥话已经发生了明显的变化，和老合肥话有了一定的差异，几乎变成带有合肥音的普通话了。目前合肥市区的口音已被普通话严重同化，其音系已基本丧失江淮官话的特征，仅保留了调值特征和发音方法。只有在合肥市的郊区、肥东县、肥西县以及长丰县南部，还保留着传统的合肥方言。





## 二、合肥方言的词汇与语法特点

除了语音方面的特点，合肥话在词汇、语法方面也有着鲜明的特色。与北方方言相比，合肥话的词汇更丰富，分类更细致。比如，北方话只用"公、母"两个词来区别牲畜的性别，如"公羊、母羊、公鸡、母鸡"等，只有未成年的小公狗才可以用另一个词"伢"来区别，称为"伢狗子"，另外，公驴可以用"叫驴"来指称。合肥用"公、母"区别"鸡、鹅、鸭"等家禽的性别，但牛的性别为"牯、沙"，猪分"厥、豚"，狗分"伢、草"，公、母各有不同的名称。另外，在合肥方言中，还有许多词汇的含义与普通话不同。例如，在合肥话中，称"太阳"为"热头"，称"小孩"为"侠们"，称"有趣"为"得味"，称"非常"为"没奈"，讲"故意"为"办心"，"什么东西"为"哄东西"，"行不行"为"照不照、可照"，等等。"好大事（事，合肥本地人读sì）"是一句很经典、很流行的合肥话，意思是没什么大不了的。它在一定程度上反映了合肥人的超然豁达、豪爽大气的性格。

语法方面，与普通话相比，合肥话的句法结构也很有特色。像表示正反问的"VP 不 VP"结构在合肥话中一般说成"可 VP?"。例如："你明天可来？＝你明天来不来?”“这样做可好? ＝这样做好不好?”另外,“形容词＋得＋很”构成的中补结构在合肥话中一般不用结构助词,例如:“快得很＝快很”,“香得很＝香很”。在合肥方言中还存在着另外一种特色方言语法现象——“形容词＋很的”,该结构在意义上与普通话的“很＋形容词”基本相同。例如,“今天天气好很的＝今天天气很好”,“这件衣服漂亮很的＝这件衣服很漂亮”。相同的意思,在新合肥方言中也可以这样讲“这件衣服好漂亮一个”。



作为新一代合肥人,在日常生活中我们可能很少了解合肥方言与普通话在词汇、语法,特别是在语音方面存在哪些差异,更不了解合肥方言片中不同小片之间方言的差别,只大略地知道自己的话音跟普通话、跟上辈们的话音存在不同程度的差异。现在很多合肥的年轻人有一种误解,以为合肥方言就是当 j、q、x 与 i 相拼时要改为 z、c、s,事实上,老合肥话的发音特点没这么简单。也许,他们根本还没有意识到地道的乡音就是这样在我们年青一代的忽视中逐渐流逝,地道的合肥话已经渐行渐远。如果我们再不重视自己的方言,再不采取必要的措施来保护自己的方言,恐怕几十年、数百年之后,地道的合肥话就只能留在故纸堆里或者只能停留在我们的记忆和想象之中了。

方言是记录一个地区历史、民俗、文化的活化石,正在流逝的也许不仅仅是我们自己的家乡话。方言的失落会带来地方文化的衰落,这肯定不利于推动地方政治经济的发展。当然,现在有关部门和学者已经意识到这个问题的重要性。已经有一些教授和硕士、博士正在对合肥方言进行系统的研究,现在已有不少的学术论文和专著正式出版了。从安徽影视频道《大话娱乐》中“老徐”的方言土语,到方言电视剧《我爱饭米粒》,都折射出合肥人已经有了传播、保护自己方言的意识并且正在付诸实践。方言和方言所记载的乡土文化给人一种强烈的归属感和凝聚力,方言的缺失或缺少对某种方言的认同感,会带来本地文化的缺失,让本地人找不到共同的精神和情感寄托,这自然不利于构建和谐社会,不利于凝聚世界各地合肥人的力量共同发展合肥乃至安徽的经济。研究和保护合肥方言,意义重大,任重道远,需要我们做出更大的努力。

## 第五节 合肥当代文艺创作

20世纪70年代末至80年代初，新时期文学艺术在拨乱反正和思想解放的大潮中崛起，一时间出现百花齐放的壮观景象。合肥作为安徽一个名人辈出、人文积淀丰厚的地区，涌现出一批本土作家和艺术家，推动了安徽新文艺现代化和民族化的进程，将20世纪的安徽文化融入中国文化的大格局之中。小说创作方面有刘克、完颜海瑞，诗歌创作方面有刘祖慈、梁小斌，散文写作方面有王英琦，绘画创作方面有陶天月、陆鹤龄、应祚智和陈廷友，戏剧表演创作方面有丁玉兰。他们的作品相继轰动全国或影响文坛，并产生了群体效应，为新时期安徽文艺的崛起和繁荣作出了突出贡献。“在时代激变、社会转型、中西文化大碰撞的年代，恰恰都是从安徽文化厚土中成长起来的现代皖籍作家和当代安徽作家率先发出了最响亮的声音。”〔1〕

合肥当代文艺创作队伍是一支有着优良传统的队伍。新中国成立以来，以刘克、刘祖慈完颜海瑞等为代表的作家、诗人，高举现实主义的文艺旗帜，贴近现实、关注民生，反映社会风云变幻与人民群众的酸甜苦辣，笔耕不辍，创作成果丰硕，为合肥文艺界乃至安徽文艺界赢得了美誉。合肥女作家王英琦的散文创作也是别具一格，影响广泛。女艺术家丁玉兰的庐剧表演更是得到了毛泽东、刘少奇和周恩来等老一辈中央领导人的高度赞扬。陶天月、陆鹤龄、应祚智等合肥籍书画家的创作多次参展获奖，影响遍及海内外。这些合肥本土文艺家的不懈努力，为合肥和安徽文艺乃至中国当代文艺的发展作出了突出贡献。

在合肥这块文化热土上，文艺领域人才辈出，他们在这里起步，在这里“扎堆”，在这里腾飞。因篇幅有限，我们在此仅择选合肥本土几位有代表性的作家和艺术家作一概要介绍。

### 一、刘克：在忠于历史中高于历史

刘克，笔名柿子，安徽合肥人，中共党员。1928年12月28日出生于安徽

〔1〕王达敏：《安徽作家与新时期文学的崛起》。

省长丰县三十头乡，毕业于西南人民艺术学院文学系。1949 年参加解放军，历任西藏军区文工团队员、政治部干事，合肥市文联副主席、市作家协会主席，安徽省作家协会常务理事，中国作家协会会员、一级编剧，享受国务院特殊津贴。1954 年开始发表作品。著有短篇小说集《央金》，大型话剧剧本《1904 年的枪声》，电影文学剧本《达赖六世的传说》，中篇小说《飞天》、《康巴阿公》、《古碉堡》、《采桑子》、《暮巴拉，雾山》等。

刘　克

在当代文学的历史进程中，刘克无疑是独特而深刻的。他一生的创作大体上可以分为两个重要时期：新中国成立后的五六十年代和改革开放初期。他的创作鲜明地呈现出阶段性特征，而且个人的阶段性是与作家个人对社会的认知程度和对文学的体悟相契相因的。刘克五六十年代的西藏题材小说，明显带有单纯、质朴的特征，镜像式地反映出西藏的真实历史。

《央金》是刘克于 1962 年出版的、以反映西藏农奴生活和民主改革的短篇小说集，这些小说主要描绘了从 1959 年开始的西藏历史进程中波澜壮阔的民主改革。民主改革砸碎了套在西藏百万农奴身上的枷锁和镣铐，结束了人类社会最后一个不知人权为何物、奉人神为圭臬、政教合一的区域黑暗社会的统治。它镜像式地反映了西藏农奴在农奴制下的悲惨生活图景。“即使雪山变成酥油，也是被领主占有；就是河水变成牛奶，我们也喝不上一口；生命虽由父母所生，身体却为官家占有。”这是西藏农奴真实生活的写照。差巴、堆穷、朗巴，他们只是会“说话的牲畜”，没有土地，没有生活资料，没有尊严和自由，不知道怎样才能像真正的“人”一样生活。无止境的劳苦、卑劣的生存、皮鞭、镣铐、残杀，以及被占有就是这些农奴生活的全部。小说集《央金》里面的十几部小说基本发表于 20 世纪五六十年代，如此真实、如此早地用文学的形式揭示西藏农奴的生存状况，全方位地展示西藏社会变迁的历程，这在中国当代文学史上是难能可贵的。

改革开放初期，由于受到思想解放运动的影响，刘克的创作迎来了高峰期，虽然作品数量不多，却达到了时代的思想高度和反思深度。虽然作品仍绝大多数以西藏题材为主，但他是站在新的视点和认知上重新审视西藏的历史与历史的西藏的。这个时期他的创作风格也与前期的创作出现了很大的差异。在此，个人创作的阶段性与社会历史生活进程的阶段性深度重合，体现出鲜明的历史意义和审美价值。非但如此，刘克的创作不仅具有历史性，还具有超越时代、高于历史的超越性。

创作于1979年的《达赖六世的传说》是刘克历史叙事艺术的成功力作。作品既呈现出历史真实性的一面，同时又大胆跨越历史的真实领地，将历史传说作为小说叙事的主体，且把传说置于厚重真实的历史背景之上，追求艺术的真实、生活可能的真实，将历史真实与艺术想象高度统一起来，以至于他的历史叙事在历史的真实氛围中演绎传说，通过传说的历史故事及经历来展示历史的深邃意蕴，二者水乳交融。小说取材于历史掌故，植根于历史传说。故事发生在1701年前后（清康熙年间），门门原是一介贫民，因为历史的蹊跷和政治斗争的需要，他一夜之间从贫民变成了达赖六世仓央嘉措。故事以门门和卖酒女索朗姆的爱情悲剧为线索，以门门的命运沉浮为主轴，展示了西藏旧制度下黑暗的社会面貌，侧面反映出西藏各个社会阶层的命运起伏，尤其是批判了整个农奴制残酷而又虚伪的宗教统治对美好人性的戕害。

20世纪80年代，刘克的中篇小说《飞天》在全国产生了广泛争论，而首开描写地域西藏之先河的四部中篇小说《康巴阿公》、《古碉堡》、《暮巴拉，雾山》、《采桑子》所达到的水准在当时的文坛也产生了强烈的震撼力和历史冲击力。《飞天》中的主人公"飞天"姑娘生在红旗下、长在红旗下，并和黄来寺的文物管理员海离子在长期相濡以沫的生活中建立了忠贞的爱情。然而，前来参观的军区贺政委彻底改变了"飞天"的生活轨道，他利用手中的特权占有了"飞天"，使其陷入精神万劫不复的深渊和灵魂的极度痛苦之中，最终导致了"飞天"的毁灭。《康巴阿公》是反思文学中的经典之作，康巴阿公原是红四方面军一个特务连连长，1935年因长征途中受伤滞留在川西康区，后成为头人的奴隶。一个屡遭坎坷的革命战士以其顽强的生命力、坚强的毅力和对革命的信仰躲过了伤病、饥饿、误解和国民党特务的追杀，最后躲到被称为"鬼地"和"罪犯之乡"的藏区果麻和刀耕火种、处于原始状态的僜巴人地区。在极端艰苦的条件下，康巴阿公仍以红军战士的思想标准要求自己，一方面表现军人优秀的作风和品质，赢得人们的信赖；另一方面，现实造成的状况也只会使他精神崩溃、信仰坍塌、希望破灭，最终走向死亡。小说以康巴阿公的个体命运悲剧完成对极“左”政治、形式主义、教条主义的深刻批判。

刘克的文学创作，尤其是他的关于西藏题材的叙事文本，达到了文学史历史阶段性的思想艺术“高地”。无论是五六十年代的现代性“解放”话语，还是新时期的现代性“反思”话语，作家都以自己对历史的真实感悟写出了历史进程、社会变迁中的深刻内涵。他创作的两个阶段彰显了他对现代性社会制度和现代性社会症候认知的逐渐深化，而创作者的主体性也在其历史的阶段性中得以建构和凸显。



## 二、刘祖慈：一个时代的先锋

刘祖慈，安徽肥西人，民主同盟盟员。1957 年毕业于合肥医士学校医士专业。历任安徽省立医院医生，皖南休宁县南塘公社下放医生，《安徽文学》编辑部编辑、编辑组长，《诗歌报》(主要创办人之一)执行编委兼编辑部主任，安徽文学院院长、专业作家、编审，中国新诗学会理事。1959 年开始发表作品，1979 年加入中国作家协会，著有诗集《年轮》、《我们是大运河的子孙》、《五彩梦》、《问云集》等。

刘祖慈

刘祖慈 1978 年以前的早期作品，其情感内涵是与新时代的脉搏一起跳动的。在大多数场合下，它是以宣扬革命激情的政治抒情诗的面目出现的，而其统一的意绪则是对新生活的满怀欣喜、对未来的无限希望，像春风一样沁人心脾，温暖而又清新。这是一种开启了独立的诗歌时代的音符，传达着以战争和建设的凯歌为基调的自信乐观的音响。从 1949 年开始，整个 50 年代，我们的新诗中就表现着孩子般天真、透明、单纯的心态。这种心态，在 50 年代和“文革”后的 70 年代末，找到了一种历史记忆上和写作积习上的承续，这也是在特定的历史、文化、文学低潮后，人们摆脱噩梦而具有的自然创作心态。像刘祖慈这样的一批青年诗人成了新时代最有希望的歌者，在他的笔下，“空气像蝉翼一样透明，浪花像玉簪一样舒卷”(《雨中过清澜港》)；

"太阳也像才钻出河面，湿淋淋地滴着晶亮的水珠"，太阳河"戴着香茅草编的翠冠，在花枝间闪动着青眸"(《太阳河》)；诗人让雨化身成代表希望的美艳的女性意象，"她好像穿着筒裙，裙裾有风，拖扫在地上"，并急切地咏叹着"近了，近了，听得出脚步声响"(《雨》)。

《年轮》开篇第一首诗《三月》，以轻松欣喜的声音向我们做了最早的春天的宣告："三月的江南是绿色的！一切都碧绿碧绿……"这是刘祖慈对这个具有特殊意义的春天的答谢词。在经历了新诗史上漫长的也是最黑暗的冬夜之后，诗人发出了新时代的最强音，体现出诗人对时代转折、思想变革的高度敏感。在《春天又回来了》中，诗人塑造了昂扬不倒、坚强独立的"笋"的意象，表达了对像自己一样具有行动能力、战斗精神和理想能量的新时期儿女们的形象认定。笋不仅是昭示春天来临、生命复苏的迹象，而且还是春天的化身、希望的寄托。它是为时代的春天所奏的凯歌，同时也是为久经湮没在"文革"激流中的中国知识分子所谱的战曲。刘祖慈为新时代新诗的收获播下了希望的种子。

1979 年初全国诗歌座谈会倡导"说真话、抒真情"的诗歌理论，大力号召诗歌的真实性，这也是继 70 年代迎接期待新的时代降临的热情后，新的理性精神的回归。诗歌可以成为战斗的武器，诗人应该敢做推动时代进步、社会发展的战士。这种抒情主体形象的塑造为刘祖慈的诗歌创作开启了理性觉醒和人道主义精神的最初演进进程。从《剑麻幻想曲》开始，诗人的诗歌情绪也由早期的单纯、快乐转向正义与邪恶搏斗中的悲壮、崇高、沉痛、厚重的精神意绪上。而随后创作的《为高举的和不举的手臂歌唱》，是诗人为代表着独立自由思想和民主意识的"路障般不举的手臂"所作的赞歌。回顾 80 年代初的社会环境和知识分子的写作现状，诗人敢写出这样的诗篇，是需要极大的勇气的，其所讴歌的独立思考精神与民主意识也将在更广阔的空间和更深远的时间里产生积极的影响。刘祖慈也常常寻找与自然、与平凡生活、与社会产生交感的契合点，来表达他对生命和生活的细微感受。这在写于 1983—1984 年间的《春夜细雨》、《江南，在民歌里》等作品中可以体现出来。诗歌的意象不仅越来越自然，具有个人性，而且越来越多的抒情主体出现在作为客观的事物、景色之中。

《问云集》是刘祖慈的第四部诗集，收录了诗人 1985—1986 年间的大量诗作。20 世纪 80 年代中叶，西方现代主义理论、创作方式影响冲击着诗歌的写作方式。现代派的艺术精神强调对个体生命体验的尊重，文坛上兴起“寻根”之风，诗人也在时代和自我意识的共同作用下，找到了诗歌的本源，即中国传统诗人的忧患意识。刘祖慈在《问云集·后记》中说：“我们中华民族的诗歌，自古以来，就是一个深深植根于诗人心灵的忧国忧民的忧患意识。我们的诗人从来是把国家、民族和人民看得很重很重的。……这种忧患意识，无疑也是一种美，一种崇高之美、悲壮之美、刚烈之美、雄健之美。”诗人也因此面对着人民，开始了新时期的歌唱。《他交出了土地》、《麻油专业户》、《卖糖葫芦的青年》、《桑园》等诗篇塑造了一个个勤劳朴实而又具有新时代特征的农民形象，这也是诗人在美学意义上将社会民生主题和新诗化合的开始。这些诗歌几乎都是在平静的对话中、在平凡的生活细描中挖掘时代变革的征兆和意义，也越来越体现着诗人笔下文化英雄的舞台向平民化的回归。



文学在一定程度上可以说是时代的产物，它或多或少地映射出时代的影子。刘祖慈是一个时代的先锋，他所执著创作的诗歌也始终透着浓浓的时代气息。他以巨大的思想力量和强大的艺术感染力，走在了时代的前列，呼唤着人民与他同行；他蕴藏着鲜明又强烈的时代精神和深沉博大的思考，在任何一个诗歌转型期，他始终与土地和人民的命运联系在一起；他创造着时代和人民一个个鲜明而又准确的形象，在诗篇中传达出新的时代新主人的所思、所感。

### 三、完颜海瑞：在人格坚守中追求文学

完颜海瑞，满族，1943 年出生于安徽合肥肥东县民族乡牌坊村。1960 年高中肄业，同年到合肥市文化馆工作。先后任合肥市文化局编剧，市文联副主席、主席，一级编剧。1959 年开始发表作品，2000 年加入中国作家协会。著有长篇小说《归去来兮》、《天子娇客》等五部，诗集《抱冰斋诗词曲》，散文集《江山空锁》，剧本《常金花》、《女儿志》等六部，电视剧剧本《梅姐》、《天子娇客》等多部和《完颜海瑞文集》(八卷)。曾获全国长篇历史文学作品二等奖，安徽文学一等奖、二等奖，全国新诗、传统诗佳作

完颜海瑞

奖，安徽电视剧灰喜鹊奖。

母亲的教诲和幼年过早的生活体验铸就了海瑞坚强、坚定的性格品质。少年时期家境的贫寒，促使这个还处在天真、快乐、无忧无虑的少年迅速地走向成熟。艰难的生活体验，不仅丰富和积累了海瑞的人生阅历，而且让他体会到一切能够学习的机会的来之不易，使他养成了勤奋好学的习惯和自学成才的宝贵品质，这些都对他以后的创作产生了重要影响。50 年代末的社会主义“大跃进”运动，脱离了社会主义建设实事求是、稳步前进的轨道，片面追求高速度和生产指标，给国家和人民带来了巨大的灾难。由于幼年受到儒家真诚、善良、宽厚的优秀思想文化的熏陶和影响，少年的海瑞说出了许多人都不敢说的朴素而又现实的问题，却遭到了“批判”，成为影响一生的“政治劣迹”，永远地失去了入校求学的机会。在后来的“文化大革命”中，他又被关进“牛棚”，精神和肉体上都受到残酷的折磨。这里暂不讨论这些运动的性质和影响，我们关注的是海瑞这个人在这样艰难的环境下，不但没有屈服而放弃自我，而且更加坚持自己独立、坚定的品格，走上了壮大自我、发展自我，逐渐由朴素转化为自觉的人生道路。他发出了“大字报文皆狗屎，风吹一树鸱鸮狂”的怒吼，还坚信“指鹿岂能偏说马？无情毕竟也多情。天公自有回春力，锄尽荒榛植杜蘅”。新时期以来，面对市场经济的物质化影响和名利的诱惑，海瑞进入了一个坚守自我、超越自我的新阶段。这一时期撰写的历史散文，直接地表现出海瑞对自我的修炼和升华，如《岳阳楼外是君山》、《风雨苍黄无字碑》、《长恨歌中是与非》、《我在岳坟前》、《双面李白》、《江山空锁》、《要留清白》等，涉及皇帝、官员、文人的命运，尤其是对中国知识分子一生的命运有着深入的思考。

长篇小说《天子娇客》是海瑞最具代表性的作品之一，是一部反映明王朝反腐败斗争的作品。内容大致为明朝洪武三十年，边境走私茶叶严重，致使国税大量流失。明太祖朱元璋派遣最宠信的驸马都尉欧阳伦巡抚边境查禁。不料，欧阳伦却利用巡查之机贩运私茶。东窗事发，朝野哗然。朱元璋陷入不罚不行、罚则不忍的两难境地。小说围绕查处驸马欧阳伦执法犯法、走私茶叶的案件，展开了一场权与法、情与法的错综复杂、尖锐激烈的斗争。作者从浩瀚的史料中选取这一典型历史事件，说明在封建皇权专制制度下，反腐败工作是不可能彻底实现的，只有先进的制度才具备有效的动力，具有镜鉴意义。

《归去来兮》是继《天子娇客》之后的又一部长篇力作，是一部反映清王朝统一台湾、实现中华民族统一的历史传奇小说。结构缜密严谨，情节曲折诡秘，故事动人心魄、催人泪下，展现出一幅幅色彩斑斓的图画，演绎出一幕幕荡气回肠的话剧。厚重的历史内涵，缱绻的人文关怀，深刻的人性发掘，强烈的现实关照，给人以心灵的震撼和美的享受。作品交替使用国家话语、民间话语、文人话语，凝练成优美精致的篇章，引人入胜，发人深省。在作品中，作者细致地发掘了人性中的核心因素——人道精神，如“仁政”思想、“水能载舟，亦能覆舟”的理论等，并将此渗透在一个个活生生的人物的悲欢离合、升沉起伏之中，融入台湾回归、中华统一的实践之中。海瑞敏锐地觉察到这种人道精神在历朝历代发挥的重要作用，意在为现代社会的人道精神体系的建立奠定基础。

完颜海瑞，一个在历史风雨中经历过艰难困苦的人，却始终坚守着自我的高贵人格，不屈服于挫折，不沉沦于逆境，并且在坚守自我的前提下，不断地超越自我，孜孜不倦地在文学的道路上不断前进，相信他可以走得更远。

### 四、王英琦：用灵魂与生命写成的散文

王英琦不仅是安徽当代女性散文作家中的佼佼者，也是安徽作家在全国影响最大者之一。1972 年，她“疯狂地爱上了散文——爱得执且拗”。创作对于王英琦来说，既是主体人格的投射和全部生命的燃烧，也是一种自我救赎与人生启蒙的必由之路。她的散文中跳动着一颗炽热的心，坦诚率真，直抒胸臆。在她看来，只有在散文中才找到了自我，“散文就是人格，写散文就是在写人格”，“散文本身就是在表现一种真性情，就是站在舞台上赤裸裸地表现自我”。

王英琦作品

王英琦有着离奇的身世和坎坷的人生。她是安徽合肥人，祖籍寿县，生于 1954 年。刚一出世，她就被丢弃到合肥郊外的路边，梅山水库工地运输大队司机王师傅发现后将她抱走。她曾求学于合肥芜湖路小学和合肥一中。1968 年下乡劳动，一夜之间完成了由红色童话世界向生活最底层的跨越，过早地看到和体验了人的生存处境之艰难，感受了理想与现实之间的巨大反差。现系一

级作家，安徽省文学院专业作家。她注重散文作者人格的自我修炼和自我完善，近年专攻太极拳、内丹功，曾获第六届国际太极拳联谊赛一等奖与风格奖。王英琦出版过《热土》、《漫漫旅途上的独行客》、《守望灵魂》、《求道者的悲歌》、《背负自己的十字架》、《王英琦散文自选集》等散文集。早年写过电影文学剧本《李清照》(由西影厂拍摄)。散文曾获全国奖和省级奖，并被介绍到日本、印度和欧洲诸国。有人称之为"大陆三毛"，《文学报》、《文摘报》等报刊将她誉为"中国第一个有武功的女作家"。

20 世纪 80 年代初，王英琦踏上了现实主义文学之路。她任凭感情的驱遣，发泄胸中的积郁和愤懑，以"不该遗忘"作为感情的主旋律，表达了对自己童年的孤寂、缺少欢乐和少年时代苦难遭遇的回忆，由此产生对美好人生的向往与追求。《有一个小镇》是王英琦记叙散文中影响较大的一篇，记叙了"插队"农村时的特殊经历，一个偏远小镇的人和事。从卖绿豆丸子的徐大爷、剃头为生的二秃子、勤奋好学的小梅身上，使人看到人性的善良、人格的尊严。它礼赞古朴的乡风民俗，歌颂小镇人物的心灵美。在与世风沦落、人与人之间赤裸裸的物质交换的现实对比中，它表现出对真情、真诚的向往。《"大救驾"——童年的渴望》将童年的辛酸和孤苦细细写出，隐含着对历史文化的仰慕和对动乱年代的诅咒。《少年梦的幻灭》从一个独特的视角透视出"文革"对文化的扫荡，写出了"我"——一个小女孩美的梦幻的破灭。

20 世纪 80 年代中期，王英琦有一次只身孤影奔赴大西北的经历，这位"漫漫旅途上的独行客"徜徉在古代文化遗址之间，向历史隧道的纵深处摸索。回溯历史的沧桑，思考现实的困境，她写出了一系列以"文化遗址散文"著称的作品，如《不该遗忘的废墟》、《大唐的太阳，你沉沦了吗》、《南疆界碑》、《古城墙断想》、《烽火台述怀》等。她笔下的景致，就像一个个历史的见证人一样，不断地告诫着人们"千万不要忘记了在你们的身旁有一片不该遗忘的废墟"。也正是因为这种对民族文化的真情挚爱和在女性作家的写作中罕见的慷慨豪放的气度，使王英琦的这类散文被归入了"文化散文"。这些看似发思古之幽情的散文，实则集中反映了这一期间的散文创作拨乱反正、反思历史、重建传统的一种精神取向。王英琦的散文因为取材的特别、思虑的深入，具有极强的反省意识、忧患意识和浓郁的文化色彩，而有别于当时颇为盛行的伤悼散文和忆旧散文，具有一种浑厚的气魄和豪放的风格。

王英琦追求的是“真”，即“用真性情，用灵魂与生命写成的散文”。在散文中所表现的不仅是对外部世界的观察和凝视，更是作家的“内宇宙”——一个广袤的心灵世界和情感世界运作的真实体现。“读者本以为是要看到一个作家，而惊喜地发现了一个人”，这是王英琦的名言。她敢于揭开遮掩自己内心的帘幕，并且把隐秘的内心世界用散文化的语言公之于世。写自己，写心灵，写感情体验，写个性追求，写精神寄托，写人格力量。她对自己人格与文格健全的要求严厉而又苛刻，在解剖自我、批评自我时毫不心慈手软，甚至是“血淋淋”的真实。如《孽缘》、《永恒的出生之谜》、《带着欲望诅咒欲望》等篇章，都透出作者去伪饰、还真我，敢于直面人生的勇气。

《背负自己的十字架》是一部“忏悔录”式的长篇自叙传，王英琦以血为墨，坚持向自己的内心世界不断地掘进。“从某种意义上说，王英琦的确是在以夹叙夹议的方式，亦雅亦俗的行文风格，赤裸裸、血淋淋地剖露自己许许多多生活的隐私和内心的奥秘，做到了一般人做不到的坦率与直白。”如果说此前王英琦的创作是以自叙为主的个人经历复制式的写作，那么此后则是以哲思为主的内省求道式的写作，并从一个漫漫独行者、文化寻根者转向一个精神受难者、灵魂守望者。

近年来，王英琦散文创作的势头仍然不减，明显增强了知识和文化含量，表现出视野、格局与气象的新开拓。《大师的弱点》、《我们头上的星空》、《人生大于著书》、《无援的思想》等散文，流连于知识者的精神长廊，增添了理性维度与思辨色彩。《愿地球无恙》则是自然景观与人文景观相互交织，在人类几千年文明史的广大背景下，极目环球苍生，心系世界凉热，既有忧患、焦虑、悲观、绝望，又有思辨、探寻、期盼、祝愿，称得上是“视通万里，心鹜八极”，发出了全人类的共同心声。

王英琦认为，真正的散文写作，起码要做到灵魂在场。有自我的血泪参与，有作者心的跳动、精神的痛苦和人性的冲突升华。她的文章和人一样坦率、耿直，几乎找不到花鸟虫鱼的吟咏，甚至看不到缠绵的爱语。她是个“王大胆”，敢于性格鲜明大张旗鼓地走极端，意志坚韧地钟情散文而明言“永不改嫁”。散文是心灵的雕塑，强调作者的自我性灵，重视个人的生命体验。王英琦主张写散文要"吐胸中之积愤,诉心底之隐秘"。她在精神之旅的跋涉中,认识自我,寻找自我,否定自我,重塑自我,超越自我。"路漫漫其修远兮",也许她永远在路上,在追寻,在探索。

## 五、梁小斌:从儿童视角向成人视角的转换

梁小斌

梁小斌,安徽合肥人,1954 年生,朦胧诗的代表诗人。自 1984 年被工厂除名后,一直靠阶段性的打工为生。他前后曾从事过车间操作工、绿化工、电台编辑、杂志编辑、计划生育宣传干部、广告公司策划等多种职业。著有诗集《少女军鼓队》,思想随笔集《独自成俑》、《地主研究》、《梁小斌如是说》。诗歌《中国,我的钥匙丢了》、《雪白的墙》选入《百年中国文学经典》。

1988 年出版的诗集《少女军鼓队》,是一本仅仅收诗 80 多首薄薄的诗集,但就有收入各种选本和教材的《中国,我的钥匙丢了》、《雪白的墙》和《我热爱秋天的风光》等名诗。这些诗都通过儿童的视角来审思"文革"事态而显示出自己的特色,成为朦胧诗的代表诗人。

**雪白的墙**

妈妈,
我看见了雪白的墙。
早晨,
我上街去买蜡笔,
看见一位工人,
费了很大的力气,
在为长长的围墙粉刷。
他回头向我微笑,
他叫我
去告诉所有的小朋友:

以后不要在这墙上乱画。
妈妈，
我看见了雪白的墙。
这上面曾经多么肮脏，
写有很多粗暴的字。
妈妈，你也哭过，
就为那些辱骂的缘故，
爸爸不在了，
永远地不在了。
比我喝的牛奶还要洁白、
还要洁白的墙，
一直闪现在我的梦中，
它还站在地平线上，
在白天里闪烁着迷人的光芒。
我爱洁白的墙。
永远地不会在这墙上乱画，
不会的，
像妈妈一样温和的晴空啊，
你听到了吗?
妈妈，
我看见了雪白的墙。

这首诗是以刚刚结束的“文革”为历史背景的，梁小斌与其他在“文革”中成长的作家一样，都有一种强烈的“伤痕”意识，诗人对“文革”的反思也由感性认识上升到理性认识，在诗中有具体的表现。该诗以儿童的视角作为叙述口吻，抒发个人感受。诗中的“我”怀着童心向妈妈述说了他所看见的粉刷一新的雪白的墙，面对此情此景，回忆不断浮现，还对未来寄予了美好的祝愿和希望。在形式上不刻意雕饰，语言运用上没有押韵，读起来亲切和谐、平易自然，与诗所表现的儿童情绪相吻合，创造出一种亲切感人的艺术境界。

1979 年，由于摆脱了阴霾，自由的空气无比新鲜，思想也较为活跃。在这百花齐放的时代，诗人却开始静静地思考那丢失的一些最简单也最珍贵的东西：童真、诚实、爱、美、自由与家园。他“沿着红色大街疯狂地奔跑”，寻找一把“钥匙”，这把钥匙可以打开一切的记忆与梦想，是精神乃至历史之门的象征。“苦难的心灵/不愿再流浪了/我想回家”（《中国，我的钥匙丢了》），给当时思想解放的中国诗坛，带来了永久性的启示与诗意的新开拓。这也体现出梁小斌诗歌中蕴涵的深情和智慧。

2005 年中央电视台新年新诗会上，梁小斌被评为年度推荐诗人，推荐语中这么写道：

诗人梁小斌，一个磨难时代的诗歌童话，他坚韧而坚强地持续写作，在生活的边缘依然把诗歌完全融入了生命的状态。

新时期文学启蒙时，这位诗人坚实、清澈、透明而深邃的诗句，在中国所有城市的旷野呼啸而过，他朴素而寓意深切的诗歌依然影响着现在的人们。

《独自成俑》是一部思想随笔集，这部结集反映了作者在 1986—1990 年这个思想突变时期的愤怒和忧虑。全书在人性主题的照亮下，指出了丑和不幸在当事人身体里已经成为顽疾的悲哀现实。可这些受害者在作者的笔下，仍然是可被感召的迷途羔羊。正如愤怒和温情的卡夫卡一样，梁小斌对人抱有自始至终的幻想，这也是梁小斌作为一个文学家的正义良心和仁爱。以个性化的绝望激情，冷峻地阐述着人群的病情，他以质朴、简单、天真、忠诚、善良的姿态，确立了一个“医学研究者”的形象。他的深沉的思想和没有一句假话的文本现实，凸显出他的责任心和使命感。

《梁小斌如是说》是梁小斌 9 年来近百万字思想随笔的精选本，是一本提升思想的杰作。它第一次表现了作为一个中国人与自己思想的困境进行对抗的过程，在人们的思维盲区，也对一些从未遭受质疑的东西进行了深入的思考。他打碎了世间的一切成规陋见，归还人的思想尊严，书中所体现的智慧的光芒正是中国人真正需要的思想与价值。其语言带有明显的寓言性，耐人寻味，诱人深思。

作家前后不同时期的创作有着很明显的倾向，前期以诗歌为代表，以儿童的视角和叙述口吻来表达自己对社会认知的感受与体会，对历史的深刻反思，同时夹杂着对未来的美好希望和祝愿；后期则倾向于随笔等思想性的文字，以一个成人的视角、一个思想家的角度反观中国古今现状。他不仅仅是朦胧诗的代表诗人，而且还是一个思想家，其笔下的片段都包含着无尽的内涵，值得我们读者去深深地体会。

当代文学皖军立足于深厚的文脉辛勤地劳作，合肥这块文化沃土见证了他们在商潮冲击、红尘滚滚中依然坚守文学家园的身影，留下了他们的思绪与情怀，记录了他们的探索与收获。他们真诚地直面人生，拥抱现实，精心打造文学皖军，提升了合肥的文化品位和知名度，并将继续书写皖风徽韵，再谱新篇，重振雄风！



## 六、陶天月：坚守艺术的大众化与民族化

陶天月

陶天月 1931 年 2 月出生于安徽长丰县陶楼的一个书香人家，受家庭环境的影响，他自幼就酷爱书画诗文艺术，他的祖父陶干城是一位饱学之士，在家乡一带做私塾先生，他的父亲则是一名中医，常年奔波于陶楼到高塘镇之间行医。陶天月从 6 岁起就随父亲在高塘镇上读私塾，他学习十分刻苦，在他幼年之际，《千家诗》、“四书”、“五经”、《古文观止》等就能熟诵于口，以致今天有很多古文篇章他仍能倒背如流。后来他考到合肥省中上学，合肥省立中学便是今天合肥一中的前身，1946 年在他上高二时，因为参加学潮而被学校开除，于是转入寿县省立中学就读。1949 年他以优异的成绩考入华东大学江淮分校，毕业后先后在安徽省文化局、安徽省文联以及合肥报社工作，而其主要的时间，都是在安徽省文联从事书画创作。新中国成立初期，他从事过连环画创作，画过 20 多本连环画书，这些连环画书，为群众所喜闻乐见，流行很广，产生过很大的社会影响。五六十年代，他与几位画家一道，随书画艺术大家赖少其创作版画，

创立新徽派版画艺术，那时他与师松龄、郑震、林之耀等画家一起，在时任安徽省文联主席、我国当代木刻艺术的先驱、书画家赖少其的带领下，深入实际生活，深入研习中国的版画艺术，足迹遍布了江淮大地，创作出一大批反映当年沸腾的建设生活的有影响的版画作品。在不断摸索探寻中，陶天月打下了扎实的艺术功底和绘画基础，他参与创作的很多版画至今还收藏于人民大会堂和国家美术馆中，成为新中国版画艺术的精品，而他也练就成为中国新徽派版画艺术的主要画家之一。

陶天月花鸟画

作为当代著名的国画家、版画家和书法家，陶天月的国画创作以花鸟、山水为主，以黄山为师，继承新安画派，其作品构图清新严谨，笔墨浑厚，具有民族风格，他的作品糅合了传统与现代，融和了人物与山水，达到了物我两忘的境界，体现在其作品中，人物形象化入了氤氲的自然中，浑然天成、神韵生动。他的花鸟画，形象传神写照、意趣横生，笔墨酣畅淋漓、浑厚率性、老辣苍劲，其意象、境界和笔墨显现出特有的艺术魅力；而他的山水画极富气势，在抓结构的同时更注重表现出一股气韵，而这正是中国画艺术语言所十分关注的。就他的书法艺术而言，虽然从事的时间略晚些，但由于他从上私塾开始，就受到过严格的书法训练，加之后来自己的刻苦钻研，他先学颜、柳，后学王羲之、王铎，他的书法，笔墨的厚重和结字间架的灵动，常能见颜、柳之风，而且飘逸洒脱、自然天成，终于自成一格，臻于化境。他的书法在民间广为流传，现在合肥市的许多学校、商铺、宾馆、饭店的招牌、匾额都是他所题写的。

凭借着对艺术的执著追求和不断进取，陶天月在艺术园地的辛勤耕耘终于换来了累累硕果，他曾应日本、美国、加拿大、新加坡等地邀请举办个人书画展览，许多作品在日本、美国、意大利、保加利亚、罗马尼亚、挪威及国内展出，作品入选国内外重大书法展览，在多家报刊发表，他的传略收入《中国美术家名人辞典》、《中国当代书画家名人大辞典》、《中国当代书法家辞典》。今天，已入耄耋之年的他担任了多项社会职务，不仅是中国美术家协会会员、中国书法家协会理事、中国版画家协会会员、中国黄山画会副会长，而且担任安徽美协理事、安徽书协常务副主席、安徽文学艺术院副院长、一级美术师以及多所高校的客座教授，同时享受国务院特殊津贴。1994 年他的版画作品《水仙》曾荣获全国版画展金奖，1996 年他被授予鲁迅版画奖。

在艺术上，陶天月始终坚守着艺术的大众化、民族化，并把这作为自己艺术人生的不懈追求，他不为名、不为利，真正为民众创作，为民众服务，在他那里，没有什么"一字难求"，而是有求必应。他不讲价格、不计报酬，他所恪守的理念就是"藏书画于民间"。他的家乡长丰民众请他回去，给中学的师生作报告，他看到陶楼中学条件不好，为了家乡教育事业的发展，他创作了三十多幅字画，将这笔字画资金作为奖励学校老师、学生之用；后来，他觉得还应该为家乡教育做点更大的事，要为学校建一座楼，他的想法得到县、乡领导的支持，陪同他到乡镇和个体企业写字、作画，在县教委、乡政府以及社会各界的积极支持下，终于集资 60 多万元，将楼建成了，校长要命名为"天月楼"，他不同意，可父老乡亲们终不能忘记他对家乡的这份情意，最后还是取了这个名字，他是一位真正的人民艺术家。"世事洞明皆学问，人情练达即文章"，陶先生很喜欢《红楼梦》里的这句诗，他认为这不仅仅是艺术的真理，更是做人做事的真理，诚然，在艺术的王国和人生的旅途中，陶天月先生以自身淡泊名利、心系苍生的博大胸怀构筑着属于他更属于时代的精美图卷。

### 七、陆鹤龄：水墨人生的践履者

陆鹤龄，号虚石，祖籍安徽合肥，1944 年 12 月出生于陕西西安市，现系国家一级美术师，中国美术家协会理事，安徽省美术家协会常务副主席。他自幼爱画，六七十年代便有数以百计的油画、国画、连环画见诸报刊，70 年代中后期他开始专攻国画。1981 年他考取中国美术学院，师从我国人物画大家

陆鹤龄

方增先先生，在中国美院的两年深造，使陆鹤龄在中国画的理论与实践上受益匪浅，从而积淀了在中国人物画领域的深厚基础。毕业以后陆鹤龄返回安徽省博物馆，先后任艺术研究部主任、副馆长，安徽省艺术馆馆长等职，他在省博物馆的十年苦读磨砺，得益于传统文化的滋养，更丰实了他在艺术苍穹翱翔的力量。

20 世纪初，西画素描、速写等写实技法已经开始影响到中国水墨人物画。到五六十年代，“浙派”写意人物画更是把写生作为重要的训练手段。陆鹤龄师从新浙派写实主义水墨人物画的领军人物方增先先生，为强化写实造型和表现结构的能力，在老师的谆谆教导下，西画的写生成了他走进中国水墨领域进而大放华彩的关键。几十年来，陆鹤龄饱含对大自然的热情，抒写自己对祖国山川的赞美和对生活的感悟，曾数次赴云、贵、川，深入民族村落，穿越峡江莽原，以独到的审美视角和构图技巧创作了大量精彩的绘画，无论是温婉如玉的傣族少女，还是健壮如山的藏族青年，或是一身故事的彝族老人……画面无不生机勃发、意态盎然。他自言常在万籁俱寂的穹隆间，与天地对话、与远古对话，去感悟天地造物的神思妙得，感悟人生轮回的千古奥秘。他先后游历了十几个国家，每到一处，总是用心地感受着其异国风情与艺术珍藏。鹤龄的人物画，取材宽泛不拘一格，笔下的古今中外的人物形象，纯朴豪放，勃勃生机。观其画有一种直面而来的气势，作品中无论是表现当代少数民族人物形象或古代人物，甚至异国人物风情，都充溢着“形神兼备，气韵生动”的魅力，画家的激情与真情都鲜活地跃然纸上。在表现手法上，他的画既有大写意的狂放洒脱，又有小写意的精彩微妙，颇有艺术视觉冲击力和耐人寻味的感染力。在鹤龄早期的作品中明显可见“浙派”的风貌，正如他的老师方增先先生所评价的那样，他的画“用笔简洁厚重，墨法灵动，技巧尤为突出，可谓已得浑厚华滋之妙”。在恪守中国传统画法的同时，陆鹤龄大力吸收西方绘画技法，在中西画法的结合上巧辟蹊径，既汲

陆鹤龄人物画

取了西画的诸多元素，又在中国传统绘画理念与技法中加以融会贯通，他的笔墨构成常以表现对象的不同，求新求变，敢于突破陈式且很有创意，令人耳目一新。作为专攻水墨人物的当代画家，陆鹤龄的作品糅合了传统与现代，融和了人物与山水，达到了物我两忘的境界。他既摒弃了西洋画的光影味，而保留了素描造型的严谨性，又将突出结构的素描之法通融于传统中国画的笔法，从而形成了鲜明的个人艺术风格，成为当今中国画坛上具有代表性的徽派画家领军人物之一。

陆鹤龄在绘画风格上形成的沉雄之气与他平时的行为处事风格构成鲜明的反差，他做事沉稳低调，总有"退避三舍"的谦让，他沉寂画室潜心治学似有超然物外的淡泊气度，但画幅中饱含着的人性化的浓情意趣却仍摄人心魄。近些年来国内书画市场虽然日趋火热，作为当代徽派画家的代表人物，陆鹤龄其人其画在艺术品市场无疑会有相当的吸引力，但他从未热衷此道，反将自己封闭在画室里潜心于研究与创作，甚至近几年他为了避免尘世的喧嚣，索性迁到远离市区的西郊，至此深居简出甘于寂寞，把所有心思都用在其钟爱的绘画艺术研究上，从而保持着沉静的治艺心态，在当下浮躁功利的画界仍坚守着属于他的那片天地。他一贯恪守的处事低调而稳健务实的风尚，慎于市井利欲且少有随波逐流的妄为，寂然画室安于养学的人生状态，应是他厚积学识和履历人生最深邃的感悟，而以他所达到的艺术学养和专业水平，毋庸置疑地成为当代中国画坛有着相当影响力的优秀中年艺术家。

凭借对艺术事业的执著追求和锐意进取，陆鹤龄在艺术事业上取得了骄人的业绩，他的绘画作品数十次入选国家级与各种专业性的美术展览，他先后访学十多个国家，其作品曾赴美国、西欧、新加坡以及中国驻外使馆的巡回展出，随着对外文化交流活动的增多，他的作品曾被加拿大、日本、法国、挪威、土耳其以及东南亚国家的政府和私人收藏，国内一些纪念馆、博物馆、艺术院校亦收藏有其作品，国内外各类相关刊物都曾发表或专题性地介绍其绘画作品及其艺术思想，作品和传略先后被录入十余种版本词典名录，他个人也被国家授予"全国文化先进工作者"，被安徽省授予"文化艺术拔尖人才"，享受国务院特殊贡献津贴等殊荣。他的《四味书屋珍藏书画集》、《陆鹤龄中国画选集》、《陆鹤龄画集》等10余种画册以及德文版《中国安徽古代艺术》也陆续出版。

作为当代画坛上颇具盛名的艺术家，陆鹤龄锐意求新的强烈愿望显而易见，这反映了他改良成法以应时变的革新思维，他的创新不是无源之水、无本之木，因而虽是创新，其旨恰恰在于守成——守新人物画传统之成，守传统中国画笔墨之成，正如他自己所说的那样，一个不断追求高境界的从艺者，注重的是内心世界的感悟和体验，心无旁骛地专心绘事，使自己融入一种“大象无形，大音稀声”的人生状态，“达则兼济天下”应有所作为，“穷则独善其身”而不为外象所动，循法“有所为，有所不为”的道行，那将是艺术与人生的至高境界。正是在恪守和追求人生和艺术理想的艰难跋涉的道途中，他诠释着真正意义上的人生精彩。





## 八、应祚智：心静如水的“东方猫王”

应祚智，字若愚，1957 年生于安徽合肥一个高级知识分子家庭。他从小就接受过良好的家庭教育，六岁时就开始临帖学习书法，八岁时师从当时的安徽艺术学院教授孔小瑜、杨光素学习绘画，14 岁就读于合肥三中时迷上了篆刻，从此一发不可收拾。那时的他学习篆刻更多的是为自己和家人挣生活费：父亲被打成右派，和母亲一起被关进劳改农场，家庭的担子过早地压在了他和姐姐的肩上。他在读书之余还在安徽幻灯厂画幻灯画，记得第一次拿到 8 元钱的报酬时，他的手颤抖得十分厉害，这表示姐弟三人一个月的生活费有了着落。十五岁时他为日本友人佐智子、笹野泰弘、樱井、松井等人篆刻了六枚印章，他的篆刻技艺受到大家的高度好评。他在搞好文化课学习的同时常常挤出时间到当时的合肥师范学院旁听素描课，他

应祚智

的好学受到合肥师范学院杨光素教授的注意，杨教授发现应祚智在艺术上的非凡悟性和天资，颇为赏识，遂收他为弟子。在杨教授的耳提面命之下，应祚智的绘画、书法技艺得到迅猛发展。1976 年在杨光素教授的推荐下，19 岁的应祚智又成为张大千先生和曹大铁先生的弟子。在这期间，应祚智本来可以成为正规美术学院学生的，却因政审不合格而与美院失之交臂，这成为他终生的

遗憾。1981年应祚智开始走上工作岗位，在包公祠从事文物管理、考古工作，1983年他调到合肥电子研究所担任美工设计师，同年9月他以优异的成绩考入北京语言自修大学学习，同时参加国家文物局举办的首届绘画装裱学习班学习。1985年他在合肥首次举办个人书画展，获得巨大成功，被安徽省科学家、企业家兴皖俱乐部聘为最年青成员、首席书画家，同年被中国科学院(合肥分院)授予“科技画家”称号。80年代应祚智师从前辈艺术大师赵朴初和林散之先生学习艺术创作，这期间他的艺术创作水平突飞猛进，日臻成熟。1990年他调入安徽省文史研究馆担任副主任、画师，1997年3月，被安徽省人民政府宗教事务局所属安徽省中国画研究院任命为院长，1999年1月，被中国艺术研究院聘为创作员，2001年又被中国书画研究院聘为副院长。

应祚智创作的题材涉及颇广，山水、人物、花鸟动物都是他笔下描绘的对象，他的画富有江南画派清丽雅隽之风，尤其在水墨画大写意方面更是独树一帜，罕有匹者，而最为人称道的是他所描绘的猫。他画的猫传神逼真，极富灵气，运笔大胆粗放，着色明亮脱俗，黑中有亮，浓中有淡，虚实相生，疏密相辅，从而使画风坚实饱满，气势磅礴，线条酣畅，具有鲜明的艺术个性。应祚智喜欢画猫，在他看来，猫是人类忠实的朋友，它们不仅机灵温顺可爱，而且象征着和平、温馨和安宁，猫的“精神性”恰是生活中的美的体现。为了画好猫，应祚智家里养了各种各样的猫，他经常全神贯注地凝视、观察猫的习性、神态，时间一久，千姿百态的猫影便活灵活现地镌刻在他的脑海里。如此，下笔时胸有成竹呼之而出。应祚智画猫，笔墨上追求精练、传神、洒脱、灵性，物象上极尽生趣、野趣、奇趣、幽趣，布局上致力空灵、自然、韵味、高远。观应祚智所画之猫，让人感觉猫是如此温和乖巧，灵气逼真。读应祚智的猫图，透过画面，让人领悟到画家的内心深处向人们传递着令人震撼的意愿，渴望和谐，向往祥和，这就是他不自觉地展示出自我灵魂中至情至性的追求，也是充盈画中的精髓，更是他的画具有穿透力的生命活力所在，因而他又被世人称为“世界猫王”、“东方猫王”。著名书法大师赵朴初在欣赏完他早年创作的《百猫铁骨英姿图》后，曾欣然作诗赞曰:“君师散之翁，象外得其趣。应怜蝶恋花，好遣狸如去”。应祚智不仅擅长于国画，其书法也是气清骨秀，神采飘逸，自成面目，这与他精深的篆刻功力有关，他将篆刻与书法相互渗透融合，尤为难能可贵的是，他的书法无论是鸿幅巨制，还是尺纸片楮，都能行以己意，自出机杼，故其书风苍茫老辣而恣意汪洋，充满着鲜明的个性和强烈的艺术感染力。他的篆刻不论门派，博采众长，方印间透出雄浑朴茂，气韵生动。他的画作大都配合内容，题以自作诗，再钤上自刻印章，诗书画交相辉映。在当代书画家中，能够将书画金石融会贯通，相得益彰者寥寥无几。

靠着三分灵气与感悟，七分执著与信念，带着苦难陶冶出的墨香，踏出丹青岁月的每一步灿烂，奉献给世人一份用心血凝聚、用真情描绘出的辉煌篇章，应祚智，这个自学成才的著名书画家，在数十载的丹青岁月里，以青春与汗水、意志与灵魂，谱写出了一部博大精深的人生传奇。今天的他不仅担任中国书画研究院副院长、中国艺术研究院创作员，而且还兼任中山大学艺术顾问、广东外语外贸大学客座教授、广州大学客座教授、中国书法美术家协会名誉主席、中国国学名誉会长、中国书画名家研究会理事长、中国书画学会副主席、宋庄国际书画院终身院长等职。作为中国杰出的书画大师、篆刻家、金石书画鉴定专家、著名慈善家，应祚智在艺术旅途中凭借着汗水与勤奋，收获了荣誉与成就，1999 年，他的《回眸图》荣获世界华人艺术大会金奖，并被“世界华人艺术大奖组委会”收藏，自 1997 年以来，应祚智还获得了中国中外名人文化艺术委员会颁发的“世纪末艺术成就奖”、“20 世纪艺术创作大奖和世纪艺术交流功勋者”、“世纪杰出人物”等称号，2001 年与 2002 年，北京市邮政管理局分别发行《中国邮政明信片——中国书画百杰 · 应祚智作品选》和《中国书画大师应祚智作品选》明信片。

铁骨英姿图

“尽日相亲唯有后，长年可乐莫如书。”应祚智在磨难和坎坷的深处，寻找到了属于自己的生命和追求，他挥动手中的画笔，绘出生活美景，描绘人生辉煌。然而，他心如止水，始终抱着一个艺术家的平常心，不断地去探索自己心中那条永生不变的艺术之路。

## 九、陈廷友:性灵家园的诠释者

陈廷友

陈廷友,安徽当代著名的画家和文艺工作者,1963年5月出生于安徽合肥,中学毕业后以优异的成绩考入当时的安徽艺术学院美术专业。20世纪80年代后期,他与时有"山水人物画,金陵一大家"之誉的国画大师亚明先生相遇,遂拜亚明先生为师,研习丹青创作,在亚明先生的言传身教以及自身的刻苦钻研之下,陈廷友渐谙丹青奥理,在画风技法大进的同时逐渐形成了自己的艺术风格。



作为一个艺术工作者,陈廷友天性酷爱丹青,自幼就喜欢静心研究历代中国画名家名画并反复临摹,这为其后来的艺术创作奠定了扎实的技法功底。大学毕业以后,陈廷友凭借着扎实的创作功底和过硬的艺术理论基础进入了艺术界,在不断研习中国画创作的同时,深入探求中国画艺术创作中所蕴涵的独特的文化品格和思想内涵。对于绘画创作,陈廷友涉足甚广,从山水、花鸟到人物诸题材领域,工笔、写意等各种创作方法都非常擅长。他的山水画追求心灵境界,力求一种陶冶心灵纯化心境的自然美,正如他的老师亚明先生对他的评价所说的那样,陈廷友的绘画意境宽远和谐,气韵生动,设色明快,章法开合妥帖,平淡中见别致之处,能见传统风范又注入现代美学意识。陈廷友始终平心静气地学习传统,在接受传统的过程中不断地进行艺术创新和突破,他秉承亚明先生所强调的"笔法、墨法、章法"的画法宗旨,一步一个脚印忠实于传统,作画多取"常"态,不论是人物画、花鸟画还是山水画,都能从"常"中取静,从"常"中寄情,于平淡中见天趣,特别是他所擅长的山水画创作。他的山水画,讲究构图,章法严谨,节奏分明,起承转合,层层移步换位,妥帖蕴藉,在用笔上,注意吸收明清大家之法,结合自己对山水的独特理解,使物象和笔墨达到完美的和谐和统一。

忠于传统却又不会被固有的章法所限制,陈廷友既追随古人外师造化、中得心源,搜尽奇峰打草稿的优秀传统,又能够凭借艺术直觉敏锐地从大自然及现实生活中发现美、感受美、把握美、表现美。他作画追求独特的笔墨语言,并善于结合时代精神,从而使他的作品充满了生机勃勃、清新怡人的时代气息。

从传统出发，写时代精神，画在纸上的依然是美丽的山水，笔墨却有了崭新的精神。山水之丘壑林泉，画面宁静悠远，古意盎然，无不反映出陈廷友扎实的笔墨功底和深厚的传统修养，而其大写意泼墨则意象开阔，空灵洒脱，清新淡雅，水气迷濛，既新颖又浪漫，充满了时尚气息。正如刘继潮先生所评价的那样，陈廷友敏于对墨性的细微体味，又善于对墨韵的整体把握，以意向性为画面的主要旨趣，画家自由的布置层峦叠嶂，屋宇林木，丰富而饱满，笔墨随意生发，氤氲空灵，意境深远，回环而无尽，画面中时而涌出的流泉，于满幅墨色里烁烁炫目，令人心动。

云起幽谷

今天的陈廷友不仅是中国美术家协会会员、安徽省渐江国画院常务副院长，同时担任了安徽文史馆特邀研究员以及安徽艺术职业学院客座教授等多种社会职务。依靠娴熟的创作技法和深厚的艺术功底，陈廷友逐渐成为安徽乃至全国有着相当影响力的青年画家之一。他的作品多次参加中国美协主办的全国中国画展并获奖。2003 年他的作品获得中国美术家协会主办的全国中国画作品展优秀奖以及全国青年美术大展优秀奖，2004 年他的创作被中国美协选送到乌兹别克斯坦、拉脱维亚国展出，2005 年他的作品入选中国美协主办的第十六届世界美术大会・美术特展。此外陈廷友也先后在合肥、黄山、广州、宁波等地举办个人画展，出版个人画集《陈廷友中国画选》、《陈廷友作品选集》。2006 年中国文化部、国家邮政局出版发行《中国当代文化名家陈廷友作品选》邮票一套，同时中国邮政总局发行《陈廷友作品》明信片一套，其绘画作品进入了“国家名片”。陈廷友个人专略入编《中国当代名人录》，知名期刊《美术报》连续以整版篇幅介绍其艺术创作及其艺术作品，他创作的多幅作品被各省市美术馆、艺术馆及专业艺术机构和大型企业收藏，受到收藏界的重视和青睐。

自 2003 年举办个展以来，陈廷友自甘沉寂，锐意磨砺，潜心琢磨，在研习中国画传统技法的基础上力求创新，加入时代因素，形成富有时代感的绘画风格，推动中国画尤其是徽派画风的发展，成为新徽派绘画的主将。正如有人所评价的那样，陈廷友“像一个隐者，悠然自得地站在生命空间之外，平静地运笔泼墨，漫不经心地为人们创造一个个可以愉悦生命安顿魂魄的家园。他皈依自然，清心悟道，锁定纯粹与高洁，给繁重浮躁的尘世构建心灵的处所，让心力不支的人们都能到此养恤半日，静听晨钟暮鼓，卧看云起云飞”[1]。诚然，陈廷友的创作，笔锋入于山川林木之内，精神则驾驭于山川林木之外，与宇宙浑然相合形成独具个性的生命空间，淡泊宁静，清越超迈，气韵生动淋漓，他以生命富含的厚重与超脱凡世的洒脱诠释着属于他的性灵人生。



## 十、丁玉兰：民间戏剧的“玉兰花”

丁玉兰

丁玉兰，中国著名的戏剧表演艺术家，1931 年生于肥东县一个贫苦的农民家庭。她的童年十分凄惨，幼年丧父，和母亲过着讨饭、捡菜叶的困苦生活，后随母亲在养父丁友和的丁家班演戏谋生。7 岁时她不幸得了眼疾，因无钱医治，导致左眼失明。从 8 岁起，丁玉兰就在养父的戏班里开始学艺，自此与庐剧结下了一世情缘。由于当时庐剧还是小戏，社会地位很低，在辗转的演出路程中，丁玉兰饱尝了人间的冷暖，也正是在这演出的氛围感染下，丁玉兰从小就练就了扎实的艺术功底。后来丁玉兰拜戏班的一位陈姓师傅为师，由于天赋高，学戏精，她 8 岁就开始登台，13 岁就可以唱庐剧代表剧目，并很快成为一方名角。在艺术上锐意进取的丁玉兰，随后又正式拜庐剧名角郭士龙为师，使艺术品位更臻完美。1949 年新中国成立后，养父丁友和携带丁玉兰母女，一副箩筐担到了合肥城，参加了由老艺人王本银主持的合肥平民剧社。丁玉兰来肥后演出的第一折戏是《秦雪梅观画》，写戏报时，因她还没有正式的名字，大家就在一起商议替她起了个新名字：丁玉兰，首场演出就让“丁玉兰”这个名字一炮打响。平民剧社也越办越兴旺，在

〔1〕 春阳：《生命空间·性灵家园》，载《绿色视野》2006 年第 2 期。

此期间，丁玉兰的表演水平得到迅速提高，丁玉兰进入艺术表演生涯的“黄金期”。之后丁玉兰进入安徽省庐剧团，历任皖北地方戏实验剧场、安徽省庐剧团演员，合肥市庐剧团演员、副团长、名誉团长。新中国成立前丁玉兰由于不识字，她取得的艺术成就完全靠平日里的刻苦训练，所以在学习的过程中总是要付出比别人多几倍的工夫，别人睡觉，她背台词，别人休息，她练唱功，甚至怀孕也照常排戏演出。新中国成立后在党和政府关怀下，她如饥似渴地补充文化和业务知识，学习和观摩兄弟剧种演出，广泛吸取各剧之长，为再攀艺术高峰打下了坚实的基础。1957 年，在北京的戏曲汇报演出中，丁玉兰凭借对庐剧代表剧作《借罗衣》、《休丁香》的精彩演绎，震惊了戏曲界，这次的进京汇报演出让丁玉兰的庐剧事业达到巅峰。毛泽东、周恩来、刘少奇和朱德等党和国家领导人都兴致勃勃地观看了她的演出，并在看完演出后同丁玉兰等人亲切握手合影。周恩来总理更是亲切地关怀丁玉兰，帮丁玉兰解决眼疾就医问题。连当时的戏剧大师梅兰芳也向她请教“跑驴”动作，这次的赴京演出大大地扩大了庐剧在全国的影响力，也开创了丁玉兰艺术生涯上辉煌灿烂的篇章。

60 多年的演艺生涯中，丁玉兰获得了许多成就。1954 年，她参加华东地区第一届戏曲会演，凭借在《借罗衣》中的精彩演出，获得演员一等奖；1956 年，凭借在《双丝带》中的出色表演，获得安徽省第一届戏曲会演一等奖；1959 年，由她担纲主演的《借罗衣》被搬上银幕在全国公开放映。丁玉兰对庐剧艺术的改革和发展作出了巨大贡献。鉴于丁玉兰的杰出艺术表演，她被中国戏剧家协会吸收为会员，并当选安徽分会理事。退休后，在教师岗位上，丁玉兰先后被评为合肥市先进工作者、省政协积极分子、省劳动模范，并当选省人大代表、政协委员。她的事迹和艺术成就被《中国大百科全书》等权威文献收录，从庐剧团退休后，挚爱庐剧的她没有停歇下来，她又被庐剧团返聘回去当老师，还担任了老年大学庐剧班的指导老师。在培养庐剧人才方面，丁玉兰一直是不遗余力、毫无保留，在她手上已带过八批徒弟，丁玉兰承担起培养下一代的任务，积极为庐剧贡献余热。

作为庐剧代表人物，庐剧就是丁玉兰的生命，倾注了她一生的感情。当然也正是由于她和她的剧团的存在，庐剧在很大程度上才从一个只在乡村野寨搭草台班演出的地方小戏逐步成为能够进入省城立足的地方大戏。从《小辞店》里爽朗、干练的店大姐胡凤英,《借罗衣》里爱慕虚荣的“二嫂子”,《观画》中的大家闺秀秦雪梅,《休丁香》里心地善良的丁香,《江姐》中的英雄江姐……从艺60多年的丁玉兰在庐剧舞台上塑造了一百多个鲜活饱满的艺术形象,无可厚非地成为庐剧的“鼻祖”并形成了独具特色的丁派艺术特色。作为名角,她用她那玲珑的表演风格和甜美的地方韵味将庐剧一次一次推向全国。从地方味十足的《借罗衣》到文辞高雅的《玉簪记》,无论是村姑还是大家闺秀,无论是青衣还是花旦角色,她都表演得出神入化,活灵活现。这种百变的表演天才征服了淳朴的村民,也征服了苛刻的雅士,就像黄梅戏的严凤英、豫剧的常香玉一样,丁玉兰也可以说是观众心中的一个艺术符号,从一定程度上说,“丁玉兰”三个字就代表了庐剧。传承人的缺乏让丁玉兰对庐剧发展前景颇为忧虑,但她依然毫不保留地对这个挚爱一生的事业贡献着自己的余热,她认为庐剧是道道地地的安徽省地方戏,非常受农民欢迎,庐剧从农村中来还要到农村中去,只有来自民间,面向民间,才是它的生命所在。丁玉兰以自己的行动践履着她始终不渝的信仰,在耄耋即至的时刻依然奔走在戏剧艺术传承发展的舞台,她以她舞台艺术的一生诠释着属于她更属于国家和民族的价值符号,她演绎的是中国传统艺术经久流传的“玉兰花”。

# 第八章　合肥当代科教文化与科技创新

合肥是一座有着两千多年历史的古城，文化积淀厚重。新中国成立后，合肥发生了沧桑巨变，经济文化的发展步入了快车道。现在的合肥是全国重要的科教基地和科技创新试点城市。她两次被评为“科教兴市先进城市”，三次被评为“全国城市环境综合整治优秀城市”，四次荣获“全国卫生城市”、五次荣获“全国双拥模范城”光荣称号，并被评为首批“国家园林城市”和“中国优秀旅游城市”。

如今，巢湖之滨的现代科教名城合肥宛如一颗璀璨的明珠，光芒四射，魅力无穷。

## 第一节　科教基地　院所众多

### 一、科教基地

合肥是中国政府批准建立的全国首批科教名城，拥有中国科学院著名的研究所等离子体物理研究所、固体物理研究所、光学机械研究所、国家同步辐射实验室（国家级实验室），信息产业部第16、第38和第43研究所，合肥通用机械研究院等各类技术研究与开发机构358家,共约有30万科研人员,智力资源在全国同类城市中处于领先地位。全国共有8个国家重大科学工程,合肥占两个,分别为中国科学技术大学的国家同步辐射实验室和中国科学院合肥物质研究院的超导托卡马克聚变实验装置。合肥拥有中国科学院和中国工程院院士31人,在中部城市中名列前茅;国家自然科学基金创新群体和中国科学院"百人计划"入选人数在中部城市中也名列第一。合肥科教游已成为安徽旅游的知名品牌,"旅游人学科技,科技人当导游"成为合肥一道靓丽的风景线。

合肥创新能力较强,既是全国两个科技创新型试点市之一,也是世界科技城市联盟会员城市。中国第一台窗式空调机、微型电子计算机、激光大气污染监测雷达以及世界上第一台VCD、仿生洗衣机、变容式冰箱均诞生于合肥。从2001年起,合肥每年举行一次"中国·合肥高新技术项目与资本对接会";2009年4月合肥举行"中博会",搭建起国内、国际科技产业投资的平台,努力使合肥的科教优势转化为现实的产业优势和经济优势,让"合肥制造"与"合肥创造"比翼齐飞。

仅2008年合肥在科技创新方面的成绩就令人瞩目:中国电子科技集团公司第38研究所主办的首届全球华人微波峰会在合肥召开,来自美国、加拿大、英国、瑞典、新加坡、日本等16位微波、天线、光电领域的顶级华人学者,共聚一堂;安徽科大讯飞信息科技股份有限公司依托承担的省"十一五"科技攻关计划"智能汉语自助学习平台",成功开发出基于局域网的普通话水平智能测试平台、基于互联网的测试管理平台、基于互联网的智能汉语口语自助学习平台等应用产品,并已在海外汉语教学、面向中小学的普通话口语教学、普通话水平测试和模拟测试等方面得到广泛应用;中国科技大学在第十届中国机器人大赛暨Robot Cup公开赛上,中国科学技术大学"蓝鹰"队表现出雄厚的实力,参加的5个项目全部进入决赛,并获得两项冠军和三项亚军,其中标准平台组的两枚金牌尤为贵重。此次大赛,有来自中国、澳大利亚、土耳其、新加坡、巴西等国家的400多支队伍参加比赛;合肥科学岛核聚变研究再获新进展,高温超导电流引线试验获世界最高纪录;2008年12月28日,国家标准委将导卫装置的国家标准委托给合肥东方冶金设备公司制定,标志着我省在导卫装置研发制造方面跻身国内领先水平。

2008 年 12 月 28 日，由《科技日报》社组织，部分院士、多家中央新闻单位参与评选的“2008 年国内十大科技新闻”揭晓，中国科学技术大学两项成果榜上有名，分别是陈先辉教授研究小组发现铁基高温超导材料和潘建伟教授研究小组实现世界上首个量子中继器。由中国科学技术大学与皖能集团联合研发、安徽腾龙电气制造的“电站锅炉等离子体煤粉点火系统”日前在合肥电厂 5 号机 60 万千瓦机组获成功应用，等离子体点火技术在国内处于领先地位。财政部、科技部联合下发《关于开展节能与新能源汽车示范推广工作试点工作的通知》，在全国 13 个城市开展示范推广试点工作，合肥市名列其中。新出版的英国《自然》杂志子刊《自然・物理》发表了中国科学技术大学合肥微尺度物质科学国家实验室潘建伟及其同事赵博、陈宇翱等共同完成的研究成果：长寿命量子存储的实验实现。在该科研项目中，潘建伟研究小组与德国、奥地利的专家合作，在国际上首次将单量子存储的寿命延长至毫秒量级，量子存储的寿命首次提高到 1 毫秒以上，相当于光可以在空气或光纤中传播超过 300 千米，向未来基于量子中继器的远距离量子通信迈出了坚实的一步。2008 年 12 月 30 日，中国城市竞争力研究会在香港发布了第七届(2008 届)中国城市竞争力排行榜，其中，合肥以总得分 978.06 位列全国第 25 名，超过了西安、南昌、哈尔滨等城市。

2008 年，合肥首次成功入围“中国城市综合创新力五十强”。合肥市在举行“推进合芜蚌自主创新综合配套改革试验区建设动员大会”上提出，到 2012 年基本建成创新型城市，到 2017 年基本建成国内领先、国际知名的创新型城市。

## 二、院所众多

1. 科研院所

(1)科学岛

科学岛即中国科学院合肥分院，由江泽民同志亲自命名，位于合肥市董铺水库的西岸，占地 3 000 多亩，静卧在碧绿的湖水中，岛上花木葱茏，清新幽静，五座科研楼一字排开，三幢雅致大方的临湖别墅与其

科学岛

他附属设施，组成了具有雄厚科技实力的“科学城”。自 1965 年国务院批准在合肥建立第一个综合性科研基地以来，岛上先后建成了中国科学院光学精密机械研究所、等离子体物理研究所、智能机械研究所、固体物理研究所。1978 年 10 月中国科学院合肥分院正式成立，它是中国科学院在合肥的领导机构，负责管理合肥的四个研究所。近 20 年来，中国科学院合肥分院共取得科技成果 400 多项，获国家、中国科学院、国防科工委奖 160 多项，在国民经济和国防建设中已产生重大效益的有 60 多项。

科学岛的设备和潜能都是国内一流的，有些领域的研究已处在国际领先地位，如等离子体物理研究所的超导托卡马克装置，是解决人类未来能源研究的重要设备。目前，“科学岛”正在从事一系列尖端科学研究，比如“人造太阳”实验等。科学岛承担的国家“863”计划能源领域聚变—裂变混合堆专题，对利用混合堆生产核燃料，处理核废料，努力开拓聚变能早期应用途径的研究取得了重要成果，在国际上占有重要地位，引起国际聚变界的广泛关注。科学岛承担的国家计委重大科技攻关项目离子束生物工程，首创低能离子生物育种技术，并发展成为新的交叉学科——低能离子生物学。在农业、工业生产中的推广应用获得了显著的社会效益和经济效益，被国家计委、国家科委和财政部授予“国家‘八五’科技攻关重大科技成果”。

科学岛积极推进国际合作交流，建所以来先后派遣 200 多名科技人员到世界一些主要的核聚变实验室访问学习，培养了一批走上国际舞台、能与各国际核聚变研究室进行合作研究的优秀人才。同时通过国际合作，在设备方面得到国际上的广泛支持。科学岛与美、日、俄、欧盟等 26 个国家和地区建立了稳定的合作交流关系，开展多项国际合作研究，多次成功举办国际学术会议，是世界实验室的核聚变研究中心、第三世界科学院优秀研究中心。

等离子体物理研究所

(2)中国科学院等离子体物理研究所

中国科学院等离子体物理研究所是“科学岛”上的4家研究所之一。新一代核聚变实验装置——超导托卡马克核聚变实验装置(简称EAST装置)就是由该所承担建设的,此项工程被列为国家“九五”重大科学工程。在2008年9月28日首轮物理放电实验过程中,EAST成功获得电流超过240千安、时间2.7秒的高温等离子体放电,标志着世界上新一代EAST已在中国首先建成并正式投入运行。国内外专家一致认为,这是全世界聚变能开发的杰出成就和重要里程碑。未来10年内,EAST将保持世界先进水平。

(3)国家同步辐射实验室

国家同步辐射实验室坐落在安徽合肥中国科学技术大学西校园内,这是国家计委批准建设的我国第一个国家级实验室。实验室拥有的同步辐射光源是目前国内高校中唯一一台大科学装置和国家级实验研究平台。

国家同步辐射实验室

国家同步辐射实验室建有我国第一台以真空紫外和软X射线为主的专用同步辐射光源。其主体设备是一台能量为800 MeV、平均流强为100—300 mA的电子储存环,用一台能量200 MeV的电子直线加速器作注入器。来自储存环弯铁和扭摆磁铁的同步辐射特征波长分别为2.4 nm和0.5 nm。国家同步辐射实验室是向国内外用户开放的国家级共用实验室,现有注册用户150余家。

(4)合肥微尺度物质科学国家实验室

合肥微尺度物质科学国家实验室是科技部于2003年11月批准筹建的5个国家实验室之一,实验室“建设计划任务书”于2004年11月通过了科技部组织的海内外专家的论证。

合肥微尺度物质科学国家实验室是在长期坚持学科交叉与融合的基础

上，通过对相关重点实验室资源的优化整合，逐步形成的一个以多学科综合为特点、以国家重大战略需求和交叉前沿领域为导向的新型实验室，其学科领域涉及物理、化学、材料、生物和信息，实现了五大一级学科之间大跨度的整合。

实验室现设有7个研究部（原子—分子科学研究部、纳米材料与化学研究部、低维物理与化学研究部、量子物理与量子信息研究部、生物大分子结构与功能研究部、Bio-X交叉科学研究部、理论与计算科学研究部）和1个公共技术部，凝聚了一支以具备多学科背景的杰出人才为学科带头人、以优秀青年人才为主体的研究队伍和一支高水平的技术支撑队伍。90余位研究人员中，包括7位院士、10名“长江学者”特聘教授、24位国家杰出青年奖获得者、32位“百人计划”入选者、5个国家自然科学基金委创新研究群体和4个教育部创新团队。



（5）火灾科学国家重点实验室

火灾实验室

火灾科学国家重点实验室是利用世界银行贷款和国内配套投资兴建的我国火灾科学基础研究领域唯一的国家级研究机构。1989年通过立项论证，1992年获准边建设边对外开放，1995年通过国家验收，2003年第一次参加工程与材料领域的29个国家重点实验室评估，被评为“优秀”类国家重点实验室。2004年，在“国家重点实验室计划实施20周年和国家重点基础研究发展计划实施5周年纪念大会”上，该实验室荣获“国家重点实验室计划先进集体”。

实验室实行主任负责制，由学术委员会进行学术指导，下设有火灾科学编辑部、实验条件部和办公室，并设立有8个研究室：建筑火灾研究室、森林与城市火灾安全研究室、工业火灾研究室、火灾风险评估研究室、火灾化学研究室、火灾监测监控研究室、清洁高效灭火研究室、计算机模拟研究室。

实验室宗旨：面向国家火灾安全重大需求和世界火灾科学前沿，研究火灾动力学演化规律和火灾防治关键技术，培养优秀人才，攀登世界火灾科学高峰,为实现国家火灾安全不断作出基础性、战略性和前瞻性的创新贡献。

(6)国家高性能计算中心(合肥)

"国家高性能计算中心(合肥)"坐落在我国著名的学府——中国科学技术大学西区校园内,它的前身是国家科委于1995年9月5日批准成立的"中国合肥高性能计算中心",1998年5月18日科技部将其易为现名。中心隶属于安徽省科技厅、中国科学技术大学、中国科学院合肥分院和中国科学技术大学高等研究院。它是我国5个国家级高性能计算中心之一(合肥、武汉、成都、上海、北京),中心的宗旨是建立我国高性能计算基地,推广国产曙光系列并行机的应用,为推动我国高性能计算水平和民族计算机工业的发展而奋斗。

中心现有国产曙光1号、曙光1 000、曙光2 000大型并行机和微波天线、绘图仪、SUN工作站、高档微机等高级计算设备及外设。其中曙光2 000是曙光天潮可扩展并行计算机系列的一个产品,作为一个超级服务器,它由11个厚节点(含Myrinet网络接口)、1个高性能计算节点和1个控制台组成,浮点运算峰值达每秒200亿次,是具有可扩展机群体系结构的通用超级并行机系统。系统可在下列领域提供高性能服务:通信系统、高性能文件系统、并行库、并行数据库、高速I/O,以利于高效地进行超级计算、并行查询、高性能事务处理。

(7)合肥通用机械研究院

合肥通用机械研究院(原合肥通用机械研究所)是直属中国机械工业集团公司的多专业综合性国家一类科研院所。全院占地面积30万平方米,固定资产近7 000万元,下设工程部、研究所、合(独)资公司。主要从事石油化工、化肥、电站、环保、燃气、船舶等行业通用机械、化工设备和专用机电设备的设计开发、制造、检测和相应的工程承包、工程监理、设备成套。

(8)中国科学院安徽光学精密机械研究所

中国科学院安徽光学精密机械研究所(简称安徽光机所)成立于1970年12月,位于安徽省合肥市西郊蜀山湖畔风景秀丽的科学岛上,占地面积约600余亩。

作为中国科学院基地型研究所,安徽光机所拥有大气光学、环境光学及环境遥感监测技术、激光技术等有特色、有优势的学科。现拥有博士后流动站2个,博士学位授予点3个,硕士学位授予点7个。已为国家培养硕士生940余人、博士生520余人，授予硕士学位622个、博士学位238个。

安徽光机所现有国家“863”计划大气光学重点实验室、中国科学院通用光学辐射定标与表征技术创新重点实验室、中国科学院环境光学与技术重点实验室、安徽省环境光学监测技术重点实验室。安徽光机所主办编辑出版的《量子电子学报》和《大气与环境光学学报》在国内外学术界都具有一定的学术影响力。

2. 高等院校

(1)中国科学技术大学

中国科学技术大学是中国科学院所属的一所以前沿科学和高新技术为主、兼有特色管理和人文学科的综合性全国重点大学，是唯一得到“211 工程”、“985 工程”、“知识创新工程”三大工程重点建设的大学。



它于1958年9月创建于北京，首任校长由郭沫若兼任。它的创办被称为“我国教育史和科学史上的一项重大事件”。1970年初，学校迁至安徽省合肥市，开始了第二次创业。1978年以后，学校锐意改革，大胆创新，在全国率先提出并实施了创办少年班、首建研究生院、建设国家大科学工程、面向世界开放办学等一系列具有创新精神和前瞻意识的教育改革措施，得到迅速发展。“七

中国科学技术大学

五”、“八五”期间学校一直得到国家的重点建设，很快发展成为国家高质量人才培养和高水平科学研究的重要基地。

中国科大拥有国家同步辐射实验室、合肥微尺度物质科学国家实验室，是唯一拥有两个国家级实验室的大学；拥有25个国家级和院省部级重点科研机构，有数学、物理学、力学、生命科学与技术等4个国家级人才培养基地，8个一级学科国家重点学科（涵盖41个二级学科），4个二级学科国家重点学科，19个省部级重点学科，数量位居全国高校前列。其中，理学门类一级学科国家重点学科数并列全国高校第一，理学博士点的国家重点学科覆盖率达100%；工学博士点的国家重点学科覆盖率达40%。2000年以来，在两院院士评选出的年度“中国十大科技进展”中，中国科大有6项成果入选，名列全国高校之首。

中国科大自1963年首届学生毕业以来，已有42名毕业生当选为两院院士，本科毕业生当选院士的比例高达1‰，为全国高校之冠。1983年，我国自主培养的首批18名博士生中，有7人为中国科大培养；先后有23名博士生获得“全国百篇优秀博士论文”奖，比例居全国高校第二；据国务院学位办统计，中国科大博士生在国际权威学术期刊《Nature》、《Science》上发表的论文数居全国高校第二；平均每年有70%以上的本科毕业生考取国内外名校的研究生。

20世纪90年代以来，学校主动适应国内外科技、教育和社会经济发展的变化要求，认真贯彻《中国教育改革和发展纲要》，大力推行教学科研改革和结构性调整，进行第三次创业。学校是国家首批实施“985工程”和“211工程”的大学之一。

目前，全校上下正深化改革，锐意创新，力争在2018年建校60周年前后，把学校建设成为质量优异、特色鲜明、规模适度、结构合理的一流研究型大学，成为与中国科学院和其他专业研究院所及高科技企业相结合，面向全国培养具有创新能力和现代知识结构的一流人才，具有较强知识创新和技术创新能力的教育与科研基地，为实现“创寰宇学府，育天下英才”的宏伟目标而努力奋斗。

(2)合肥工业大学

合肥工业大学是一所教育部直属的全国重点大学，是国家“211工程”重点建设高校。

学校创建于1945年，1960年被中共中央批准为全国重点大学。刘少奇、

合肥工业大学

朱德、邓小平等老一辈无产阶级革命家先后来校视察和指导工作。1979 年，邓小平同志亲笔题写了“合肥工业大学”校名；1995 年，江泽民、李鹏、李岚清等中央领导同志为学校建校 50 周年题词。60 多年来，学校以民族振兴和社会进步为己任，坚持社会主义办学方向，秉承“厚德、笃学、崇实、尚新”的校训，恪守“勤奋、严谨、求实、创新”的校风，形成了鲜明的办学特色，成为国家人才培养、科学研究和社会服务的重要基地。

学校占地面积 199.399 万平方米。图书馆藏书 189.72 万册，电子图书 122.90 万册，中外文现刊 3 322 种，中外文电子期刊 33 371 种。学校设有 15 个学院(系)、46 个研究所、33 个省部级重点科研基地、1 个国家甲级综合建筑设计研究院、53 个教学实验室、13 个校内实习实践基地、166 个校外实习基地；拥有教学、科研仪器设备 37 320 台(套)，总价值 33 955.63 万元，实验室基础设施和生活、体育、文化设施配套齐全。

学校现有教职工 3 792 人，专任教师 1 851 人，其中具有高级专业技术职务人员 1 212 人；专任教师中具有硕士及以上学位的有 1 477 人，占 79.8%。“长江学者奖励计划”特聘教授和讲座教授 6 人，国家级教学名师 2 人，国家基础课程和专业教学指导委员会委员 24 人，全国模范教师 2 人、优秀教师 3 人、高等学校优秀骨干教师 3 人，国家“百千万人才工程”入选者 4 人，中国科学院“百人计划”入选者 3 人，教育部“新世纪优秀人才支持计划”入选者 7 人，全国留学回国人员先进个人 1 人，霍英东教育基金会高等学校青年教师奖获得者 4 人、青年教师基金获得者 1 人，在职人员中享受国务院特殊津贴的有 41 人。

学校积极开展对外合作与交流，与德国斯图加特大学、日本久留米大学、美国德瑞克索大学、丹麦奥尔堡大学等 50 多所世界知名大学建立了友好合作关系。

(3)安徽大学

安徽大学

在 19 世纪末敬敷书院和 20 世纪初创办的安徽大学堂的基础上，安徽大学于 1928 年创建于当时的省会安庆市，她的诞生是安徽现代高等教育开启的里程碑。1930 年 6 月更名为省立安徽大学，1946 年定名国立安徽大学。著名学者姚永朴、刘文典、王星拱、程演生、陶因、陈望道、丁绪贤、郁达夫、周予同、吕思勉、章益、周建人等曾在安徽大学执教或主持校政。

1949 年 12 月迁至芜湖，与安徽学院合并，恢复校名安徽大学。1956 年，学校迁址合肥市。

新中国成立以来，安徽大学备受党和国家领导人的亲切关怀和安徽省委省政府的高度重视。1958 年 9 月 16 日，毛泽东视察安徽时，亲笔为学校题写校名。1960 年 2 月 23 日,邓小平同志亲临学校视察。1998 年,江泽民、李鹏、乔石等同志亲笔题词祝贺学校建校 70 周年。2001 年,温家宝同志亲切接见了"全国十大扶贫状元"何家庆教授。董必武、彭真、陈毅、刘澜涛、李岚清、许嘉璐、回良玉等党和国家领导人也曾先后来校视察。安徽省委第一书记曾希圣、副省长杜宜瑾同志都曾长期兼任校长。

1993 年,安徽省委省政府决定重点支持安徽大学进入国家"211 工程"。1996 年以来学校相继完成"九五"、"十五"的"211 工程"建设任务,2006 年 6 月顺利通过国家"十五""211 工程"整体项目验收。目前,学校正在进行"211 工程""十二五"建设项目的论证准备工作。学校现有普通本科教育 14 个学院;现有教职工 2 500 余人,专任教师 1 522 人;学校现有计算机应用技术、汉语言文字学 2 个国家级重点学科,12 个省级重点学科,2 个博士后科研流动站,1 个一级学科博士点,16 个二级学科博士点,16 个一级学科硕士点,119 个二级学科硕士点,4 个专业硕士学位点和 16 个高校教师在职攻读硕士学位点。



建校近 80 年来,已为国家培养了近 17 万名各类高级专门人才,学校已成为安徽省培养高层次人才的重要基地之一。学校设有教育部人文社科重点研究基地徽学研究中心,计算智能与信号处理实验室、光电信息获取与控制重点实验室等 2 个教育部重点实验室,教育部电能质量工程研究中心以及获得国家计量认证的现代实验技术中心,设有 3 个省级高校人文社科重点研究基地和 5 个省级重点实验室;学校科技产业园是全国首批 15 个大学科技园建设单位之一。

(4)合肥学院

合肥学院是一所以工学、经济学、管理学为主,文学、理学、教育学协调发展的多学科全日制普通本科高等学校。1980 年建校(合肥联合大学)之初,就在全国率先实行联办公助、适当收费、按社会需求设置专业、不包分配、择优推荐就业、后勤社会化的办学模式,在中国高等教育改革方面发挥了重要的探索作用。

1984 年,安徽省人民政府与德国下萨克森州政府签署协议,把合肥学院确定为中德省州文化交流合作共建项目。20 多年来,合肥学院积极开展对外交流与合作。学院借鉴德国应用科学大学先进的办学理念,探索出一条符合我院实

合肥学院

际的应用型高校发展之路，得到中央、省部领导和主管部门的充分肯定。2009年学院的“借鉴德国本科应用型人才培养体系的研究、创新与实践”项目获第六届高等教育国家级教学成果二等奖。目前，合肥学院同德、韩、日、美、意、西、奥、泰等国30所高校建立了合作交流关系，先后派往德、韩、意、西等国留学的留学生1 300多人，为国家和地方培养了一批有一定的国际合作交流能力的人才。

合肥学院坚持全面贯彻党和国家的教育方针，遵循高等教育发展规律，坚持科学发展，坚持改革开放，坚持“地方性、应用型、国际化”的办学定位和“育人为本、德育为先、教学为纲”的办学理念及“厚德、博学、善思、致用”的校训，坚持为地方经济社会发展服务，努力提高教育教学水平和人才培养质量。近年来，合肥学院的综合实力、核心竞争力和社会影响力得到全面提升。目前，合肥学院是安徽省重点建设的5所省级示范应用型本科高校之一，2010年又被教育部列为“卓越工程师教育培训计划建设单位”。面向未来，合肥学院将继续坚持科学发展观，进一步提高人才培养质量，努力办好有特色、高水平、人民满意的应用型本科高校。

# 第二节 科技创新 工业立市

## 一、科技创新

1. 科技创新支撑“工业立市”战略

2004 年 11 月，合肥被科技部批准为国家科技创新型试点市。近年来，合肥坚持把科技创新作为实现跨越式发展的第一推动力，坚持以科技创新支撑和引领新型工业化道路，努力探索一条依靠自主创新推动经济社会又好又快发展的新路子，为“工业立市”战略发挥了重要的支撑作用。

近年来，合肥作为国家科技创新型试点市，以抓产业发展为核心，充分发挥科教人才资源优势，在科技部和省委、省政府的大力支持和帮助下，转变发展思路，强力推进科技创新发展，围绕合肥跨越式发展和现代化滨湖大城市建设总目标，以体制机制创新为动力，以集聚创新人才为重点，以提高创新能力为核心，以培育创新型产业为目标，以优化创新环境为保障，大力实施创新型产业升级工程、创新型企业培育工程、创新人才集聚工程、创新载体建设工程、创新平台建设工程、创新环境优化工程等六大创新工程，深入开展综合配套改革，进一步扩大对外开放，着力破除制约自主创新和科学发展的体制机制障碍，努力探索由要素驱动向创新推动转变的发展模式，在加快合芜蚌自主创新综合配套改革实验区建设中，努力走出一条具有合肥特色的自主创新之路。

合肥各类高校和科研院所密集，近年来，合肥市委、市政府致力在自主创新的体制机制和培育新兴产业上取得突破，着力建立以企业为主体、市场为导向、产学研政资介紧密结合、充满创新活力的区域创新体系，努力形成以高新技术产业为先导、先进制造业为支撑、现代服务业全面发展的现代产业基地，不断让各类创新资源在合肥生根、开花、结果，让各类高新技术企业做大、做强、做优。全力建设国内领先、国际知名的创新型城市，使创新成为合肥经济社会发展的内在动力，成为驱动经济社会持续、快速、协调、健康发展的主导力量。以实现创新型产业显著增强、创新投入大幅增长、创新能力明显提升、创新环境更加优化。作为地方党委政府，立足为他们做好各方面的支持和服务，力求打造一个宽松、良好的创新创业创优环境，让他们更加心无旁骛地做好研发工作。将继续推进政府行政管理体制改革，深化行政审批制度改革，推进财税管理体制改革；继续推进科技管理体制改革，创新产学研合作机制；继续深化推进金融机构改革创新，加快金融资源集聚，建立风险投资促进机制，拓宽直接融资渠道，强化政府创新投入，建立推进金融创新工作机制；继续创新人才工作机制，推进事业单位改革，创新人才激励机制，创新人才工作机制。

合肥是中国四大科教基地之一，拥有丰富的科教资源、科研设施和科技创新。

科教资源——合肥现有以中国科学院合肥物质科学研究院为代表的各类科研机构200多个；拥有以中国科技大学为代表的各类高等院校近101所。博士授权点138个，有24个学科被认定为国家级重点学科；拥有中国科学院和中国工程院院士31人，在中部城市中名列前茅；国家自然科学基金创新群体和中国科学院“百人计划”入选人数在中部城市中排名第一；拥有各类技术研究和开发机构358家，各类科技人员30余万人。

科研设施——除首都北京外，合肥是国家重大科学工程布局最密集的城市。拥有“合肥微尺度物质科学国家实验室”“合肥火灾科学国家重点实验室”“国家(合肥)同步辐射实验室”“国家(合肥)高性能计算中心”等国家重点科研设施和33个省部级重点实验室。中国科学院等离子所已成为国际热核聚变实验反应堆(ITER)国际计划的主要参加单位。

科技创新——合肥拥有良好的创新传统和独特的创新能力。我国第一台窗式空调、第一台微型电子计算机、第一台“激光大气污染监测雷达”、世界第一台VCD和第一台仿生搓洗式全自动洗衣机、第一台变容式冰箱等均诞生于合肥。从2001年起，合肥每年举行一次“中国·合肥高新技术项目与资本对接会”，搭建起国内、国际科技产业投资的平台，努力使合肥的科教优势转化为现实的产业优势和经济优势，让“合肥制造”与“合肥创造”比翼齐飞。

2. 勇做科技创新的“试验田”和“先行者”

国内最节能的冰箱、国内首台具有世界领先水平的直写式光刻机、国际先进的语音合成技术……当一些城市还在谋划着靠资源、拼环境的时候，地处中部的合肥正潜心推动科技创新，探索依靠自主创新推动城市又好又快发展的新路。

近年来，合肥坚持以科技创新支撑和引领新型工业化道路，在全国率先启动“创新型企业培育计划”，将200家企业纳入计划，并选择6个行业制订了《合肥市科技创新型企业行业评价指标体系》，通过加强企业培育，使企业的创新主体作用进一步增强。2005年8月，合肥国家科技创新型试点市建设动员大会召开，合肥踏上了创新主导型发展道路的探索之旅。

美菱等一批传统产业和企业因创新而焕发了活力。依靠自主创新，美菱集团通过鉴定的“国内最节能冰箱”每天耗电仅为0.27度，高于国家能效等级1级，超过欧洲A++能效等级。与此同时，科大讯飞、四创电子等微电子、公共安全、新能源产业也异军突起，高新技术产业呈现出“龙头企业—产业链—产业群”相互衔接的产业集群。

在鼓励企业自主创新的同时，合肥市政府出台了一系列政策完善服务体系，加快科技与资本的对接，促进科技成果转化。建成了合肥科技创新公共服务中心和科技成果转化、知识产权保护与交易等7个服务平台。2008年，全市用于科技创新和新型工业化方面的投入就达到10亿元，出台了《科技创新专项基金管理办法》以及支持金融和科技咨询产业发展、免收开发园区工业投资项目行政收费等政策，还专门出台了《合肥市科技项目风险投资损失补偿办法(试行)》，对投资高新技术企业的风险投资发生损失的部分，市财政给予30%的补偿。

这些探索和实践使合肥市的科技创新取得了阶段性成效。如今，合肥的高校和科研机构越来越多的科研成果在合肥就地转化，速度逐步加快，渠道更加通畅。美国微软技术中心、德国大陆轮胎、神州数码等一批国内外知名的科技型企业和研发机构也落户合肥。

通过自主创新，现在合肥市已经在语音合成、汽车与工程机械、家电制造、雷达制造等技术领域，形成一批国内乃至国际具有领先水平的优势技术。自主创新已经成为今后合肥发展的后劲和第一推动力。合肥已经成为我国建设创新型国家的“先行者”和“试验田”。

2009年1月省政府正式批准设立“合肥国家科技创新型试点市示范区”，意味着合肥“科学城”正式获得省政府批准，合肥市将成为安徽“新特区”经济发展的“核心发动机”。

3. 积极探索创新型发展道路

国家选择合肥作为中国第一个科技创新型试点市，就是要合肥在体制和机制创新方面取得重大突破和经验，在全国率先走出一条依靠科技创新支撑和引领经济社会发展的新路，推动经济增长方式由要素拉动型向创新主导型的根本转变，为中部崛起和建设“创新型国家”提供借鉴和可以复制的新模式。

国家选择了合肥，合肥担当了探路者的角色。安徽省和合肥市提出：2010年基本建成区域科技创新体系和科技创新示范区；到 2020 年建成国际重要、国内一流的技术创新中心、知识创新中心、高层次人才聚集中心和创新型示范基地，成为国家科技创新型城市和国际著名的科学城。

建设合肥国家科技创新型试点市是贯彻落实科学发展观，探索中部崛起新模式的重大战略决策。近年来，合肥市举全市之力，以观念创新、体制创新为灵魂，以科技创新推动“工业立市”，全民创新创业出现前所未有的迅猛态势。从党委和政府层面来说，安徽省和合肥市坚持不懈地抓了三件事：一是坚持建立以企业为主体、市场为导向、产学研相结合的技术创新体系；二是坚持深化体制改革，完善配套政策，强化政府引导；三是坚持优化大环境。这些是推进创新型试点市建设的突破口，是建设好创新型城市的关键和前提。

“十一五”开局，合肥以科技创新推动“工业立市”，加速国家科技创新型试点市建设再现波澜壮阔的场面：全市上下开展“工业大发展，我们怎么办”大讨论；机关效能建设掀起“问责风暴”；一系列鼓励企业创新创业的新政策相继出台；“大拆违（城市违法建设）”过后，“大建设、大发展、大环境”强力推进……

4. 大企业成为创新主体

合肥在计划经济时代形成了小而全的工业门类，工业的 36 个行业合肥占了 34 个，共涉及 200 多个门类、2 000 多个产品，工业企业总数为 3 800 户，规模以上企业仅 657 户。与发达地区相比，合肥的差距在于企业总量不大、大企业少、投入不足、层次不高。安徽省委、省政府及合肥市委、市政府审时度势，认为加快发展首要的是加快工业经济发展，由此确立了合肥“工业立市”崛起战略——以科技创新引领新型工业化。

“十五”以来，特别是创新型试点市建设的头两年，合肥工业在快速增长的同时，运行质量已经步入良性循环轨道。

值得注意的是，2005 年合肥市规模以上 19 家大企业的产值总量占全市工业的比重达到 62.3%。这其中就有江淮汽车集团、国风集团、合力叉车集团、美菱集团等一批引领新型工业化道路的老国有企业。被业界称为"江汽现象"的江淮汽车集团公司，2005 年以销售整车 15 万辆、创利税 13 亿元的骄人业绩，雄居国内重点汽车集团效益榜首，其主要经济指标已连续 14 年保持年均 50%的增幅。江汽最宝贵的经验是坚持不懈地开展技术创新、管理创新和制度创新，很早就踏上了以企业为主体、产学研相结合的创新之路。近年来，江汽开始调整自主创新布局，目标是形成"三个创新圈"的大研发战略格局。第一圈是将企业的技术中心划分为商用车、乘用车、工艺工程和动力总成 4 个研究院，在合肥本土立地生根；第二圈是在国内建立产学研联盟，已在上海建立了乘用车整车研发中心；第三圈叫做海外圈，在意大利都灵设立研发中心，就地"招兵买马"，以此为平台来整合欧洲的研发资源。



据合肥国家经济技术开发区介绍，包括江汽在内的园区大型企业坚持用高新技术改造和提升传统产业，普遍建立了技术创新投入机制，目前拥有国家级企业技术中心 1 个，省级技术中心 6 个，已真正成为引领全市工业企业技术、管理、经营创新的主体。

5. 大院所开创特色产业

合肥有以中国科学院合肥物质科学研究院为代表的国家和省部属研究院所 200 多个。这些院所有的承担了国家重大科学工程研究，有的转制为企业，有的"一所两制"。经过多年的艰苦探索，它们逐渐找到了适合自身特点的产业化道路，国家长期投入形成的技术、人才优势得以厚积薄发，产业规模和效益大幅度提高。中国科学院等离子体物理研究所在承担国家重大科学工程"实验先进超导托卡马克"研究过程中，衍生出超导、等离子体应用、真空、低温、大型非标物理装置设计及加工等一批应用技术成果，并转化为现实生产力，为地方经济的发展注入了新的活力。通过离子束生物工程技术，育成水稻、小麦、玉米、西红柿等 16 个品种；用离子束诱变技术成功筛选出食品添加剂花生四烯酸的高产菌、维生素 C 二步混合高产工程菌，成果在企业转化后一举使我国成为目前世界上最大的花生四烯酸生产基地，打破了国外的技术垄断，维生素C则在国际竞争中屡屡获胜。

中国电子科技集团第三十八研究所确定的“全球布局，板块发展”战略，目标是建成世界一流研究所。所里实行“研究与产业一体、军品与民品一体、事业与企业一体”的创新体制，科研、生产比翼齐飞，“十五”期间共获得国家科技奖4项，省部奖33项，其中获2005年度国家科技进步一等奖1项。获奖的所有成果都直接用于军民品生产，已累计出口3亿美元。该所创办的民品生产企业四创公司已成功上市，被誉为“中国雷达第一股”。中国机械装备集团公司合肥通用机械研究院拥有的千项成果，70%得到转化，获得显著的经济效益和社会效益。目前，这些院所大多建有省级以上工程技术中心，承担了一批国家攻关计划、“863”计划项目，在大型水泥立式磨、雷达、压力容器、生物医药等领域掌握一批核心技术，带动了行业技术进步。

在体制机制创新上，这批院所形成了各具特色的“产研一体”的研发机制和人才激励机制、科技投入机制。每个院所都有骨干企业，都有高水平的研发队伍。安科生物工程公司、东华工程科技公司、华耀电子公司、科聚电器公司相继从安徽生物所、化工部第三设计院、电子三十八所、等离子体所脱颖而出。

以中国科学院合肥物质科学研究院为主体创办的安徽循环经济工程研究院，率先在合肥国家科技创新型试点市6平方公里试验区内建成。工程研究院将利用国家重大科学工程研究衍生的成果，开展环境治理和环境友好材料研发，并为社会提供循环经济研发平台。目前，首批进入试验区的其他5个项目建设也如火如荼。未来，这里将是合肥经济发展中的一大新亮点，并将对广大区域产生辐射作用。

6. 大平台催生创业军团

“一个城市不仅要有企业‘航空母舰’，更要有一大批‘鱼雷快艇’，应该通过大项目的分解，形成产业集群。”合肥凯立科技集团公司自主研发的电力系统过电压保护设备、灭磁设备和各种特殊的高压开关设备，已获得30多项国家专利授权，3个产品成为国家重点新产品，8个产品被认定为高新技术产品，公司连续4年跻身安徽民营企业20强。

为加快形成具有地方特色的产业集群，合肥市推出科技创新型企业培育计划，安徽省建立专项资金支持试点市创新和转化平台建设，市财政投入1亿元建立科技创新专项基金，省市设立、引入近20家科技风险及投资、担保资金。一批像凯立这样拥有自主知识产权的企业迅速发展壮大起来。

科大讯飞信息科技有限公司是一家专业从事智能语音及语言技术研究、软件及芯片产业开发、语音信息服务及电子政务系统集成的国家级骨干软件企业，是全国唯一的国家“863”计划成果语音产业化基地。基于拥有自主知识产权的世界领先智能语音技术，科大讯飞已推出从大型电信级应用到小型嵌入式应用，从电信、金融等行业到家庭的各种产品；利用讯飞语音技术进行产品开发的既有国内各行业的龙头企业，也有全球IT巨头和手机、玩具等语音芯片提供商；最近科大讯飞又在语音编码、音色转换、口语测评方面取得了重要突破。



合肥阳光电源公司在电力电子、现代控制理论和新能源应用技术领域不断创新，成功攻克光伏控制器和逆变器的核心技术，研发出国内领先的“控制逆变二合一”系统，实现了太阳能和风能等可再生能源最大限度的利用，成为我国太阳能和风能发电技术开发应用的领军企业，占领了70%以上的国内市场份额。

美亚光电公司研发的色选机

合肥美亚光电公司研发出国内第一台红外复合和高速图像识别色选机，市场占有率达到50%以上，打破了国外同类产品一统国内市场的局面，迫使国外的同类产品价格下降了一半。作为中国最大的色选机研发和生产基地，美亚被誉为“中国色选机行业的骄傲”。

聚集在合肥高新区的创业服务中心、民营科技园、大学科技园、软件园、留学生园、生物医药园等一批高新技术企业孵化器便是催生这些创新型企业的大平台。合肥高新区在“一区多园”的大格局下，已基本形成电子信息、生物技术与新医药、光机电一体化、现代农业、新材料等五大特色明显的高新技术产业群，产业的集聚效应开始显现，软件园和生物医药园分别汇集了80多家软件企业和50多家生物医药企业；电子信息、生物医药两大领域形成的高新技术企业集群,成为全省发展高新技术产业的龙头和技术创新、科技成果产业化与高新技术产品出口的重要基地。

## 二、工业立市

1. 起步——合肥奏响工业立市最强音

当历史进入中国发展的“十一五”规划时,千年历史古城合肥市涌起了史无前例的经济发展热潮。2006 年初,合肥市宣布:2006 年是合肥市超常崛起的“加快工业发展年”。

(1)清醒头脑,激发动力图奋进

实际上,2005 年的合肥市是以工业经济综合实力显著增强,光鲜地翻过“十五”这一页的。全市规模以上工业企业当年完成总产值 843 亿元,距离千亿元大关已是一步之遥;在上年快速发展的基础上,一举迈上两个“百亿”台阶,实现了突破性跨越;工业经济效益综合指数比“九五”末提高了近一倍,实现利税比“九五”末提高了近 4 倍,其中利润提高了 8 倍。

成绩虽然令人振奋,但在 2006 年 2 月 9 日召开的全市“加快工业发展年”动员大会上,合肥市领导却给各相关部门当头泼了一瓢冷水:“合肥市目前的工业发展水平,与江浙等发达地区相比不可同日而语,在中部省会城市中位次靠后,即使与省内先进城市相比,也占不了多大优势……”

摆在面前的现实是:前面追赶的目标越来越远,后面的追兵越来越近。特别是作为一个要拉动全省经济的省会城市,城市首位度不高、工业规模不够大、工业投入相对不足的局面必须改变。要真正把合肥建设成为带动区域经济发展的“排头兵”,必须要清醒头脑,正视不足。“十一五”期间,合肥要实现跨越式发展,工业必须先行。通过工业的快速提升,实现全市经济的重大突破。

2006 年被定为“加快工业发展年”,为“十一五”合肥工业的超常规、跨越式发展开了好局、起了好步。

(2)瞄准项目,加大投资增实力

2001 年底,省委、省政府就明确提出了“抓合肥带全省”的战略决策。而经过 5 年,合肥市进一步提出“工业年”的宏伟规划,就是明确要承担起拉动全省发展的历史重任。

合肥市紧紧扣住项目建设这个核心环节，千方百计加大工业投资力度。而启动“121”工程，抓好重大项目的实施，是当前的首要重任。

所谓“121”工程，即抓好10个重点前期准备项目，力争尽早开工；抓好20个重点新开工项目，力争尽早投产；抓好10个重点竣工投产项目，力争尽快达产。10个重点前期准备项目计划总投资225亿元，分别为：德国大陆轮胎集团投资6亿欧元，建设大陆轮胎工业园；中国建材集团投资30亿元，建设住宅产业化；合肥二电厂、佳通轮胎、江汽集团、国风塑业、昌河汽车等项目。

20个重点新开工项目计划总投资270亿元，主要包括：台贯科技有限公司投资80亿元，建设晶园芯片项目；合肥市工业投资控股公司投资49亿元，实施化工企业搬迁工程；皖能集团公司投资26亿元，实施合肥电厂扩建；江淮汽车股份公司投资15亿元，实施年产20万辆轻卡扩大产能等。



10个重点竣工投产项目计划总投资21亿元，项目包括：天威保变（合肥）变压器有限公司天威合变工业园一期工程，长虹美菱制冷有限公司美菱高新产业园一期工程，国风塑业股份公司年产3万吨土工膜及干复膜、共挤膜项目，合肥伊利乳业公司项目等。

同时，围绕重点产业，延伸产业链，衍生上下游产品，建设特色园区，精心谋划一批产业关联度高、带动效应强的重大工业项目，年内对外推出一批招商引资大项目；进一步建立和完善重大项目责任制，积极引进一批超亿元、超千万美元的大项目，力求引进一个项目、建立一个基地、形成一个产业；以项目落地为目的，促成一批有投资意向的重点推进项目尽快签约、开工，形成有效投资。

（3）集聚产业，构筑支撑铸集群

江汽集团

合肥市在寻求带动作用时，立足现有的产业基础和资源优势，大力增强支柱产业竞争优势，用高新技术和先进适用技术改造提升传统产业，重点发展汽车、装备制造、家用电器、化工、新材料、电子信息及软件、生物医药、食品及农副产品加工等8大产业。

以江汽集团、合肥昌河为龙头的汽车产业，是全市重点扶持的第一支柱产业，通过5年累计250亿元的巨额投入改造，将合肥打造成全国重要的汽车及汽车零部件生产基地，形成年产70万辆整车的生产能力，汽车产业实现年产值达800亿元以上；同时使汽车零部件工业总产值达到250亿元。

在发展装备制造业中，巩固合力叉车、日立工程挖掘机等工程机械在全国的领军地位，开发装载机、煤矿挖掘机、起重机等一系列工程机械，联合并扩大、扶持江淮重工，形成中国乃至世界工程机械生产研发基地。累计投入150亿元，形成年产工程机械6万台、变压器6 000万千伏安的能力，年总产值达300亿元以上。

海尔工业园

在家用电器制造业中，重点发展合肥海尔、美的、美菱、三洋等骨干企业和名牌产品，5年累计投入100亿元，建成国内外重要的家电生产基地，实现产量年增长25%，形成3 000万台家电的生产能力，年总产值达400亿元以上。

此外，化工及橡胶轮胎制造业产业共投入160亿元，形成2 500万套轮胎、200万吨煤盐化工产品、50万吨精细化工产品的生产能力，年总产值达450亿元以上；对新型建材、建筑构件等新材料产业累计投资80亿元，年总产值达200亿元以上；对电子信息及软件产业累计投入30亿元，年总产值达100亿元；对生物技术及新医药产业，累计投资20亿元，年总产值达50亿元以上；对食品及农副产品加工业，累计投入50亿元，年总产值达200亿元以上。

以产业集聚为模式，实现工业整体拉动发展，是合肥市发展8大重点产业之目的所在。在合肥市整体发展中，汽车配件行业、民营工业都是"短腿"。全市重点产业的配套产业相对滞后，产业链短，制约了中小民营企业的发展，难以构成强势产业的支撑体系。在"工业年"里，将以"全民创业"热潮为契机，依托8大重点产业，造就成千上万配套企业、中小民营企业共同发展；各县区工业园区也将主动衔接重点产业的龙头企业，抓产业配套和产业链延伸，扶持发展民营企业，造就支撑体系国资、外资、民资"三足鼎立"的局面。

2. 思考——工业立市是合肥跨越式发展的主发动机



"合肥的经济总量不大，有两大环节需要高度重视，一个是工业经济不强，另一个是县域经济不强，而县域经济不强也主要是工业不强。"中共安徽省委副书记、合肥市委书记孙金龙这样对《中国经济时报》的记者说。

(1)工业化是不可逾越的阶段

合肥的工业最怕横向比较，因为合肥的工业门类虽然齐全，但基数低、盘子小。工业基数小决定了工业对商贸流通等第三产业的带动力弱，同时也无力反哺农业。

合肥市的领导常常拿东部沿海地区一些城市的工业经济与合肥比，以"刺激"合肥人："我们和浙江绍兴市比，2005年两市的地区生产总值分别是853.57亿元和1 440.48亿元，规模以上工业总产值却分别是843.09亿元和3 193.6亿元！绍兴的GDP比我市高不到一倍，而规模以上工业总产值却是我市的近四倍！"

因此，"合肥要崛起，工业要做大做强"这是从直观的数据对比中得出的结论。从经济学理论上说，工业化是现代化不可逾越的阶段，没有工业的充分发展，没有工业化和与此相关的城市化，第三产业发展不起来，从而整个经济也很难发展起来。这些理论，拥有经济学博士学位的市委书记常常讲。

"譬如你现在找一个偏僻的县城，你想在那里大力发展三产，那样的县城餐馆有三五家就够了，自行车修理铺有十家八家也就够了，卡拉OK厅顶多两三家也就行了，你能发展多大？因为它工业规模小，三产需求就那么点儿啊！所以我常说，工业是皮，商贸是毛，皮长不起来毛就不可能厚。”

2006年开年之际，合肥市市长吴存荣在政府工作报告中，把“工业立市”战略放在合肥市“十一五”五大战略之首。按照规划，合肥在全面迈入工业化阶段进程中将大力发展新型工业，积极培育大企业集团，壮大工业主导力量，努力发挥“创新”功能和“品牌”作用，树立“大工业”理念，用高新技术带动产业结构升级，以此来推动全市经济、社会实现跨越式发展。

(2)雄心勃勃的规划

合肥“工业立市”的具体发展规划主要包括加快构建区域性先进制造业中心、发展壮大高新技术产业、努力打造现代服务业基地、积极发展建筑业等四部分，其中构建区域性先进制造业中心、发展壮大高新技术产业是核心内容。

合肥市设想打造五个工业组团：一是以高新技术产业开发区、科技创新示范区、蜀山产业园等为主体构建西部工业组团，重点发展高新技术产业及相关产业；二是以经济技术开发区、桃花工业园、包河工业园等为主体构建西南部工业组团，重点发展先进制造业和技术含量较高的相关产业；三是以双凤开发区、岗集配套产业区、庐阳产业园等为主体构建北部工业组团，重点发展汽车配套、机械加工、现代印刷、建材、食品、轻纺、农副产品加工等产业；四是以新站综合开发试验区、瑶海工业园等为主体构建东北工业组团，重点发展现代物流、轻纺、建材及相关配套产业；五是以龙岗开发区、肥东新城区、化学工业基地等为主体构建东部工业组团，重点发展家用电器及配套、化工、冶金、食品及农副产品加工等产业。

传统的三大支柱产业现在只占整个工业的63%，要想在“十一五”期间把工业总产值做到2 700亿，三大支柱产业根本顶不起来。因此在产业布局方面，合肥市提出打造五大产业组团。从产业重点上说，合肥将努力做大、做强八大产业，包括汽车产业、装备制造业、家用电器制造业、化工及橡胶轮胎制造业、新材料产业、电子信息及软件产业、生物医药产业、食品及农副产品加工业等。这些产业都立足于合肥市现有的产业基础和优势。

2008年、2009年、2010年，合肥规模以上工业增加值增速已经连续三年位居全国省会城市第一，实现了三连冠。

(3)以“合肥创造”助推“合肥制造”

“工业立市”的另一个核心内容是发展壮大高新技术产业。应该说，这是合肥的长项——科技创新方面，合肥有自己的优势。早在20世纪80年代，合肥就被定位为中国重要的科教基地，现为中国最早的科技创新型试点城市。合肥拥有中国科技大学、合肥工业大学等高校59所，中国科学院合肥物质研究院等研究与技术开发机构275个，两院院士31人、各类专业技术人员30多万人、在校大学生约25万人、熟练产业工人20多万人，科研人才资源在全国同等城市中位居前列。中国第一台窗式空调机、微型电子计算机、激光大气污染监测雷达以及世界第一台VCD、仿生洗衣机、变容式冰箱均诞生在合肥。以光机电一体化、电子信息、生物技术与新医药、新材料等为代表的高新技术产业初显集聚效应。



合肥的设想是，首先要强化和促进高新技术产业的集聚，加快全市科技创新能力建设和高新技术产业化步伐。努力建设合肥科技创新示范区和高新技术产业带，按照“一带、三区、多园”，即高新技术产业带，科技创新示范区、高新技术产业开发区和经济技术开发区，合肥软件园（基地）、生物医药园（基地）、民营科技园等的思路，2010年初步建成全国重要的高新技术研究和产业化基地。

科大讯飞

合肥将积极扶持壮大高新技术产业群，重点推进信息产业（含软件业）、生物技术与新医药、光机电一体化、新型材料等高新技术产业加快发展，培植壮大一批骨干企业和上市公司。

“你好，这里是奥运组委会，欢迎您使用奥运信息查询系统，请说出查询内容。”当测试者说出查询组委会电话的要求时，电子通话系统即时报出电话号码。目前，在语音合成方面，科大讯飞已经占据了国内市场份额的90%以上。科大讯飞只是高新区众多企业中的一员，高新区立足于自主创新，与合肥经济技术开发区相比，区里企业虽然“个子”不大，但都在各自行业里拥有自己的知识产权。

发展高新技术产业不仅是要培育一个新兴支柱产业，还有一个重要目的：利用高新技术改造提升食品工业、机械工业、轻纺工业、建材工业、冶金工业等传统产业，趟出一条新型工业化的道路。应该说，这方面取得的进展目前有限，但势头是喜人的。合肥已将高新技术产业的空间布局与新型工业结合起来形成了一条带状地区，在这条带子上，高新技术开发区承载着创新功能，经济技术开发区则主要是大项目支撑着全市工业的规模并带动传统产业升级改造，按照机电一体化产业、电子信息产业和生物技术与新医药产业三条主线作为高新技术研究和产业化基地的重点地域，以此形成一“新”一“高”双引擎。

用孙金龙书记的话说，合肥的中期目标是把合肥的科教优势转化为产业优势和经济优势，把合肥建成全国重要的高新技术产业基地和科技创新型城市，让“合肥创造”与“合肥制造”两翼齐飞。

让合肥人欣慰的是，“工业立市”战略在合肥已初见成效。

3. 收获——打造核心竞争力，深入推进“工业立市”战略

2005年以来的建设与发展实践证明，合肥市委、市政府实施“工业立市”战略是非常正确的，在新的历史起点上推动合肥实现跨越式发展，必须继续坚持以工业化为主导的经济发展思想不动摇，坚定不移地走新型工业化发展道路。

2005年7月，市委八届九次全委会确立“工业立市”战略，相继制订实施《关于优先加快工业发展的行动纲要》和《加快新型工业化发展的若干政策》。近年来，全市上下始终把工业发展作为重中之重，坚持精力向工业集中、资源向工业汇集、政策向工业倾斜；坚持“发展为上，投资为本”，高强度加大工业投入；坚持“紧抓招商引资第一要事”，大规模引进工业项目；坚持“环境比投资更重要”，以“商鞅变法”的精神开展机关效能革命，全面优化发展环境，使合肥工业步入跨越式发展的新阶段，取得了令人振奋的丰硕成果。

合肥紧紧咬住工业发展不放松，打造核心竞争力，全市工业总量扩张、速度加快、结构转型。全市地区生产总值从925.61亿元增加到2 702.5亿元，年

均增长17.9%;规模以上工业增长值从288.03亿元增加到1 052.7亿元年均增长25.3%,增速继续位于全国省会城市之首。

(1)“三增一降”彰显又好又快

合肥市工业捷报频传,亮点频现:总产值、增加值、投资、能耗水平分别实现了“三增一降”的良好态势。

“三增一降”,铺就了合肥工业更好更快发展的鲜明底色,展示“合肥速度”的魅力。而书写这一切的神来之笔,就是合肥市强力推进的“工业立市”战略。

(2)打破陈规推动改革创新

2008年7月中旬,合肥市领导分别带领各县区、开发区、市直有关部门和在肥金融单位的负责同志,深入三大开发区和三县四区的30多个重点工业项目建设现场进行专题调研,并对经济社会发展形势进行研讨分析,强力推进“工业立市”战略。



工业化是合肥人追逐了多年的梦想。2005年7月,合肥市委八届九次全会提出了“工业立市”战略,推出了一系列改革新举措,连续出台了加快新型工业化发展的政策措施,并设立了发展专项资金和创新基金,在项目审批、融资担保、土地供应等方面采取了一系列优化、简化的服务措施。持续的大投入,推动了全市工业经济的快速增长,工业发展的后劲越来越足。

合肥市每月召开常委(扩大)会议,听取工业投资、经济运行、招商引资等情况汇报,及时发现并解决工业经济运行中出现的重大问题,这一做法如今已成为“雷打不动”的制度。2008年雪灾之后,合肥市先后两次召开“增产补欠”调度会,及时帮助企业排忧解难,鼓励企业增产补欠。

“工业立市”,唱响了全市经济和谐发展的主旋律。无论是县区、开发区,还是企业,加大技术投入、加快技术创新步伐、狠抓节能降耗减排、优化发展环境、更好更快地发展工业,成为全市上下的共识。

合力叉车

(3)培育龙头带动持续发展

经过几年的耕耘和培育,合肥工业正快步进入“基数大、速度快”的良好发展时期。截至 2010 年 10 月末,全市产值超亿元的工业企业达 330 户,“亿元户”已成为合肥工业的龙头骨干力量。

在安徽合力叉车集团采访时,该集团负责人谈到企业的发展时显得信心百倍。合力叉车先后获“中国叉车第一品牌”“中国叉车行业最具影响力品牌”和商务部“重点培育和发展的出口名牌”“中国驰名商标”等多项殊荣。合力集团副董事长杨安国感慨地说,自从合肥提出“工业立市”战略以来,合力集团坚持走自主创新之路,在省、市两级政府的大力支持下,建设了 1600 亩工业园区。目前,合力集团正积极申报国家重点实验室,力争把企业做得更大更强。

登高点兵,合肥市重量级的“集团军”队伍日益壮大,产业集群效应开始显现。“加速推进工业化,必须把大力发展产业集群作为着力点。”近年来,合肥市围绕汽车、装备制造、家用电器、化工及橡胶轮胎、新材料、电子信息及软件、生物医药、食品及农副产品加工等,努力将这些产业做大做强。据悉,在未来的两三年中,合肥还要增加 3—5 个百亿元企业。

与此同时,合肥三大国家级开发区等 10 个工业园区逐渐挺起脊梁,成为合肥工业发展的中流砥柱,也是全市工业经济增长的核心力量。

“十一五”以来,在科学发展观的指引下,在省委省政府的领导下,全市上下同心同德、励精图治,创造了合肥建设与发展史上的新辉煌。这五年,合肥主要经济指标的增速一直位居全国省会城市前列,经济总量占全省比重由 16.3%上升到 22%;在全国省会城市中,GDP 总量由第 18 位上升到第 15 位,人均 GDP 由第 19 位升至第 11 位,地方财政收入由第 18 位升至第 10 位,规模以上工业增加值由第 17 位升至第 13 位,城镇居民人均可支配收入由第 18 位升至第 13 位,农民人均纯收入由第 22 位升至第 17 位。可以说,合肥“十一五”的发展,是有质量、有效益的发展,既有宏观收益,又有微观效益。

合肥市现有 34 个工业行业、200 多个工业门类、2 000 多种大类产品,已形成汽车、装备制造、家用电器、化工及新型建材等支柱产业,有江淮汽车、美菱冰箱、荣事达洗衣机、海尔电器、日立挖掘机、佳通轮胎、合力叉车、伊利乳业等一批国内外知名产品。2007 年,合肥被授予“国家级汽车及零部件出口基地城市”、“加工贸易梯度转移承接城市”、“中国服务外包基地城市”和“国家动漫产业基地”等称号。

## 第三节　优化环境　跨越发展

### 一、优化大环境，带来大变化



2006 年 2 月 10 日，AERO 公司与合肥高新区管委会签订一项协议，AERO 公司决定分两期投入 10 亿美元，在此建立半导体晶圆生产基地。这意味着合肥芯片生产空白的历史将被改写。AERO 公司总裁在签约时坦陈，他在中国考察了多个城市，最终选定合肥是因为看中了合肥丰富的科教资源和优良的人文环境。

2008 年，世界 500 强企业联合利华决定将中国总部迁入合肥；日立建机公司决定延伸产业链，增资 7.6 亿元，将合肥变成全球效益最好的生产基地；海尔、佳通等一批企业也竞相增资扩股；海尔工业园还先后引入海尔特钢、海景包装、海毅注塑、日本神林、得润电子等 12 家配套企业；与此同时，神州数码(中国)公司、天威保变变压器公司、乐凯胶片公司、捷敏电子公司、桑铌科技公司、波兰 PROKOM 公司、美国赛真公司等一大批外商投资企业纷纷在合肥成立子公司或创办工业园。个中原由，与 AERO 公司总裁的看法大抵一致。在省会城市中，昔日合肥在人们心目中的形象是“衣冠不整”，根本原因是违法建设盘根错节，积重难返。2005 年，合肥市把“拆违”放在“大发展”棋盘的“第一着”，以铁的决心和细致入微的作风，开展“大拆违”，在不到一年的时间里拆除违法建设 1 100 多万平方米。如此大的举动，却是波澜不惊，90%以上市民为之叫好。此番整治使市容市貌大为改观。

2006 年，合肥市动用铁手腕推行行政效能建设。中共合肥市委书记孙金龙表示，要用“商鞅变法”的精神来一场效能革命，推进作风转变、业务转变、管理转变。效能建设首先从减少审批项目入手，解决经济社会发展中存在的热点、难点问题。全市 93 个职能部门在媒体上向社会公开承诺，要“创造国内最具竞争力的创业发展环境"。效能建设中,合肥市取消了涉及工业投资项目的37项行政事业性收费,行政审批许可项目由353项减至230项,减少了35%。2007年,合肥市设立创新创业资金,鼓励形成"你创新,我奖励,你创业,我补贴"的创新创业氛围,打造创新创业平台,加速人才、资本、技术等创新要素的积聚,培育和做大做强高新技术产业,形成高新技术产业集群。

为加快工业发展,合肥市相继出台了关于加快新型工业化发展的若干政策,下发了关于免收开发园区投资项目行政事业性收费的通知。这两个文件涉及鼓励投资工业项目,鼓励加快工业企业发展,鼓励工业企业推进技术创新,加快开发区、产业园区发展的多项政策。后一个文件规定的37项免收费项目,不是不该收费、乱收费的项目,而是免收企业的费用,由政府来"埋单"。

优化大环境,带来大变化。新华社报道称,2007年国内外企业到合肥市投资出现了"井喷"现象,合肥市工商局平均每天办理注册登记企业21户。国轩高科动力能源有限公司投资1.7亿元,申报锂离子动力电池一期生产项目,土地、环保、消防3个部门会审,只开了两次联席会议就解决了全部审批问题,前后只用了22天。在此过程中,公司总经理都不知道参加会议的部门领导姓甚名谁。在以往,这是不可想象的。今天的合肥,一座崭新的科学城的雄姿正为世界所瞩目。

## 二、努力打造合芜蚌自主创新实验区

谋求崛起,是安徽人的梦想。2008年,省委、省政府再次挥出大手笔,把自主创新作为崛起的战略核心,果断启动合芜蚌自主创新实验区建设,着力打造具有安徽特色的区域创新品牌。

多年来,合肥作为科教名城无可争议:但很长一段时期内可观的高科技企业屈指可数。针对这种状况,中共安徽省委副书记、合肥市委书记孙金龙指出:"科技转化为生产力最终要落在企业发展上。要让科技创新可看、可吃,就必须有一批企业通过科技创新成长起来。"

试验区的建设步伐,在应对金融危机中骤然加快。试验区建设政策支撑体系已初步形成,合芜蚌三市各项重点工作全面启动。合肥市于2008年11月30日出台自主创新综合配套改革试点工作方案,正式擂响推进自主创新综合配套改革的战鼓。合肥市在举行推进合芜蚌自主创新综合配套改革试验区建设动员大会上提出，“到 2012 年基本建成创新型城市，到 2017 年建成国内领先、国际知名的创新型城市”。在动员大会上，合肥市委、市政府隆重推出了《关于推进自主创新综合配套改革的实施意见》(以下称《实施意见》)。合肥市将围绕创新型产业升级工程，加快应用高新技术改造提升传统产业，增强装备制造、汽车、家用电器等支柱产业的创新能力，同时遴选出电子信息、新材料、软件、节能环保、公共安全等五大新兴产业作为发展重点。振奋人心的消息不断：试验区首批已启动了 44 个科技攻关项目；我国第四个“海外引智工作基地”正在合肥经济技术开发区筹建；中电 38 所体制机制改革试点和中国科大、合工大、安大、蚌埠学院等高校开展设置“创新岗”试点工作等正在加紧实施……



“到 2017 年，建成国内领先、国际知名的创新型城市，使创新成为经济社会发展的内在动力，成为驱动经济社会协调发展的主导力量。”国家科技创新型试点市建设 4 年来，《实施意见》首次明确了合肥打造创新型城市的“时间表”。其中到 2012 年，合肥将在自主创新和培育新型产业上取得突破，基本建立以企业为主体、市场为导向、紧密结合的区域创新体系，基本建成以高新技术产业为先导、先进制造业为支撑、现代服务业全面发展的现代产业基地。到 2012 年，合肥高新技术产业增加值要达到 900 亿元，年均增长 30%。今后 5 年，合肥将开辟高层次人才引进的“绿色通道”，计划 5 年内引进约 500 名创新创业人才，吸纳约 1 000 名海外留学人才和外国专家来肥创业服务。试验区建设有精确的量化指标：本届政府任期内，合肥、芜湖、蚌埠要实现“两个突破、两个提高、四个翻番”，即在自主创新的体制机制上取得突破，在培育新兴产业上取得突破；高新技术产业增加值的比重每年提高 2 个百分点以上，全社会研发投入占生产总值的比重每年提高 0.3 个百分点以上；高新技术企业数、研发人员数、专利授权数、中国名牌产品数等翻一番以上。

当前，国际金融危机对实体经济的冲击仍在扩大。加快推进试验区建设，表明省委、省政府已经把提高自主创新能力作为应对危机的关键举措和保增长的主攻方向。

建设自主创新试验区，用科教资源的火种点燃自主创新的火炬；一个个自主创新的亮点，必将汇聚成普照江淮的光明。

## 三、滨湖新城:临湖建城新跨越

1. 蓄势而发——抓紧做好水文章

2006 年是注定载入合肥城建史册的一年,继政务文化新区正式启用之后,备受关注的"141 战略"在新春的喜庆中重磅推出,一项事关合肥未来城市战略格局的大手笔规划——190 平方公里的滨湖新区概念性规划及核心区城市设计方案开始在全球招标。滨湖新城从最初的规划设想开始进入真正实施阶段,滨湖新城的启动吹响了合肥新一轮城市建设的号角。

滨湖新城

合肥是全国仅有的几座没有濒临大江大河的省会城市之一,这也成为合肥人心中永远的痛。联结巢湖,直通长江,融入长三角,这是省委、省政府"东向"战略的重要组成部分,合肥的滨湖通江之梦期盼已久,因此在历次城市规划修编时均保留合肥东南引风口这一格局,不仅保证了合肥城市中心区的"绿肺"功能,也为合肥未来的临湖发展预留了空间。2002 年 3 月 6 日,合肥市新的行政区划调整,原来的郊区用地和控制的城市楔形绿地变为城市发展用地,致使城市向南濒临巢湖发展的趋势日益明显。随着合肥市城市规模的进一步扩大,滨湖地区以其靠近市中心的区位优势和濒临巢湖的优势,正在吸引大量的投资,成为建设开发的热点之一。

近年来,由于城市的迅速发展,城市建设活动已经越来越接近和侵入这一生态建设地区，使这一地区面临越来越大的开发压力。合肥市行政区划的调整使这一地区用地由原来的城郊结合部一跃成为离市中心距离最近，适合城市建设的“风水宝地”，原有的规划已很难控制该地区的建设行为。该地区已先后建设了一批公共服务设施、住宅小区、工业区等等，原有的村庄农民自建房也大量增加。没有规划、乱搭乱建现象严重，若不及时加以控制和调整用地功能，继续这种低层次的开发建设，必然会导致合肥高质量的城市生态机能的丧失，加重南淝河与巢湖的水质污染。因此，滨湖新区的整体规划建设势在必行。



回顾合肥的历史，其称缘于“淝水”而得。水是一座城市的灵魂，做好“水文章”，营造滨水、滨湖城市，构建生态合肥，将为大合肥未来的发展赢来新的繁荣。滨湖新城的规划范围为南依巢湖，北靠南二环，西接上派河和合安高速，东临南淝河，规划面积约190平方公里。规划原则是通过此次概念性规划及城市设计，使合肥成为真正意义上的滨湖城市。新区的核心功能是行政办公中心、商务文化会展中心、省级休闲旅游基地。这里有被誉为“母亲河”之称的南淝河，有蜿蜒曲折的十五里河，均通往全国五大淡水湖之一的巢湖；这里有一望无际、令人震撼的几十平方公里的生态农田；有大片的滩涂、湿地；这里也是城市宝贵的东南通风口，合肥市新的城市空间系统应是更好地利用和发展现有自然条件下的城市化空间系统。因此，规划制定的目标就是创造推动全市经济发展的契机，创造更多的就业机会，创造更具吸引人气的城市环境面貌，将滨湖新区建成“人居环境特色最优，最具创新潜力的城市发展区”。

在此之前马鞍山南路、包河大道的新建，以及新城区“望湖城”的建设，已一步步吹响了城市南进的序曲。合肥市规划部门已经高起点、大手笔地做出了合肥市环巢湖概念性规划。环巢湖地区概念性规划的目标是合理利用人文历史和自然资源，深度开发旅游市场，为合肥市民提供城郊理想的休闲场所，进一步树立安徽省会的旅游中心和城市形象，打造一个山水相连、立体的、生态的可持续滨湖发展区。“141战略”的提出，以及与滨湖新城同时招标的9条城市“新干线”，其中金寨路高架桥方案（芜湖路一312国道）和312国道一上派收费站；美丹路、美菱大道（南一环路一飞龙路）；马鞍山路（长江路九狮苑一机场连接线）；望江路（科学城一南淝河）等干线都与滨湖新城的建设息息相关。

合肥向巢湖方向发展，将真正实现“引湖入城，打造滨湖城市”的目标，有助于加强合肥与省内沿江城市的合作，更快地融入长三角，提升合肥中心城市地位的影响力，合肥人的滨湖梦想第一次如此真实地呈现在眼前。

2. 展望未来——描绘滨湖新蓝图

从环城到滨湖，合肥人追随“滨湖梦”，阔步前进。

滨湖新区的建设者在新区启动建设四年以后，初步实现了宏伟蓝图：在巢湖北岸崛起一座面积约 20 平方公里、可居住 20 万人口的滨湖新城。

重大项目精彩纷呈。按照规划建设进程，滨湖新区一些在建重大项目将加速推进。作为华东地区规模最大的医院，合肥市滨湖中心医院建有门诊急诊楼、医技楼和内科病房大楼。而总户数 7 906 户，目前安徽省规模最大的经济适用房和廉租住房项目一期建设也于 2009 年 6 月交付使用，为 2004 户城市低收入家庭解决了住房问题。

处处散发现代气息。如今，滨湖新区正在吸收国内外的新思想，实践“紧凑城市”理念，布局高层建筑；同时扩大绿化面积，高度重视城市色调、景观规划和城市文化，让新区处处闪烁着创新光芒，使之真正成为合肥未来新形象的集中展示区。未来的滨湖新区以人民银行合肥中心支行建设为起点，引进国内外金融机构和会展机构，构建金融会展中心，并以省网通合肥通信综合楼建设为起点，发挥现有文化、科教优势，大力发展研发设计、教育培训、广告传媒、信息咨询等知识型服务业，构建科技文化中心。同时，利用自然水资源，建设高品质亲水商务楼群，培育大品牌，绘制大网络，构建总部经济中心，最终使滨湖新区成为合肥的中央商务区。

城湖增辉宜居宜游。人们自古以来就有着亲水亲绿情感，亲水亲绿建筑正成为现代人居新趋势。滨湖新区楼宇以高中层建筑为主，灵动水域、绿地公园与之搭配，做到幢幢楼房绿树相伴、条条小径鲜花灿烂，从最初的“城中有园”逐步过渡到现在的“水中建城”和“园中建城”，滨湖明珠、滨湖品阁、紫薇花园、滨湖书香门第等楼盘将成为新城区建设中“城湖增辉、宜居宜游”的典范。按照规划要求，滨湖新区今后将更加注重“生态建设”。新区将以森林式绿化装点塘西河水岸，适当增加花卉种植，形成绿色满眼、缤纷点缀的多彩空间；在每 500 米见方的地块上规划一处社区公园，形成蜿蜒曲折的绿色生态走廊。塘西河两岸将伴随清澈的河水，形成特色水街、主题公园等旅游休闲的好处所。

打造特色文化新区。地处皖中的合肥一直受到省内多种文化的影响，是淮河文化、皖江文化、江南徽州文化的交融之地，有着文化多样性的优势。滨湖新区将用各种现代化的载体展示各种文化的精髓，打造安徽省特色文化产业园区。人民广场位于滨湖核心区城市中轴线南端，南迎八百里浩瀚巢湖美景，北枕塘西河生态绿廊，规划建成集旅游休闲、文化会展等功能为一体的国内一流文化广场，由南至北依次规划布置渡江战役纪念馆、合肥国际创新展示馆、安徽名人馆和合肥博物馆等大型文化馆群。广场将伸出湖面 250 米左右，在广场与核心城市之间形成 1 500 亩左右的湖，湖城共生，自在亲水，成为新区的水城“客厅”。

如今的合肥生态环境优美。与北京、珠海同为全国首批 3 个国家级园林城市，具有“城在园中，园在城中，城园交融，浑然一体”的独特园林生态环境。截至 2009 年底，建成区绿地总面积 11 988 公顷，城市绿地率 40.21%，绿化覆盖率 45%，人均公园绿地面积 12.15 平方米，全年空气质量良好率超过 300 天。两度获得“中国人居环境范例奖”，现在为全国著名园林城市，优秀旅游城市，全国卫生城市。

如今的合肥对外开放充满活力。先后与日本久留米、美国哥伦布等 10 个市结为友好城市，同 100 多个国家(地区)建立经贸往来。引进 30 多个国家(地区)的 2 000 多家外商投资企业，有 18 家世界 500 强企业在肥投资兴业。2006 年被评为全国投资环境 50 优城市、跨国公司眼中最具投资价值的中国城市、浙商(省外)最佳投资城市；2007 年，再获“全国十大经商成本最低城市”和“浙商投资最佳服务城市”称号。

如今的合肥还拥有便捷的交通。合肥是中部重要的交通枢纽。有六条铁路、七条高速公路交汇，一个小时可以到南京，两个小时可以到达武汉和上海等城市。

总而言之，便捷的交通，充足的人才储备，完善的金融服务体系，高效的政务环境，使得合肥成为中部地区乃至全国综合商务成本最低的城市之一。

# 第四节　文化产业　迅速崛起

## 一、合肥深化文化体制改革

深化文化体制改革是实现文化大发展、大繁荣的必由之路。2006 年以来，合肥市以实现“文化强市”为目标，进行了文化体制机制的大洗牌，现已逐步形成了以国有文化产业为主体，多种所有制文化产业协调发展的良好局面。

1. 产业总量快速提升

“十一五”以来，合肥市文化产业增加值年均增长 31.3%(按现价计算)。文化产业正成为合肥新的经济增长点和发展新亮点。目前，出版物流、新闻传媒、文化旅游休闲、信息网络、创意设计、演艺娱乐、节庆会展业渐成规模，数字娱乐、新媒体、动漫游戏、文化创意等新兴业态日趋活跃。文艺演出市场、电影电视市场、电子出版物及音像市场、文化休闲娱乐市场、文博旅游市场、艺术品市场等已初步形成。合肥市提出，到“十二五”末，力争文化产业增加值占地区生产总值的比重达到 8%—10%。

2. 产业结构逐步改善

合肥市的文化产业结构渐趋合理，文化产业核心层的分量明显突出。据初步统计，合肥市文化产业的核心层、外围层和相关层增加值之比为 60∶10∶

合肥大剧院

30，直接从事文化活动的“文化服务”业占绝对主导地位（文化产业的核心层、外围层），各行业实现文化产业增加值占全部文化产业增加值的比重为70%；提供文化用品设备及相关文化产品生产和销售活动的“相关文化服务”业（文化产业的相关层）增长明显较快，占全部文化产业增加值的比重为30%。

3. 民营“蛋糕”不断做大

作为全省的政治、经济、文化中心，合肥集中了一批以新闻、出版、广播影视、文化艺术为主的核心层文化产业，在全省文化产业中所占的比重逐年提高，引领优势明显。同时，民营文化企业也逐步发展壮大，新的文化业态不断出现，涌现出“阿里巴巴”、“安美文博”、“杏花印务”、“中设会展”、“儒林书业”等一批龙头文化企业。目前，合肥市网吧、音像、歌舞娱乐等社会文化经营户3 000多家，从业人员2万余人；印刷、打字复印、出版物批零等经营户1 100多家，从业人员2.2万余人，年产值约40亿元；各类体育经营场所700多家，从业人员5 000多人。



4. 基地园区纷纷落户

目前，合肥市已有1个国家级动漫产业基地、1个国家级文化产业基地和4个省级文化产业示范基地，1个市级文化娱乐试点街区。其中，合肥国家动漫产业基地内各类动漫企业60多家，具有原创能力和代表作品的企业30多家，2009年实现产值1.5亿元，本土原创动漫《黑脸大包公》、《蘑菇村的故事》已出口北美、中东等地区，年内动漫企业年产产品约2万分钟，动漫产业总产值超过5亿元。

## 二、合肥文化产业首位度提升

城市整体竞争力的提升离不开文化产业的发展。近年来，合肥文化产业日益兴起，文化产业经济总量初具规模。据统计，文化产业对全市经济发展的贡献率不断提高，2005—2007年，全市文化产业增加值平均增幅达29%。其中，2005年合肥文化产业增加值达32.25亿元，占全市

安美文化艺术中心

GDP 的 3.67%;2006 年实现增加值 44.63 亿元,占 GDP 的 4.2%,分别高于全省、全国 1.9 个和 1.7 个百分点,占全省文化产业增加值的比重为 31.7%。文化产业在全省的首位度不断提高。

合肥是一座历史文化悠久的古城。自秦置县,至今已有 2 200 多年的历史,遗存众多,名人辈出,文化灿烂。她不仅拥有纪念北宋清官、政治改革家包拯的专祠包公祠,三国古战场逍遥津,晚清大臣李鸿章故居李府。如今,她还拥有出版物流业、新闻传媒业、文化旅游休闲业、信息网络业、创意设计业、演艺娱乐业、体育健身产业等 7 大文化产业。她拥有我省唯一一个"国字号"文化产业基地——安美文化艺术中心;有将聚集近百家动漫企业的国家动漫游戏产业基地;有中国最具品牌价值园区,将涵盖金属、陶瓷、漆艺、剪纸、泥塑、演具、染织、服饰、雕刻、编制、绘画、纸扎、园林和食品等 15 个大类,近千个品种的非物质文化遗产园;有印刷产业基地;有集制作、发行于一体,每年产生近千品种安徽地方戏曲的合肥地方戏曲音像示范街;有休闲文化的新锐,合肥首个休闲文化试点街——哈街。除此之外,合肥还拥有合肥报业传媒集团、合肥文广演艺集团等。这些蓬勃发展的文化产业形成了历史文化与现代文化交相辉映,文化事业与文化产业并肩发展的城市风貌。



### 三、文化产业将成为合肥支柱产业

2008 年是改革开放 30 周年,全国人民的物质文化水平得到了翻天覆地的变化,经济在增长,社会在发展,精神文化同样也要跟上时代的步伐。长期以来,合肥素以"三国故地,包拯家乡"的盛名享誉全国,2 000 多年的文明传承,为合肥文化的发展提供了肥沃的土壤。

2007 年 9 月 21 日,《合肥市文化发展规划纲要(2008—2015 年)》正式出台。纲要指出了合肥未来 8 年内文化产业的发展方向:发挥不同区域和场所已形成的文化特色,重点

合肥动漫原创作品《黑脸大包公》

规划和建设“两带、二区、三园、多点”，形成错落有致、整体和谐、特色鲜明、功能突出的文化布局，并以此为基本框架，谋划重点产业集群。

一个城市与众不同，不仅要有其自身的文化设施、文化素养，更要使得物质文化与精神文化相融合，否则会显得不伦不类。因此，打造自然和人文结合的永久性景观合肥博物馆群，集文化艺术交流与发展、文化资源整合、文化艺术品生产、展示销售以及观光休闲、居住为一体的高档次国际性文化艺术园区——中国文化艺术市场，国内文化创意第一长街肥西路创意文化IT一条街、儒林出版科技产业园、歌舞娱乐聚集区琴港文化园、北门艺库等7个产业集群，成为合肥城市文化的追求。

2015年，合肥市将建成文化特色鲜明、文化基础设施完备、公共文化服务体系完善、文化生态良好、历史文化与现代文化高度融会、具有较强竞争能力和辐射能力的区域性文化中心。不仅如此，合肥还争取到2015年，将文化产业增加值在国内生产总值中的比重提升到8%以上，这意味着届时文化产业将成为合肥的支柱产业之一。

# 第九章　历代文人雅士与合肥



## 第一节　唐宋诗词名家与合肥情缘

### 一、诗仙李白应邀游合肥

李白画像

诗仙李白与安徽有着不解之缘，自天宝元年(742年，42岁)开始，他数次行经安徽，并在安徽创作了大量优秀的诗作。20世纪90年代初，马鞍山的张才良、赵子文、李祖鑫对李白在安徽写作的诗文进行过认真的收集，编出了《李白安徽诗文校笺》。可以说，李白在各地写作的诗文以在安徽的数量为第一，这是李白留给我们的珍贵文化遗产。那么，李白有没有来过合肥呢？有没有与合肥有关的诗作存世呢？

据詹锳《李白诗文系年》记录，天宝中后期，李白游霍山后至庐江郡(治合肥)，曾拜谒庐江郡守吴王李祇，还留下了几首相关的诗歌作品——《寄上吴王三首》、《口号吴王美人半醉》、

《同吴王送杜秀芝赴举入京》;另一首《庐江主人妇》或在赴庐江郡途中如舒州(治今潜山)作,汉末庐江府治所在此,诗云:“孔雀东飞何处栖,庐江小吏仲卿妻。为客裁缝君自见,城乌独宿夜空啼。”或在此联想了《孔雀东南飞》的故事。也可能在庐江郡滞留时间过长,借用“庐江”字面,题此戏谑居停主人。现录其《寄上吴王三首》、《同吴王送杜秀芝赴举入京》如下:

**寄上吴王三首**

其一

淮王爱八公,携手绿云中。
小子忝枝叶,亦攀丹桂丛。
谬以词赋重,而将枚马同。
何日背淮水,东之观上风。

其二

坐啸庐江静,闲闻进玉觞。
去时无一物,东壁挂胡床。

其三

英明庐江守,声誉广平籍。
洒扫黄金台,招邀青云客。
客曾与天通,出入清禁中。
襄王怜宋玉,愿入兰台宫。

**同吴王送杜秀芝赴举入京**

秀才何翩翩,王许回也贤。
暂别庐江守,将游京兆天。
秋山宜落日,秀水出寒烟。
欲折一枝桂,还来雁沼前。

李白的合肥之游究竟是发生在哪一年？对此，学术界有不同的考论。一说在天宝七年(748年)；一说是在天宝十二年(753年)。根据安徽大学中文系教授汤华泉先生考证，据李祇传记其任职在天宝中后期，改定为天宝九年，是年李白50岁。这次相聚虽没有留下漫游山水的诗篇，却也留下了“秋山宜落日，秀水出寒烟”这般清爽秀丽的佳句。安史之乱期间，李白有《送张遥之寿阳幕府》、《杭州送裴大泽赴庐州长史》诗，见出他对寿阳、庐江地理方位和形势很熟悉，也可作李白此行的一个旁证。

据合肥学院任晓勇在《李白漫游合肥述论》一文中指出，李白与李祇可能早就有交情。《唐书·太宗诸子传》太宗李世民子李恪被封为吴王，恪子李琨开元中追封为吴王，琨子李祇封嗣吴王。诗中吴王当为李祇。这是一位政治经历十分丰富的宗室成员，先后在中央和地方担任过多种职务。天宝初(742年)，李白供奉翰林时，李祇正在长安任卫尉卿。李白当时诗名满京城，又有“遍干诸侯”“历抵卿相”的性格，所以两人大概在那时即已有一定的交往。李白出京后长期漫游于东南一带，而李祇曾调任庐江郡太守，于是李白应李祇之邀，来到合肥，两人再次相聚。《寄上吴王三首》是李白接受邀请于行前寄呈主人的作品。另一首《同吴王送杜秀芝赴举入京》当是在肥所作。李白一直自称与唐皇室同宗，在写给李祇的诗里也有“小子忝枝叶”的话，所以他们之间不仅是王侯与才士、官宦与宾客的关系，而且还含有亲情在内。

## 二、姜夔与赤阑桥的不解之缘

姜夔(约1155—约1221)，字尧章，号白石道人，饶州鄱阳(今江西鄱阳)人。父母早亡，少年时期随出嫁的姐姐寓居湖北汉川县山阳村(今武汉一带)，成年后即漂泊江湖谋生。姜夔在青年时期往来江淮10余年，5次寓居合肥。

姜夔画像

1. 合肥赤阑桥旧址略考

赤阑桥，是姜夔与合肥结下不解之缘的一个重要地名。姜夔的诗词中有两处提到赤阑桥：一处是宋光宗绍熙元年(1190年)春填写的《淡黄柳》，在词序中姜夔写道：“客居合肥南城赤阑桥之西，

赤阑桥遗址

巷陌凄凉，与江左异。唯柳色夹道，依依可怜。因度此阕，以纾客怀。"[1]另一处是姜夔于宋宁宗庆元元年（1195 年）写的七绝组诗《送范仲讷往合肥三首》，在第二首诗中姜夔写道："我家曾住赤阑桥，邻里相过不寂寥。君若到时秋已半，西风门巷柳萧萧。"[2]

赤阑桥虽与解读姜夔的合肥诗词有一定的关联，但并不具有像解开谜团的钥匙那样至关重要的意义，然而姜夔的研究者，尤其是关注姜夔的合肥情缘的人，都会提出赤阑桥旧址今何在的问题。早在 20 世纪 80 年代初，安徽大学中文系姜海峰教授，受业师、姜夔研究专家夏承焘先生之托，考察姜夔客居合肥的有关历史遗迹，撰写了《文苑问讯赤阑桥——姜夔诗词地名疏考》一文。姜海峰教授认为合肥自汉初置县到南宋中叶前，变迁很大，但自南宋中期至今，合肥城区大体上也就是姜夔生活年代的规模。据清嘉庆年间的《合肥县志》记载，合肥城南北约 7 华里，东西约 8 华里。城内水系主要有二：一是九曲水；一是金斗河。《合肥县志》（卷四）记载说："九曲水，无源，在德胜门内。汇城西诸水，东过迴龙桥、永乐桥、会仙桥、聚仙桥，折北过升仙桥、洛水桥、和平桥、指挥桥至藏舟浦，入金斗河。"[3]迴龙桥，据说因三国时曹操与孙权"相持至此回节"而得名。迴龙桥南约两三百米为德胜门，永乐桥南数百米有梁家池。梁家池在会仙桥、聚仙桥南面数百米处，此为古池。《合肥县志》（卷十四）记载说，"又名龙池，在德胜门内。相传明洪武中，有蛟自池出，入金斗河。"[4]会仙桥、聚仙桥南有月潭庵，《合肥县志》（卷第十四）记载说："在南门内。康熙四十五年重修，有邑人黄际会碑记。旧志：唐建。"[5]升仙桥东行数百米，即今安徽省政府西围墙，墙基下及墙南侧为



〔1〕 唐圭璋：《全宋词》（全五册），中华书局 1995 年版，第 2181 页。
〔2〕 曹庭栋：《宋百家诗存》，上海古籍出版社 1993 年版，第 646 页。
〔3〕 左辅纂修：《合肥县志》，黄山书社 2006 年版，第 68 页。
〔4〕 左辅纂修：《合肥县志》，黄山书社 2006 年版，第 186 页。
〔5〕 左辅纂修：《合肥县志》，黄山书社 2006 年版，第 194 页。

洗马塘。其东南侧，即今安徽省政府后大门西侧有七星塘，升仙桥处有胡大塘，会仙桥南即原合肥八中门口有牛角塘，会仙桥西有七桂塘。由此可知，在升仙桥、聚仙桥、会仙桥一带，池塘星罗棋布，因此有众多的小桥供人出行。姜夔诗词中提到的赤阑桥，旧址应在升仙桥至会仙桥一带，即原合肥八中门口或市妇幼保健院门口。赤阑桥，当时可能只是一座带红色栏杆的小木桥，旧址已湮没。《合肥县志》(卷十四)记载说："在南城。赵宋姜夔流寓处，见姜《集》。今无考。"[1]据说，上世纪七八十年代整修今大钟楼一带，挖到地下见有两层土，一层黑色，一层黄色。人们据此分析这应该是两条河，黑色为老河，黄色是较新的一条河，两条河的方向都是由西北到东南走向，流经原合肥八中。又据居住在附近的"老合肥"回忆，当年这里有一条河、一座桥。2002 年合肥市政府在桐城路上原合肥师范附小校门口立了一个合肥重要历史文化遗迹"赤阑桥"标志碑，以示纪念。




2. 姜夔的"赤阑情缘"

在北宋末年发生的那场"靖康之变"后，南宋王朝与金国经过一番厮杀，最终签订了东以淮河、西以秦岭为界的和议，地处淮右襟喉、江南唇齿的合肥，从此成为一座巷陌凄凉、戍角悲鸣的边城。那么是什么原因让青年姜夔魂牵梦萦，一而再、再而三地前来边城合肥呢？也许是合肥的民俗风情清淳质朴，让浪迹在外的姜夔感受到家的温暖，从而将合肥视作自己的第二故乡。这种说法有姜夔的诗句为证："我家曾住赤阑桥，邻里相过不寂寥。"[2]当然更为主要的原因是姜夔往来江淮、寓居合肥南城赤阑桥时，结识了两位善弹琵琶与古筝的女子。姜夔与合肥女子由相识到相知，结下了知音情缘，他为此写下 20 余首既铭心刻骨又清空凄美的合肥情词。令人遗憾的是，姜夔一生难以忘怀的合肥女子究竟是何人？姓甚名谁？姜夔初识女子是何年何月？姜夔与合肥女子的具体来往情况如何？最终是如何分手的？这一连串的疑问，谜一般的令人费解。姜夔的合肥情词就像晚唐诗人李商隐的无题诗一样迷离而朦胧，以至后人有不同揣测而众说纷纭。令人欣慰的是，通过姜夔的 20 余首诗词，可以断定这段情遇不是子虚乌有，它就发生在合肥南城赤阑桥畔。

---

〔1〕 左辅纂修：《合肥县志》，黄山书社 2006 年版，第 181 页。

〔2〕 曹庭栋编：《宋百家诗存》，上海古籍出版社 1993 年版，第 646 页。

姜夔与合肥女子的赤阑情缘大致情况是这样的:宋孝宗淳熙三年(1176年),20岁出头的姜夔离开汉川县山阳村姐姐家,东游江淮一带,曾到达扬州,并填写《扬州慢》词。就在这一时期,姜夔首次来到合肥。姜夔初识合肥女子是否在赤阑桥,没有确切记载。自1176年至1186年的10年间,姜夔往来江淮,几次寓居合肥已不可详考了,大多数研究者依据姜夔的诗词作品定为5次。笔者依据姜夔在宋孝宗淳熙年间后期,即淳熙十四年(1187年)至淳熙十六年(1189年)三年间填写的9首怀恋合肥女子的词作,认为在宋光宗绍熙元年(1190年)前,姜夔至少两次寓居合肥。而且可以肯定的是,在宋光宗绍熙元年(1190年)初春至绍熙二年(1191年)正月二十四日,姜夔第三次寓居合肥时就居住在赤阑桥。姜夔是文学通才,诗、词、文兼擅,因此他所填的词,词前大多有一个小序。姜夔的词序,或述作词缘起,或记作词甲子,或记心绪行踪,清新俊逸,精美可诵,既是韵味隽永的小品文、散文诗,也是后人解读词旨及作者幽邃情思的一把钥匙。如宋光宗绍熙元年(1190年)寒食节前的初春,姜夔第三次来合肥时创制的自度曲《淡黄柳》词序中说:“客居合肥南城赤阑桥之西,巷陌凄凉,与江左异。唯柳色夹道,依依可怜。因度此阕,以纾客怀。”[1]姜夔终于又回到自己魂牵梦萦的江淮大地、第二故乡合肥,寓居在南城的赤阑桥之西。古城合肥是如此凄凉空旷,唯有行道旁几树垂杨柳依依可爱,宽慰了词人的忧时愁怀。《淡黄柳》是姜夔描写合肥风物的代表作,全词为:

空城晓角,吹入垂杨陌。马上单衣寒恻恻。看尽鹅黄嫩绿,都是江南旧相识。　　正岑寂,明朝又寒食。强携酒、小桥宅。怕梨花落尽成秋色。燕燕飞来,问春何在,唯有池塘自碧。[2]

这首词以柳起兴,写出古城合肥的一片凄凉景象,令词人感到寒气侵人。“看尽鹅黄嫩绿”,扣词题写合肥的柳色如鹅绒般金黄,似春草一样碧绿。下阕的“梨花落尽”、“燕燕飞来”、“池塘自碧”,淡淡绘景,而寥落之感见于言外。据刘乃昌《姜夔词新释辑评》中引陈匪石《宋词举》评道:“就合肥之地当时视为边

[1][2]　唐圭璋编:《全宋词》(全五册),中华书局1995年版,第2181页。

城者观之，且寓意极深。"[1]

宋光宗绍熙元年(1190 年)初春至绍熙二年(1191 年)正月二十四日，是姜夔第三次寓居合肥，也是居住时间较长的一次，这期间姜夔写下了四首词作：《淡黄柳》、《凄凉犯》、《秋宵吟》和《浣溪沙》，前三首均为自度曲。写于 1190 年秋的《凄凉犯》词序说明了他创制词调的由来："合肥巷陌皆种柳，秋风夕起骚骚然。予客居阖户，时闻马嘶。出城四顾，则荒烟野草，不胜凄黯，乃著此解。琴有凄凉调，假以为名。"[2]如果说《淡黄柳》描写了合肥春柳之依依可爱，并淡淡地流露了惜春伤时之感，那么《凄凉犯》则真切地写出了 850 年前古城合肥边城的风貌：

> 绿杨巷陌秋风起，边城一片离索。马嘶渐远，人归甚处，戍楼吹角。情怀正恶，更衰草寒烟淡薄。似当时、将军部曲，迤逦度沙漠。　　追念西湖上，小舫携歌，晚花行乐。旧游在否？想如今、翠凋红落。漫写羊裙，等新雁来时系著。怕匆匆、不肯寄与，误后约。[3]

姜夔在词中绘制出一幅凄凉的战乱荒城图，表现了宋王室南渡后边城合肥的情状。合肥因干戈扰乱而衰草苍茫、寒烟凄迷，姜夔独自漫步合肥城，仿佛像戍守边地的士卒，度越荒无人烟的沙漠。词的最后以音讯难通、旧约难践收煞，表现出离乱时代人们惴惴不安的心情。姜夔的这首《凄凉犯》与《扬州慢》一样，不仅寄寓词人的黍离之悲，而且还具有诗史意义。夏承焘、吴无闻在《白石词校注》中说："此词上片写淮水前线被兵后的荒凉景况，有如李华的《吊古战场文》。"[4]周密在《齐东野语》(卷五)中描写了自合肥经寿州抵蒙城一带，"沿途茂草长林，白骨相望，虻蝇扑面，杳无人踪"[5]的惨状。姜夔《凄凉犯》的下片回忆西湖，描写笙歌画船，上下嬉恬，一片升平景象。这首词的上片与下片不仅形成鲜明的对照，而且寓有林升《题临安邸》一诗中揭露南宋朝廷"直把

---

〔1〕刘乃昌编著：《姜夔词新释辑评》，中国书店 2001 年版，第 73 页。
〔2〕唐圭璋编：《全宋词》(全五册)，中华书局 1995 年版，第 2183 页。
〔3〕唐圭璋编：《全宋词》(全五册)，中华书局 1995 年版，第 2184 页。
〔4〕刘乃昌编著：《姜夔词新释辑评》，中国书店 2001 年版，第 87 页。
〔5〕周密撰：《齐东野语》，中华书局 1983 年版，第 77 页。

杭州作汴州”的讽刺意味。《秋宵吟》这首词也写于宋光宗绍熙元年(1190 年)秋天,词无序,全词为:

古帘空,坠月皎。坐久西窗人悄。蛩吟苦,渐漏水丁丁,箭壶催晓。引凉飔,动翠葆。露脚斜飞云表。因嗟念,似去国情怀,暮帆烟草。　　带眼销磨,为近日愁多顿老。卫娘何在,宋玉归来,两地暗萦绕。摇落江枫早。嫩约无凭,幽梦又杳。但盈盈、泪洒单衣,今夕何夕恨未了。[1]

《秋宵吟》是姜夔的自度曲,描写词人秋宵独坐在陈旧的门帘下,仰见秋月西坠,夜深人静,蟋蟀唧唧悲鸣,漏壶滴水丁丁,声声入耳。门外凉风乍起,吹动青翠的竹丛,地面露水被卷入天空。阴冷的秋夜之景触动词人的无限愁情,那感觉犹如远别乡国,前路迷茫。“今夕何夕恨未了”,词的结句拍合“秋宵”题旨。姜夔在合肥的寓居处,秋宵怀人,悲泪横洒,韵味凄楚,憾恨绵绵。姜夔第三次离别合肥时,填了一首《浣溪沙》,词序为:“辛亥正月二十四日发合肥。”[2]“辛亥”即宋光宗绍熙二年(1191 年),序文虽仅有 11 个字,却交代了写作的时间和地点。这首小令 6 句 42 个字,既点明词人走的是水路又点明是惜别之作:

钗燕笼云晚不忺。拟将裙带系郎船。别离滋味又今年。
杨柳夜寒犹自舞,鸳鸯风急不成眠。些儿闲事莫萦牵。[3]

词的起首写合肥女子为词人送行,她着意化妆打扮,燕形金钗笼着如云的秀发,却心事重重,满面愁容,她幻想用衣裙飘带系住词人即将乘坐的舟船。“别离滋味又今年”,这句词直白地点出惜别主旨。词的下片借景烘托、借物喻理,合肥柳在夜风中不停地舞动,既暗示了时局的动荡不安,也点明了姜夔与合肥女子这对离人因心愿难遂而思绪不宁。

时隔不久,姜夔第四次来到合肥。生活无着,姜夔不得不于宋光宗绍熙二年(1191 年)的暮春再次离别合肥赴金陵(今南京),临别前姜夔又创制了一首

[1] 唐圭璋编:《全宋词》(全五册),中华书局 1995 年版,第 2183 页。
[2][3] 唐圭璋编:《全宋词》(全五册),中华书局 1995 年版,第 2174 页。

自度曲《长亭怨慢》:

渐吹尽、枝头香絮,是处人家,绿深门户。远浦萦回,暮帆零乱向何许。阅人多矣,谁得似长亭树。树若有情时,不会得青青如此。　　日暮,望高城不见,只见乱山无数。韦郎去也,怎忘得玉环分付:第一是早早归来,怕红萼无人为主!算空有并刀,难剪离愁千缕。[1]

这首词也以合肥柳起兴,描写了合肥暮春季节的景象,绿深门户,描绘出了合肥南城一带的风物。"深"字,似彩笔浓抹,它兼得春之深、巷陌之深、合肥女子与词人的情感之深。金陵与合肥相去不远,受相思折磨的姜夔又一次来到合肥。这年的七夕前后,姜夔填写了一首《摸鱼儿》,词序为:"辛亥秋期,予寓合肥,小雨初霁,偃卧窗下,心事悠然。起与赵君猷露坐月饮,戏吟此曲,盖欲一洗钿合金钗之尘。他日野处见之,甚为予击节也。"[2]赵君猷,其人生平不详,是姜夔寓居合肥时的友人。野处是指南宋文学家洪迈(1123—1202),字景卢,号容斋,别号野处,著有《容斋随笔》等。击节,指称赞他人诗文。词序说宋光宗绍熙二年(1191年)秋间,姜夔寓居合肥,可能也在合肥南城赤阑桥一带。一夕与友人赵君猷月下饮酒,想起了七夕牛郎织女鹊桥相会的故事,于是填写了这首《摸鱼儿》。全词为:

向秋来、渐疏班扇,雨声时过金井。堂虚已放新凉入,湘竹最宜欹枕。闲记省。又还是、斜河旧约今再整。天风夜冷。自织锦人归,乘槎客去,此意有谁领。　　空赢得、今古三星炯炯。银波相望千顷。柳州老矣犹儿戏,瓜果为伊三请。云路迥。漫说道、年年野鹊曾并影。无人与问。但浊酒相呼,疏帘自卷,微月照清饮。[3]

词的起首直陈秋夕合肥寓居庭院中的景象,秋天来临,气候转凉,团扇渐疏,秋雨时而淅沥洒过庭中水井。初秋的合肥,室内已凉爽宜人,在竹席上枕

[1] 唐圭璋编:《全宋词》(全五册),中华书局1995年版,第2181页。
[2][3] 唐圭璋编:《全宋词》(全五册),中华书局1995年版,第2180页。

卧偃息十分惬意。这七夕之夜，正是牛郎织女隔河相望一年，又盼到了按期欢会的时刻了，可惜相聚匆匆，合而复离。织女离别牛郎后归去，那个乘槎至天河，目睹牛郎织女相会场景的不速之客也悄然离去。那么牛郎织女的离情，还有谁能理解呢！姜夔用“漫说道”插入，表示美好的愿望只是徒然相传而已。词的结句述说自己流寓江湖，有谁来关心问候？唯有唤来浊酒，自卷疏帘，在微弱的月光下清饮罢了。《摸鱼儿》词借咏天庭牛郎织女相会的传说和人间七夕乞巧的习俗，隐隐流露出对自己与合肥女子的爱情波澜的忧伤与叹惋。据刘乃昌《姜夔词新释辑评》引夏承焘、吴无闻《白石词校注》说：“历来咏七夕的词中，秦观的小令《鹊桥仙》比较著名。白石此词是长调，铺叙较多。上片首四句写新秋情景‘斜河旧约今再整’，似是不专为牛郎织女而发，当是借以比拟作者和合肥恋人间的爱情波澜。此意直贯下片，‘漫说道、年年野鹊曾并影’，以及‘无人与问。但浊酒相呼，疏帘自卷，微月照清饮’。在这些词句之间，使人感到作者的含蓄的幽怨。”[1]



在合肥短暂逗留后，姜夔于宋光宗绍熙二年（1191 年）秋天，第五次也是最后一次离别合肥，词人填了一首《点绛唇》词：

金谷人归，绿杨低扫吹笙道。数声啼鸟，也学相思调。

月落潮生，掇送刘郎老。淮南好，甚时重到？陌上生春草。[2]

词无序文，但又一次以合肥柳起兴，突出了合肥女子所居住的合肥南城赤阑桥周边的风物，巷陌歌吹弹唱声声不息，路边柳树上的鸟儿对唱，仿佛学着人们在倾诉相思之情。边城合肥也是废池乔木，何好可言？姜夔所谓的“好”，就好在合肥赤阑桥是知音所居之处。“陌上生春草”，这结尾的一句，暗示芳草萋萋，词人将无缘复归的黯淡前景。

3. 肥水东流无尽期，知音情缘难忘怀

姜夔在诗中提到合肥赤阑桥的是七绝组诗《送范仲讷往合肥》。宋宁宗庆元元年（1195 年），范仲讷要回家乡合肥了，姜夔赋《送范仲讷往合肥》

〔1〕 刘乃昌编著：《姜夔词新释辑评》，中国书店 2001 年版，第 83 页。

〔2〕 唐圭璋编：《全宋词》（全五册），中华书局 1995 年版，第 2171 页。

七绝三首。其一为:“壮志只便鞍马上,客梦长到江淮间。谁能辛苦运河里,夜与商人争胜还。”其二为:“我家曾住赤阑桥,邻里相过不寂寥。君若到时秋已半,西风门巷柳萧萧。”其三为:“小帘灯火屡题诗,回首青山失后期。未老刘郎定重到,烦君说与故人知。”〔1〕第一首诗中的“客梦长到江淮间”,说明姜夔难以忘却早年往来江淮、寓居合肥时那段豪放疏狂的生活。第二首诗中的“我家曾住赤阑桥”,表明姜夔把曾寓居五次之久的合肥当做了第二故乡。第三首诗中的“回首青山失后期”,抒发了姜夔对失约的深深歉疚;“未老刘郎定重到”,又表达了姜夔将旧地重游与合肥女子再度相聚的决心。遗憾的是,自宋光宗绍熙二年(1191年)秋,姜夔乘舟顺南淝河离开合肥后,由于种种原因再也没有回来过。“肥水东流无尽期,当初不合种相思。”〔2〕在合肥南城赤阑桥,多才多艺的姜夔与妙擅音乐的合肥女子,因志趣相投而结下的这份情缘就像旧时的月色,迷蒙凄美,令人缱绻难忘。

姜夔魂牵梦萦在江淮,在《送范仲讷往合肥》一诗中曾自豪地宣称“我家曾住赤阑桥”,在《点绛唇》词中有“淮南好,甚时重到?”〔3〕的设问,在《解连环》词中有“算如此溪山,甚时重至”〔4〕的感叹,然而姜夔的赤阑情缘,五合五分,历尽波折,最终还是好梦难圆。公元1191年的秋天,一代词宗姜夔就像那汩汩东流的肥水一样,一去不复返了。一代词宗姜夔已逝,东去的肥水也已默默地流淌了850余年,然而我们合肥人却难以忘怀这位多才多艺的文学家、艺术家,这一切都缘自姜夔对合肥的深情厚谊,缘自姜夔留在合肥南城赤阑桥的那段知音情缘。

## 三、苏轼与庐州知府孙觉

苏轼(1037—1101),字子瞻,又字和仲,号“东坡居士”。眉州眉山(今四川眉山)人,祖籍栾城。北宋著名文学家、书画家,唐宋八大家之一。

根据苏轼的年谱,苏轼经历了从仁宗到徽宗五朝,平生足迹几乎遍及当时

〔1〕曹庭栋编:《宋百家诗存》,上海古籍出版社1993年版,第646页。
〔2〕唐圭璋编:《全宋词》(全五册),中华书局1995年版,第2173页。
〔3〕唐圭璋编:《全宋词》(全五册),中华书局1995年版,第2171页。
〔4〕唐圭璋编:《全宋词》(全五册),中华书局1995年版,第2180页。

苏轼画像

中国的重要州郡，甚至远到海南儋耳，他去过的地方就有开封、涪州、湖州、常州、密州、杭州、真州、唐州、颍州、扬州、润州(今镇江)、惠州、儋州等地。他曾于神宗熙宁四年(1071 年)赴杭州任通判。是年七月离汴京，十月出颍口(今安徽省寿县西正阳关)，进入淮河，东折而至寿州(今安徽省寿县)，在途中写下《出颍口初见淮山是日至寿州》："我行日夜向江海，枫叶芦花秋兴长。平淮忽迷天远近，青山久与船低昂。寿州已见白石塔，短棹未转黄茅冈。波平风软望不到，故人久立烟苍茫。"寿州离合肥不远，在今天合肥的西北边，这可能是苏轼离合肥最近的一次旅途了。

但是，翻开苏轼的文集，我们发现他与曾任合肥主簿的孙觉交往甚密，有数首诗歌，包括 5 首和诗。苏轼还有一首被广为推崇的和诗《次韵孙莘老见赠时莘老移庐州因以别之》写的就是与孙觉的交往，诗题还涉及了"庐州"。当作于孙觉赴任庐州前后。考《全宋诗》，三苏、曾巩、王安石、刘攽、孙巨源、李常、王令、黄庭坚、秦观、张舜民等著名文士皆有不少与这位孙觉的唱和诗作。孙觉，号莘老，高邮人。他可是北宋的名人，既是胡瑗、陈襄的学生，又是苏轼、王安石、苏颂、曾巩的好友，还是黄庭坚的岳父[1]，秦观、陆佃、王令的老师。《宋史》卷三百四十四有传。他历任湖州、庐州、润州、苏州、福州、亳州、扬州、徐州等地，所到多有政绩，可谓"转守七州多异政，奉常处处有房祠"[2]。至今在他的家乡高邮尚有四贤祠祀苏轼、孙觉、秦观和王巩四贤。孙觉一生著作甚丰，有《周易传》、《书解》、《书义口述》、《春秋经解》、《春秋经社》、《春秋尊王》、《春秋学纂》等，惜大部分都不存。宋史载孙觉任合肥主簿时，适逢大旱，蝗虫盈野，在这种情况下，州政府仍督促百姓交纳税贡，愤怒的百姓捕获了大量的蝗虫上交官府，扬言以此抵税，民变一触即发，孙觉见状，立刻向州官建议，把百姓送来的蝗虫照单收下，易之于相应的仓储之米，鼓励百姓多抓蝗虫，铲除祸害，战胜旱灾。州官采纳了这个建议，一场迫在眉睫的骚乱顿时转化成消灭蝗虫的歼

---

〔1〕《黄庭坚年表》："17 岁，在淮南，始识孙觉(莘老)，孙觉以其女兰溪许之。"

〔2〕(宋)秦观《淮海集·孙莘老挽词四首》之二："青春芸阁妙文词，进读金华鬓如丝。转守七州多异政，奉常处处有房祠。"

灭战，灾民皆大欢喜，合肥平安无事，其法被推行于他县。

**次韵孙莘老见赠时莘老移庐州因以别之**

炉锤一手赋形殊，造物无心敢望渠。
我本疏顽固当尔，子犹沦落况其余。
龚黄侧畔难言政，罗赵前头且眩书。
惟有阳关一杯酒，殷勤重唱赠离居。

（自注：莘老见称政事与书，而莘老书至不工。）

这首次韵诗，原作已不可察，但这首和诗却写得十分好，一如清人李重华所评："次韵一道，唐代极盛时，殊未及之。至元、白，皮、陆，因难见巧，虽亦多勉强凑合处。宋则眉山（苏轼）最擅其能，至有七古长篇押至数十韵者，特以示才气过人可耳。……盖次韵随人起倒，其遣词运意，终非一一自然，较平时自出机杼者，工拙正自判然也。近世胸中元未有诗，藉以藏拙，故离却次韵，不复能为倡和。"（《贞一斋诗说》）翻开苏集，我们发现，苏轼投入了巨大的热情进行唱和诗的创作，咏物题画、日常应酬、文字游戏等题材无不可入诗。他不但和韵，而且往往又和、再和、重和，乃至自和，追和古人。据陕西师范大学徐宇春在他的博士论文《苏轼唱和诗研究》中统计，在苏轼共计 2 387 首古今体诗中，运用最多的是次韵，其中可以确认为次韵诗的，至少有 785 首，占了大约 33％的比例。苏轼唱和诗不仅仅限于二人之间酬唱的模式，往往是新作既出，和者云集，呈现出一种规模恢弘的唱和景象，促成了北宋年间元祐诗坛的繁荣。

## 四、庐州教授周邦彦

周邦彦是宋词之集大成者，尤善长调，被誉为"词家之冠"，北宋元祐四年（1089 年）曾出任庐州教授一职，留下了不少回忆庐州生活和风物的优秀词作。

庐州为北宋淮南西路重镇，北宋庐州教授之职始设于元祐元年（1086 年）十月。查《宋代官制辞典》教授之职，"总领州学，并以经书、儒术、行义训导诸学生徒，掌功课、考试之事，纠正违犯学规者"。根据陈思《清真居士年谱》，路成文先生对周邦彦任职庐州教授之事所作推断如下：第一，清真元祐四年秋到任，元祐八年离任，前后在任近四年。第二，从年谱的编排来看，周邦彦之出任庐州教授与离任皆系循资而转，而不是因为党争贬黜。第三，周邦彦离任庐州教授未满三年，中途离任后即调任溧水令，离任原因可能与新旧党争有关，也可能与当地行政长官相刁难有关。第四，至于周邦彦的荆州之游，陈思编在熙宁九年至元丰元年夏，周邦彦十九岁至二十一岁之间。

据罗忼烈先生《清真集笺注》，《宴清都》"地僻无钟鼓"词笺附记云："据词中地名，知为教授庐州时作，州学在今安徽省合肥市。清真以元祐二年自太学正出教授庐州，时年三十二岁，旋遭时变，不能俯仰取容。乍别繁庶之都，远谪荒凉之城，故词多凄苦之音。"



### 宴清都

地僻无钟鼓。残灯灭，夜长人倦难度。寒吹断梗，风翻暗雪，洒窗填户。宾鸿漫说传书，算过尽、千俦万侣。始信得、庾信愁多，江淹恨极须赋。　　凄凉病损文园，徽弦乍拂，音韵先苦。淮山夜月，金城暮草，梦魂飞去。秋霜半入清镜，叹带眼、都移旧处。更长久、不见文君，归时认否。

词云"地僻无钟鼓。残灯灭，夜长人倦难度"，又云"淮山夜月，金城暮草"，又云"更久长、不见丈君，归时认否"。按《太平寰宇记·庐州·合肥县界楼》："故城一名金牛城，在县西北。"又据《乾隆府厅州县考》："庐州府，宋曰庐州，属淮南西路。小岘山在县东，大岘在小岘东。六朝时趋建康，此为要道。故城在今县北，名金斗城。"《清真集笺注》按：地属淮南西路，故山曰淮山，金城即金斗城之省也。离京已久，故云"更久长、不见文君"，此词当作于本年，或次年冬。周邦彦还有《倒犯》（咏月）一词追忆庐州旧时月色，写得也非常典雅秀丽。

## 倒 犯

霁景、对霜蟾乍升，素烟如扫。千林夜缟。徘徊处、渐移深窈。何人正弄，孤影蹁跹，西窗悄。冒霜冷貂裘，玉罕邀云表。共寒光、饮清醥。　　淮左旧游，记送行人，归来山路窎。驻马望素魄，印遥碧、金枢小。爱秀色、初娟好。念漂浮、绵绵思远道。料异日宵征，必定还相照。奈何人自衰老。

《玉楼春》“桃蹊不作从容住”也是一首别庐之作。词中化用刘晨、阮肇遇仙女的典故起头，用赤阑桥这一著名合肥景观衬托出青春的欢乐，全词于排偶中具动荡，凝重之外兼备流丽，故晚清著名词家陈廷焯《白雨斋词话》评：“美成词有似拙实巧者，如《玉楼春》结句……上言人不能留，下言情不能已，呆作两譬，别饶姿态，却不病其板，不病其纤。”

## 玉 楼 春

桃溪不作从容住，秋藕绝来无续处。当时相候赤阑桥，今日独寻黄叶路。　　烟中列岫青无数，雁背夕阳红欲暮。人如风后入江云，情似雨余粘地絮。

词笺附记云：此词当时元祐四年任满去庐州，祖帐留别时付声歌之作，味“今日独寻黄叶路”一语，其行当在秋冬间。《远游》诗云：“淮西渡两桨，江左随一鸥。苦嗟波涛窄，所至胶吾舟。借问舟中人，流转何时休……”首言渡淮，别庐而去也，以下皆伤行役之言，似与此词同时之作。其词《还京乐》：“禁烟近，触处、浮香秀色相料理。正泥花时候，奈何客里，光阴虚费。望箭波无际，迎风漾日黄云委。任去远，中有万点，相思清泪。到长淮底，过当时楼下，殷勤为说，春来羁旅况味。堪嗟误约乖期，向天涯、自看桃李。想而今，应恨墨盈笺，愁妆照水。怎得青鸾翼，飞归教见憔悴。”考其内容，亦似是别庐州、初至荆州之作。

# 第二节　宋元才子贤吏题咏合肥

## 一、“红杏尚书”——宋祁与庐州

翻开宋集，“红杏尚书”让不少人留下了深刻的印象，后人知晓宋祁，也多半因为其“红杏尚书”雅称。在那首著名的《玉楼春》中，宋祁描写春天的词不仅引得时人称羡，更为后人称道。王国维在《人间词话》中也称其“‘红杏枝头春意闹’，著一‘闹’字而境界全出”。

宋祁画像

宋祁(998—1061)，字子京，北宋安州安陆(今湖北安陆)人，后徙居开封雍丘(今河南杞县)。宋祁的词好，其诗亦自成一家，“将飞更作回风舞，已落犹成半面妆”更被后人推为历代描写落花之名句。《唐宋诗举要》评价《落花》诗中颔联说：“此联兴会鹰举，能尽落花之神态。”纪昀也评价此诗说：“神似玉溪(李商隐)。”在文学史上，宋祁一向被视为西昆体后期的代表作家之一，他与西昆派著名诗人夏竦、刘筠、晏殊都过从甚密。作为“西昆余绪”，又是风流才子，宋祁诗歌中酬唱赠答诗比重最大，一共有400余首，其中大部分是他与兄长宋庠、师长晏殊，还有同时代的诸多同僚文人士大夫之间的往来唱和之作，而这类诗作的题材可谓是无所不包，或集会游园，或品题诗文。现录两首语与合肥友人的赠答诗作如下：

**中山公镇淝上**

长鬣生鼇满帐前，甘棠栽憩示优贤。
簜函握节中军府，奎宇成钧宝阁天。
丹匕去寻鸿苑录，佛花来供净名禅。
朝家入有三公拜，未信东山得久眠。

### 闻中山公淝上家园新成秘奉阁辄抒拙诗寄献

为乐东平得再麾，别营层阁驻经纬。
溢囊秘简青皆汗，署榜宸毫白正飞。
罇喜客来衔酒数，画疑仙去启厨稀。
门前即枕春溪路，几曲歌成使舫归。

此两诗中提到的“中山公”当为刘筠。宋祁对刘筠非常尊重，也深感刘的知遇之恩，宋祁曾蒙刘筠提拔，两人感情十分深厚，刘筠去世后，他还写下《哭中山公三十韵》来寄托他的哀思。

刘筠，字子仪，大名（今属河北）人，北宋著名学者。宋真宗时为翰林学士，预修《图经》、《册府元龟》，以右谏议大夫衔出知庐州。宋仁宗即位，复为翰林学士，旋拜御史中丞，进龙图阁直学士，同修国史。仁宗天圣六年（1028年），刘筠以龙图阁直学士再知庐州。刘筠曾两度知庐州，在这里筑室藏书，收藏了一大批宋真宗赐给他的书籍和墨宝，告老后迁居庐江，当为“淝上家园”，后来他就病死庐州，葬于庐州。（《江南通志》：宋刘筠知庐州，构阁藏真宗飞白书及所赐书，额曰“圣文秘奉之阁”）《闻中山公淝上家园新成秘奉阁辄抒拙诗寄献》这首诗是为庆祝刘筠新园落成而作，全诗都在描摹新园“秘奉阁”的华丽富贵以及在园中歌舞宴会的风流惬意，有点类似于现在的贺词贺文。

再看一首较能体现宋祁创作特色的赠别诗，这首说的是一位叫刘立德的人将赴淝州幕，宋祁与他为同年，故赠诗。

### 刘立德同年赴淝州幕

春榜连题千佛经，两藩交辟滞弓旌。
幕中仍是红莲客，门下今为玉笋生。
林逗楚风披醉袨，浪摇淮月渍离缨。
归来上赋趋行在，足继西豪旧弟兄。

诗中提到的这位刘立德与宋祁为同年进士。在这首诗中，宋祁善用奇字的特点在“林逗楚风披醉袨，浪摇淮月渍离缨”中一览无余。一“逗”、一“摇”用得尽脱俗套，动感十足。“红莲客”与“玉筍生”相对，“楚风”与“淮月”相望，用语典雅且扣题。

宋祁另一件为后人称道的事情是与欧阳修同修了《新唐书》。张舜徽在《中国史学家传》中称因为《新唐书》，“使他（宋祁）成为中国历史上一位重要的历史学家”。宋祁编写《新唐书》，大约始于庆历四年（1044 年），成于宋仁宗嘉祐五年（1060 年），他晚年在外为官，不顾年老体弱，终于编成《新唐书》，可谓是殚精竭虑。据《宋史》本传记载：“（宋祁）修《唐书》十余年，自守亳州，出入内外尝以稿自随，为列传百五十卷。”



宋祁的一生起伏跌宕，经历了 30 余年的宦海沉浮。天圣二年（1024 年）与兄庠同登进士第，奏名第一。章献太后以为弟不可先兄，乃擢庠为第一，置祁第十，时号“大小宋”。以复州军事推官一职初入仕途，官至尚书，累迁国子监直讲、三司度支判官、知制诰，又改龙图学士、史馆修撰等，历知寿（今安徽凤台）、陈（今河南淮阳）、许（今河南许昌）、亳（今属安徽）、定（今属河北）、益（今四川成都）、郑（今属河南）等军州，仁宗嘉祐六年（1061 年）卒于翰林学士承旨之任，年六十四，谥景文。庆历元年（1041 年），宋祁出知寿州。二年，自寿州徙陈州。皇祐三年（1051 年），出知亳州。《过淝口二首》当时作于此。

### 过淝口二首

其一

淝水萦如带，淮山翠似云。
此时闻鹤唳，无复畏官军。

其二

氐丑矜凶甚，临流列万幢。
由来不自项，何苻欲浮江。

## 二、状元彭汝砺合肥山水游

彭汝砺（1042—1095），饶州鄱阳（今江西鄱阳）人，字器资，北宋英宗治平二年（1065 年）进士第一（状元）。说起他，很多人都会想起他在元祐年间蔡确“车盖亭诗案”中表现出的刚正不阿、敢于谏言的品德与胆识;但少有人知道这位英宗朝唯一的文状元与熙宁六年(1073 年)癸丑科榜眼朱服一样,都曾在肥为官,也留下不少的诗歌足迹。稍有不同的是,朱服那些描写合肥形胜的诗作被大量记载于有宋以来的各类方志书籍中,而彭汝砺的 10 余首合肥诗作却鲜被后人谈及。

彭汝砺中状元后初授保信军推官,武安军掌书记,神宗熙宁初(1068 年)召为监察御史里行。可推测他在肥任上 3 年左右。彭汝砺在保信军推官任上,官职相当于地方幕僚,没有多少实权,年纪又浅,这一时期他在肥创作的诗歌在艺术造诣上可能略显青涩,但其志必大义、谏诤敢言的鲜明个性已跃然纸上。宋史载其读书为文,志于大者,有古人之风。直言极谏,言他人之不敢言,令朝野叹服。《七门堰》一诗就记录了诗人为合肥职官期间,查求刘仲、刘馥治理七门三堰的经历。庐州舒城境内有七门三堰(乌羊堰、千功堰、槽闸堰),相传是西汉初年颉羹侯刘信所筑,“共溉田二万余顷”。三国时扬州刺史刘馥重筑,“断龙舒水,灌田千五百顷”。《晋书·食货志》称刘馥“镇合肥,广屯田,修芍陂、茹陂、七门、吴塘诸竭,以溉稻田,公私有蓄,历代为利”。上有七门庙,刘攽曾作记。诗人不仅记载了当地旱涝频发的自然环境,对二刘修堰治水等善举大加称赞,更对当时士大夫们空发议论、藐视民事等现象进行了深刻的批判:“古人材大心亦公,忧乐每与天下同。谋功虑事不草草,欲与天地为无穷。我来舒城道三堰,行看利入东南偏。渔樵处处乐太平,稻粱岁岁收余羡。江淮旱涝相缀连,舒城独自为丰年。人知今日乐其土,不知古人为而天。二刘未必真奇伟,谋虑及民乃如此。俗儒文多实已亡,洋洋大论言羲皇。心欲为功害辄胜,庸医未足平膏肓。纷纷予亦何为者,爱古伤今空涕泪。题诗倚立寄西风,不知材力非牢骚。”合肥人包拯做官以英明刚直而称于世,但在彭汝砺来肥前已过世,据《舆地纪胜》记载:包孝肃公祠堂在兴化寺,治平中太守张环作记。彭汝砺在《和谒孝肃祠堂》一诗中则表达了对位宋代著名官员的深深缅怀:“声容不见见灵祠,眷惜徘徊重叹咨。樵牧万家歌旧泽,簪绅百拜望英资。深图遂失商霖远,清论空随海月垂。欲拾绪言嗟未得,风流喜读大夫碑。”

诗人一生为官,数度降谪,但毕生清廉为政之志未有丝毫减退,彭汝砺的合肥诗作也反映了忠义与正直的个性。如《上合肥太守侍读傅公》有句:“一书开主惑，群力破奸魂。万事非吾计，孤忠自所在。”同时，这些诗作在艺术上也不乏用语典雅，寄予高洁，情致缠绵，如《藏舟浦》：“花明肥上藏舟浦，水照淮边梦蝶台。千里悠悠各春色，可嗟无计共尊罍。”又如《城上怀古》：“水涨藏舟浦，云浮堰月城。寒芜随地远，漫水与天平。险阻生奸伪，乾坤入圣明。杖藜登绝经，谈笑不忘情。”堰月城即濡须坞，濡须坞建在濡须水口东岸的龟山，在今无为境内。藏舟浦在今合肥境内，都是庐州境内著名的地貌特征，诗人以一种旷远的心境关照眼前景物，读之心动。尾联更是直抒胸臆，表白心志。诗人在肥时期的诗作还有《秋日吟二首呈诸友时在合肥作》、《在合肥幕中有作》、《和张侍读游蜀山》、《治平赴肥陵幕侍父兄宿大孤山南今复泊于此》、《合肥府学中赓诸公韵和正寺翔甫总翠亭》等数首。



诗人在肥期间与挚友结伴，徜徉山水，笔下既饱酌蜀山、淝水、藏舟浦处景观之优美，更一展少年志气之慷慨，在诗人 54 载生涯中留下了重要的印迹。在其诗《送梁晦之》序中，他颇有感怀地回忆了这段生活：“治平、熙宁中，某以职官事张侍读、傅学士、宋大监于合肥，与程公权嗣隆、汪汝道汾、俞诚之希旦、钱穆甫、梁晦之、俞君玉珹、刁德华为僚，倪天隐先生治学，其游甚乐也。”彭汝砺在合肥结交的这些友人都是当时著名的文人雅士，有名人之后，亦有在文学、书法等领域颇有建树的时人，如程嗣隆是当时著名理学家程颢之子；俞希旦是当时以文学知名的俞献卿之子；汪汾与被后人誉为“元祐忠贤”北宋名官刘挚为同年；钱穆甫也是当时颇有名气的书法家。倪天隐是彭汝砺的恩师，据宋史载，倪天隐死后，彭汝砺葬其母妻，衣食其女，以此来表达对老师的感恩之德，其“言动取舍，必合于义，与人交，必尽诚敬”的品质在家乡广为流传，已成为鄱阳地区的历史文化名人。同样，彭汝砺在肥为官期间的勤政、廉政思想又与合肥的包公文化一脉相承，相互辉映，反映了人们对真善美的向往。

## 三、新余墨庄刘敞庐州之任

刘攽(1023—1089)，字贡父，一作赣父，号公非。与兄刘敞一同中庆历六年(1046 年)进士。刘攽与兄刘敞、侄刘奉世皆以博识能文见称，时号“三刘”，他们合著有《三刘汉书标注》六卷，多所辨正发明。然据后人考证，《汉书标注》虽署名三刘，其实贡父用力最多。刘攽学问广博，著述丰富，特别精于史学，受到时人的敬重。在学术上，刘攽无疑应该是新余墨庄刘氏中最杰出的代表。刘攽协助司马光并参与了伟大的历史著作《资治通鉴》的编纂工作，并主要负责承担两汉部分的撰稿工作。

刘攽著作也极为丰富，除了《资治通鉴》外，自己独立完成的著作还有一百卷之巨。其中，最有代表性的史学著作有《东汉刊误》四卷、《汉宫仪》三卷、《经史新义》七卷、《五代春秋》十五卷、《内传国语》二十卷等多种。王安石在诗中赞之："笔下能当万人敌，腹中尝记五车书。"(《送刘贡父赴泰州清水》)曾巩称之："广览载籍，强记洽闻，求之辈流，罕有伦比。"(《授中书舍人举刘攽自代状》)，张耒在祭文中说他"强学博敏，超绝一世"(《代祭刘贡父文》,《张耒集》卷五十八)。

刘攽也是宋朝的著名诗人，与欧阳修、王安石、苏轼、孙觉、胡宗愈、曾巩等交往密切。他的诗歌风格生动，与欧阳修的风格有相似之处。他的诗文由后人结集汇编成《彭城集》四十卷，其诗不少入编《宋人绝句三百首》、《宋诗三百首》等书中。刘攽还精于诗学，有《中山诗话》二卷存世，为欧阳修《六一诗话》创制"诗话体"后又一重要著述，与欧阳修、司马光同称为诗论三大家。《四库全书总目提要》卷一百九十五集部四十八中有论："北宋诗话惟欧阳修、司马光及攽三家号为最古。此编较欧阳修、司马光二家虽似不及，然攽在元祐诸人之中，学问最有根柢。所考证议论，可取者多，究非江湖末派，钩棘字句以空谈说诗者比也。"

刘攽仕途生涯比较坎坷。他中进士后，先在州县做了 20 多年的地方官，才被调到中央做国子监直讲。自 1053 年，刘攽先在陈州(今河南)做地方官，后任庐州推官、江阴主簿，接着任汝州(今河南)推官。元丰四年(1081 年)他调往兖、亳二州任官。刘攽在安徽任上有不少诗文创作，值得一提的是他也留下不少与合肥有关的诗歌，如《之官庐州初至仪真寄原甫》、《后浦望水》、《题合肥县效裕堂诗》、《巢湖》、《巢湖阻风二首》、《陪马守蜀山祷雨》、《纳凉明教台》等。刘集中另有诗题为《送刘四畋二首》，诗歌内容为："肥水不能远，只今行子东。高秋千里月，暮景一帆风。时节迎黄菊，汀洲下早鸿。江天多胜事，无术与君同。"《舆地纪胜·淮南西路·庐州》录此诗颔联，题为《合肥送刘四》，两诗内容相同，当为刘攽在庐州任上送别刘姓友人时作。

在将赴任庐州前与到任之初，刘攽还有寄作数首，表达了他宦海沉浮，将去异乡的客悲之情。诗歌语言清丽平淡，与梅尧臣十分相似。

**将赴官庐州寄张四隐直二首**

其一

一为弹冠仕，遂废东皋田。

不至二千石，行登四十年。

羁游无定许，鬓发欲苍然。

万里南江路，春风棹客船。

其二

江路西南永，风波岁月淹。

赖君同此役，久客复谁嫌。

榜叟夸忠信，津童识孝廉。

云山仍在眼，诗与力能兼。



到任后，刘攽先后登临明教寺和藏舟浦等庐州名胜，均有留题。《舆地纪胜》："澄惠寺，在城金斗门外藏舟浦，一名澄心寺。刘攽贡父《游后浦诗新咏》有从刘园至澄心寺后阁谈琴，即此寺也。"清代左辅曾在《过藏舟浦感作》诗中写道："怀古曾吟贡父诗，个中岛屿尚参差。淮风楚雨年年异，废坞荒台处处疑。"诗中贡父当为刘攽，可见刘诗的影响。

**后浦望水**

春塘见游鱼，芳草宜白鹭。

溪流定几曲，花发应深处。

重来畏已迷，坚坐不能去。

**纳凉明教台**

台上井泉冰冷滑，城隅川色剑光芒。

多惭簿领相宽假，全得南风一日凉。

刘攽还有一首《题合肥县效裕堂诗并序》，记当时合肥县县堂落成。序言："江侯既成县堂，以诗及序遗予而请名焉。予曰：夫十人之聚，其曲直不可胜听也。数口之家，生生之具，盖益广且备矣。况以大县百里，占籍数万，民之所以望于上，吏之所以求于下，不太多事哉。又况风俗之好讼，赋役之无常乎？及至乎事修而身佚，此固能吏之成效也。《周书》曰：'乃其裕民。'《孟子》曰：'绰绰有余裕。'吾故名江侯之堂曰效裕，言侯之才既能以裕民，又身获其余裕，而效于此堂也。肥之人皆以为知言，予因复为七言以报江侯。"

今录诗如下：

**题合肥县效裕堂诗并序**

九月霜降公堂成，江侯寄诗求所名。
定名揣称事不易，以予朴直言必诚。
百词号呶片语决，十役漫汗一教行。
令乎于此有余裕，堂以效实非无形。
庭罗芳草寒转碧，池有鱼鸟闲不惊。
左经右律给啸咏，雨轩风槛含秋声。
今我不乐岁云暮，蟋蟀在堂鸿雁鸣。
主人爱客岂有极，助尔美酒长河倾。

## 四、"太白后身"——郭祥正合肥观景诗

郭祥正(1035—1113)，字功父(或作公甫、功甫)，号谢公山人、醉吟居士、漳南浪士、净空居士，太平州当涂县(今属安徽)人。郭祥正在皇祐五年(1053年)至元符元年(1098年)年间的诗坛还是很有名气的，17岁得当涂令袁陟激赏，20岁被梅尧臣誉为"真太白后身"，郑獬赞"怪得溪山不寂寞，江南又有谪仙人"。

郭祥正在合肥诗中详细地描绘了魏王台、教弩台、藏舟浦、澄惠寺(院)、衣锦亭等许多景点。

郭祥正画像

其《郭祥正集》存庐州诗近20首，诗中涉及北宋庐州（合肥县、慎县）景点包括：衣锦亭、金斗门、藏舟浦（后浦）、澄惠寺（院）、教弩台、魏王台、通惠寺、香社院、怀疏阁（李天贶）等11处，包括昔日之谓“庐阳八景”：“藏舟草色”、“教弩松荫”、“梵刹钟声”（今明教寺）。所描写的大部分景观都在今天的合肥市中，尤以明教寺、杏花公园等最为著名。虽然因天长日久，物换星移，有的已荡然无存，但是郭祥正却为我们保存了这些景点往昔的繁盛景象，这对于今天宣传合肥地方文化，重建再现历史文化景观，发展旅游事业都有重要的意义。

郭祥正在合肥之作主要是与两人交游的产物，一就是朱服。朱服，字行中，湖州乌程（今属浙江）人，《宋史》卷三百四十七有传。元祐六年（1091年），朱服（直龙图阁）知庐州，元祐七年春（郭诗《和朱行中龙图游澄惠寺》：“一水碧涟漪，更逢烟雨微。”《陪朱行中龙图饮澄惠院二首》：“蒲叶涵春付白鸥”皆写春天景象），郭祥正往庐州，与朱服游。两人关于庐州有不少唱和之句：朱服曾作《过庐州》诗，郭祥正和作《次韵行中龙图游后浦六首》；朱服集中还有句“琉璃十顷浸旻苍，此境淮南自少双”（《游澄惠寺》），郭祥正和作《和朱行中龙图游澄惠寺》诗。郭祥正集中还有《代书先寄庐帅朱龙图》、《次韵行中龙图思宣城》诗。庐州期间诗人还与李天贶、钟离景伯（公序）、吴渊卿相晤。集有《渊卿席上和李天贶四韵时与钟离中散并予共四人》（“悠悠岁月走惊湍，四十三时便弃官”句乃谓熙宁十年弃官庐州之事）、《丽人曲赠钟离中散侍姬》。

次年（1093年）冬末，郭祥正赴寿州再访朱服[1]，二人吟诗赏景，相处默契，亦有不少诗作。

第二位密友就是陈轩。陈轩，字元舆，建州建阳（今属福建）人，《宋史》卷三百四十六有传。郭集载以赠、答、和元舆字样的诗共计31首，仅次于蒋之奇。元丰四年（1081年），郭祥正通判汀州，与州守陈轩性情相投、相处融洽，二人在汀州登山临水，唱和联翩，郭祥正在汀州留下了数十首山水景观题咏作品。元祐八年（1093年）陈轩知庐州，郭祥正作诗《代先书奉迎庐帅元舆待制》迎贺，并于绍圣元年（1094年）春往庐州拜访陈轩，二人相约宴游，郭祥正此次留庐数月余，其诗《元舆待制藏舟浦宴集》中有“荇菜风牵碧，荷花雨迸香”句盖已写夏末

[1] 元祐八年（1093年）至绍圣元年（1094年），朱服知寿州。

初秋景象。郭集有《元舆待制招饮衣锦亭》。

藏舟浦，今在合肥市杏花公园及周边一带，古代是一片草丰水阔的沼泽，《舆地纪胜》记载："藏舟浦，在金斗门外，与淝水相接，广八十丈，昔张辽所凿藏战舰以拒吴。唐贞元中刺史杜公作斗门引肥水，浦内岛屿萦回，花竹葱倩……"那时，浦水经淝河大量东泄，浦间绿意盎然、杏林点缀、花竹繁茂、风景秀丽，为一天然佳境；每年二三月更是枝头红杏，春意喧腾，远近游人，流连忘返。由于三国时魏吴曾在此地交兵，留下了不少三国故事，使这里成为合肥一处颇具魅力的景点。"藏舟草色"由此成为"合肥八景"之首。藏舟浦由于在合肥城区西北，所以又称后浦，郭祥正诗有多处描写这里的景色。

郭祥正的《次韵行中龙图游后浦六首》就细致入微地描绘了北宋时期藏舟浦的游人如织的盛况，现仅录其中三首如下：

一

巨镇还须济世才，要宾览古笑谈开。
蜀山迥出千螺秀，肥水长萦一带迴。
犹有金城藏舟浦，不唯铜雀起高台。
异时征战归何处，秋雁年年去复来。

二

锦棹飞飞画舫迎，焚香夹道看双旌。
佳宾谈笑同民乐，善政循良鸟不惊。
花鸟可怜春自媚，柳洲远觉月微名。
使君一饮诗千句，掷地浑如金玉声。

三

冠带淮西第一州，扬鞭得从使君游。
木鱼声断东台晓，水荇香传后浦秋。
双脊自磨铜雀瓦，密云时泛建溪瓯。
才思清健如无敌，且与衰残作荫庥。

## 五、爱国诗人王之道——合肥抒怀

王之道(1093—1169),字彦猷,自号相山居士,庐州濡须(今安徽无为北)人。王氏出自太原,唐末避乱,流于河南,而后入淮,累世显赫,且以德行闻名乡里,备受尊崇。

王之道画像

宣和六年(1124年),王之道30岁时“与兄之义、弟之深同举进士第,绪绅荣之榜”。绍兴十年(1140年)前,王之道先后在安徽的历阳、滁州为官,每到一地,励精图治,造福一方民众,深受爱戴;国难之际,时局危机,王之道常上书言事,反对和议,坚决抗金,身历战争数次,勇猛作战,军事才能不凡。建炎三年(1129年)六月,金兵大举南侵,十月攻破建康、临安,长驱直入,直逼王之道的家乡。彼时,两淮人民惨遭浩劫,颠沛失所。王之道率乡人依险要地势,力保无为城。当时两淮地区盗贼猖獗,肆意杀人,到处腥风血雨,一片狼藉,唯独胡避山军民得以安生。期间王之道屡屡上奏,如《选将戍合肥札子》:“契勘合肥西北,距淮二百四十里……在今最为控扼敌人要害之地。然而城大兵弱,不能独守”,《乞兵戍巢札子》:“契勘今来金人入寇,江北之地悉为贼区。……为今之计,必欲屏蔽江表,莫若屯万人于南巢,以据要害,可则进,否则退,使贼不合抟食东南,实天下幸甚”等,无不极言军事御敌防守之策,展现卓越的军事才能。

这一时期,他也创作了大量与合肥有关的诗歌。作品以爱国诗和抒怀诗为主,他敬佩少陵的忧国情怀,多习其诗作,诗歌风格上亦近于老杜。他在诗歌创作中关心国家前途命运,关注民生疾苦,语重情深,体现出了忧郁沉痛、激昂慷慨的时代精神。

### 出合肥北门二首

淮水东来没踝无,只今南北断修涂。
东风却与人心别,布暖吹生遍八区。
断垣甃石新修叠,折戟埋沙旧战场。
阛阓凋零煨烬里,春风生草没牛羊。

淮水“南北断”，东风“与人心别”，残垣断壁，触碰到诗人内心的伤痛。“南冠学楚”的悲哀和痛苦，诗人怎能忘记？全诗寓情于景，抒发出了深沉而悲切的忧国忧民之情。此外，《和张序臣合肥驿中诗》、《早发橐皋》等也都是此类诗作。

**和张序臣合肥驿中诗**

橐皋何处合肥东，知有诗翁杖履中。
鲁会一时归寂寞，吴吟千载发清雄。
湖山照碧朦胧日，鞍马欺寒料峭风。
春入花梢人易感，莫教房闼叹飞蓬。

**早发橐皋**

春秋遗迹旧山川，鲁破吴亡久寂然。
恰到前年征战处，数间茅屋起炊烟。

王之道多次过柘皋作诗，此诗为北宋宣和至南宋绍兴之间所作。晋学者杜预注《史记》说，“橐皋，在淮南逡遒县东南”，而唐学者张守节《史记正义》称：“橐皋，故县在庐州巢县西北五十六里。”康熙《合肥县志》载：“橐皋，庐近地也。”南宋绍兴十一年（1141年）“柘皋之战”，这是南宋初年宋军抗金战争中的一场重要战役，被后世列入“影响中国的100次战争”之一。当年，金统帅兀术率大军南下，越过淝水，攻占寿春，进入庐州。驻扎在江南太平州（今安徽当涂）的刘锜率军渡江往救庐州，面对英勇作战的宋军，金兵节节败退，直退到柘皋镇。王之道这次来橐皋，是“柘皋之战”后的第三年，即1143年，一时间虽路上行走着旅人鞍马而不见金兵“拐子马”，茅屋“炊烟”代替了战争硝烟，经历多年金兵蹂躏、沦陷过的橐皋，冬去春来，透过萧瑟，依稀可见生机。然而这时正是秦桧等投降派柄政操国之际，也正是作者自己的颓废时期，他借凭吊“春秋遗迹”，念怀历史人事，感悟时势，心情异常沉重悲怆。

## 六、“燕门才子”——萨都剌咏合肥

元末至明清，元代著名诗人萨都剌一直是备受关注的。清人顾嗣立《元诗选》就称赞萨都剌“清而不佻，丽而不缛，真能于袁、赵、虞、杨之外，别开生面者也”，评价是极高的。

萨都剌画像

萨都剌，字天锡，号直斋，善绘画，精书法，有虎卧龙跳之才，人称“燕门才子”，有《雁门集》传世。萨都剌曾于元至正十年(1350 年)迁淮南江北道廉访司经历，治所在庐州(即今合肥)，是年诗人已 79 岁高龄。淮南江北道，元代时领庐州、六安、安庆一带，廉访司实际是和中央都察院相应的机构，经历为出纳文书。萨都剌在庐州前后三年有余，现在保存下来的庐州之作仍有十多首，有记述官署生活的，有吟咏山水古迹的，还有与友人唱和之作，这些作品具有鲜明的时代色彩和较高的诗歌艺术水平，如《题淮西送王仲和从事诗卷》、《送王御史》、《独坐恭和堂》、《宿龙潭寺二首》、《题蜀山驿》等。作为元代诗歌代表，而且又是一位出身少数民族的诗人，萨都剌的庐州之作，格外有其历史意义。



至正十年(1350 年)春天，诗人由宁国府赴京。后迁淮南江北道廉访司经历，寄家庐州。到至正十一年(1351 年)，爆发了红巾军大起义，河南、安徽、两湖地区烽火遍地。萨都剌当时在庐州，已 80 岁高龄。在此期间的作品，与友人唱和赠答诗较多，均表现了对当时动荡时局的关注。萨都剌目睹官军与义军的大厮杀，不胜痛心。在《送王御史》诗中说：“草满畲田多战骨，花飞驿路少人烟。”其中值得一提的是《题淮西送王仲和从事诗卷》一首，其诗云：“百年驰马苦匆匆，水落乌江楚庙空。眼底山川犹历历，淮南旧梦雨声中。”这首诗借古喻今，借项羽乌江自刎一事表达了诗人对时局风雨飘摇的感受。彼时，农民起义已风起云涌，这首诗与其说是怀古，不如说是为行将覆灭的元王朝唱挽歌。萨都剌在到职后，对他的庐州供职的情况，前后有三首诗纪之，其中有首《独坐恭和堂》云：“东阁高悬如道院，人言恭府最清严。印封不动坐终日，满树梅花雨一帘。”恭和堂即廉访司中之堂。“印封不动坐终日”，表面上看来，天下太平，实际上是元王朝至此已腐朽衰败，失去民心，察不胜察。

萨都剌的合肥诗歌也有一部分属于山水诗的范畴。合肥东北有龙潭寺，西有大蜀山，风景幽静。萨都剌曾先后登临探幽。龙潭寺又名浮槎寺，属梁代建筑，初名道林，又曰福严，在今肥东县境内，诗人作有《宿龙潭寺二首》，记述龙潭寺风光及感受：

倦游借僧榻，客意稍从容。
落日江船鼓，孤灯野寺钟。
竹鸡啼雨过，山血带云舂。
半夜波涛作，长潭起卧龙。

游国恩等主编的《中国文学史》指出，萨都剌山水诗，虽学晚唐体，但是他并不是简单地铺陈声色，而善于摄取新鲜的风土色调。这首描写龙潭寺的诗歌就体现了萨都剌善于"设色"的艺术特点。尤其是"竹鸡啼雨过，山血带云舂"一句将春日雨后晚霞的绚烂色彩直观地展现了出来，用语精到。寥寥数笔，就将龙潭寺附近从落日时分直到夜半的景色描写得十分逼真，读之如临其境。在《题蜀山驿》中，诗人记述了旅行路过蜀山时情景："邮亭一樽酒，客忱五更鸡"，"马识来时路，诗存旧日题"等，意境自然清新，用语简雅。

## 第三节　明清文人雅士合肥感怀

### 一、心学大师王阳明与合肥"沾亲"

王守仁(1472—1528)，明浙江余姚人。他曾于早年隐居故乡阳明洞读书悟道，故以阳明先生行世。王阳明是明代中期的大哲学家、思想家，官至兵部尚书。王阳明的一生是做官与讲学相结合的一生。他集成了二程和陆九渊的心学传统，并在陆九渊的基础上进一步批判了朱熹理学，他从弘治十八年(1505年)开始专心授徒，《传习录》是其著名的哲学著作。其"知行合一"、"心即理"、"心外无理"、"心外无物"、"意之所在即为物"的思想至今为世人所关注。可以说，王守仁的学说以"反传统"的姿态出现，集陆九渊以来心学之大成，并称为"陆王心学"。明代中期以后，阳明学派影响很大，甚至流行到了日本。

王阳明画像

正德七年(1512年)十二月,王守仁由吏部考功清吏司郎中升授南京太仆寺少卿。王守仁与安徽的关系因此次任职而展开。太仆寺是明朝朝廷的马政管理机构,寺署设在滁州,负责舆车与军马驯养。少卿是副职,相对政务较简。滁州又是山水佳丽的人文之邦,良好的自然环境和文化氛围,非常适合他的性情。行政之余,王守仁常出入山林,涉险寻幽,枕漱泉石。曾有诗云:“无奈青山处处情,村沽日日办山行。真惭廪合虚官守,只把山游作课程。”《王阳明全集(静心录)之八·外集二》滁州诗三十六首,记为“正德癸酉年到太仆寺作”。他的著名弟子《阳明年谱》作者钱德洪写道:“滁山水佳胜,先生督马政,地僻官闲,日与门人遨游琅琊、让泉间。月夕则环龙潭而坐者数百人,歌声震山谷。诸生随地请正,踊跃歌舞,旧学之士皆日来臻,于是从游之众自滁始。”这段记载让我们了解到当时从学王阳明的文人学士已多达数百人,是他正式授徒七八年来,规模最大的时期。



王守仁与合肥也有着千丝万缕的联系,据今人王光汉先生考证,合肥王九大郢王氏为三槐堂王氏之一支。三槐王氏源于周始祖后稷,本为姬姓。至东周灵王时,长子晋被立为太子,人称“太子晋”。晋因直言敢谏触怒灵王而被废为庶人。但晋体恤民情,深受百姓爱戴,时人称为“王子晋”。其后人遂以王氏为姓。秦末,姬姓王氏后人王元因避秦乱迁居琅琊皋虞城(今山东即墨),后再迁至临沂,成为琅琊王氏一世祖。西汉末,王元之弟王威后裔迁居太原,成为太原王一世祖。他还提出,位于合肥北战塘边的王九大郢,就是合肥三槐王氏发祥地之一(这个名称取自明代,算合肥古地名之一)。据三槐王氏的一些宗谱记载,明代最著名的思想家、哲学家、书法家、军事家王守仁也是三槐王氏后人。琅琊王与太原王始祖为兄弟,三槐王上源无论源于兄,抑或是其弟,身为其后人,都当以太原王、琅琊王为一家。所以王守仁与合肥王氏也可以说是“沾亲”了。

《王守仁文集》中也有两首涉及合肥的诗歌。现录于下:

### 立春日道中短述

腊意中宵尽，春容傍晚生。
野塘冰转绿，江寺雪消晴。
农事沾泥犊，羁怀听谷莺。
故山梅正发，难寄欲归情？

（按：此诗又作《合肥道中》）

### 过鞋山戏题

曾驾双虬渡海东，青鞋失脚堕天风。
经过已是千年后，踪迹依然一梦中。
屈子漫劳伤世隘，杨朱空自泣途穷。
正须坐我匡庐顶，濯足寒涛步晓空。

（按：巢湖湖心三山，一为鞋山）



## 二、大学士李天馥合肥胜景游

李天馥，字湘北，号容斋，合肥籍，河南永城人。明崇祯八年（1635 年）生。七岁能诗，有神童之称。清顺治五年进士，由庶吉士累擢户部左侍郎，调吏部，以扬清激浊为己任。官至吏部尚书、武英殿大学士。康熙三十八年（1699 年）卒，谥文定。著有《容斋集》。

《清诗纪事初编》、《清诗别裁集》都载其素好士，常以荐贤为已事，文士从游者众。沈德潜《清诗别裁集》："容斋以荐贤为己事，己未召试鸿博，所荐者为李太史天生、秦太史对岩。又清献陆公、猗氏邵公罢官，特汲引为名臣。余单门寒素有文行者，必使之成其名，所谓其心好之，实能容之者。后大臣中绝无其人。"

李天馥擅长诗词文章，并以诗文为己任，与王渔洋、叶方蔼、陈廷敬等人倡复古学。每朝罢，召集文雅之士，吟诗作对。王士禛赞其诗"鸿博艳丽，有牢笼百家、类聚万物之概"（王士禛《野香亭诗序》）。沈德潜《清诗别裁集》录其《明景帝废陵》一诗，按："议论正大，足破夺门之奸，末有憾于魏珰之坟地相近也。后祁门张御史疏请削平，天下共快之。"李孚青为李天馥之子，康熙八年进士，入翰林，史载其诗才清新缠婉，著有《野香亭集》，王士禛称其诗："其旨温以厚，其音和以雅，其辞丽以则，读之者循环反复不能自休。”李孚青集中的《八斗岭》、《蜀山西崦人家》、《小史巷》、《巢湖篇》等都是与合肥有关的佳作。其孙李昉茂也是进士，李氏可谓合肥籍的文学世家。据统计，李天馥合肥诗共有28首。其中不乏对合肥景观的细致描绘，为我们留下了珍贵的资料。现从民国陈诗《庐州诗苑》中录出李天馥合肥诗两首，如下：

**九日游大蜀山**

重峦极望树千章，款段风柔趁夕阳。
丛林修藤无定境，黄榆乌桕有微霜。
云间梵宇疏钟远，山下人家晚稻香。
却悔数年游宦拙，等闲留滞负秋光。



**筝 笛 浦**

渔唱朱湾歇，胡来丝竹音。
循音事穷探，乃在渟泓心。
凄凄婉以幽，寄怨亦何深。
曾闻魏诸姬，胶舟南浦阴。
艳质付清波，水大雨淫淫。
不能变猿鹤，虫沙纷浮沉。
我欲然犀照，愁见遗钗簪。
北望铜雀枝，先后同哀吟。

据《合肥县志》记载，庐州拱辰门外西北四十五里，有凤凰桥，通寿州。李天馥《凤凰桥观水》一诗详细描绘了当时肥水流经凤凰桥的盛况，为后人留下了珍贵的史料。诗曰：“凤皇志失传，桥名仍凤皇。四野皆枳棘，来仪疑荒唐。九苞邈何许，有谁声锵锵。其下涌甘泉，澄澈可滥觞。南走势渐宽，瑶英郁渟汪。奇石生两崖，斑驳多文章。嵖岈雁齿排，鳞次自成梁。回绕折而东，奔涌闻汤汤。虾鲋竞附之，历历可数量。荇藻绣于滨，作花扬芬芳。上与藤萝攀，日月无全光。驾凫及鸠鹊，波路相浮翔。胶狭不可舟，何以鸣吾榔。独能效郑渠，周环垄亩旁。

尚藉资灌溉，一夫疏堤防。土泽黍稷荣，因之荐馨香。”由诗可见，李天馥行经此地时，水道中水量充沛，两岸郁郁葱葱，农业经济十分发达。

李天馥还做过《游姥山诗》、《四顶山》等关于巢湖风光的诗歌。李天馥性情至孝。据史载：其母丧，扶母柩归，途经巢湖，正值冬季水涸，不能通船。运载其母灵柩的船至巢湖时，水涨数尺，好像专为其送丧。及至埋了母亲，他在墓旁盖房守丧，亲植松树、楸树等，忽有一对白燕栖于墓旁的房子上，人们认为这是被其孝行所感动，于是把他守丧的房子称为“白燕庐”。李天馥亦有《庐居白燕》一诗。现录一首《偶忆巢湖》：“巢湖久别误华簪，湖上青山梦里酣。三月鲥鱼九月橘，令人哪不忆江南。”此诗写得甚为清丽，其中“湖上青山梦里酣”一句即点出了巢湖地貌上的特征，即湖上有三山矗立，“梦里”二字又暗合诗题中的“忆”字。

## 三、“江左三大家”——龚鼎孳与稻香楼

从明末清初至今，350 多年的历史过程中，龚鼎孳在许多研究清初政治家、文学家、艺术家经历交往的文章里常常出现，而且是重要角色。

龚姓一度是合肥的四大姓“龚张李段之首”，排在张树声、李鸿章、段祺瑞家族之前。据戴健先生考证，龚家元末因陈友谅农民起义迁居现江苏句容，明初辗转至合肥。龚家在合肥世代繁衍，但真正使“合肥龚”崛起并闻名海内的扛鼎人物当是龚鼎孳。

龚鼎孳

龚鼎孳，字孝升，因出生时庭院中紫芝正开，故号芝麓，谥端毅。“幼奇颖，书一寓目辄不忘，总角能文”。崇祯五年(1632 年)进学，六年中举，七年联捷成进士时年仅 18 岁。他的诗与钱谦益、吴伟业齐名，并称为“江左三大家”。其诗以婉丽为宗，又善萧瑟感慨之辞。钱谦益《定山堂诗集序》评其诗：“可以疗举世之诗病，不独专门名家而已”，吴伟业《梅村诗话》：“孝升于诗，最秀颖高丽，声调遒紧，有义山之风”。他的词在清初词学史上有着很重要的地位，无论是在词的数量上，还是在艺术成就上，他都对清初词坛的振兴作出了应有的贡献。他的长调更被誉为“直夺宋人之席”，其和韵之词

也被评为天才之作,不可学。他主持了“秋水轩唱和”,除躬身践行稼轩风外还将稼轩风推向了南北词坛。《名士录》曾云:“合肥公,流水青山送,六朝才子语也。”《全清词》(顺康卷)共收龚鼎孳词205首。龚鼎孳著有《定山堂文集》、《定山堂诗集》、《诗余》(又名香严词)、《浠川政谱》、《露浣园》等。后人另辑有《龚端毅公奏疏》、《龚端毅公手札》、《龚端毅公集》等。

龚鼎孳留下不少与合肥有关的诗词。筝笛浦旧址在今合肥杏花公园一带,相传曹操当年驻节于此曾拥众多歌妓作乐寻欢。历代不少名人曾留题,龚氏亦有作《筝笛浦》:

美人画舫娇歌舞,烟鬟无数沉黄土。香魂一片化湘云,千年尚听残萧鼓。萧鼓残,君莫哀,曾闻孟德风流处,卖屐分香铜雀台。

稻香楼在今合肥老城西南角,乃合肥人龚鼎孚从浙江仙居知县退归后所建。据考证,其胞兄龚鼎孳曾携夫人顾媚数回合肥,就住在稻香楼。在清初的合肥,稻香楼尚景色迷人:“汀畦飘渺,仿佛蓬莱,台榭参差,规模阆苑。秋石为渚,采幽壑之芙蓉;咽湍成堤,搴芳洲之杜若。”(《庐州府志》)它是许多文人雅士向往的人间仙境,龚鼎孳诗集中亦有题作。现录两首,如下:

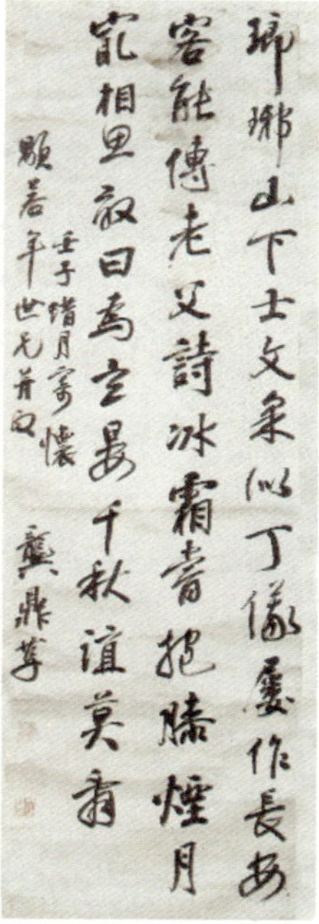

龚鼎孳书法作品

**为王鸣石郡侯书扇**

其一

雨过城荫碧溆长,画龙采鹢斗芳塘。
使君心似冰壶月,不问荷香闻稻香。

其二

千村花柳映凫鸥,府主清廉岁有秋。
租吏缓来兵甲远,野夫真卧稻香楼。

**纳凉稻香楼之荷亭**

波面微凉菡萏时,一帘人影漾芳池。
披襟不用愁消渴,玉手亭亭送素磁。

龚鼎孳还有一首写于巢湖的诗歌，名为《初归居巢感怀》，又名《初返居巢感怀》，沈德潜在《清诗别裁集》中按："六语用少陵意，何禁蕴藉。"全诗如下："失路人归故国秋，飘零不敢吊巢由。书因入洛传黄耳，乌为伤心改白头。明月可怜销画角，花枝莫遣近高楼。台城一片歌钟起，散入南云万点愁。"此诗写于龚里居守制期间，家愁、国变及自己出处的难堪、羞愧，都使此篇字字带泪，句句着情，凄楚苍凉，感人肺腑。云是南云，枝是南枝，全诗蕴藉着诗人对南国景物的怀念，暗托故国之思。

## 四、"合肥三怪"——徐子苓乡土情结

徐子苓(1812—1876)，安徽合肥人，字西叔，一字叔伟，号毅甫，晚自署龙泉老牧、南阳子、默道人。徐子苓祖籍江西，道光十五年(1835 年)中举，是年 24 岁。后入京师，与曾国藩、邵懿辰、陈源兖、张穆等交游。陈源兖出守池州，徐子苓曾客陈源兖处。太平军兴起时，徐子苓又先后居江忠源(时任安徽巡抚)、曾国藩幕。战乱之后回到了巢湖之滨的龙泉山下居住，仍以卖文为生，同治五年(1866 年)，拣选得知县，不乐为吏，调和州学正，分修《安徽通志》。徐子苓与朱景昭、王尚辰并称"合肥三怪"。生平事迹见金天羽《皖志列传稿》本传。

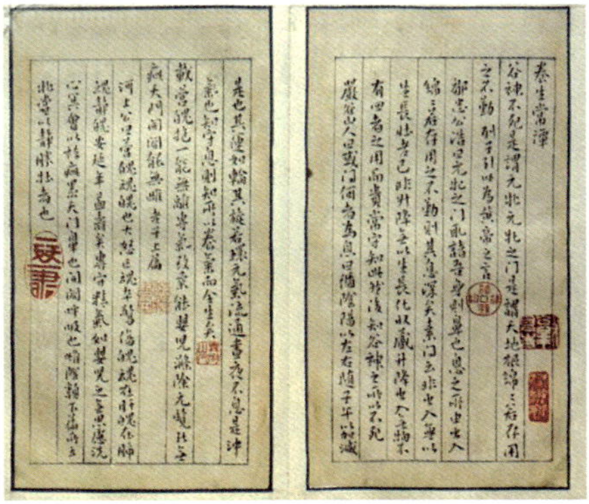

徐子苓手迹

徐子苓以诗名驰名咸、同年间。清代文学家谭献将徐诗与王尚辰、戴家麟的诗一并选入《合肥三家诗录》，并且对其诗歌集《敦艮吉斋诗存》给予了很高的评价："选定徐毅夫(毅甫)《敦艮吉斋诗集》，将与谦斋合刻。郁郁莽莽，刻意杜陵。骨力意气，遒厚多而韵逸少。予刺取其苍秀跌宕之篇，固江淮间一作者。参张亨甫(张际亮)、鲁通甫(鲁一同)、叶润臣、莫子偲(莫友芝)季孟之间，无愧色。"(谭献《复堂日记》)徐诗还得到了当时桐城派姚莹和宋诗派"同光体"著名

诗人何绍基、陈衍所推崇。陈衍在他编选的《近代诗钞》中，收编了40余首徐子苓的诗。可以说，在晚清的诗坛上，于合肥诗人之中，徐子苓可谓承前启后，独树一帜。

作为合肥人，徐子苓有着深厚的乡土情结，其诗《包公墩谒孝肃遗像遂寻马忠肃祠堂故址》就充分表达了诗人对包拯和马亮这两位宋代名贤的景仰与褒扬。又因一度归隐巢湖，还创作了著名的《姥山歌》组诗。

徐子苓交友甚广，喜与名士之游。曾国藩在路过合肥时候与徐子苓结识，对徐子苓的文采颇为赏识。马其昶《龙泉老牧传》中有记载："曾公典试江西使节，过庐州，君陋巷，值，诗一首而去。"后徐子苓入曾氏幕府，徐子苓亦是对曾国藩仰慕有加，寄予厚望，有诗为证，如《庐人叹寄怀制军曾公》："皖城一弃久不收，江淮南北无安流。庐人九载坐涂炭，青烽白骨成荒邱。……昨来儿童仰天笑，舒桐真个官兵到。村翁醉舞拍铜斗，村妇壶浆不去手。共道公亲破皖来，准备牵羊迎马首……"他的这部分交游诗皆感情真挚、率性而自然，如：

**紫蓬山行营别英刺使西林时劲筠要为清颖之行**

惨澹荒山酒，相看泪转无。
风云故萧瑟，天日几踟蹰。
白壁投时贱，青萍结客孤。
不须怜病马，老矣尚知途。

寂寞春花尽，蹉跎复远游。
言寻清颖客，同贯钓鱼舟。
历碌裈中虱，弥漫海上鸥。
生平好肝胆，留以奉君侯。

徐子苓的儿子徐元叔也是一位才子，嗜学能诗，著有《劫余小草》，卒年十九，士林惜之。他的《重过教弩台》、《梦姥山》等也是与合肥有关的诗词佳作。

# 参考文献


1. 冯天瑜,何晓明,周积明. 中华文化史. 上海:上海人民出版社,1990.

2. 张正明. 楚文化史. 上海:上海人民出版社,1987.

3. 李学勤. 中华文化通志. 上海:上海人民出版社,1998.

4. 胡朴安. 中华全国风俗志. 上海:上海科学技术文献出版社,2008.

5. 赵吉惠. 中国传统文化导论. 南京:江苏教育出版社,2007.

6. 安徽省地方志编纂委员会. 安徽省志·建置沿革志. 北京:方志出版社,1999.

7. 张润霞. 安徽重要历史事件丛书. 合肥:安徽人民出版社,1999.

8. 黄云,林之望等. 续修庐州府志(清光绪十一年刊本). 台北:成文出版社,1970.

9. 庐州府志(嘉庆本). 上海:上海古籍出版社,2005年.

10. 汪庭干. 走进合肥. 合肥:安徽人民出版社,2003.

11. 叶文成. 安徽读本. 合肥:安徽教育出版社,2009.

12. 戴健. 锦绣安徽·合肥卷. 合肥:安徽教育出版社,1999.

13. 左辅. 合肥县志(嘉庆本). 合肥:黄山书社,2006.

14. 安徽省文物考古研究所. 道远集——安徽省文物考古研究所五十年文集. 合肥:黄山书社,2008.

15. 完颜海瑞. 人文合肥. 海口:南方出版社,2008.

16. 翁飞等. 安徽近代史. 合肥:安徽人民出版社,1990.

17. 宁业高,张克锁. 远古巢湖. 合肥:安徽人民出版社,2009.

18. 李忠林,杨福生. 略论巢文化. 巢湖学院学报,2008(1).

19. 姚邦藻. 徽州学概论. 北京:中国社会科学出版社,2000.

20. 程必定，汪青松. 皖江文化与东向发展. 合肥：合肥工业大学出版社，2009.

21. 赵焰. 晚清有个李鸿章. 桂林：广西师范大学出版社，2007.

22. 何峰主编. 徽州古村落文化丛书. 合肥：合肥工业大学出版社，2005.

23. 邓真晓. 浅谈温州苏南模式形成的文化动因及加快合肥发展的文化价值取向. 中共合肥市委党校学报，2006(1).

24. 戴健. 省会经济圈的"地域亲缘". 安徽人文讲坛第20讲，2008.

25. 陈寿. 三国志(裴松之注). 北京：线装书局，2008.

26. 赵尔巽. 清史稿. 北京：中华书局，1977.

27. 李恩绶. 紫蓬山志. 合肥：合肥紫蓬山房，民国二十年(1931年)铅印本.

28. 欧阳修. 新五代史. 上海：上海古籍出版社，1986.

29. 段宝林. 关于包公的人类学思考. 光明日报，1999-05-06.

30. 脱脱，阿图鲁等. 宋史·包拯传. 北京：中华书局，1977.

31. 张田. 包拯集. 北京：中华书局，1963.

32. 朱万曙. 包公故事源流考述. 合肥：安徽文艺出版社，1995.

33. 程如峰. 包公传. 合肥：黄山书社，1994.

34. 王春江等. 包公千年之谜. 香港：天马图书有限公司，2003.

35. 合肥市政协文史委员会. 皖系北洋人物. 合肥：安徽人民出版社，1993.

36. 张振鹍. 中法战争. 北京：中华书局，1996.

37. 连横. 台湾通史. 北京：商务印书馆，1983.

38. 张昌柱等. 李鸿章家族碑碣. 合肥：黄山书社，1994.

39. 李国松. 合肥李氏宗谱. 民国十七年(1928年)铅印本.

40. 梁启超. 李鸿章传. 海口：海南出版社，1993.

41. 李经方. 合肥李氏宗谱. 民国十二年(1923年)铅印本.

42. 刘思渠. 刘氏宗谱. 光绪三十三年(1907年)木活字本.

43. 国家文物局. 中国文物精华大辞典. 上海：上海辞书出版社，1995.

44. 合肥市地方志编纂办公室. 合肥概览. 1987.

45. 中国社会科学院考古研究所. 中国考古学夏商卷. 北京：中国社会科学出版社，2003.

46. 马昌华. 淮系人物传. 合肥:黄山书社,1995.

47. 刘铭传. 刘铭传文集. 合肥:黄山书社,1997.

48. 肥西县地方志编纂委员会. 肥西县志. 合肥:黄山书社,1994.

49. 唐圭璋. 全宋词(全五册). 北京:中华书局,1995.

50. 曹庭栋. 宋百家诗存. 上海:上海古籍出版社,1993.

51. 刘乃昌. 姜夔词新释辑评. 北京:中国书店,2001.

52. 周密. 齐东野语. 北京:中华书局,1983.

53. 钱仲联. 广清碑传集. 苏州:苏州大学出版社,1999.

54. 钟敬文. 民俗学概论. 上海:上海文艺出版社,2009.

55. 六安市地方志编纂委员会. 六安市志. 南昌:江西人民出版社,1991.

56. 舒城县地方志编纂委员会. 舒城县志. 合肥:黄山书社,1995.

57. 卫哲治等. 淮安府志. 清咸丰二年(1852年)影印本.

58. 王佳佳. 庐剧与皖中地区民俗文化. 安徽大学硕士论文,2006.

59. 安徽省文学艺术界联合会,安徽省文艺评论家协会. 1949—2009:安徽作家报告. 合肥:安徽文艺出版社,2009.

60. 陆龙腾,于觉世,李恩绶. 巢县志巢湖志. 合肥:黄山书社,2007.

61. 佘林明. 水乡古镇三河. 北京:中国致公出版社,2001.

62. 苏伟,刘浩. 非物质文化遗产田野调查汇编·合肥卷. 合肥:合肥市非物质文化遗产保护中心编印,2009.

63. 林存安. 合肥文化产业发展蓝皮书 2008. 合肥:安徽科学技术出版社,2009.

64. 顾廷龙,戴逸. 李鸿章全集. 合肥:安徽教育出版社,2007.

65. 翁飞. 关于开展环巢湖文化研究的建议. 2008年5月首届"环巢湖文化论坛"大会发言.

66. 宁业高,翁飞. 构建大合肥——以科学发展观统导合肥城市建设的框架思路. 学术界,2009(4).

# 后　记

近年来，古老而年轻的合肥步入了大发展的快车道，城市面貌日新月异，综合实力不断增强，一跃成为中部崛起的标志性城市。合肥人在追求未来、锐意创新的同时，并没有淡忘合肥悠久的历史与厚重的文化，而是将它视作一笔宝贵的精神财富和城市可持续发展的重要潜力。一些富有远见的领导对合肥历史文化资源的发掘、保护和开发利用尤为重视，对合肥文化精神的探究和省会城市文化形象的建树也十分关注。两年前，合肥学院江淮文化研究所根据学院"应用型、地方性、国际化"的办学定位和服务于合肥经济文化建设的宗旨，在合肥市市委宣传部的大力支持和直接指导下，承担了《构建"文化合肥"形象，提升合肥城市"软实力"》专题研究项目。两年来，项目组研究成员同心协力，分工合作，从实地调研、搜集资料入手，对合肥历史文化渊源、传承发展脉络以及合肥文化的地域特色、精神内涵和重要价值等问题进行了系统梳理和深入研究，形成了《文化合肥》专题片和《文化合肥》专著等成果。在此之前，省市人文社科界的同仁先后编写了各类有关合肥历史文化方面的通俗性图书，对梳理、介绍合肥的历史地理、名人名胜、民俗风情、文艺、"非遗"等自然人文资源，引起人们对这座城市文化内涵的认同感起到了重要作用，对提升合肥的文化形象和知名度也产生了一定的影响。然而，从纵横两个方面，对合肥的文化渊源和发展脉络进行深入探寻、系统梳理，并对它有着深厚积淀的特色文化分板块予以专题解读、重点阐释，我们编著的这本《文化合肥》尚属首次。这既是一个尝试，也是一次探险。本项目组的成员，虽有中文学科的资深教师、历史文化等学科的博士以及长期从事地域文化研究的学者，还有省市历史文化界的知名专家、学者担任学术顾问，但大多数研究人员毕竟学科有别，研究方向各异，且对历史悠久、底蕴厚重的合肥历史文化涉足不深，加上合肥在历史上属战事频发地域，文化传承的链条时断时续，原始文献资料相对匮乏，故本书在行文中挂一漏万、失当存谬之处也就在所难免。古人云："智莫大于阙疑，行莫大于无悔。"我们恪守这一古训，凡涉资料匮缺、史实模糊之处，均暂置存疑，不作臆测妄论。但对受极"左"思潮影响或出于其他政治考虑而被有意遮蔽和歪曲的某些史实及名人，我们也义无反顾地为其矫枉正名，以求恢复历史的本来面目。当然，勇者无畏，其中有无盲人摸象之偏或妄加臆断之谬，只有恭请各位方家不吝赐教指正了。

本书在组稿写作过程中，始终得到了合肥市市委常委、市委宣传部部长林存安，市委宣传部常务副部长胡守祝等领导的悉心指导，也得到了合肥学院党委书记陶登松、院长蔡敬民、副院长陈啸等领导的关怀以及学院宣传部和中文系的积极支持。全书由何峰教授负责统稿，其间恭请翁飞、戴健、许有为、王达敏、宁业高、万直纯等省市资深专家学者和编审对书稿进行了审阅和勘误，特别是翁飞、戴健等先生还为课题组提供了不少有价值的资料和图片。本书也参照了近年来省内外学者有关合肥历史文化研究的部分成果，在此一并表示诚挚的感谢！在此还要十分感谢中共安徽省委副书记、合肥市委书记孙金龙于百忙之中为拙作作序，使本书增色不少。

本书撰稿分工如下：何峰、周玉冰、黄贺（引言，第一章）；何峰、赵明录（第二章第三节，第五章第一、第四节）；黄海波（第二章第二节）；张体云（第二章第一、第六、第七节）；张爱萍、张小坡（第二章第四、第五节）；张伟（第三章）；王桂云（第四章第一、第二、第三、第五节）；查金萍（第四章第六、第七、第八、第九、第十节）；李庆霞（第四章第四节）；詹向红（第五章第二、第三节）；邵一江（第五章第五节）；王昌宜（第六章）；王世朝（第七章第一、第二、第三节）；朱育颖（第七章第五节·一、二、三、四、五）；鹿咏（第七章第五节·六、七、八、九、十）；刁世兰（第七章第四节）；汪文忠（第八章第一节）；朱涛（第八章第二、第三、第四节）；吴莺莺（第九章第一节·二）；潇潇（第九章第一节·一、三、四，第二、第三节）。

《文化合肥》编写组

2011 年 8 月 20 日